中央编译局文库编辑委员会

主　　任：贾高建
副 主 任：俞可平　魏海生　王学东　陈和平　杨金海
委　　员：贾高建　俞可平　魏海生　王学东　陈和平
　　　　　　杨金海　柴方国　何增科　季正聚　郗卫东
　　　　　　张文成　曹荣湘　卿学民　刘明清　薛晓源

中央编译出版社文库编辑中心编辑小组

刘明清　薛晓源　谭　洁　董　巍　贾宇琰
冯　章　苗永姝　邓　彤　侯天保　盛菊艳
李媛媛　王忠波　薛迎春　董　妍

马克思主义研究资料

第 9 卷

主　编　杨金海
副主编　冯　雷（常务）　薛晓源

《资本论》结构形成研究

本卷主编　刘元琪

中央编译出版社
Central Compilation & Translation Press

《马克思主义研究资料》顾问委员会

贾高建　俞可平　宋书声　殷叙彝　詹汝琮　张钟朴

李洙泗　冯文光　赵家祥　梁树发　郭建宁

《马克思主义研究资料》编辑委员会

主　编：杨金海

副主编：冯　雷（常务）　薛晓源

编　委（按姓名拼音排序）

陈喜贵　冯　章　黄晓武　江　洋　李百玲　李义天

李媛媛　林进平　刘仁胜　刘　英　刘元琪　吕增奎

马　瑞　苗永姝　盛菊艳　史清竹　武锡申　姚　颖

苑　洁　郑　锦　郑天喆　周艳辉

参加本卷编辑出版工作的有

李媛媛　苗永姝　薛晓源

总　序

呈献给读者的这套《马克思主义研究资料》丛书，旨在服务于我国正在实施的马克思主义理论研究和建设工程，积极吸收和借鉴国外马克思主义研究成果，对改革开放以来中央编译局编译的有关国外学者研究马克思主义的成果，以及少量相关的国内学者的研究成果整理出版，为我国马克思主义研究提供基础性的参考资料。本丛书计划出版37卷，三年内陆续完成编辑和出版工作。

编译国外学者关于马克思主义的研究成果，并对相关问题展开深入探讨，是马克思主义经典著作编译研究的基础性工作。中央编译局作为马克思主义经典著作编译研究的专门机构，历来十分重视这项工作。20世纪50年代以来，特别是改革开放以来，中央编译局的同志们编译了大量国外学者关于马克思主义的研究文献，也发表了不少自己的相关研究成果。这些成果曾经在中央编译局编辑的《马列著作编译资料》、《马列主义研究资料》、《马克思主义与现实》等刊物公开发表，或在内部刊物《马克思恩格斯研究》、《列宁研究》等刊载。这些成果对于推进马克思主义经典著作的编译和研究工作发挥了重要作用，时至今日，一些学者仍然把它们当做研究马克思主义的珍贵资料。

然而，随着近年来中央实施马克思主义理论研究和建设工程的深入推进以及马克思主义学科建设的快速发展，这些研究资料的留存情况已经远远不能适应形势发展的需要了。《马列著作编译资料》和《马列主义研究资料》早已停止出版，很多人难以找到原有资料；《马克思恩格斯研究》等内部刊物刊载的文章没有公开面世，也难以为人们广泛使用；而新编译的文献资料又很零散。因而，希望中央编译局提供马克思主义研究资料的呼声越来越高。

为了继承前辈的事业，适应学界的需要，尽可能全面系统地收集整理中央编译局近几十年来编译的国外学者关于马克思主义的研究成果以及相关的国内学者的研究成果，中央编译局专门成立了《马克思主义研究资料》丛书课题组，并对该项工作提供了基金资助。课题组不仅在局内组织力量进行工作，而且争取到社会力量的支持。经过课题组同仁两年多努力，已经形成一批编辑成果，还将继续补充、完善并陆续推出。这套《马克思主义研究资料》丛书就是这些成果的集中体现。

本丛书力求体现如下四个特点，这也是丛书编辑工作所力求遵循的四条原则：第一，保证文献性。本丛书主要收集改革开放以来中央编译局刊物发表的有关马克思主义理论编译和研究方面的成果，这些刊物包括公开出版的《马列著作编译资料》、《马列主义研究资料》、《马克思主义与现实》、《当代世界与社会主义》、《经济社会体制比较》、《国外理论动态》等，也包括内部刊物《马克思恩格斯研究》、《列宁研究》、《斯大林研究》、《马克思恩格斯列宁斯大林研究》等；少量收集其他杂志发表的中央编译局学者编译或撰写的有关文章；个别收集与中央编译局长期合作的其他学者的相关文章；对所收商榷性文章涉及的其他学者的成果，也作为附文收入，以示对相关学者的尊重，也便于读者在阅读正文时参考。收集整理这些学术成果的目的主要是为学界研究马克思主义提供参考资料，同时帮助人们了解马克思主义研究的历史进程和思想脉络。因此，本丛书所收文献力求保持其历史原貌，包括其中的人名、地名、术语、引文等，都不作改动，以便读者进行文献考证之用，只对个别错漏文字等进行校正，对于文中可能产生歧义的地方，以"本丛书编者注"的方式加以说明。其中读者特别应当留意的是译名、术语的不统一问题，例如关于《马克思恩格斯全集》历史考证版，就有多种表达方式：原文版、国际版和 MEGA 版，其中，往往又以"老"、"新"、"MEGA^1"、"MEGA^2"、"MEGA1"、"MEGA2"等来区分历史考证版第 1 版和第 2 版。第二，突出编译性。本丛书所收文献中，以国外学者的成果为主，包括国外学者关于马克思主义经典作家的著作、思想、生平事业，乃至书信往来、工作生活等方面的研究文献，凡比较有资料价值的，均在收集之列。如上所述，国内学者的相关考证性成果，包括经典著作翻译、版本、传播、重要术语考据等文献，凡具有资料价值的，也一并收入，但这部分内容所占比例较小。第三，力求系统性。上述几十年来形成的这些编译研究资料繁茂芜杂，十分零散，使用起来很不方便，编辑整理就更为困难。为把这些宝贵文献整理面世，使之更好地发挥作用，编辑人员下了很大功夫。在收集整理中，我们力图分门别类，尽可能将同类资料按照一定逻辑顺序编排，使之呈现一定的系统性，以便读者全面掌握有关资料。第四，力争权威性。本丛书力争选编国内外在相关研究领域具有一定权威性的专家学者的具有代表性和影响力的文献。为保证文献的权威性和准确性，我们对文献的引文进行了校订，特别是对有关马克思主义经典著作的引文进行了原版原文核对，并对注释尽可能地作了规范化处理，以便读者更准确地了解引文及其出处。

基于上述考虑，本丛书的编排体系大体分四个部分。第一部分是经典著作研究，包括关于《共产党宣言》、《资本论》等手稿、创作、版本、传播诸方面的研究文献；第二部分是基本理论研究，包括哲学、政治经济学、科学社会主义以及政治学、法学等方面的研究文献；第三部分是版本和传播、编译以及生平事业研究；第四部分是国外马克思主义研究。每一部分包括若干卷。每一卷都有本卷编辑说明，对本卷编辑的思路、内容和有关技术问题作简要交代。各卷内容按照逻辑顺序进行编排，在此基础上再按照时间顺序编排。各卷内容一般要作分类，并加分类标题，以便读者阅读研究。

需要说明的是，由于本丛书是整理编辑已有的文献，而且主要限于整理编辑中央编译局学者编译和研究的部分成果，这就决定了本丛书不可避免地存在一些缺憾。一是这些文献中有的观点不一定正确。选编这些文献并不意味着编者赞同其中的观点，我们的目的仅仅在于为人们研究马克思主义提供参考资料，其中正确的思想成果可以作为我们研究借鉴的思想资源，而错误的观点可以作为我们研究批评的对象。例如，对有关马恩对立论的观点，我们是不赞成的，但为了让研究者了解、研究和批评这种观点，也收入了相关文章。所以，谨请读者在使用这些文献时注意辨别是非。二是这些文献存在质量参差不齐的情况。由于这些文章的作者、译者水平不同，写作时间、背景、针对的问题、产生的影响以及发表的刊物等不同，其质量也就有一定差别。例如，有的概念和译文在今天看来不一定科学、准确，有的文献曾经很有价值而在今天看来最多只有学术史的价值。在选编过程中，我们尽量收入那些分量较重、影响较大的文献，但为了比较全面地反映学术史的原貌并提供尽可能详细的研究参考资料，也收入了一些篇幅较短、影响不大但有一定资料或史料价值的文献。另外，有少量比较重要的文献，由于作者或译者不同意收入，也不得不忍痛割爱。三是这些文献的系统性、规范性不太强。尽管我们努力按照上述编辑原则工作，对这些文献进行了分类整理，力求全面系统地提供给读者相关方面的文献资料，但由于这些资料十分繁杂，彼此之间的关联性不强，有的方面资料较多，有的较少，且发表的刊物、时间等不同，体例也很不统一，整理起来难度极大，加之各位编者的研究角度不同，水平各异，所以，每一卷书的结构、篇章、内容、观点等都不尽相同，其规范程度也不尽一致。对本丛书存在的以上不足或缺憾，谨请读者鉴谅；对其中可能存在的疏漏和错误之处，谨请读者批评指正。

本丛书在编写和出版过程中，得到了各个方面的大力支持。中央编译局对此项工作高度重视，始终给予鼎力支持。国家出版基金将本丛书列入2013年度资助项目。中央编译出版社为本丛书申报国家出版基金项目并最终立项，以及为丛书出版做了大量工作。本丛书所收文献的译者、作者和出版者，凡已联系上的，均给予我们大力支持，同意使用这些文献；对尚未联系上的，我们将尽力联系，也请相关同仁主动联系我们。丛书顾问委员会的专家对丛书的编写工作给予热情指导，编委会成员和课题组同仁为丛书的编写付出了辛勤劳动。在此一并致以衷心的谢意！

《马克思主义研究资料》
编辑委员会
2013年12月10日

编辑说明

本卷所收文献主要研究《资本论》结构的形成过程,分为两个部分。

第一部分"《资本论》结构的形成"所选文章基本认为,马克思在创作《资本论》的过程中,关于其结构有多个计划,最重要的是"六册计划"。这些计划通过发展和演变,使"资本"特别是"资本一般"这个"精髓"部分越来越突出,最终形成现在的《资本论》"四卷结构"。但是学者之间关于"四卷结构"是否取代了"六册计划"意见却不尽相同,形成了"计划改变说"和"计划不变说"两派。多数学者主张"四卷结构"没有取代"六册计划","六册计划"仍有它的科学价值。这一部分虽然集中讨论《资本论》结构形成史,但是由于《资本论》结构形成史和《资本论》整个创作背景是很难分开的,所以其中部分文章在论述《资本论》结构形成问题时也涉及对《资本论》更广阔的理论、社会等背景的讨论。

第二部分"马克思计划撰写的经济学著作内容探索"主要是对马克思原来拟定的经济学著作的写作计划——主要涉及"六册计

划"——可能包含的内容的探索。前面多篇是外国学者在这一领域的研究文章,后面两篇介绍了中国学者在这一领域的研究成果。这些文章普遍认为,马克思的政治经济学体系不应仅限于《资本论》"四卷结构",还包括《资本论》"四卷结构"没有完全吸纳的关于竞争、信用、股份资本、土地所有制、雇佣劳动、国家、对外贸易、世界市场等内容。

为了保持文献性,本丛书的注释基本保持原貌,不作改动;但对原注释有错误或有遗漏的,我们尽可能查阅了有关文献,作了必要的规范和完善;对有些查找不到的,保留原来的内容和格式。

目　录

《资本论》结构的形成 …………………………………… 1

《资本论》的形成过程
　　〔日〕服部文男 …………………………………… 3

恩格斯论马克思《资本论》的创作问题
　　〔苏〕维·维戈茨基 ………………………………… 34

马克思计划中的经济学主要著作结构的发展
　　〔民主德国〕沃尔弗冈·扬 ………………………… 52

马克思经济学著作"六册计划"的来龙去脉
　　张钟朴 ……………………………………………… 89

"资本一般"在《资本论》结构形成中的作用
　　冯文光 ……………………………………………… 116

马克思《资本论》结构的形成
　　〔英〕罗曼·罗斯多尔斯基 ………………………… 130

西方学者对《资本论》结构形成的研究
　　顾海良 ……………………………………………… 188

《资本一般》和积累理论
　　〔德〕温弗里德·施瓦茨 …………………………… 226

马克思计划撰写的经济学著作内容探索 ····· 299

《资本论》和马克思经济学"六册计划"中的专门学说（上）
　　〔苏〕A. M. 科甘 ······ 301

《资本论》和马克思经济学"六册计划"中的专门学说（下）
　　〔苏〕A. M. 科甘 ······ 351

关于《土地所有制》册的几点看法
　　〔民主德国〕吉塞拉·温克勒 ······ 385

关于《雇佣劳动》册的几点思考
　　〔民主德国〕玛里昂·齐默尔曼 ······ 398

论马克思计划撰写的《雇佣劳动》册中对劳动和教育关系的表述
　　〔德〕乌韦·绍尔曼 ······ 409

《资本论》第3卷对于探讨马克思计划写的《国家》册的内容有什么启示？
　　〔民主德国〕贡特·维林 ······ 424

关于马克思经济学著作《国家》册基本资料的几点看法
　　〔民主德国〕贡特·维林 ······ 436

马克思经济学著作结构计划范围内的殖民地研究的一些问题
　　〔民主德国〕埃伦弗里德·加兰德尔 ······ 448

马克思经济学著作结构计划中的对外贸易和世界市场
　　〔民主德国〕克劳斯-迪特尔·布洛克 ······ 456

马克思《资本论》续篇研究的重大意义
　　——写在《〈资本论〉续篇探索》一书问世之后
　　张钟朴 ······ 467

全面认识马克思的经济学思想
　　——读《〈资本论〉续篇探索》
　　丁　冰 ······ 472

《资本论》结构的形成

《资本论》的形成过程*

〔日〕服部文男①

一、马克思和恩格斯的思想发展

马克思和恩格斯都生长在普鲁士王国莱茵省,这个省当时受法国革命影响最大,并且资本主义发展最早。两个人虽在不同的家庭和教育环境中成长,但到了十九世纪四十年代中期,却在全部理论领域中得出了相同的结论。现在,让我们一起来探索一下他们思想发展的过程。

1. 马克思的思想发展

马克思1818年生于特利尔,该城位于莱茵河支流摩塞尔河畔。他的父亲是一个稳健的自由主义者;他的岳父是路·冯·威斯特华伦;他所在的特利尔中学的校长则是一个自由主义者。马克思就是在他们的思想影响下,接受了启蒙主义和人道主义的教育,进而又接触了圣西门主义的思想。他在中学毕业考试时所写的作文题目是《青年在选择职业时的考虑》。马克思在其中说:"人类的天性本来就是这样的:人们只有为同时代人的完美、为他们的幸福而工作,才能使自己也达到完美。"

---

* 本文选自《马列主义研究资料》1983年第6辑。
① 日本东北大学教授。——译者注

他还说：" 如果我们选择了最能为人类福利而劳动的职业，那么，重担就不能把我们压倒。"① 如果把这段话同马克思后来作为革命家的生涯联系起来考虑，确实非常令人感动。

马克思 1835 年入波恩大学，翌年转到柏林大学，专攻法律；同时积极学习了黑格尔哲学和历史。不久，他与布鲁诺·鲍威尔等 "青年黑格尔派"（黑格尔左派）结识，成为 "博士俱乐部" 的成员，极为关心当代的世界哲学。

马克思从 1838 年起，深入研究了古希腊哲学，阅读大量的有关伊壁鸠鲁派、斯多葛派和怀疑派的哲学著作，并作了笔记。从 1840 年起，着手撰写博士论文《德谟克利特的自然哲学和伊壁鸠鲁的自然哲学的差别》。1841 年春，他避开了反动的柏林大学而向耶拿大学提出这篇论文，取得博士学位。

这篇博士论文，总的来说，还是站在黑格尔的立场上，具有唯心主义的性质。但是，他把研究的对象选在黑格尔轻视的古希腊唯物主义者身上。从这一点可以看出，他和黑格尔主义的对立。和直观的唯物主义者德谟克利特相比，马克思更重视实践的唯物主义者伊壁鸠鲁。与前者宿命论的观点相比，马克思对后者的辩证观点给予更高的评价。在这一点上，隐含了从革命的民主主义立场出发，对当时普鲁士专制主义制度的批判。马克思说："世界的哲学化同时也就是哲学的世界化"。② 他认为，要从理论上把握现实，理论本身必须变革成能够把握现实的东西。在这一点上，说明马克思当时正在摆脱 "青年黑格尔派" 的影响，而 "青年黑格尔派" 是把黑格尔的体系作为 "现成的东

---

① 《马克思恩格斯全集》第 1 版第 40 卷第 7 页。
② 《马克思恩格斯全集》第 1 版第 40 卷第 258 页。

西加以接受"①。

1841年夏天，费尔巴哈的《基督教的本质》一书出版。马克思立即被这部著作的思想魅力所吸引。可是，到了翌年春天，马克思却超过了费尔巴哈。他在1840年3月10日致阿·卢格的信中说："我不免要谈到宗教的一般本质；在这个问题上，我同费尔巴哈有些争论，这个争论不涉及原则，而是涉及对它的理解。"②

1840年以后，普鲁士政府的文教政策顿时反动起来，布鲁诺·鲍威尔被剥夺了教学权利。目睹这种情况，马克思不得不放弃学习研究活动。他从1842年4月起给由莱茵省激进的资产阶级创办的《莱茵报》撰稿，10月担任主编，并开展了论战。

1842年10月底，该报连载的《第六届莱茵省议会的辩论（第三篇论文）》关于林木盗窃法的辩论，使马克思第一次就关系到物质利益的"经济问题"发表意见。虽然他同情德国的贫农（这些贫农被强制推行的资本"原始积累"剥夺了传统的公有地和习惯的权利），并揭露了私有财产左右法律和国家的性质，但是，对于林木统治人这一"拜物教"，他的批判，还仅仅停留在凌驾于特殊利益之上的普遍的国家的理性和道义的观点上。马克思还就摩塞尔河流域种植葡萄的农民贫困状况，同莱茵省总督进行了公开论战。他在论战中说："为了解决这些困难，治人者和治于人者都需要有第三个因素，这个因素应该是政治的因素，而不是官方的因素，这样，它才不会以官僚的前提为出发点；这个因素应该是市民的因素，但是同时它不直接和私人利益以及有关私人利益的需求纠缠在一起。"③也就是说，"自由的出版"是必要的。此外，

---

① 《马克思恩格斯全集》第1版第40卷第257页。
② 《马克思恩格斯全集》第1版第27卷第424页。
③ 《马克思恩格斯全集》第1版第1卷第230页。

在有关自由贸易和保护关税的讨论中,马克思也不得不致力于经济问题的研究。

另一方面,马克思认为,对于《莱茵报》上出现的法国社会主义和共产主义思想的德国变种,必须从根本上加以批判。然而,对于勒鲁、孔西得朗的著作,尤其对于蒲鲁东的《什么是财产》(1840年),马克思清楚地认识到:"决不能根据肤浅的、片刻的想象去批判。"①

2. 马克思对黑格尔的批判

由于普鲁士政府对《莱茵报》的镇压,马克思离开了编辑部。他一方面计划在国外发行杂志《德法年鉴》;另一方面为解决与物质利益有关的问题以及对法国社会主义思想本身的内容评价的问题,从1843年春天到夏天,着手对黑格尔的《法哲学》进行"批判的分析"②。在黑格尔那里,理念是独立的主体,在这种理念的作用下,家庭和市民社会被统一在国家之中,但是,马克思认为,实际上,"家庭和市民社会是国家的前提,它们才是真正的活动者"③。在黑格尔那里,"市民社会"被看做是"私利的战场,是一切人反对一切人的战场"④。但是,马克思指出:"被剥夺了一切财产的人们和直接劳动即具体劳动的等级,与其说是市民社会的一个等级,还不如说是市民社会各集团赖以安身和活动的基础。"⑤ 马克思指出这一点是十分必要的。并且,他还阐明了

---

① 《马克思恩格斯全集》第1版第1卷第134页。
② 参看《马克思恩格斯全集》第1版第13卷第8页。
③ 参看《马克思恩格斯全集》第1版第1卷第250—251页。
④ 黑格尔:《法哲学》第289页。
⑤ 《马克思恩格斯全集》第1版第1卷第345页。

"最高阶段的政治制度就是私有制。政治情绪的最高阶段就是私有财产的情绪"①。

马克思批判说:"黑格尔在任何地方都把理念当做主体,而把真正的现实主体变成了谓语。"② 这时的马克思虽然一方面接受了同年二月出版的费尔巴哈的《关于哲学改造的临时提纲》一书的影响,但另一方面也决心要研究自己的课题。事实上,在这一时期,马克思明确地指出了费尔巴哈哲学的局限性,他在致卢格的信(1843年3月13日)中说:"费尔巴哈的警句只有一点不能使我满意,这就是:他过多地强调自然而过少地强调政治。然而这一联盟是现代哲学能够借以成为真理的唯一联盟。"③

1843年9月,马克思旅居巴黎前不久,在他致卢格的信中写道:"现在哲学已经变为世俗的东西了","哲学意识本身,不但表面上,而且骨子里都卷入了斗争的漩涡",④ 表明了计划发行中的《德法年鉴》的方针是,"要对现存的一切进行无情的批判"⑤。马克思反对竖起教条的旗帜,指出,现实存在的卡贝、德萨米、魏特林等人的共产主义是"教条的抽象观念","只不过是人道主义原则的特殊的表现,它还没有摆脱它的对立面即私有制存在的影响。所以消灭私有制和这种共产主义不是一回事"。⑥ 另一方面,他认为,与这种共产主义相对立产生的傅立叶、蒲鲁东等人的社会主义学说"只是涉及真正人类实质的实际存

---

① 《马克思恩格斯全集》第1版第1卷第368页。
② 《马克思恩格斯全集》第1版第1卷第255页。
③ 《马克思恩格斯全集》第1版第27卷第442—443页。
④ 《马克思恩格斯全集》第1版第1卷第416页。
⑤ 《马克思恩格斯全集》第1版第1卷第416页。
⑥ 《马克思恩格斯全集》第1版第1卷第416页。

在的这一方面"①，他主张："我们还应当同样地注意另一方面，即人的理论生活，因而应当把宗教、科学等等当做我们批评的对象。"②他说，尤其在德国，对宗教以及政治的批判是主要的问题，所以在围绕它的现实的斗争中，必须通过阐明为什么要进行斗争来改革意识。

在1844年2月发行的《德法年鉴》上，刊登了马克思的两篇论文，即《论犹太人问题》和《〈黑格尔法哲学批判〉导言》。这两篇文章可以看做是到那时为止的马克思思想发展的大体概括。前者阐明了，现代国家的基础不外是利己主义的"市民社会"，"钱是从人异化出来的人的劳动和存在的本质；这个外在本质却统治了人，人却向它膜拜"③。马克思说："人只有使自己的产品和活动处于外来本质的支配之下，使其具有外来本质——金钱——的作用，才能实际进行活动，实际创造出物品来"④。从这些段落中，可以看出"市民社会"中劳动的异化和货币的联系。

后一篇论文是马克思1843年10月底旅居巴黎时写的。马克思进一步作了论述，也就是说，他阐明了下述几点：在后进的德意志，在以黑格尔为顶峰的法哲学、国家哲学中，现代国家在观念上得到了实现，因而批判思辨的法哲学不能停留在单纯的批判上，它具有批判现代国家本身这一实践的意义；理论上的批判通过掌握群众，也就是说，通过解放人类自身彻底的革命，转化为物质的力量；这一革命的担当者只能是无产阶级，是"一个非市民社会阶级的市民社会阶级"，"它是一个若不从其他一切社会领域解放出来并同时解放其他一切社会领域，就不能解

---

① 《马克思恩格斯全集》第1版第1卷第416页。
② 《马克思恩格斯全集》第1版第1卷第416页。
③ 《马克思恩格斯全集》第1版第1卷第448页。
④ 《马克思恩格斯全集》第1版第1卷第451页。

放自己的领域",是"它本身表现了人的完全丧失,并因而只有通过人的完全恢复才能恢复自己"①。

恩格斯也为《德法年鉴》撰写了《国民经济学批判大纲》、《英国状况。评托马斯·卡莱尔的〈过去和现在〉》两篇论文。后来,围绕这些论文,恩格斯和马克思之间开始通信。让我们来看一下恩格斯的思想发展吧。

3. 恩格斯的思想发展

恩格斯1820年生于巴门的纺织工厂主家庭。在充满虔诚主义、神秘主义的宗教环境中长大。他遵照父命,中学还没有毕业就开始操持家业。一面从事商业活动,一面研究黑格尔哲学。尤其深受"青年黑格尔派"的达维德·施特劳斯的《耶稣传》的影响。恩格斯1841年在柏林服一年兵役,余暇在大学听课,结交了"青年黑格尔派"。当时,老谢林作为普鲁士反动政策的象征,为了扫清黑格尔哲学的影响,应召去柏林大学讲学。恩格斯听了他的讲课后,撰写了一系列的论文,如《谢林论黑格尔》、《谢林——基督哲学家》,尖锐地批判了他的反动观点。1842年,恩格斯为《莱茵报》撰稿。11月底,在赴他父亲在英国开办的纺织厂途中,在《莱茵报》编辑部第一次与马克思见了面。当时,马克思对柏林的"青年黑格尔派"(即"自由人"集团)已经持批判的态度。因此,马克思的态度是冷淡的。恩格斯到1844年8月底在英国居住期间,走访了曼彻斯特的工厂和工人区,参加了群众集会和工人会议。在伦敦同"正义者同盟"的领导者取得了联系;同时也结识了宪章运动的领导人,帮助欧文主义者出版了机关刊物。他在研究亚当·斯

---

① 《马克思恩格斯全集》第1版第1卷第466页。

密、大卫·李嘉图等资产阶级经济学家的著作的同时，还阅读了圣西门、傅立叶、欧文等人的社会主义以及共产主义著作，阅读了蒲鲁东的著作。这些研究成果体现在1843年若干论文中，为《德法年鉴》撰写的《国民经济学批判大纲》则是这些成果的系统表述。

恩格斯在这些论文中阐明，"国民经济学"，也就是资产阶级的经济学，以私有制作为当然的前提；私有制最初的结果就是商业，由斯密开创的自由主义的经济学，是把不外乎是"合法的欺诈"的商业极力歌颂为人类的事业的伪善者。他还指出：价格受伴随着商业而来的竞争所决定，这是私有制的基本规律。在资产阶级经济学那里常常表现出一种颠倒：作为价格的源泉的价值从属于它的产物的价格。他还说，关于地租，同土地的垄断一样，决不可忽视其建立在私有制之上的竞争这一侧面。谈到工资，他指出，由于私有制的存在，使得已经同资本分离了的劳动再次分裂，"劳动的产物以工资的形式同劳动对立起来了，它和劳动分离开来，并且通常也是由竞争来决定，因为……我们没有一个固定的尺度来确定劳动在生产中所占的比重"①。于是，"只要私有制存在一天，一切终究都会归结为竞争"②。可是竞争产生垄断，同时垄断也产生竞争。正因为如此，"竞争的矛盾和私有制本身的矛盾是完全一样的"，"公共利益和私人利益是直接对立的"。③

从这种观点出发，恩格斯指出，力图使需要和供给保持一致的竞争规律必然要产生不一致，为了证实这一点，提出了下面的事实，即商业危机"就像彗星一样有规律地反复出现，在我们这里现在是平均每五年

---

① 《马克思恩格斯全集》第1版第1卷第611页。
② 《马克思恩格斯全集》第1版第1卷第612—613页。
③ 《马克思恩格斯全集》第1版第1卷第612—613页。

到七年发生一次"①。他说:"只要你们继续照目前这样无意识地毫不思考地全凭偶然性来进行生产,那么商业危机就会继续下去",同时,他批判那些"没有勇气看事实"的经济学家,不可能理解由竞争引起的生产的激烈波动,不可能理解繁荣和危机、生产过剩和停滞的交替。尤其对于马尔萨斯的人口理论,恩格斯认为,它在否定人的方面达到了顶峰,并说:这种理论,"向我们指出,私有制如何最终使人变成了商品,使人的生产和消费也仅仅取决于需求;它指出竞争制度因此屠杀了,并且每日屠杀着千百万人;这一切我们都看到了"②,这一切,促使我们去废除私有制。

二、马克思和恩格斯研究经济学的历程

马克思为《德法年鉴》撰写的《〈黑格尔法哲学批判〉导言》原来是一篇"序论"。这篇"序论"是根据一个笔记写成的,而这个笔记是马克思1843年夏天以黑格尔法哲学批判的形式对法学和国家学说进行了批判,而且它的续篇也已经完成〔参看卢格致费尔巴哈的信(1844年2月5日)载于《马克思恩格斯年鉴》1978年第1卷第384页〕。然而,在确定这部著作的一部分文稿准备付印的过程中,马克思显然发现,把对黑格尔哲学见解的批判同对其素材本身的批判搅和在一起的做法是不妥当的。于是,他改变了计划,决定将两者分开,对法、道德、政治等等的批判单独进行。最后,再加上对黑格尔哲学的批判,计划以《政治和政治经济学批判》为题,出版两卷本。今天,我们看到的《经济学哲学手稿》可以看做是这种尝试中的一部著作。马克思自己在后者

---

① 《马克思恩格斯全集》第1版第1卷第614页。
② 《马克思恩格斯全集》第1版第1卷第621页。

的序言中说，在《德法年鉴》中，已大致概述了《经济学哲学手稿》的最基本的观点，这就是佐证。

在这部《手稿》中，马克思自己清楚地说明了，他的结论是"通过完全经验的以对国民经济学进行认真的批判研究为基础的分析得出的"①，他除了法国和英国的社会主义者的著作外，还利用了德国社会主义者的著作，除了魏特林的著作以外，还利用了赫斯的几篇论文和恩格斯的《国民经济学批判大纲》。

于是，马克思认为对"市民社会"的解剖应该到"国民经济学"即"政治经济学"中去寻求。他在巴黎开始的政治经济学的研究，成为他后来完成《资本论》巨著的二十余年漫长道路的第一步。

1. 马克思的"异化"理论

马克思从1844年春天到夏天，阅读了斯密、李嘉图、萨伊、穆勒等人的著作，作了九本摘录笔记，并以三本笔记为基础，撰写了《经济学哲学手稿》。下面让我们主要来看一下该书的内容。

在第一手稿中，马克思首先从资本、地产和劳动三者分离这一"国民经济学"的前提的现实出发，分别就资本的利润、地租和工资，阐明了它们的对立、竞争的关系。谈到工资时，考察了斯密提出的"增进的社会"、"停滞的社会"和"减退的社会"这三种社会状态。马克思阐明了，即使在工资提高率超过"适合于普遍人水平的最低工资"的最富裕的状态下的"增进社会"，也就是在对劳动者最好的社会状态下，劳动者仍然会陷入"复杂的贫困"之中。在这种社会中，资本家相互竞争，对工人的需求超过了工人对他们的供给。但是，第一、工资的提

---

① 《马克思恩格斯全集》第1版第42卷第45页。

高引起劳动者的"过度劳动",所谓资本的积累的增大就是"工人的劳动产品越来越多地从他手中被剥夺"①。相互促进的分工和资本积累使得工人日益依附于"极其片面的、机械般的劳动"②,精神上和肉体上被贬低为机器。并且,资本家间的竞争日益加剧,资本积累日益增长,一部分资本家破产沦为劳动者阶级,因此,劳动者工资下降,更加依赖于大资本家,一部分劳动者必然要陷于行乞或饿死状态。最终,资本的积累引起了生产过剩,其结果,相当一部分劳动者失业,或者工资下降到极其可怜的最低限度。于是,"在社会财富增进的状态中,工人的沦亡和贫困化是他的劳动的产物和他生产的财富的产物。就是说,贫困从现代劳动本身的本质中产生出来"③。

这一点,在第一手稿的后半部分"异化劳动"中,作了更加详细和明确的说明。马克思的出发点——国民经济学的事实是,劳动者生产的财富越多就越贫困,劳动者制造的商品越多,他自己就越是变成廉价的商品,"物的世界的增值同人的世界的贬值成正比"④。从这一事实出发,第一、马克思发现了劳动所生产的对象,即劳动产品是同劳动者异己的东西;第二、马克思阐明了"异化不仅表现在结果上,而且表现在生产行为中,表现在生产活动本身中"⑤。前者是"物的异化",后者不外是劳动者的"自我异化"。也就是说,对劳动者说来,劳动是外在的东西,因而不是自由意志的体现,而是强制劳动,不是他自身的东西,

---

① 《马克思恩格斯全集》第 1 版第 42 卷第 52 页。
② 《马克思恩格斯全集》第 1 版第 42 卷第 52 页。
③ 《马克思恩格斯全集》第 1 版第 42 卷第 55—56 页。
④ 《马克思恩格斯全集》第 1 版第 42 卷第 90 页。
⑤ 《马克思恩格斯全集》第 1 版第 42 卷第 93 页。

是属于他人，是"他自身的丧失"①。

马克思从异化劳动已有的两个规定，推出它的第三个规定，即人的"类的存在"的异化。人是"类的存在物"，"自由自觉的活动"是区别于动物的人类的特性。人类加工自然界，创造对象的世界。可是，异化劳动"把类生活变成维持个人生活的手段"②。马克思进一步详细地说道："异化劳动从人那里夺去了他的生产的对象，也就从人那里夺去了他的类生活，即他的现实的、类的对象性，把人对动物所具有的优点变成缺点……同样，异化劳动把自我活动、自由活动贬低为手段，也就把人的类生活变成维持人的肉体生存的手段"③。

最后，第四点是上述三个规定的直接归结，指出"人从人那里异化"。"人的异化，一般地说人同自身的任何关系，只有通过人同其他人的关系才得到实现和表现"④。

于是，由于异化劳动，便产生了这样一种关系，即劳动者同与劳动无缘的、在劳动之外的人［资本家——作者］的劳动的关系。从这里，马克思阐明了资本家占有的私有财产是异化劳动的产物，是必然的归结。关于这一点，可以说，马克思进一步地深入地发展了恩格斯《大纲》的内容。

蒲鲁东反对私有财产，拥护劳动。对此，马克思从上述观点出发，批判他忽视了私有财产是异化劳动的结果。同时，马克思指出社会从私有财产中的解放，是通过"工人解放这种政治形式表现出来的"⑤。因

---

① 《马克思恩格斯全集》第 1 版第 42 卷第 94 页。
② 《马克思恩格斯全集》第 1 版第 42 卷第 96 页。
③ 《马克思恩格斯全集》第 1 版第 42 卷第 97 页。
④ 《马克思恩格斯全集》第 1 版第 42 卷第 98 页。
⑤ 《马克思恩格斯全集》第 1 版第 42 卷第 98 页。

为工人处于人类一切奴隶状态之中，工人的解放包含着"全人类的解放"①。这里，马克思相当明确地表述了他对与私有财产对立的"真正人的和社会的财产"②，即共产主义的展望。

同时，马克思在第一手稿中，首先通过说明劳动异化的机制，开辟了重新理解私有制起源问题的道路。也就是说，在异化劳动的四个规定中，前两者与资本的直接生产过程有关。后两者，事实上与资本的再生产过程有关。因而是与整个资本主义的社会机制，尤其与资产阶级和劳动者阶级的敌对关系相联系的。我们可以看出，马克思的意图在于，力图阐明劳动从属于资本的结构，从属于资本主义生产关系得以维持和强化的结构。

这一点，我们可以从第二手稿（可以推断该手稿是《经济学哲学手稿》的主要部分）残存的极少的文稿中得到证实。"工人生产资本，资本生产工人，因而工人生产自身，而且人作为工人、作为商品就是这整个运动的产物"③。"在国民经济学看来，工人的需要不过是维持工人在劳动期间的生活的需要，而且只限于保持工人后代不致死绝的程度。因此，工资就与其他任何生产工具的保养和维修，与资本连同利息的再生产所需要的一般资本的消费，与为了保持车轮运转而加的润滑油，具有完全相同的意义。"④ 这些表述都指明了在资本的再生产过程中劳动者这一商品的地位和作用。在第二手稿的最后，马克思写道："工人本身是资本、商品"⑤。这一句话，极为清楚地归纳了其内容，值得注意。

---

① 《马克思恩格斯全集》第 1 版第 42 卷第 101 页。
② 《马克思恩格斯全集》第 1 版第 42 卷第 102 页。
③ 《马克思恩格斯全集》第 1 版第 42 卷第 104 页。
④ 《马克思恩格斯全集》第 1 版第 42 卷第 105 页。
⑤ 《马克思恩格斯全集》第 1 版第 42 卷第 111 页。

2. 马克思和恩格斯的共同理论活动

1844年8月末,恩格斯在巴黎再次拜访马克思时,他们已经"在一切理论领域中都显出意见完全一致"①。他们从此便开始了共同的理论活动。

他们活动的第一个成果是,出版了《神圣家族,对批判的批判所做的批判,驳布鲁诺·鲍威尔及其伙伴》(1845年2月发行)。该书极少的一部分由恩格斯完成,其他大部分由马克思执笔。从1844年9月的序言中以及其他文章中可以看出,不能否认,该书仍然保留了费尔巴哈的"现实的人本主义"思想的残余。然而,在批判国民经济学这一点上,显然前进了一步。也就是说,马克思一方面高度地评价了蒲鲁东由于把劳动时间看做是工资和决定产品价值的尺度,因而重视人的活动。同时,另一方面,马克思批判说,蒲鲁东不过是在工资及雇佣劳动这一异化的形式上承认这种活动。总之,蒲鲁东"以政治经济学的观点对政治经济学进行批判"②。当然,在这个时期,马克思也有不正确的见解,认为:"生产某个物品所必须花费的劳动时间属于这个物品的生产费用"③。当时,马克思理论上还没有达到这样的高度,即站在彻底的劳动价值学说的立场上,批判资产阶级经济学的价值论。然而,我们不能不看到,以蒲鲁东的见解为媒介具体地批判了蒲鲁东自身不能摆脱的资产阶级的经济学,尤其是批判了斯密的价值论的基本立场。

另一方面,在巴黎停留的十天中,恩格斯仅写完了《神圣家族》

---

① 《马克思恩格斯全集》第1版第21卷第247页。
② 《马克思恩格斯全集》第1版第2卷第62页。
③ 《马克思恩格斯全集》第1版第2卷第61页。

的开始部分。回到故乡巴门，恩格斯执笔写了《英国工人阶级状况》，于翌年（1845 年）春天出版。在同年 3 月 15 日所作的"序言"中，他说："工人阶级的状况是当代一切社会运动的真正基础和出发点。"① 在该书的《导言》中，他进一步阐明了产业革命变革了整个资产阶级社会；英国是这一变革的最早的发源地，因而英国也是这一变革最重要的结果——无产阶级的发展的最早的发源地。在《大城市》及《结果》这两章中揭露了"社会性杀人"。这在今天来说恐怕是对"公害"问题的最早的批判，这里无需多言。在《竞争》这一章中，谈到了工资的变动及其最低限度；谈到了资产阶级的奴隶——工人和古代奴隶的差异，谈到了失业危机及其周期。这些不外是在具体事实的基础上，对资产阶级政治经济学的批判。

3. 唯物史观的确立

1845 年春，马克思把对费尔巴哈的批判写成十一条提纲写在备忘本中，与迄今为止的直观的唯物主义相对立，强调"革命实践"的意义，主张必须在市民社会自身中，在其矛盾中理解旧唯物主义的立脚点——"市民社会"，同时，必须从实践上去变革它。

1845 年秋天到翌年春天，生活在布鲁塞尔的马克思和恩格斯共同撰写《德意志意识形态》一书，它大部分是由恩格斯执笔的，但是同上述的提纲一样，阐明了与费尔巴哈的直观的唯物主义相对立的"实践的唯物主义"才是共产主义，阐明了通过变革自然的劳动来变革人的社会关系本身的观点，确立了后来被称为"唯物主义的历史观"（唯物史观）的立场。

---

① 《马克思恩格斯全集》第 1 版第 2 卷第 278 页。

他们认为,"市民社会包括各个个人在生产力发展的一定阶段上的一切物质交往",也就是说,包括"该阶段上的整个商业生活和工业生活"①。原来"市民社会"这一用语是十八世纪产生的。当时,财产关系已经摆脱了古代的和中世纪的共同体,市民社会本身同资产阶级同时发展。于是,"这一名称始终标志着直接从生产和交往中发展起来的社会组织,这种社会组织在一切时代都构成国家的基础和任何其他的观念的上层建筑的基础"②。

显而易见,这种新的历史观就是马克思和恩格斯从自己一直坚持研究的"市民社会的解剖学"——资产阶级政治经济学的批判性的研究中得出的初步结论。正是这一结论,才是他们后来更加全面和彻底地批判资产阶级政治经济学的必不可少的"导线",因而也才是他们后来更加全面地和彻底地阐明"市民社会",即资本主义社会的经济结构及其运动规律的必不可少的"导线"。在这一点上,正如列宁指出的,自从《资本论》问世以来,唯物主义历史观已经不是"假设",而是"科学地证明了的原理"③。

4. 关于资本主义生产关系的阐明

1846年2月,马克思和恩格斯在布鲁塞尔创立了"共产主义通讯委员会",作为筹建社会主义者和共产主义者的国际组织的第一步。在发动伦敦、巴黎等地的群众的同时,他们继续对政治经济学进行了批判性的研究。1846年末,蒲鲁东的著作《经济学的矛盾体系》,又名《贫

---

① 《马克思恩格斯全集》第1版第3卷第41页。
② 《马克思恩格斯全集》第1版第3卷第41页。
③ 《列宁全集》第2版第1卷第122页。

困的哲学》一书刚刚问世，马克思就开始对它进行批判。1847年7月出版的马克思著作《哲学的贫困》是对蒲鲁东的《贫困的哲学》的回答，也是其批判成果的体现。书中，马克思高度地评价了李嘉图的劳动价值学说，认为它从理论上正确地表述了"资产阶级生产的实际运动"，同时，他批判蒲鲁东把李嘉图的价值学说作为"无产阶级求得解放的'革命理论'"，而"平等地"加以运用是"乌托邦式的解释"①。

马克思认为："如果商品的相对价值由生产商品所需的劳动量来决定，那么自然就会得出结论说，劳动的相对价值或工资也由生产工资所必需的劳动量来决定"。根据这一认识，于是马克思推断说：工资是"由生产工人一切生活必需品所必要的劳动时间来决定"② 的。由于他认为这种"商品—劳动"的自然价格"无非是工资的最低额"，因此，马克思主张，劳动价值论同现实的阶级对立是并存的，它同工人和资本家之间的劳动产品不平等的分配并不矛盾。由于马克思还没有弄清"劳动力"也是商品这样一种关系，因而也就没有能够阐明剩余价值是怎样产生的。因此，"由劳动时间衡量的相对价值"没有经过剩余价值的媒介，就原封不动地被认为"工人遭受现代奴役的公式"③。马克思进而主张，由于和产品的个人交换相对应的一定的生产方式与各阶级的敌对关系相一致，因而"没有阶级对抗就不会有个人交换"④。

上述思想贯穿于1847年下半年恩格斯起草的"共产主义者同盟"的纲领草案——《共产主义的原理》中，也直接地体现在马克思亲自担负起草任务的《共产党宣言》中。关于这一点，如果我们深入地研

---

① 《马克思恩格斯全集》第1版第4卷第90—95页。
② 《马克思恩格斯全集》第1版第4卷第94页。
③ 《马克思恩格斯全集》第1版第4卷第95页。
④ 《马克思恩格斯全集》第1版第4卷第117页。

究一下1847年年底以前马克思所做的以《雇佣劳动与资本》为主题的几次演说中的观点,然后再深入研究一下1849年《新莱茵报》上连载的同一题名的论文,就会更加清楚了。在《雇佣劳动与资本》中,马克思把资本主义生产关系理解为"资本以雇佣劳动为前提,而雇佣劳动又以资本为前提"①这样一个再生产过程,工人不仅生产商品,而且"生产资本",也就是说,"生产重新供人利用去支配他的劳动,并借他的劳动创造新价值的价值"②。从这种观点出发,马克思强调工资不是工人在他所生产的商品中占有的一份,而是"原有商品中由资本家用以购买一定量的生产劳动的那一部分"③,也就是极其自然的了。

综上所述,十九世纪四十年代后半期,马克思和恩格斯的政治经济学的见解,其特征可以说在于,他们把重点置于把握资本家阶级和工人阶级处于敌对关系的资本主义的生产关系上。因而,当时尚未达到这样的水平:分析贯穿这种资本关系并构成其经济基础的商品关系本身,与此相应,他们虽然把工资理解为工人与资本家关系的表现,是同利润相对抗的,但是还没有能阐明劳动力这一商品的特殊性。

三、走向《资本论》的道路

1848年,法国爆发了二月革命。这个革命波及到德国以后,马克思和恩格斯便中断了对经济学的研究,投身于二月革命的浪潮中去了。随着1849年革命的失败,马克思和恩格斯相继流亡到伦敦。马克思很快于1850年秋又重新开始研究经济学。他借助于英国博物馆的方便,

---

① 《马克思恩格斯全集》第1版第6卷第490页。
② 《马克思恩格斯全集》第1版第6卷第490页。
③ 《马克思恩格斯全集》第1版第6卷第477页。

阅读了该博物馆收藏的大量经济学文献；加之伦敦是当时世界资本主义的中心；并且适逢资本主义处于新的发展阶段，加利福尼亚和澳大利亚都发现了黄金；特别是资本主义开辟了确保亚洲市场的太平洋航线，完成了世界市场体系的建立，因而马克思决心重新开始研究，批判性地使用新的材料。

1. 为《政治经济学批判》做的准备

马克思肯定二月革命爆发的真正原因是1847年的经济危机，并认识到，反革命的胜利和政治上日趋反动的基础是经济繁荣。从此他摆脱了以前抱有的革命很快就要到来的幻想。"**新的革命只有在新的危机之后才有可能，但是新的革命的来临像新的危机来临一样是不可避免的**"① 这句话，说明了马克思当时的思想认识。

马克思从1851年起，重新阅读了亚当·斯密和大卫·李嘉图的主要英文版著作。特别是研究了货币问题，但是常常因为生活极端贫困而中断研究。在1850年至1853年马克思写的二十四本笔记中，记载在笔记Ⅶ中的题为《反思》的草稿，人们推断大概是1851年3月写的。马克思在这本笔记中，虽然把货币制度看做是建立在阶级对立基础上的，但是，他也指出了货币"抹杀和掩盖了阶级性质"，并说："在消费者和实业家之间的贸易行为中，质的阶级差别消失在量的差别中。"这两句话，是值得重视的。马克思联系到1856年秋开始的货币危机重新开始了他的研究工作。为了准备即将来临的货币危机，因而也是为了准备革命的到来，他从1857年到1858年，除了《导言》外，还写了包括《货币》和《资本》两章在内的七本笔记。最初，马克思没有加上

---

① 《马克思恩格斯全集》第1版第7卷第514页。

标题。他在1857年12月8日给恩格斯的信中写道："我现在发狂似地通宵总结我的经济学研究"，为的是"在洪水〔危机——作者〕之前至少把一些基本问题搞清楚"①，并且，在笔记的第七册的封皮上写有"Poli·Econ·Critism of"（《马克思恩格斯全集》国际版第2部分第1卷第1册注释第26页至27页）字样，所以今天才给这个草稿冠以《政治经济学批判大纲》这个标题。

但是，马克思就自己的研究在1858年2月22日给拉萨尔的信中写道："**对经济学范畴的批判**"，或者，也可以说是"**对资产阶级经济学体系的批判**"②，并且还说："这同时也是对上述体系的叙述和在叙述过程中对它进行的批判"③。如果我们把马克思当时对于这个"体系"的一些设想加以归纳的话，可以整理出如下的几个结构计划。

　Ⅰ 资本
　　a 资本一般
　　　1 价值
　　　2 货币
　　　3 资本
　　　　（1）资本的生产过程
　　　　（2）资本的流通过程
　　　　（3）两者的统一以及资本和利润、利息
　　b 竞争
　　c 信用
　　d 股份资本

---

① 《马克思恩格斯全集》第1版第29卷第219页。
② 着重号是作者加的。——译者注
③ 《马克思恩格斯全集》第1版第29卷第531页。

II 土地所有

III 雇佣劳动

IV 国家

V 对外贸易

VI 世界市场

上述《大纲》，在这个体系中，看来，那是想要叙述"资本一般"。关于这一点，可以说，在后来的《资本论》中也基本上没有变化。在这种意义上，可以认为，《大纲》是《资本论》的第一个草稿（维戈茨基：《〈资本论〉创作史》1970年俄文版）。

斯密和李嘉图当做出发点的"单个的孤立的个人"这一观念，在《大纲》的《导言》里，实际上被认为是"于十六世纪以来就作了准备、而在十八世纪大踏步走向成熟的'市民社会'的预感"①。也就是说，"产生这种孤立个人的观点的时代，正是具有迄今为止最发达的社会关系（从这种观点看来是一般关系）的时代"②。在这里，马克思批判了巴师夏、凯里和蒲鲁东，他们这些人，把十八世纪的人们已经有的这种荒诞无稽的看法引进到经济学的中心地位上来。

因此，说到生产，总是指"在一定社会发展阶段上的生产——社会个人的生产"③。如果仅仅根据一切生产阶段共同的抽象规定的"生产一般"，那就无法理解现实的历史生产阶段。

马克思在《大纲》里还论述了"经济学的方法"。"经济学在它产

---

① 《马克思恩格斯全集》第1版第46卷上册第18页。
② 《马克思恩格斯全集》第1版第46卷上册第21页。
③ 《马克思恩格斯全集》第1版第46卷上册第22页。

生时期在历史上走过的道路"①,譬如说,十七世纪的经济学方法好比是"分析"的道路。从人口这一具体要素开始,到分析分工、货币、价值等抽象的因素。十八世纪以后,从根据这种分析得到的最简单的关系"上升"到具体的东西的经济学各种体系就开始出现了。这种道路显然是"科学上正确的方法"②,但"决不是具体本身产生的过程"③。因此,我们必须铭记,在经济学的范畴的发展中,作为主体的现代资产阶级社会,经常浮现在表象面前,而且,各种范畴"表现这个一定社会即这个主体的存在形式、存在规定、常常只是个别的侧面"④。这样,马克思也就阐明了:经济学的范畴的"次序是由它们在现代资产阶级社会中的相互关系决定的"⑤,这种关系同表现出来的它们的自然顺序或者符合历史发展的次序恰好相反。

在《大纲》的正文里,虽然没有把"价值"(后来称《商品》)作为独立的一章写出来,但在《货币》章里,通过对蒲鲁东主义观点的批判,阐明了作为商品的特殊的、自然的性质和作为交换价值的一般的、社会的性质这种商品的二重性,提出了从两者之间的矛盾中产生货币的必然性。而且,也指出了物化在商品二重性中的劳动时间的差异。

马克思在《资本》章里,关于《资本的生产过程》的一篇,曾经论述说:在"资本和劳动相交换"的时候,资本家取得的是"使用价值:对别人劳动的支配权"⑥,工人提供的使用价值"只有作为他自身

---

① 《马克思恩格斯全集》第 1 版第 46 卷上册第 38 页。
② 《马克思恩格斯全集》第 1 版第 46 卷上册第 38 页。
③ 《马克思恩格斯全集》第 1 版第 46 卷上册第 38 页。
④ 《马克思恩格斯全集》第 1 版第 46 卷上册第 44 页。
⑤ 《马克思恩格斯全集》第 1 版第 46 卷上册第 45 页。
⑥ 《马克思恩格斯全集》第 1 版第 46 卷上册第 240 页。

的能力、技能才能存在"，从而开辟了把握通过劳动力这一特殊商品的买卖而实现的剩余价值的产生过程的道路。接着，马克思在《资本的流通过程》一篇里提出了资本把产品变为商品必然引起经济危机的论断，并在阐明剩余价值转化为资本的积累中，论述了自己劳动产品归自己所有转化为占有他人劳动的"所有权规律的转变"。然后，马克思又叙述了活劳动力同作为物化劳动的生产资料相分离过程的"资本关系的形成即原始积累"以及它以前各种形式。接着，马克思对资本的流通过程本身，阐明了关于循环和周转的各个问题。最后，以《资本是结果实的东西……剩余价值转化为利润》的一篇作为结尾。

在此之后，马克思在《大纲》第Ⅶ笔记本里，一开始就叙述了题为《价值》这一部分。他一开头就说："这一篇，以后还要谈到"。这一点，说明了马克思的研究已经开始了一个新的阶段（米斯凯维奇著《马克思1859年至1861年经济学研究的年谱》）。

从1858年秋，马克思增加了《大纲》中缺少的《商品》章，并进一步详细地充实了《货币》章。然后，又把两章作为《政治经济学批判》第一分册，于1859年发表。

特别是，马克思在阐明了抽象劳动和具体劳动的二重性和价值形式以后，把以李嘉图为顶峰的古典经济学放在最基础的部分加以批判，揭示了在最简单的形式——商品形式中存在着资本主义生产矛盾的萌芽；同时，还粉碎了蒲鲁东派的小资产阶级社会主义——共产主义的"假兄弟"，蒲鲁东派的小资产阶级社会主义"要保存私人的生产，但是私人产品的交换要加以组织，它要商品，但是不要货币"①。

---

① 《马克思恩格斯全集》第1版第29卷第554页。

2. 十九世纪六十年代的若干经济学草稿

《政治经济学批判》发表以后，马克思对于作为续篇的第三章，制定了如下的大纲（见《马克思恩格斯全集》第 1 版第 46 卷下册第 541—549 页）。这一时期，最初人们认为是 1859 年 2 月至 1859 年 3 月，但是，后来又有人推定是 1861 年夏。最近，人们又断定还是 1859 年 2 月至 1859 年 3 月。

Ⅰ 资本的生产过程
 （1）货币转化为资本
  （α）过渡
  （β）资本和劳动能力的交换
  （γ）劳动过程
  （δ）价值增殖过程
 （2）绝对剩余价值
 （3）相对剩余价值
  （α）大量人的协作
  （β）分工
  （γ）机器
 （4）原始积累
 （5）雇佣劳动和资本
Ⅱ 资本的流通过程
Ⅲ 资本和利润
 其他问题

马克思在这个大纲的基础上，从 1861 年开始执笔写了题为《政治经济学批判。第三章资本一般》的草稿,到了 1863 年 7 月,包括所谓《剩余价值学说史》在内,共作了长达一千五百页的二十三本笔记。

在这一阶段,(1)《货币转化为资本》一节已经相当完整,笔记的封皮里面写着"1861 年 8 月。第三章。资本一般。"其目录如下。但 h 项记述在笔记 II 封皮的内侧。(《马克思〈资本论〉草稿集》4)

(I) **资本的生产过程**

  (1) **货币转化为资本**

    (a) 资本的最一般的形式

    (b) 困难

    (c) 资本与劳动力之间的交换

    (d) 劳动力的价值

    (e) 劳动过程

    (f) 价值增殖过程

    (g) 资本主义生产

    (h) 转化过程的两个组成部分

在大体根据这个目录写的文章里,重新详细地叙述了"劳动力的价值",但是,仍然保留了把"最低工资"看做是"平均工人工资"的观点,并且,把"劳动过程"和"价值增殖过程"放在这一节里。接着,经过(2)"绝对剩余价值"到达(3)"相对剩余价值",在粗略地研究《机器》的章节里,转到研究(5)《剩余价值理论》。(《马克思〈资本论〉草稿集》5)

马克思本来想仿效《政治经济学批判》的前例,对《商品》和《货币》各章分别从学说史上进行考察。然而,当他全面研究了亚当·斯密和大卫·李嘉图时,对他们把剩余价值本身与其表现形式的利润、地租混为一谈进行了批判，进而，还多方面地探讨了超过斯密的魁奈的《经济表》里表述的再生产过程，制定了取代它的马克思自己的"经济表"。

马克思从学说史上扩大了研究的内容，同时，在写出了《资本和利润》一篇之后，从1863年1月以后，再次回到了《资本生产过程》这一篇上来，作为《相对剩余价值》这一节的继续，撰写了《机器》。在第XX本笔记的封皮上记载着："相对剩余价值和绝对剩余价值。工资与剩余价值之间的比例。作为劳动的价值或价格的劳动力的价值的转化形式。剩余价值同可变资本的比例或者剩余劳动同必要劳动的比例的派生形式"，并根据这个笔记重新增加了（4）《相对剩余价值和绝对剩余价值》一节。而且，马克思除了《积累》和《原始积累》之外，还考察了包括《再生产过程的经济表》（第XXII笔记本）在内的各项问题。马克思1863年1月写的一个大纲，体现了他的这些构思，十分有意义。① 马克思的大纲如下：

第一篇 资本的生产过程

一、导言。商品，货币。

二、货币转化为资本。

三、绝对剩余价值。（a）劳动过程和价值增殖过程。（b）不变资本和可变资本。（c）绝对剩余价值。（d）争取正常工作日的斗争。（e）同一时间的工作日（同时雇用的工人数量）。剩余价值额和剩余价值率。（大小和高低？）

四、相对剩余价值。（a）简单协作。（b）分工。（c）机器，等等。

五、绝对剩余价值和相对剩余价值的结合。雇佣劳动和剩余价

---

① 参看《马克思恩格斯全集》第1版第26卷第1册第446—448页。

值的关系（比例）。劳动对资本的形式上的隶属和实际上的隶属。资本的生产性。生产劳动和非生产劳动。

六、剩余价值再转化为资本。原始积累。威克菲尔德的殖民学说。

七、生产过程的结果。

（占有规律的表现中的变革可以在第 6 点或第 7 点中考察。）

八、剩余价值理论。

九、关于生产劳动和非生产劳动的理论。

第三篇 资本和利润

一、剩余价值转化为利润。不同于剩余价值率的利润率。

二、利润转化为平均利润。一般利润率的形成。价值转化为生产价格。

三、亚·斯密和大·李嘉图关于利润和生产价格的理论。

四、地租（价值和生产价格的区别的例解）。

五、所谓李嘉图地租规律的历史。

六、利润率下降的规律。亚·斯密、李嘉图、凯里。

七、利润理论。（问题：是不是还应该把西斯蒙第和马尔萨斯包括在《剩余价值理论》里？）

八、利润分为产业利润和利息。商业资本。货币资本。

九、收入及其源泉。这里也包括生产过程和分配过程之间的关系问题。

十、资本主义生产总过程中货币的回流运动。

十一、庸俗政治经济学。

十二、结束语。资本和雇佣劳动。

马克思写完了1861—1863年草稿后，从1863年7月末立即开始誊写清样，准备出版，到了1865年末写了一部三册的新本。在这之前，马克思于1862年12月28日给库格曼的信中曾经这样说过："它是第一册的续篇，将以《资本论》为标题单独出版，而《政治经济学批判》这个名称只作为副标题。"① 从这段话来看，这个稿子名副其实是一部新著。至于1863—1865年草稿，第一册只是保留了《第六章直接生产过程的结果》这一部分。另外，第三册虽然许多东西已经残缺不全，但第二册《资本的流通过程》不仅是"第一个从体系上叙述资本的流通理论"②，而且包含了对于已经写出来的第一册和即将撰写的第三册的参照和提示。基于以上所述，对于第一册（1863年末—1864年6月），我们大体上知道它是按下述次序来构成体系（请参看苏共中央马克思列宁主义研究院马恩室学报1973年第23期刊载的米兹凯维奇论文。在这篇文章中说，第五章（一）中增加了"积累公式"，第二册初稿关于这一处文字也可以辨认为"从形式上来考察积累"，因此，这里也不准备提出研究了）。

第一册　资本的生产过程
　第一章　货币转化为资本
　第二章　绝对剩余价值
　　一、劳动过程和价值增殖过程
　　二、不变资本和可变资本
　　三、绝对剩余价值
　第三章　相对剩余价值

---

① 《马克思恩格斯全集》第1版第30卷第636页。
② 《马克思恩格斯全集》俄文版第49卷序言。

第四章　绝对剩余价值和相对剩余价值的结合

第五章　剩余价值再转化为资本。

　　　　资本的原始积累

一、剩余价值再转化为资本

二、资本的原始积累

第六章　直接生产过程的结果

一、生产剩余价值的资本主义生产

二、以独立的、资本主义的过程为特征的全部关系的生产和再生产

三、作为资本产品即资本主义生产的产品的商品

此外，再来叙述一下第二册（1864年至1865年春）和第三册（1865年）的结构。

第二册　资本的流通过程

第一章　资本流通

一、资本的形态变化。货币资本。生产资本。商品资本

二、生产时间和流通时间

三、流通费用

第二章　资本周转

一、周转的概念

二、固定资本和流动资本。周转时间。周转时间对产品和价值生产的影响以及对剩余价值生产的影响

第三章　流通和再生产

一、资本和资本、资本和收入的交换。固定资本的再生产

二、收入和资本。收入和收入。资本和资本（它们之间的交换）

三、积累或扩大再生产

四、对积累起媒介作用的货币流通过程

五、再生产过程的平行性、相继性、增长、循环

六、必要劳动和剩余劳动（剩余产品）

七、再生产过程的破坏

第三册　总过程的各种形式

第一章　剩余价值转化为利润

第二章　各生产部门的资本的各种结构和由此产生的各种利润率

第三章　资本主义生产发展中的一般利润率下降趋势的规律

第四章　商品资本和货币资本转化为商品经营资本和货币经营资本或商业资本

第五章　利润分解为利息和企业主收入（产业利润和商业利润）。产生利息的资本

第六章　地租

第七章　各种表现形式（地租、利润、利息）。阶级斗争

由上述三册组成的1863—1865年草稿，各册分别独立地编了自己的页次。特别是第一册，它的特色是，注解按章次连续编号，因为原稿要送印刷厂出版，所以订正和涂改之处极少。《资本论》在这里已经第一次显示了它的庞大的内容体系。

马克思从1866年1月1日起开始第一册的誊清工作。他不断受到病魔的干扰以及生活上困难的阻挠，还有刚刚建立起来的"国际工人协会"（第一国际）的领导工作，经常侵占他的写作时间，但由于恩格斯从物质和精神两个方面的帮助，终于完成了定稿工作。最后，马克思还增加了从历史上来叙述《工作日》一节，而且在1867年7月25日的

《序言》中还强调了工厂法的意义，这充分地说明了《资本论》的实践意义。

这样，《资本论》便于1867年9月11日问世，它的宗旨就是要成为工人阶级所掌握的武器（根据艾凯·科普：《卡尔·马克思的〈资本论〉第一卷实际上是何时出版的》，载于《马克思恩格斯研究论集》1978年柏林版第3卷）。这部巨著的最终目的是"揭示现代社会的经济运动规律"，它的对象是研究"资本主义生产方式以及和它相适应的生产关系和交换关系"。《资本论》这部伟大的著作是马克思和恩格斯研究经济学二十余年的结晶，同时，也是集建立在"唯物主义基础"上、贯穿着"批判的、革命的"辩证的科学社会主义和工人阶级解放理论之大成。

（原载冈本博之主编《马克思〈资本论〉研究》
1980年日文版第85—115页）

（李成鼎 译）

恩格斯论马克思《资本论》的创作问题*

〔苏〕维·维戈茨基①

恩格斯不仅对制定马克思主义经济学理论作出了巨大的独立贡献,不仅是《资本论》第二卷和第三卷的实际合著者,而且他还是马克思的经济学理论和经济学研究方法的目光非常深刻的鉴识家和解释者。恩格斯理论活动的这一侧面,具体表现在他所写的马克思传略、《反杜林论》、马克思的《政治经济学批判》第一分册和《资本论》第一卷的几篇书评、他所写的《资本论》三版序言、《哲学的贫困》两个德文版序言、马克思的《雇佣劳动与资本》单行本导言、书信以及其他一些著作之中。恩格斯对马克思主义的经济学说的内容、它在政治经济学史上的地位、它的主要发展阶段、它的方法论以及同马克思主义理论其他组成部分的相互联系所作的基本评述,充分保持着自己的价值,是进一步研究马克思列宁主义的历史和理论的出发点。

"恩格斯和马克思的《资本论》"这个题目,在我们的科学出版物

---

* 本文选自《马列主义研究资料》1984年第2辑。
① 作者是苏共中央马列主义研究院研究人员,经济学博士。——译者注

中已得到足够广泛的探讨，① 然而恩格斯对《资本论》创作史——无论马克思的创作进程本身，还是它的方法论——的评述，我们认为都应当做进一步的研究。

一

恩格斯在马克思主义史上第一个对马克思创作经济学理论的多年过程进行了透彻研究，在马克思主义发展的整个来龙去脉中，在马克思主义各个组成部分的相互联系中考察了这一过程。

1859年恩格斯对马克思的《政治经济学批判》第一分册发表了书评，第一次对马克思的经济学说作了评述，同时指出这一学说和马克思主义其他两个组成部分的紧密联系，即在马克思主义理论的各个制定阶段上始终存在的联系。恩格斯把马克思的经济学说在德国的产生同"德国无产阶级政党"的出现联系在一起，指出："它的全部理论内容是从研究政治经济学产生的。"恩格斯还强调说，马克思的政治经济学"本质上是建立在唯物主义历史观的基础上的"，后者是无产阶级政党的

---

① 例如：Л. А. 列昂捷夫：《弗·恩格斯在马克思政治经济学的形成和发展中的作用》1972年莫斯科版；А. И. 马雷什：《弗·恩格斯和无产阶级政治经济学》1970年莫斯科版，《恩格斯和政治经济学的一些问题》(《恩格斯是理论家》1970年莫斯科版第74—136页)；А. И. 马雷什：《恩格斯〈反杜林论〉中的经济理论问题》(《马列著作编译资料》第11辑第107—145页)；伊·卡兹明纳：《恩格斯编辑整理〈资本论〉第三卷所做的工作》(同上书，第17辑第55—80页)；维·维戈茨基：《马克思主义经济学遗产中的〈反杜林论〉》(《经济学问题》1978年第7期)，《〈反杜林论〉中的经济学问题》(《十九世纪马克思主义理论和工人运动》，载苏共中央马列主义研究院《马恩室学报》1978年第1—39页)。

"理论的基础","科学的世界观"①。

恩格斯在1867—1868年写的《资本论》第一卷的几篇书评中,不断强调马克思经济学研究的社会主义倾向性,指出《资本论》从经济上论证了科学社会主义这一事实。恩格斯说明《资本论》是"工人阶级政治经济学的科学表述",他把马克思的经济学研究称为"新的社会主义科学",后者的任务是给无产阶级的"社会主义意图……奠定……科学基础"②。

恩格斯在《反杜林论》(1876—1878)中首次把剩余价值理论的创立,即"通过剩余价值揭破资本主义生产的秘密"这一点称做马克思继唯物史观之后的第二个伟大发现。"由于这些发现,社会主义已经变成了科学"。③ 在价值规律的范围内,在等价交换的范围内创立剩余价值,用恩格斯的话来说,"是马克思著作的划时代的功绩……科学的社会主义就是从此开始,以此为中心发展起来的"④。

马克思创立剩余价值理论,恩格斯称之为在政治经济学中的"完全和彻底的科学革命"。⑤ 因此,恩格斯把制定这一理论的水平当做分析马克思主义经济学说的历史发展的基础。⑥

首先,恩格斯特别划分出十九世纪四十年代,指出1846—1847年

---

① 《马克思恩格斯全集》第1版第13卷第525—526、528页。
② 《马克思恩格斯全集》第1版第16卷第411、242页。
③ 《马克思恩格斯全集》第1版第20卷第30页。
④ 《马克思恩格斯全集》第1版第20卷第222页。
⑤ 《马克思恩格斯全集》第1版第36卷第285页。
⑥ 列宁写道:"剩余价值学说是马克思经济理论的基石。""马克思在《政治经济学批判》(1859年出版)和《资本论》(1867年出版第一卷)两书中,使这门科学革命化了。"(《列宁选集》第1版第2卷第444、579页)

冬天"马克思已经彻底明确了自己的新的历史观和经济观的基本点"。①在《资本论》第二卷序言（1885年）中，恩格斯写道：在四十年代马克思已经"非常清楚地知道'资本家的剩余价值'是从哪里'产生'的，而且已经非常清楚地知道它是怎样'产生'的"；关于这一点，《哲学的贫困》和关于雇佣劳动与资本的讲演就是证明。②后来在1891年，恩格斯又确认："在40年代，马克思还没有完成他的政治经济学批判工作。这个工作只是到50年代末才告完成。因此，他在《政治经济学批判》第一分册出版（1859年）以前发表的那些著作中，有个别地方与他在1859年以后写的著作中的论点不同，并且从较晚的著作来看，有些用语和整个语句是不妥当的，甚至是不正确的。"③

我们认为，恩格斯在这里指的是这一事实：在四十年代，马克思已经明白资本主义剥削机制的一般价值原理。例如，在《雇佣劳动与资本》中，马克思直截了当地指出，工人的财产只是"劳动能力"，通过资本和劳动的交换，工人的"再生产能力"、"劳动力"便转归资本家支配。马克思写道："工人拿自己的劳动换到生活资料，而资本家拿归他所有的生活资料换到劳动，即工人的生产活动，亦即创造力量。这种力量不仅能补偿工人所消费的东西，并且还使积累起来的劳动具有比以前更大的价值。"④我们看到，马克思在这里已非常接近于——甚至在术语方面——解决剩余价值理论的基本问题，在价值规律的范围内说明资本主义的剥削。

马克思在五十年代写作1857—1858年手稿《政治经济学批判》的

---

① 《马克思恩格斯全集》第1版第21卷第205页。
② 参看《马克思恩格斯全集》第1版第24卷第12页。
③ 《马克思恩格斯全集》第1版第22卷第234—235页。
④ 《马克思恩格斯全集》第1版第6卷第489页。

过程中，全面制定了自己的剩余价值理论。《政治经济学批判》第一分册叙述了价值理论和货币理论的研究成果，这些理论是剩余价值理论的前提。在第一分册之后接着应很快出第二分册，在后一分册中计划写作的是剩余价值理论的核心的一章——资本章①。可是，马克思直到1861年8月才着手写作这个第二分册。此外，在写完1861—1863年手稿②的前五个笔记本后，于1862年3月③中断了剩余价值理论的阐述，而从第六个笔记本起开始了新一轮的历史批判的考察，其成果体现在《剩余价值理论》中。1867年《资本论》第一卷问世，取代了《政治经济学批判》第二分册。

在解释《资本论》创作史④上出现这一重要"转折点"⑤的原因时，恩格斯写道："续篇之所以暂时未能出版，是因为作者当时发现了许多新的材料，认为有必要进一步加以研究。"⑥ 这里指的是什么样的新材料？后来，恩格斯说明如下："第一分册刚出版，马克思就发现他并没有完全弄清楚以后几个分册的基本思想发展中的一切细节；迄今保

---

① 在《政治经济学批判》第一分册的原稿中预计包括第三章《资本》，而第二章（《货币》）把《向资本过渡》作为结束部分。（《马克思恩格斯全集》第1版第46卷下册第427—518页）

② 《马克思恩格斯全集》第1版第47卷第3—592页。

③ 《马克思恩格斯全集》国际版新版第1部分第3卷第12页。

④ 在《资本论》第一卷序言中，马克思只是说在这一卷中要阐述的是那些在《政治经济学批判》第一分册中探讨得不够的原理。马克思还指出，他的经济学著作的"初篇和续篇相隔很久"，是"由于多年的疾病"所致。（《马克思恩格斯全集》第1版第23卷第7页）

⑤ 《马克思恩格斯全集》第1版第31卷第142页。

⑥ 《马克思恩格斯全集》第1版第16卷第411页。

存下来的手稿①是这一点的最好证明。于是他立刻重新开始工作，这样，他没有继续出版那几个分册，而是直到1867年才出版了《资本论。第一册：资本的生产过程》（1867年汉堡出版）。"② 最后，恩格斯在1893年2月7日致俄国社会民主党人弗·雅·施穆伊洛夫的信中作了如下说明："马克思在五十年代一个人埋头制定了剩余价值理论，在他没有完全弄清这一理论的所有结论以前，他坚决拒绝发表关于这一理论的任何材料。因此，《政治经济学批判》的第二分册及以下各分册都没有出版。"③ 可见，马克思虽然在五十年代末，即在1857—1858年手稿和《政治经济学批判》第一分册中"完成了自己的政治经济学批判"，但只是在六十年代前半期，即在写作1861—1863年手稿的过程中，他"才完全弄清这一理论的所有结论"。

毋庸置疑，恩格斯所说的从剩余价值理论中得出的"结论"，首先指的是借助这一理论说明价值和剩余价值的转化形式，即建立平均利润和生产价格理论。马克思在1857—1858年手稿中已经十分接近于制定后一理论，但只是在1861—1863年手稿中，即在对资产阶级政治经济学展开历史批判分析的过程中才完成这一理论的制定。

总之，恩格斯把马克思主义经济学说制定过程的各个基本阶段确定如下：四十年代——认清了剩余价值理论的基本问题，它的价值原理；创立了这一理论的首批要素；五十年代——制定了价值理论和剩余价值理论；六十年代（上半期）——制定了平均利润和生产价格理论（以及剩余价值的其他转化形式的理论）；最终完成剩余价值理论和对资产阶级政治经济学的批判。

---

① 恩格斯指的是1861—1863年手稿。
② 《马克思恩格斯全集》第1版第22卷第398页。
③ 《马克思恩格斯全集》第1版第39卷第25页。

恩格斯的这一分期已被马克思主义史的全部进一步的研究所证实。

二

为了出版《资本论》第二和第三卷，恩格斯对涉及这部著作各个写作阶段的马克思经济学手稿遗产作了详细考察。

首先，恩格斯分析了1861—1863年经济学手稿《政治经济学批判》的内容和结构，把它称之为"《资本论》的第一稿"①。恩格斯的这一评价具有深刻的含义。尽管1857—1858年手稿实际上已经是《资本论》的第一个草稿②，但马克思弄清自己的经济学著作即后来体现在《资本论》中的结构，只是在写作1861—1863年手稿的过程中③。这一手稿的历史批判部分——《剩余价值理论》——的写作，后来被马克思看做就是《资本论》的写作④。恩格斯注意到《剩余价值理论》的巨大意义，并且不止一次地指出把它作为《资本论》第四卷发表的必要性⑤。

恩格斯详细研究了马克思在1863—1867年期间，即在《资本论》第一卷问世以前所写的《资本论》理论部分即该书前三册的写作经过，他写道："在1863年和1867年之间，马克思不仅已经为《资本论》后两卷写成了初稿，把第一卷整理好准备付印，而且还为国际工人协会的

---

① 《马克思恩格斯全集》第1版第36卷第114、134页。
② 参看《马克思恩格斯全集》第1版第46卷上册第3页。
③ 参看《马克思恩格斯全集》第1版第30卷第637页。
④ 参看《马克思恩格斯全集》第1版第34卷第285页。
⑤ 参看《马克思恩格斯全集》第1版第24卷第4、7页；第37卷第135、266、380、516页；第38卷第555页；第39卷第329、338页。

创立和扩大做了大量的工作。"①

　　为了弄清这一时期《资本论》的写作过程，确定马克思有关手稿的写作日期是极为重要的。恩格斯确定这一时期写的第二册第一稿的日期是"1865年或1867年"，而第三册手稿的基本部分确定的日期是1864年至1865年②。最后，恩格斯对《资本论》第一卷出版以后，即1867年到七十年代末这一段时期马克思所写的《资本论》第二册手稿作了详细记叙③。《资本论》第一册的写作时间，恩格斯并不完全清楚。他只指出：1861—1863年手稿"是该书现有的最早文稿"，只是在《资本论》第三册完成之后，"马克思才着手整理……第一卷"④。

　　上边列举的恩格斯关于马克思《资本论》写作过程的说明，对于马克思活动的研究，特别是对于当前用原著文字发表的《马克思恩格斯全集》（国际版）的出版具有重大意义。

　　恩格斯对马克思的创作实验活动，对他的经济学研究方法的评价，同样是十分重要和具有现实意义的。马克思的这一研究方法是辩证唯物

---

　　① 《马克思恩格斯全集》第1版第25卷第7页。
　　② 《马克思恩格斯全集》第1版第24卷第7、9页。马列主义研究院马恩著作室所作的研究，证实了确定的日期的正确性，只有1867年除外，因为当时马克思看样子正在写作第二册的后来的一份草稿（见他1867年8月24日致恩格斯的信，《马克思恩格斯全集》第1版第31卷第331页）。
　　③ 《马克思恩格斯全集》第1版第24卷第7—9页。在这些手稿的最后一个手稿——第VIII稿中，引用的著作属于1879年（《马克思恩格斯全集》第1版第24卷第528、530、573—574页）。
　　④ 《马克思恩格斯全集》第1版第24卷第4、7页。现在我们知道，马克思写作第一册手稿是在1863—1864年和1866—1867年。

主义方法的集大成①，形成列宁所说的《资本论》的逻辑②。由于马克思始终不渝地力图运用"方法论的脚手架"，借助它们建筑《资本论》的大厦，所以，恩格斯的这种评价就更有价值。

对马克思经济学研究方法的最初评述，见于恩格斯1859年8月发表在《人民报》上的《政治经济学批判》一书的上述书评之中。书评是专门阐述方法论问题的③。

恩格斯写道："马克思对于政治经济学的批判就是以这个方法作基础的，这个方法的制定，在我们看来是一个其意义不亚于唯物主义基本观点的成果。"④ 同时，恩格斯指出黑格尔的辩证法是整个辩证唯物主义观点的来源⑤。黑格尔的唯心主义辩证法能够起这样的作用，首先是凭借这一方法的历史基础，以及黑格尔所固有的"巨大的历史感"。恩格斯指出，因此"他的思想发展却总是与世界历史的发展紧紧地平行着"⑥。黑格尔第一个在历史科学中提出这样的任务："证明历史中有一

---

① 恩格斯在《反杜林论》中指出，在《资本论》中辩证唯物主义方法被应用"到一种经验科学的事实，即政治经济学的事实上去"。(《马克思恩格斯全集》第1版第20卷第387页)

② 参看《列宁全集》第1版第38卷第357页。

③ 书评是根据马克思的请求写的，他认为书评应"简短地谈一下方法问题和内容上的新东西"。(《马克思恩格斯全集》第1版第29卷第442页) 马克思看过，有可能还修改过书评。(参看《马克思恩格斯全集》第1版第451页) 恩格斯研究"书的经济内容……"(《马克思恩格斯全集》第1版第13卷第535页) 的想法未能实现，可能是由于报纸中断出版造成的。

④ 《马克思恩格斯全集》第1版第13卷第532页。

⑤ 恩格斯在《反杜林论》中写道："马克思和我，可以说是从德国唯心主义哲学中拯救了自觉的辩证法并且把它转为唯物主义的自然观和历史观的唯一的人。"(《马克思恩格斯全集》第1版第20卷第13页)

⑥ 《马克思恩格斯全集》第1版第13卷第531页。

种发展、有一种内在联系"。用恩格斯的话来说，这样一来就出现了"划时代"的唯心主义历史观①，接着恩格斯又说，正是这一历史观成了"新的唯物主义观点的直接的理论前提，单单由于这种历史观，也就为逻辑方法提供了一个出发点"②。马克思"剥出"黑格尔辩证方法的内核，使它摆脱"唯心主义的外壳"③，使之成为辩证唯物史观的基础，并最终成为自己的经济学研究方法的基础。结果正如恩格斯指出的那样，马克思的政治经济学著作"一开始就以系统地概括经济科学的全部复杂内容，并且在联系中阐述资产阶级生产和资产阶级交换的规律为目的"④。

正如辩证唯物主义历史观是对黑格尔唯心主义历史观的建设性批判的结果一样，马克思经济学的研究方法，也像恩格斯指出的，同样要求把正面阐述资产阶级经济的各种规律同批判资产阶级经济学家，即这些规律的"解释者和辩护人"的观点结合起来。⑤恩格斯的这一评述同马克思在1858年2月22日致拉萨尔的信中所表述的重要原理是直接相呼应的，马克思在信中说道："应当首先出版的著作是对经济学范畴的批判，或者，也可以说是对资产阶级经济学体系的批判。这同时也是对上述体系的叙述和在叙述过程中对它进行的批判。"⑥

马克思的政治经济学方法的最重要特点之一，按照恩格斯的意见，就是在制定经济学理论中逻辑方面和历史方面的一致，而在这种一致中

---

① 《马克思恩格斯全集》第1版第13卷第531页。
② 《马克思恩格斯全集》第1版第13卷第531页。
③ 《马克思恩格斯全集》第1版第13卷第532页。
④ 《马克思恩格斯全集》第1版第13卷第529页。
⑤ 《马克思恩格斯全集》第1版第13卷第529页。
⑥ 《马克思恩格斯全集》第1版第29卷第531页。

历史观点又起决定性作用。恩格斯写道:"既然在历史上也像在它的文献的反映上一样,整个说来,发展也是从最简单的关系进到比较复杂的关系,那么,政治经济学文献的历史发展就提供了批判所能遵循的自然线索,而且,整个说来,经济范畴出现的顺序同它们在逻辑发展中的顺序也是一样的……这正是跟随着现实的发展。"① 就这方面来说,我们看到,上述逻辑方面和历史方面的一致在《资本论》的结构中得到了反映,那里在制定理论的各个阶段上都始终存在历史批判的部分。黑格尔的方法认为世界历史的发展只不过是思维发展的证明,也就是说在他那里"真正的关系因此颠倒了,头脚倒置了"②。与黑格尔的方法不同,马克思认为逻辑方法"实际上这种方式无非是历史的研究方式,不过摆脱了历史的形式以及起扰乱作用的偶然性而已。历史从哪里开始,思想进程也应当从哪里开始,而思想进程的进一步发展不过是历史过程在抽象的、理论上前后一贯的形式上的反映;这种反映是经过修正的,然而是按照现实的历史过程本身的规律修正的"。③ 恩格斯1858年4月9日在致马克思的信中,也就此谈到经济学理论的"历史根据"。可见,正是现实历史过程的发展,决定了制定理论的起始要素的选择:"历史从哪里开始思想进程也应当从哪里开始。"恩格斯举出商品被选为建立经济学理论的出发点的例子来证明这一命题。

他进一步又强调说,理论的逻辑发展"需要历史的例证,需要不断接触现实"。在马克思的著作中这一点是通过两种形式完成的:"有的指出各个社会发展阶段上的现实历史进程,有的指出经济文献,以便从

---

① 《马克思恩格斯全集》第1版第13卷第532页。
② 《马克思恩格斯全集》第1版第13卷第531页。
③ 《马克思恩格斯全集》第1版第13卷第532页。

头追溯明确作出经济关系的各种规定的过程"①。

在《资本论》第一卷的一些书评中，恩格斯强调"贯彻于全书的历史的见解，使作者不把经济规律看做永恒的真理，而仅仅看做某种暂时的社会状态的存在条件的表述"②。"作者不是……把政治经济学的原理看做永远有效的真理，而是看做一定历史发展的结果。甚至当自然科学越来越变成历史的科学时……政治经济学到现在为止却还是像数学一样是如此抽象的和普遍的科学……我们认为马克思的不可抹杀的功绩，是他结束了这种局限的观念。例如，在这本著作出现以后，已不可能把奴隶劳动、农奴劳动和自由的雇佣劳动在经济上等量齐观了；不可能把对于以自由竞争为特征的现代大工业有效的规律，直截了当地搬到古代的关系或中世纪的行会上去，或者当这些现代的规律不适合于先前的关系时，简单地宣布后者为异端。"③

恩格斯还指出，《资本论》分析了"近代工业史的基本特征"④。就这方面来说，列宁在《哲学笔记》中也注意到，《资本论》中包括了"资本主义的历史和对于概述资本主义历史的那些概念的分析"⑤。

恩格斯特别强调《资本论》的事实根据，他指出，该书作者"没有一个地方以事实去迁就自己的理论，相反地，他力图把自己的理论表现为事实的结果"⑥。恩格斯特别提醒人们注意，这些事实马克思是取自"最好的来源……真实的来源"；他曾谈到《资本论》中所利用的大

---

① 《马克思恩格斯全集》第 1 版第 13 卷第 535 页。
② 《马克思恩格斯全集》第 1 版第 16 卷第 234 页。
③ 《马克思恩格斯全集》第 1 版第 16 卷第 244—245 页。
④ 《马克思恩格斯全集》第 1 版第 16 卷第 257 页。
⑤ 《列宁全集》第 1 版第 38 卷第 357 页。
⑥ 《马克思恩格斯全集》第 1 版第 16 卷第 257 页。

量"极有价值的历史材料和统计材料"①。恩格斯认为,弄清作为《资本论》理论结构的基础的各种事实,是弄清经济学理论原理的最重要的因素。恩格斯在1867年8月23日致马克思的信中指出:"在这一叙述中(特别是协作和工场手工业部分)有几点我还不完全清楚,对于这几点我不能确定,你以什么事实为基础只作一般的阐述。"②

恩格斯曾举出作为《资本论》理论结构的出发点的两个历史事实:英国经济学家托马斯·图克指出"这一事实:货币作为资本发挥职能时要流回它的起点,但是货币只是作为流通手段发挥职能时就不是这样"③;第二个事实是:自由的雇佣工人出现在劳动市场上,"为什么这个自由工人在流通领域中同货币所有者相对立,这个问题货币所有者不感兴趣……我们……目前也不感兴趣……我们是在理论上把握着这个事实。"④ 这里的第一个事实,是马克思研究货币转化为资本的出发点,第二个事实是他研究劳动和资本之间的关系,研究劳动力买卖过程的出发点。

恩格斯在总括所列举的情况时写道:《资本论》是"第一部全面而透彻地描绘了以在英国所具有的那种古典形式存在于劳资之间的实际关系的著作"⑤。根据恩格斯的意见,马克思的特殊贡献就在于,他"使资本的概念同这个概念最后从中抽象出来并且赖以存在的历史事实协调一致"⑥。同时,恩格斯也指出了一个共同的规律性,根据这种规

---

① 《马克思恩格斯全集》第1版第16卷第257—258、260页。
② 《马克思恩格斯全集》第1版第31卷第330页。
③ 《马克思恩格斯全集》第1版第16卷第326页。
④ 《马克思恩格斯全集》第1版第16卷第335页。
⑤ 《马克思恩格斯全集》第1版第16卷第412页。
⑥ 《马克思恩格斯全集》第1版第20卷第228页。

律性,"不论在自然科学或历史科学的领域中,都必须从既有的事实出发"①。

恩格斯还以经济规律的作用为例,揭示马克思的经济理论所应用的逻辑和历史的辩证法。他在这里是从唯物辩证法的一般原理出发,根据这一原理,"一个事物的概念和它的现实,就像两条渐近线一样,一齐向前延伸,彼此不断接近,但是永远不会相交……概念并不无条件地直接就是现实,而现实也不直接就是它自己的概念"②。康拉德·施米特错误地解释科学概念和现实之间的上述辩证关系,根本否定价值概念的现实性,宣称这一概念是理论"虚构"、科学"假说"等等。恩格斯在说明这个最重要的方法论问题时再次提醒人们注意马克思的理论中的历史和逻辑的一致,指出"这里所涉及的,不仅是纯粹的逻辑过程,而且是历史过程和对这个过程加以说明的思想反映,是对这个过程的内部联系的逻辑研究"③。作为例证,恩格斯详细研究了商品生产的政治经济学问题④。

恩格斯揭示了马克思的经济学研究方法同唯物辩证法一般原理的渊源联系,他指出这一方法必然要求把经济过程当做经济关系,即当做相互作用的双方的辩证的对立统一体来加以说明。不难发现,这一特点正是列宁所概括的"统一物之分为两个部分以及对它的矛盾着的部分的认

---

① 《马克思恩格斯全集》第 1 版第 20 卷第 387 页。
② 《马克思恩格斯全集》第 1 版第 39 卷第 408 页。
③ 《马克思恩格斯全集》第 1 版第 25 卷第 1013 页。
④ 《马克思恩格斯全集》第 1 版第 39 卷第 404—413、441 页,第 25 卷第 17、18、482—483、487 页。

识"① 这一辩证法的最重要要求的具体化。恩格斯写道:"于是出现了需要解决的矛盾。但是因为我们这里考察的不是只在我们头脑中发生的抽象的思想过程,而是在某个时候确实发生过或者还在发生的现实过程,因此这些矛盾也是在实际中发展着的,并且可能已经得到了解决。我们研究这种解决的方式,发现这是由建立新关系来解决的,而这个新关系的两个对立面我们现在又需要加以说明,等等。"②

马克思主义政治经济学的方法的上述特点,要求克服拜物教,即要求取得如下的认识:"经济学所研究的不是物,而是人和人之间的关系,归根到底是阶级和阶级之间的关系;可是这些关系总是同物结合着,并且作为物出现……这种联系……马克思第一次揭示出它对于整个经济学的意义"③。换句话说,必须区分开经济学范畴的物质内容和社会形式,例如商品的使用价值和价值。恩格斯指出了资产阶级经济学家在努力"把两者分清并理解它们每个特有的规定性"④ 时所遇到的困难。

恩格斯还指出,马克思的政治经济学方法必须以考察经济过程为前提,即"在它完全成熟而具有典范形式的发展点上加以考察"⑤。因此,"发达的资产阶级关系"⑥ 是资本主义政治经济学的对象,根据同一理由,马克思建立经济学理论的出发点是"充分发达了的商品,而不是在

---

① 《列宁全集》第 1 版第 38 卷第 407 页。
② 《马克思恩格斯全集》第 1 版第 13 卷第 533 页。
③ 《马克思恩格斯全集》第 1 版第 13 卷第 533 页。
④ 《马克思恩格斯全集》第 1 版第 13 卷第 534 页。
⑤ 《马克思恩格斯全集》第 1 版第 13 卷第 532—533 页。
⑥ 《马克思恩格斯全集》第 1 版第 13 卷第 524 页。

两个原始公社之间的原始物物交换中刚在艰难地发展着的商品"①。

恩格斯还强调指出这样一个深刻的方法论思想：马克思在《资本论》中"把'揭示现代社会的经济运动规律'作为自己的终极目的"②。正是由于解决了这一任务，马克思才得出社会主义革命必然性的结论，用恩格斯的话来说，这种革命的要求"是足够清楚地提出来了"③。恩格斯强调说，辩证的思维方式要求"一切科学……都必须在自己的特殊领域内揭示……运动规律"，"推动科学到处从个别部分和整体去证明这种系统联系"④。

恩格斯在评述《资本论》第一卷时，就此曾指出，"整个巧妙的辩证结构"，特别表现在"商品概念中货币如何已经作为自在地存在的东西"而体现出来这一点上，同样也表现在"货币如何转化成资本"这一点上⑤。

马克思的方法是"唯物主义的自然历史的方法"，它的例证是"对于货币问题的叙述，以及对下面问题的详细的……论证：各个不同的相互接续的工业生产形式……如何自然而然地一个接着一个发展出来"。马克思"在社会关系方面作为规律确立的，只是达尔文在自然史方面所确立的同一个逐渐变革的过程。这种逐渐的变化实际上到现在为止在社会关系方面也在发生着，从古代起，经过中世纪到我们现在为止"⑥。

---

① 《马克思恩格斯全集》第 1 版第 13 卷第 533—534 页。
② 《马克思恩格斯全集》第 1 版第 16 卷第 237 页。
③ 《马克思恩格斯全集》第 1 版第 16 卷第 243 页。
④ 《马克思恩格斯全集》第 1 版第 20 卷第 26、40 页。
⑤ 《马克思恩格斯全集》第 1 版第 16 卷第 233 页。
⑥ 《马克思恩格斯全集》第 1 版第 16 卷第 254—255 页。

恩格斯在考察政治经济学方法时所持的一个重要观点，是同反驳唯心主义的暴力论联系在一起的，是同指出马克思把经济过程解释为"纯经济原因"这一点联系在一起的。"马克思在《资本论》（积累）中证明：商品生产的规律在一定的发展阶段上必然引起资本主义生产及其全部狡诈，而且为此根本不需要暴力。"① 同时，恩格斯在揭示作为"社会历史的决定性基础"的经济关系时，指出了上层建筑同基础的相互作用。他写道："并不是只有经济状况才是原因，才是积极的，而其余一切都不过是消极的结果。这是在归根到底不断为自己开辟道路的经济必然性的基础上的互相作用。"②

恩格斯始终不渝地强调马克思经济学理论原理的被严格规定了的性质，这些原理是由具体的历史条件所制约的。恩格斯把通俗叙述《资本论》第一卷的作者加·杰维尔的错误视为"在许多地方把马克思的个别论点绝对化了，而马克思提出这些论点时，只是把它们看做相对的，只是在一定条件下和一定范围内才是正确的"③。恩格斯在《资本论》第三卷序言中曾谈到有人认为"可以到马克思的著作中去找一些不变的、现成的、永远适用的定义"④。

恩格斯还特别注意到马克思经济学理论的完全开诚布公的性质，它对未来的设想。恩格斯在致康·施米特的信中说道：在《资本论》第三卷中，"您可以看到"关于信贷和金融市场问题的"许多新的东西和

---

① 《马克思恩格斯全集》第1版第20卷第682页。
② 《马克思恩格斯全集》第1版第39卷（上）第199页。
③ 《马克思恩格斯全集》第1版第39卷（上）第79—80页。
④ 《马克思恩格斯全集》第1版第25卷第17页。

更多尚待解决的东西;可见,随着新问题的解决,又会出现新的问题"①。同这一评述相联系的,是恩格斯关于马克思主义的反教条主义的,反空论的性质的如下概述:"马克思的整个世界观不是教义,而是方法。它提供的不是现成的教条,而是进一步研究的出发点和供这种研究使用的方法。"②

  恩格斯所考察的各种原理,为进一步深入研究《资本论》的历史和方法指明了方向。

(原载《马克思列宁主义和国际工人运动史论丛》
1982年莫斯科版第39—53页)

(晓鸣 译)

---

① 《马克思恩格斯全集》第1版第38卷第123页。
② 《马克思恩格斯全集》第1版第39卷(上)第406页。

马克思计划中的经济学主要著作结构的发展[*]

〔民主德国〕沃尔弗冈·扬

编者按:随着马克思经济学手稿的不断发表和《资本论》创作史的研究的加深,人们对马克思曾经设想的他的主要经济学著作的"六册计划"问题,越来越感兴趣,无论在国外还是在我国国内,都不断进行着讨论。因为这个问题不但对理解马克思的经济理论本身,而且对理解马克思的方法论都有重要意义,同时,对建立马克思主义的政治经济学体系也有现实意义。马克思在1857年至1859年期间写的一些文章和手稿(如《导言》,《政治经济学批判·序言》和《1857—1858年经济学手稿》)中以及一些书信中,曾多次提到他设想的经济学著作的"六册计划",把这些提示综合起来,"六册计划"大致如下:

第一册《资本》

(a)《资本一般》

绪论;第一章"商品";第二章"货币";

第三章"资本一般"

1. 资本的生产过程

2. 资本的流通过程

3. 两者的统一,或资本和利润

(b)《竞争》

---

[*] 本文选自《马克思恩格斯研究》1990年总第3期。

(c)《信用》
(d)《股份资本》
第二册《土地所有制》
第三册《雇佣劳动》
第四册《国家》
第五册《对外贸易》
第六册《世界市场》

后来,马克思在世时写成了《资本论》3卷,并且打算把《剩余价值理论》写成第4卷。这样,马克思的"六册计划"就引起学者们的热烈讨论,究竟马克思改变了计划,还是未改变计划,而只写成了其中一部分;《资本论》究竟相当于《资本》册的内容,还是也包括了第2册和第3册的内容,或者只相当于(a)《资本一般》这一部分的内容;马克思未写成的其他各册究竟应该包括什么内容,等等,学者们各抒己见。民主德国马丁·路德大学沃尔弗冈·扬教授领导下的《马克思恩格斯全集》原文版(MEGA)研究组在1985年10月召开了一次研究"六册计划"问题的学术讨论会,根据他们多年研究的成果,写出了他们的见解。这反映了"六册计划"研究的最新进展。

马克思政治经济学中有争议的新老问题之一,是这样一个问题:马克思是否摒弃了他1857年计划写的分成6册的经济学主要著作的结构,改变的原因是什么?70年代末,对这一问题的讨论似乎已经结束,因为经过一系列的马列主义的分析,其中包括马雷什[①]、维戈茨

[①] 参看 А. И. 马雷什:《马克思政治经济学的形成(1848—1859)》,1959年莫斯科版。

基①、科甘②、曼弗里德·缪勒③、扬和尼措尔德④、温弗里德·施瓦尔茨⑤的分析,《马克思恩格斯全集》原文版第 2 部分第 2 卷⑥和第 3 卷⑦前言中已经有了令人信服的答案,尽管这些答案还有不同的细微差别。我们之所以再次就经济学主要著作的结构计划的内容、连续性和改变与否提出问题,是因为在此期间,通过《马克思恩格斯全集》原文版的出版,我们对马克思著作遗产的认识提高了,并且还在不断提高。原文版第 2 部分提高了我们对所有手稿和经马克思或恩格斯编辑的《资本论》所有版本的认识,其中包括表明正文演变的全部文献资料。完整地发表马克思和恩格斯的信件,包括第三者致马克思或恩格斯的信件,提高了我们对《资本论》形成史的认识。原文版第 1 部分中许多首次发表的文献也同样如此。我们把原文版第 4 部分中第一次完整发表的摘录、笔记和旁注,看做是一种至今不被利用的重要原始资料。我们担任编辑《马克思恩格斯全集》原文版第 4 部分第 7—11 卷(1850—1853 年《伦敦笔记》)这一任务的哈勒研究小组,在讨论中更是觉得这与自己直接有关,因为除了巴黎笔记、布鲁塞尔笔记和曼彻斯特笔记之外,这些《伦敦笔记》是使 1857 年庞大的结构计划得以提出的重要物质基

---

① 参看 W. S. 维戈茨基:《一个伟大发现的历史》,1967 年柏林版。

② 参看 A. M. 科甘:《卡尔·马克思的六册计划与〈资本论〉》,1976 年莫斯科版。

③ 参看弗里德·缪勒:《通往〈资本论〉之路》,1978 年柏林版。

④ 参看沃尔弗冈·扬、罗兰德·尼措尔德:《1850—1863 年期间马克思政治经济学发展中的问题》,载《马克思恩格斯年鉴》1978 年柏林版第 1 卷。

⑤ 参看弗里德·施瓦尔茨:《从〈草稿〉到〈资本论〉。马克思主要著作的结构史》,1978 年西柏林版。

⑥ 《马克思恩格斯全集》第 1 版第 46 卷(上)第 22—23 页。

⑦ 《马克思恩格斯全集》原文版第 2 部分第 3 卷第 5 册第 7—32 页。

础。对我们来说，这是解决马克思1862年12月28日致库格曼的那封信中提出的任务的第一步，在写这封信时马克思意识到，他最初提出的任务，即编写一部分成6册的庞大的经济学著作的任务，已不能实现，因此，他把他的全部精力都集中在写作《资本论》上，马克思写道："至于余下的问题……别人就容易在已经打好的基础上去探讨了。"①

当然，根据马克思未能实现他最初的计划即出版一部庞大的分成6册的经济学著作这一事实，就得出《资本论》是一部"未完成的著作"② 这样的结论，是错误的。《资本论》是马克思的完整的主要著作，它用经济运动规律广泛地论证了工人阶级在世界历史中的使命，它出色地经受住了历史的考验。按照列宁的观点，《资本论》是马克思的学生必须赖以进一步进行创造的坚固科学基础。《资本论》中普遍有效的经济规律本质上也要求根据实际情况来具体运用，并在新的历史形势下创造性地加以发展。

我们目前的任务是要分析马克思当时的研究状况，对马克思遗留下来的经济学主要著作的6册结构计划的资料提出进一步研究和考察的任务。在此，我想集中说明三个问题。

（一）进一步考察马克思计划中庞大的经济学主要著作的结构在科学上和政治上有什么意义？

结构主义孤立地使结构成为科学方法论的核心。人们对结构主义歪曲结构的作用所进行的原则批判，不能导致低估结构的基本作用。结构是唯物辩证法的重要因素，掌握马克思经济学说的结构不仅对理解经济学理论本身，而且首先对理解唯物辩证法本身具有头等意义。对结构进行更深入的考察也将得出适合社会主义政治经济学研究方法和叙述方法

---

① 《马克思恩格斯全集》第1版第30卷第636页。
② 参看罗·维尔布兰特：《卡尔·马克思》，1920年柏林版第96页。

的重要的方法论结论。

如果我们注意一下马克思逝世后他的著作的出版史，那么值得注意的是，每当新发表重要著作或手稿时，人们总要重新讨论内部结构的问题，而资产阶级经济学家则虚构所谓与已出版的著作相矛盾的说法。当恩格斯1885年出版《资本论》第2卷时，人们主要编造积累理论中与国内外市场之间的关系问题有关而产生的所谓矛盾。当恩格斯1894年出版第3卷时，人们编造第1卷与第3卷之间存在结构上与逻辑上的矛盾，尤其是剩余价值与平均利润、价值与生产价格之间存在矛盾。当《剩余价值理论》发表时，人们又谈论所谓的逻辑与历史的叙述之间存在矛盾。当1844年的《经济学哲学手稿》第一次出版时，资产阶级意识形态对它的解释就像雨后蘑菇一样涌现出来，这些解释把所谓的青年马克思与所谓的老年马克思从原则上对立起来，前者被看做是"人道主义"和"历史主义"的思想家，后者则被说成唯科学主义地把结构研究置于显著地位。

当《政治经济学批判大纲》在50年代初在西欧首次引起人们的注意时，罗曼·罗兹多尔斯基①引起了一场持续至今的讨论。在这一讨论中，人们把1857年的"最初的结构计划"看做是纯工作计划，把它与在《资本论》中得到实现的结构进行比较，从中推导出两个不同的结构计划，认为它们相互之间没有任何内在联系。

如果我们考察一下围绕马克思主要著作的结构而展开的讨论史，那就可以立刻清楚地看到，这不仅涉及关于结构问题的阐述是否正确的问题，而且也反映出阶级立场，从而能说明政治上的策略。在讨论中大体上表现出三个不同的派别：第一，马克思主义的代表们和后来的马克

---

① 罗曼·罗兹多尔斯基：《马克思〈资本论〉形成史》，1968年法兰克福—维也纳版第2卷。

思列宁主义的代表们。他们力图恰当地解释新出版的马克思著作，随着原始资料的扩大，他们的认识水平也在提高。第二，经济学家与哲学家，他们虽然在口头上或行动上拥护马克思，但他们仍然做出一些引起争论的解释。第三，资产阶级的马克思学者，他们试图歪曲地阐述马克思著作。

专门研究围绕马克思政治经济学的结构而展开讨论的历史，是很有启发意义的，但是这超出了我们的阐述范围。我们认为，进一步研究马克思主要著作结构变化的目的和意义有以下几点：

第一，利用马克思的所有的著作遗产，这指的是全部资料，对计划的提示，对细节的修改等等，也包括安排在第2至第6册中计划写的较具体的经济学理论。

第二，通过较深刻掌握马克思经济学说整体联系的结构，就可以更好地理解细节。

第三，就政治经济学中的唯物辩证法来说，可以精确地弄懂抽象与具体的关系；一般、特殊与个别的关系；本质与现象的关系；经济规律、它的变化及其实现形式之间的关系，以及其他问题。

第四，阐明经济学主要著作的6册结构计划的物质基础，对从当时起相对独立的、专门的经济学说有重大意义。

（二）马克思计划中的经济学主要著作的6册结构的内容是什么？这种内容后来被马克思放弃了吗？

罗兹多尔斯基通过对《政治经济学批判大纲》的解释，把围绕马克思经济学主要著作结构计划而展开的讨论引向了一个明确的方向。他写道："如大家所知，马克思打算用来作为他的经济学主要著作的基础的计划有两个：一个是1857年的计划，另一个是1866年（或1865年）的计划，这两个计划之间是9年的尝试和不断探索与材料相适合的叙述形式的时期，在这一时期，最初的计划不断受到限制，而保留部分则相应地扩大了。"① 罗兹多尔斯基没有分析马克思1861—1865年的经济学理论的具体发展,就把1857年计划同所谓的与此完全不同的1866年或1865年计划进行对比。参加讨论的人大多数对现在作为《马克思恩格斯全集》原文版第2部分第3卷各分册发表的1861—1863年手稿(《资本论》第二草稿)了解甚少,对后来作为《马克思恩格斯全集》原文版第2部分第4卷发表的1863—1865年手稿也了解甚少。然而,分析这些手稿对理解结构的发展是绝对必要的。

维戈茨基②等人已经提出了批判,指责罗兹多尔斯基只从纯工作计划的意义上来看待1857年的计划,而不注意其客观内容,此外,罗兹多尔斯基把不可比较的东西相互进行比较。1857年计划涉及的是庞大的经济学著作的6册结构,而罗兹多尔斯基注明日期为1866或1865年的计划涉及的是《资本论》的最后叙述,对这两个问题要分开回答。

维戈茨基、科甘和其他作者的意见得到了赞同,他们认为,1857年的6册计划并不简单地是一个主观的工作计划,这种划分涉及的是对资本主义政治经济学总体的划分。如果我们把资本主义政治经济学与科学体系相比,那么这6册书是从抽象上升到具体的、互相联系、互相作用的发展阶段,这完全不是一个先验的体系。马克思以绝无仅有的认真态度深入研究了13年,尽管他还未作出他的伟大发现即剩余价值规律,但他的经济学理论已经达到了较高的发展水平。他不仅能够以巴黎笔记、布鲁塞尔笔记、曼彻斯特笔记、尤其是1850—1853年的伦敦笔记中给人以深刻印象的知识积累为依据,而且他也以第二次加工阶段的一系列摘录笔记和用于自我理解的短篇专论为依据。在这些摘录笔记和专

---

① 罗曼·罗兹多尔斯基:《马克思〈资本论〉形成史》,1968年法兰克福—维也纳版第1卷第24页。

② 维戈茨基:《一个伟大发现的历史》,1967年柏林版。

论中，材料在某种程度上已经得到辩证的加工，政治经济学的唯物辩证法虽然随着材料本身的加工而继续发展，但它在1857年已达到较高的成熟程度。

马克思首次在《政治经济学批判大纲·导言》第3节"方法论"中阐述了他的6册结构计划的基础，这并不是偶然的。在这一节中，马克思分析了政治经济学发展中经济体系的结构。17世纪的经济学家从人口、国家和国际贸易等范畴开始他们对经济关系的阐述，然而这些范畴是复杂的构成物，为了能够得到理解，首先必须分解为简单的因素。直接呈现在我们面前的范畴，起初只符合"一个混沌的关于整体的表象"。① 当简单的规定得到阐述后，政治经济学中的体系就开始形成了，这种体系从简单的、抽象的范畴上升到国家、人口、国际贸易和世界市场诸如此类的具体范畴。马克思把经济学史上的政治经济学体系的叙述与他自己的思考即如何使他的研究成果得到阐述进行比较，从而得出结论：从抽象上升到具体显然是"科学上正确的方法"。②

要想科学地认识总体只有一条路，即在从抽象上升到具体的过程中把这一总体作为思想的具体再现出来。如果说这一叙述总体的方式就是掌握客观的资本主义生产关系的思维方式，那么在即将建立的科学体系的结构中，这一体系的"组成部分"本身以及这些"组成部分"的安排就都不是随意的，这决定于将要反映的客体。因此，《导言》中计划的经济学主要著作的6册结构计划也不是一个主观的工作计划，而是原则上已经成熟的关于资本主义政治经济学总体的主要划分的思考，这一划分是由要阐述的材料决定的。我们认为，马克思从未放弃这种划分，而只是未能进一步实现这种划分而已。马克思计划中的庞大的经济学著

---

① 《马克思恩格斯全集》第1版第46卷（上）第37页。
② 《马克思恩格斯全集》第1版第46卷（上）第38页。

作的客观划分是通用的。当马克思在1858年2月22日给拉萨尔的信中第一次用6册的形式来表达这一划分时，他大体上已经在1857年的《导言》中阐述了这一内容。他在《导言》中写道："(1)一般的抽象的规定，因此它们或多或少属于一切社会形式。"① 马克思并不像人们在文献中看到的那样认为，这是简单流通的范畴商品、价值和货币，相反是指出现在一切生产形式中的劳动过程的一些简单因素。还在撰写《大纲》时马克思就认识到，政治经济学的这些一般的规定作为叙述的出发范畴是不合适的。

"(2)形成资产阶级社会内部结构并且成为基本阶级的依据的范畴。资本、雇佣劳动、土地所有制。"② 在1858年2月22日给拉萨尔的信中，马克思把这些内容收入下列几册书中："(1)资本……；(2)地产；(3)雇佣劳动"。③

"(3)资产阶级社会在国家形式上的概括，就它本身来考察，'非生产'阶级。税。国债。公共信用。人口。殖民地。向外国移民。"④ 这又相应地被收入第4册《国家》⑤中。

"(4)生产的国际关系。国际分工。国际交换。输出和输入。汇率。"⑥ 这一段话被收入第5册《国际贸易》⑦中。

"(5)世界市场和危机。"⑧ 这一具体化的最高阶段应该是第6册的

---

① 《马克思恩格斯全集》第1版第46卷（上）第46页。
② 《马克思恩格斯全集》第1版第46卷（上）第46页。
③ 《马克思恩格斯全集》第1版第29卷第531页。
④ 《马克思恩格斯全集》第1版第46卷（上）第46页。
⑤ 《马克思恩格斯全集》第1版第29卷第531页。
⑥ 《马克思恩格斯全集》第1版第46卷（上）第46页。
⑦ 《马克思恩格斯全集》第1版第29卷第531页。
⑧ 《马克思恩格斯全集》第1版第46卷（上）第46页。

内容。

马克思一开始就毫不怀疑地认为，全部著作的决定性的，可以说主要的科学基础，是第 1 册《资本》。马克思在 1857 年《导言》中写道："资本是资产阶级社会的支配一切的经济权力，它必须成为起点又成为终点。"① 第 1 册《资本》要阐述的是资本主义生产关系的一般本质，即实质，而后来几册则应该论述从中引申出来的具体阶段。马克思很早就认识到，他不能够同样细致地撰写所有各册，因此，"在最后 3 册中"，他只打算"作一些基本的叙述"。②

在马克思的著作遗产中有一系列在 1857—1858 年期间写的关于辩证过渡和推导 6 册结构的提示。

原来在第 1 册《资本》中，设定地产等于 0，因为看来资本不包括地产才是可以理解的，但是现代形式的地产没有资本却是不能理解的。可见，第 1 册应该过渡到第 2 册："资本向地产的转化同时又是历史的转化，因为现代形式的地产是资本对封建地产和其他地产发生影响的产物。"③

我们认为，即使马克思有充足的理由把后来探究的地租理论的本质归入《资本论》第 3 卷的最后叙述中，但是，马克思计划中的全部著作中论述地产的结构和资本向地产的转化在原则上并没有什么改变。马克思在《资本论》第 3 卷中写道："我们只是在资本所产生的剩余价值的一部分归土地所有者所有的范围研究土地所有权的问题。"④ 因此这里显然不涉及对土地所有权的系统论述。此后不久，马克思明确写道：

---

① 《马克思恩格斯全集》第 1 版第 46 卷（上）第 45 页。
② 《马克思恩格斯全集》第 1 版第 29 卷第 534 页。
③ 《马克思恩格斯全集》第 1 版第 29 卷第 299 页。
④ 《马克思恩格斯全集》第 1 版第 25 卷第 693 页。

"如果我们能够想起某些限制或补充,那也属于土地所有权的独立研究的范围,而不属于这里的范围。"①

从资本过渡到地产,就需要描述资本主义在农业中发展的特殊形式,需要叙述从中产生的区分国家土地所有制和国家之间的不同形式的特殊形式。在马克思的著作遗产中,会有极其丰富的关于资本主义土地所有权的特殊形式和资本主义农业的具体形式的研究材料,这些材料至今仍未得到利用。

弗里茨·贝伦斯1952年在他的《论政治经济学的方法论》一书中详细地研究了《资本论》结构计划的发展,由于他对当时仍未发表的1857—1863年期间的文献一无所知,因此他认为,把经济学著作分成6册是尚未成熟的方法论。他强调指出:"如果他〔马克思〕最初在划分6册著作时更多地从外在的观察角度出发,更多地遵循迄今为止的经济学的传统划分,那么他就是按严格的科学的方法论观点来构思他的著作〔这里指的是最后的《资本论》——本文作者〕②。"③

正如贝伦斯认为的那样,如果我们仅从表面上考察著作的书名,那么确定能看到与斯密的庸俗价值理论或生产要素理论相类似的地方。根据这些理论,价值是由与资本、土地、雇佣劳动这些生产要素相应的三种收入即利润、地租和工资的总和组成的。但是,这根本忽略了马克思唯物辩证法和经济学理论在1857年所达到的成熟程度,第2册和第3册只被理解为以资本册中已得到阐述的资本主义生产关系的重要联系为基础的具体阶段。

雇佣劳动与资本的基本关系在资本册中已得到阐述,马克思写道:

---

① 《马克思恩格斯全集》第1版第25卷第694—695页。
② 文章中的方括弧和方括弧中的文字都是作者加上的。
③ 弗里茨·贝伦斯:《政治经济学方法论》,1952年柏林版,第32—33页。

"从雇佣劳动过渡到资本是自发进行的；因为资本在这里是回到了它的能动的基础。"① 按照劳动力的价值来购买劳动力商品，并在作为剥削场所的生产过程中运用其使用价值，这在这里已经得到了解释，不必再当做雇佣劳动这一册的对象。马克思在 1858 年 4 月 2 日把自己的计划写信告诉恩格斯时写道："在《资本一般》这一篇里，假定工资总是等于它的最低额，工资本身的运动，工资最低额的降低或提高放在论雇佣劳动的那一部分去考察。"②

由于马克思在 1867 年出版的《资本论》的最后论述中，不仅把工资这种劳动力商品价值的货币表现的本质，而且把工资的基本形式收入了单独的一篇中，因此，不少出版的著作认为，马克思把专门叙述雇佣劳动学说看做是多余的了。马克思为什么把独立的工资篇收入《资本论》中，其原因以后再谈，从中无疑会得出关于工资册中原有论题作了某种修改的结论。正如我们所认为的那样，关于放弃雇佣劳动这一专门的学说与关于改变政治经济学总体系的结构一样，都是无从谈起的。马克思自己在《资本论》第 1 卷中写道："工资本身又采取各种各样的形式，这种情况从那些过分注重材料而忽视一切形式区别的经济学教程中是了解不到的。但是，阐述所有这些形式是属于专门研究雇佣劳动的学说的范围，因而不是本书，（即《资本论》——本文作者）的任务。"③

在 1858 年 4 月 2 日给恩格斯的一封信中，马克思论证了从地产这一册向雇佣劳动册的过渡："同样，地产向雇佣劳动的转化不仅是辩证的转化，而且也是历史的转化，因为现代地产的最后产物就是雇佣劳动

---

① 《马克思恩格斯全集》第 1 版第 46 卷（上）第 233 页。
② 《马克思恩格斯全集》第 1 版第 29 卷第 300 页。
③ 《马克思恩格斯全集》第 1 版第 23 卷第 594 页。

的普遍建立,而这种雇佣劳动就是这一堆讨厌的东西的基础。"① 恩格斯在4月9日对此答复说:"全部材料分为六本书,是再恰当没有了,我非常赞成,虽然我还没有弄清地产向雇佣劳动的辩证转化。"② 恩格斯"还没有弄清"的原因,可能是因为只有一句话,过于简洁。马克思在《大纲》中比较详细地说明了这一转化,我们认为,这一转化不仅仅对这种关系本身有意义,而且具有普遍的方法论意义。土地所有权由于资本对它的作用而改变了性质,受资本规律支配的农业生产方式被彻底变革了。工业中的雇佣工人不仅仅是由奴隶、雇工、服苦役的农民组成,而且越来越多的直接耕种土地的人自身也成为雇佣工人。对此,马克思写道:"因此,毫无疑问,典型形式的雇佣劳动,即作为扩展到整个社会范围并取代土地而成为社会立足基地的雇佣劳动,起初是由现代土地所有权创造出来的,就是说,是由作为资本本身创造出来的价值而存在的土地所有权创造出来的。"③

马克思从资本对土地所有权的作用和土地所有权对雇佣劳动的作用中推断出一个极其重要的经济社会形态发展的规律,它对发达的社会主义社会也具有重要的方法论意义:"必须考虑到,新的生产力和生产关系不是从无中发展起来的……而是在现有的生产发展过程内部和流传下来的、传统的所有制关系内部,并且与它们相对立而发展起来的。如果说,在完成的资产阶级体制中,每一种经济关系都以具有资产阶级经济形式的另一种经济关系为前提,从而每一种设定的东西同时就是前提,那么,任何有机体制的情况都是这样。这种有机体制本身作为一个总体有自己的各种前提,而它向总体的发展过程就在于:使社会的一切要素

---

① 《马克思恩格斯全集》第1版第29卷第299—300页。
② 《马克思恩格斯全集》第1版第29卷第306页。
③ 《马克思恩格斯全集》第1版第46卷(上)第234页。

从属于自己，或者把自己还缺乏的器官从社会中创造出来。有机体制在历史上就是这样向总体发展的。"①

除了《资本论》第1卷第6篇的论述之外，雇佣劳动这一专门学说还应论述劳动报酬的多种形式、工资的运动、劳动市场及其特性、劳动报酬的支付形式、商业工人和非生产工人的劳动报酬的特殊性等等。马克思的遗产中也有大量与此有关的研究材料，这些材料至今很少被利用过。

在从抽象上升到具体的过程中，资本主义政治经济学总体发展的下一个阶段是"资产阶级社会在国家形式上的概括"。②

前3册书中阐述的经济关系和规律是建立在资本主义私有制基础上的，私有制使个人分裂为孤立的生产者，他们的社会关系是以私人商品交换为媒介的，商品所有者必须互相承认是私有者。这时，他们彼此不是作为人格的个人存在着，而是抽象地作为他们商品的化身即交换的个人存在着。商品交换是原初的经济过程，国家关系和法的关系则是由此引申出来的、反映经济关系的意志关系。商品关系的自发性引起资产阶级法的特性，国家的使命在于保护私有制，在于与抽象的商品生产规律相适应用法律进行调节。

第4册所涉及的并不是国家和法的一般理论，而是资产阶级社会经济总体形成的一个阶段，在这一阶段上不仅考察"资产阶级社会的概括"，而且是就国家"本身"③来考察，也就是说，这涉及一个公共机构，它提高赋税，借债，通过国家支付来影响经济过程，拥有一个庞大的非生产性阶级，拥有国库，通过保护贸易来保护本国工业，支持扩

---

① 《马克思恩格斯全集》第1版第46卷（上）第235—236页。
② 《马克思恩格斯全集》第1版第46卷（上）第46页。
③ 《马克思恩格斯全集》第1版第46卷（上）第46页。

大基本设施等等，通过这些活动，它促进经济发展。在这个问题上，马克思的著作遗产中也有大量的至今未被利用的研究资料。仅在我们大学的研究小组刚完成的《马克思恩格斯全集》原文版第 4 部分第 8 卷中，就有一百处左右直接引用法律、议会报告和关于政府在经济政策方面的许多活动的提示。

按照从抽象上升到具体的叙述逻辑，只有当资本主义生产关系的一般基础在第 1 册至第 3 册范畴内得到阐述，并在第 4 册《国家》中得到概括以后，接着往下才是向第 5 册和第 6 册过渡，即过渡到资本主义的国际生产关系以及资本在世界市场的运动。资产阶级经济学家每到分析内部关系未有进展时，便把国际经济关系当做出路。与这些资产阶级经济学家不同的是，马克思在《资本论》中阐述资本主义生产方式的经济运动规律时，有意识地抽象掉了他多次明确要求注意的资本的世界市场运动，对外贸易原则上不会使内在关系发生改变，资本的世界市场运动被不加任何说明地设定为经济范畴叙述的总体。但是，解释经济范畴并不需要起初尚未在理论上得到阐述的世界市场，世界市场作为复杂的现象，在概念上宁可说产生于基本范畴的展开，并以此作为理解世界市场的前提。

马克思在《大纲》中相应地推导出了这种运动，他强调指出："国家对外：殖民地。对外贸易。汇率。货币作为国际铸币。——最后，世界市场。资产阶级社会越出国家的界限。危机。以交换价值为基础的生产方式和社会形式的解体。"①

如果说我们在这里像文献中经常出现的那样，用《资本在世界市场的运动》这一标题来概括第 5 册和第 6 册，那么我们要求大家把这看做是工作的假设，在这样假设时，我们当然意识到第 5 册和第 6 册是不同

---

① 《马克思恩格斯全集》第 1 版第 46 卷（上）第 219 页。

的抽象阶段；第5册论述资本主义生产关系的内部关系向资本运动的国际关系过渡。从对内部关系的矛盾的分析中得出：资本渴望冲向国外、征服其他国家和开发新的销售领地与原料市场，这都是资本所固有的本质。马克思在《大纲》中写道："因此，资本一方面具有创造越来越多的剩余劳动的趋势，同样，它也具有创造越来越多的交换地点的补充趋势……从本质上来说，就是推广以资本为基础的生产或与资本相适应的生产方式。创造世界市场的趋势已经直接包含在资本的概念本身中。任何界限都表现为必须克服的限制。"[①] 属于第5册论述的范畴以及论题的，还包括：对殖民地的追求；资本扩张；输入和输出；国际价值的形成及其对国内价值的影响；国内市场与国外市场的关系；国际分工；国际支付往来；汇率和流通。在《布鲁塞尔笔记》、《曼彻斯特笔记》、特别是在1850—1853年的《伦敦笔记》中，有大量与这一册论题有关的材料，这些材料还有待系统地利用。

第6册与第5册的内容不同，第5册是国内市场向国外市场的过渡、两者的内在联系和相互作用，而第6册《世界市场与危机》是对最具体阶段的叙述，在这一册中，对总体的叙述似乎被引向了结尾。马克思在1861—1863年手稿中写道："但是，只有对外贸易，只有市场发展为世界市场，才使货币发展为世界货币，抽象劳动发展为社会劳动。抽象财富、价值、货币、从而抽象劳动的发展程度怎样，要看具体劳动发展为包括世界市场的各种不同劳动方式的总体的程度怎样。资本主义生产建立在价值上，或者说，建立在包含在产品中的作为社会劳动的劳动的发展上。但是，这一点只有在对外贸易和世界市场的基础上［才有可能］。因此，对外贸易和世界市场既是资本主义生产的前提，又是它

---

① 《马克思恩格斯全集》第1版第46卷（上）第391页。

的结果。"① 世界市场包含着需求的不断扩大,需求包罗万象,它们是以活动和能力在全世界范围内的交换为前提的,市场表现为全面展开的形式,它在迄今还不是资本主义的地区越来越强烈地扩展,使这些地区从属于资本主义生产。当然,这只有当资本主义市场建立和扩大的趋势还没有受到自己历史局限的阻碍即变成真正社会主义形态的情况下才会发生。

虽然无可争辩的是,在此期间已有一个高度发展的马列主义世界市场的学说成为专门的经济学科,但是在这方面马克思恩格斯研究工作仍面临着一个阐述马克思丰富的著作遗产的广阔领域。《资本论》的3个草稿中有许多以提纲或插论形式写的极其宝贵的理论原理,摘录笔记中有大量至今鲜为人知的具体材料,马克思区分了国内市场和国外市场,前者属于竞争学说的对象,后者的整体连同详细的划分应当在世界市场学说中论述。

在第6册的标题中,马克思除了写上世界市场外,还写上了危机。当然,这并不意味着危机在这一抽象阶段才应该得到详尽阐述,对危机的叙述是马克思资本主义政治经济学内在的结构原理。这一经济学是从出发范畴,即商品和商品固有的作为资本主义矛盾扩展的使用价值与价值之间的基本矛盾出发来阐述的,由于世界市场是叙述资本主义生产关系总体的最具体的抽象阶段,因此,随着对世界市场的论述,主要是资本主义世界市场危机的那种危机就能够得到全面展开和具体论述。马克思从开始研究经济学时就把资本主义市场的全面危机看做是必须叙述危机的抽象阶段,他在1850—1853年《伦敦笔记》第VII笔记中写的为了自己理解用的短论《反思》中写了如下的话,而这时他还没有克服斯密关于再生产理论的教条:"因此,说许多国家内的实业家和实业家

---

① 《马克思恩格斯全集》第1版第26卷(Ⅲ)第278页。

之间的贸易受一个国家内的实业家和消费者之间的贸易的限制，是错误的。如果这种实业家和实业家之间的贸易是世界性的，那它就受世界市场上实业家和消费者之间的贸易的限制，而且，实业家和实业家之间的贸易本身规模越大，这个国家在世界市场上占的地位越重要，就越是如此。"① 危机的起因当然是由资本主义基本矛盾引起的资本主义内部矛盾，但是，这些矛盾爆发的地方却是世界市场，马克思在1861—1863年手稿中写道："在世界市场危机中，资产阶级生产的矛盾和对抗暴露得很明显。"②

对于最初由马克思起草的庞大的经济学著作的6册结构计划这个问题，我们作一个概括的回答：马克思为扩展《资本论》，从来没有像罗兹多尔斯基和其他马克思学者所说的那样放弃这个计划。在1862年到1863年的岁序更新之际，马克思认识到如此庞大的著作超出单个研究者的力量，尽管是像马克思这样有极强的工作能力和天赋的人，因此，从此以后，马克思便把他的全部精力都集中到完成资本主义生产关系的主要的和本质的东西上，这些都应该在《资本论》中论述。一些最初要在第2至第4册中阐述的论点虽然被吸收到《资本论》中，但马克思多次提示，他仍旧把本该在第2至第4册中叙述的问题放到独立的学说中去叙述。这些学说也是应该从抽象上升到具体地合乎叙述逻辑地加以阐述的，他向他的学生提出了任务，要在《资本论》的阐述基础上来进行阐述。这一任务至今仍未得到实质性的解决，但是，通过利用马克思的著作遗产，这项作为马克思恩格斯研究的任务是可以解决的。

---

① 《马克思恩格斯全集》第1版第44卷第155页。
② 参看《马克思恩格斯全集》第1版第26卷（Ⅱ）第570页。

(三) 在《资本论》形成史上，《资本论》结构的连续性和变动表现在什么地方？

《资本论》的长达 40 年的形成史是天才的发现和崭新的认识有机增长的过程，在这个过程中，结构当然不是一成不变的、先验地规定的模式，而是根据新获得的认识不断发展并得到精确化的阐述。当马克思在 1857 年开始起草《资本论》的草稿时，他还没有完成他在政治经济学领域中的伟大发现，即发现纯粹形态的剩余价值。众所周知，马克思在第 II 笔记本撰写《政治经济学批判大纲》时，才有了这一发现。因此，马克思在这一时期还没有能随着经济运动规律的展开按照研究对象来论证他关于结构的设想，而是首先以假设为依据，这些假设是按照"一般、特殊、个别以及一般性、特殊性、个别性"的原则以哲学方式论证的。在 1857—1858 年手稿的第 II 笔记本中，就有从这一原则出发的有关计划的两种思考①，它们作为手稿的插入部分出现。马克思在 1858 年 2 月 22 日和 3 月 11 日给拉萨尔的②和 1858 年 4 月 2 日给恩格斯的信中，有关这一计划的说明也都是符合这一原则的。在后一封信中，马克思打算分 4 篇来论述资本，直到 1862 年他还保留着这样的划分，他写道："（a）资本一般……；（b）竞争或许多资本的相互作用；（c）信用，在这里，整个资本对单个的资本来说，表现为一般的因素；（d）股份资本，作为最完善的形式（导向共产主义的），及其一切矛盾。"③

我们认为，说马克思在 1862 年或 1863 年初轻易地放弃了这一结构计划，这是错误的。这一计划在历史上符合马克思 1857—1862 年政治

---

① 参看《马克思恩格斯全集》第 1 版第 46 卷（上）第 219、232—233 页。
② 参看《马克思恩格斯全集》第 1 版第 29 卷第 531、534 页。
③ 参看《马克思恩格斯全集》第 1 版第 29 卷第 299 页。

经济学的发展水平，马克思通过作为基本结构原则的"资本一般"概念实现了严格的抽象化。随着这种抽象化，他为他在这一时期的两大发现创造了方法论前提的（1）作为理解政治学的起点的劳动二重性；尤其是（2）纯粹形态的剩余价值和作为资本主义经济运动规律的剩余价值规律的重大发现。

但是，随着资本主义经济运动规律的发现，还有一项发现，这就是使他按"一般、特殊、个别"的原则注意结构的界限。时间越长，就越是如此。

在《资本论》第1稿中，马克思虽然在某些基本科学论题中注意到了剩余价值的具体形式，如利润、平均利润、利润率、企业主收入和地租等等，但是他指出这些具体形式的叙述属于尚未论述过的竞争篇、信用篇和土地所有制专册。

目前，在马列主义的马克思恩格斯研究中有这样一种共同认识：马克思在1861—1863年手稿即《资本论》第2稿中制定出了广义的剩余价值学说，并由此使《资本论》的结构计划有了重要的改变，在这方面，形成于1862年3月至12月的作为这一手稿组成部分的《剩余价值理论》起了特殊的作用。

由于资产阶级经济学家只从具体表现形式如利润、利息、企业主收入和地租等等来了解剩余价值，因此，马克思不得不在这里，而不是在为后来计划的《资本论》篇章中，批判地分析与狭义的剩余价值学说的联系。

原则上，我们同意科甘、维戈茨基、马雷什、曼·穆勒、施尼克曼和尼措尔德等人在论文中对这一过程的分析。温·施瓦尔茨1978年在西柏林发表的著作《马克思主要著作的结构史，从〈草稿〉到〈资本论〉》使这一讨论更加充实了，我们高度评价书中的详细分析，并且赞同作者在这一方面取得的大部分成果。虽然我们获悉温·施瓦尔茨在联邦德国马克思主义研究所年鉴的特刊第 1 卷①中对自己的书已做了修改，但是我们仍想再一次批判施瓦尔茨阐述的所谓最后的《资本论》结构原则，这是因为它反映了西欧国家中其他一些马列主义经济学家或赞同马克思的经济学家的看法，而且也涉及社会主义国家中马列主义的马克思研究者对"资本一般"这一概念的地位和发展所持的不同观点。施瓦尔茨似乎试图在他的书中证明，最后的《资本论》中是一个双重的结构，一个结构符合"资本一般"的概念，另一个结构则超越了这一概念，是一般的资本分析。施瓦尔茨把《资本论》各篇相应地划分为属于"资本一般"的部分和不属于的部分，然而，《资本论》的结构是一个整体，这种划分妨碍了人们对《资本论》结构原则的认识。

科甘、维戈茨基和其他人注意到了最后的《资本论》中与第 1 稿相比在结构上的重要变动，他们得出的结论认为，"资本一般"的概念为最后的叙述打上了烙印。

如果我们认识到"资本一般"的概念因此而扩大了，不再是决定结构的东西，从而不再按原来的精确定义得到应用，那么我们可以赞同这样的叙述。然而，博蒂格利强调说，"谈不上计划的真正改动"，而且人们关于"资本一般"的概念在最后的《资本论》中应用的争论只是文字之争。②这样，我们就认为有必要清楚地说明"资本一般"这个概念的含义，并说明与此相联系的叙述逻辑结构原则之间在内容上的区别。

在《大纲》中马克思精确地说明了他对"资本一般"的理解，说明哪些东西将按照叙述逻辑纳入资本册的结构中，哪些东西则要排除在

---

① 温·施瓦尔茨：《新的资本概念中的工资形式》，参看《联邦德国马列主义研究所年鉴》1982 年特刊第 1 卷。

② 埃·博蒂格利：《马克思〈资本论〉的形成》，1969 年特里尔版第 26 页。

外。他在《大纲》中写道:"尽管与各特殊资本相区别的资本一般,(1)仅仅表现为一种抽象;不过不是任意的抽象,而是抓住了与所有其他财富形式或(社会)生产发展方式相区别的资本的特征的一种抽象。资本一般,这是每一种资本作为资本所共有的规定,或者说是使任何一定量的价值成为资本的那种规定。……(2)但是,与各特殊的现实的资本相区别的资本一般,本身是一种现实的存在……因此,一般的东西,一方面只是观念中的特征,同时也是一种同特殊事物和个别事物的形式并存的、特殊的现实形式。"①

马克思进一步指明他对"资本一般"的现实存在的理解:"我们在这里考察的是资本本身,也可以说是全社会的资本,资本的差别等等还与我们无关。"② 因此,"资本一般"是资本主义生产关系的整体。

"资本一般"不包含价格偏离价值③。工资与劳动能力这种商品的价值相等,并且起初把工资的形式和波动抽象掉了④,超越了雇佣工人阶级与资本家阶级之间一般生产关系⑤的那种具体的阶级关系也抽象掉了,单个资本的特殊性(这种特殊性使单个资本不同于其他资本)不属于资本一般。同样,各实际资本或资本对资本的作用,换句话说,资本的竞争,也不属于资本一般⑥。此外,作为商品经营资本和货币经营资本的那些资本的特殊形式及其使用的特殊性也不包括在"资本一般"中。⑦

---

① 《马克思恩格斯全集》第 1 版第 46 卷(上)第 444—445 页。
② 《马克思恩格斯全集》第 1 版第 46 卷(上)第 313—314 页。
③ 参看《马克思恩格斯全集》第 1 版第 46 卷(下)第 166—167 页。
④ 参看《马克思恩格斯全集》第 1 版第 46 卷(下)第 38 页。
⑤ 参看《马克思恩格斯全集》第 1 版第 46 卷(下)第 38 页。
⑥ 《马克思恩格斯全集》第 1 版第 46 卷(上)270 页。
⑦ 《马克思恩格斯全集》第 1 版第 46 卷(上)第 444—445 页。

在 1862 年，马克思认识到了"资本一般"的结构原则过于狭窄，因为没有把剩余价值的具体形式包括在内，而是把平均利润纳入了竞争篇，把利息的具体运动纳入了信用篇，把地租纳入了土地所有制专册。而且，马克思对剩余价值具体形式的认识越深，上述的认识就越清楚。

由于时间关系，我们关于结构的复杂发展情况只能概括地谈下面 3 个问题：

1. 由于哪些新发现，才表明资本一般的结构原则过于狭窄了？
2. 《资本论》结构的决定性原则是什么？
3. 《资本论》的最后叙述完成之后，原来拟定的（b）《竞争》、(c)《信用》、(d)《股份资本》这些篇的情况如何呢？

在《大纲》中，马克思随着剩余价值规律的发现科学地解决了使资产阶级古典经济学解体的第一个大矛盾，即在遵循价值规律的情况下资本与劳动相交换的问题。第二个大矛盾是：尽管有机构成不同，但同量资本却取得相等的或平均的利润。当时尽管有若干有益的理论探索，但这一矛盾还未得到解决。

马克思早在 1850—1853 年《伦敦笔记》的第 VIII 笔记本中，在他对李嘉图著作摘录所作的评论中，已经研究了这个问题。在那里，他同李嘉图一样强调指出，由于对固定资本的利用不同，由于运转时间不同，平均利润的存在导致偏离价值。在这一点上，马克思当时仍赞同李嘉图的意见，认为这一偏离是偶然的，并不涉及价值规律本身。然而在其他方面，马克思已经超越了李嘉图，如果说李嘉图认为这是偶然性而在以后不加考虑地把问题放在一边，那么马克思却把这一问题纳入了竞争学说并且写道："然而叙述实际过程，则是另一回事，因为在这个过程中，不论是他［李嘉图］称为偶然的运动但却是稳定的和现实的东西,还是它的规律,即平均关系,两者同样都是本质的东西。"①

在《大纲》中,马克思跨出了重要的一步,因为在此期间,他发现资本可划分为 c(不变资本)和 v(可变资本),而且他把这运用于剩余价值与利润的关系中,这时,马克思已经清楚地了解到,在竞争的压力下,剩余价值重新分配而转化为平均利润率,但是在《大纲》中,他仍然把这个问题看做是分配问题,被他纳入竞争学说中,他在《大纲》中写道:"资本家阶级在一定程度上是这样分配总剩余价值的:总剩余价值不是按照各个个别生产部门的资本所实际创造的剩余价值来分配,而是与他们的资本量成比例地大致平均地进行分配","这个问题的进一步研究,属于竞争篇的范围"②,马克思仍把这种关系看做是价格超过价值或低于价值,而不是看做价值的原则上的变形。直到1862年,马克思仍未开始制定平均利润和生产价格的学说,还在 1859 年《政治经济学批判》中马克思就写道:"实际上……提出了这样一个问题:一种与交换价值不同的市场价格是如何在交换价值的基础上发展起来的,或者更正确地说,交换价值规律如何只是在自己的对立物中实现。这个问题将在竞争学说中解决"③,也就是说,马克思打算直接联系市场价格偏离价值来解决这一问题。

我们已多次发表(参看《马克思恩格斯全集》原文版第 2 部分第 3 卷第 2 册的前言和《〈资本论〉第 2 稿》文集)这样的观点:在《剩余价值理论》中已经制定了平均利润和生产价格学说,这对批判地研究洛贝尔图斯的地租理论、创立自己的绝对地租理论是很有必要的。与我们的这一论点相反,我们尊敬的日本同行大村教授在一篇至今未发表的文

---

① 《马克思恩格斯全集》第 1 版第 44 卷第 108 页。
② 《马克思恩格斯全集》第 1 版第 46 卷(上)第 426—427 页。
③ 《马克思恩格斯全集》第 1 版第 13 卷第 52 页。

稿中提出了批判性的意见。他认为，研究洛贝尔图斯毫无疑问只是制定平均利润和生产价格理论的诱因，而不是必要条件。在这方面，不是必要，而是事实，因为绝对地租是以市场价值和生产价格的概念为前提的。此外，大村强调指出，平均利润和生产价格的问题原则上已经在第XVI笔记本中得到解决，而且马克思在此也已经阐述了竞争的两种形式。我们认为，有一点现在已经得到证实，即1861—1863年手稿第XVI笔记本以及第XVII笔记本某些部分的形成先于《剩余价值理论》。但是我们认为，不变换《马克思恩格斯全集》原文版第2部分第3卷正文的位置是必要的，因为正文是按马克思的意图（笔记本期数和编的页码）编排的。不过，有必要对这些科学的参考资料进行解释，最终使我们确信第XVI笔记本和第XVII笔记本某些部分产生于《剩余价值理论》之前的是阐述平均利润和生产价格问题的理论水平，就术语和内容来说，这一理论水平低于《理论》完成后所达到的水平。按我们的理解，我们未能从正在讨论的笔记中发现任何关于大村教授所说的竞争的两种基本形式的提示，即关于马克思理论的进一步发展的提示，也就是说，指出竞争的一种形式是生产部门内的竞争，这导致市场价值的形成，另一种形式是生产部门之间的对最佳投资能力的竞争，它导致平均利润的形成，使价值转变为生产价格。显然，大村教授指的是竞争的其他形式，而不是我们所说的对结构更改极为重要的两种基本形式。此外，同《大纲》相比，从原来的写有"最后"笔记本字样的、后来被马克思编为第XVI和第XVII笔记本、并按全部手稿的顺序编了页码的笔记本中也可以看到某些进步。马克思在第XVI笔记本中写道："一般说来，在资本的不同生产部门中利润率不同。而不是相同的情况下，所谈的只能是平均利润率，对这一点的更详尽的考察属于论竞争的那一章，但是在这里仍然应该说明一些最重要的一般因素。"①

在这里马克思已经指出：市场价格围绕"正常价格"波动，波动中心是"正常价格"，而不再直接是价值。马克思暂时还未使用众所周知的，由 c＋v＋平均利润组成的生产价格这一术语，这一术语在平均价格、成本价格等术语被采用后才逐渐确定下来。马克思仍指出把更详尽地考察"正常价格"的形式放到竞争学说中。他仍承认资本一般的结构原则，尽管他打算在这里在资本与利润的学说中顺便说明一些"最重要的一般因素"。

在抽象的这一阶段上，首先假定如下事实是合理的：每一个资本，不管它按有机构成生产出来的剩余价值是多少，总是按它的数量多少而获得平均利润或正常利润。

如果说，在与资本一般的结构相适应的狭义剩余价值学说中能够抽象掉单个资本的特性，那么对于剩余价值的具体形式来说这样就行不通了。

与从抽象上升到具体的叙述逻辑相符合的是，只要不是极其明显的思想逻辑上的错误，那么，在分析较具体的范畴时出现的二律背反就是缺少中间环节的表现。因此如下情况并不是偶然的，即马克思在批判地分析洛贝尔图斯的地租理论，论证绝对地租以及使级差地租理论精确化的时候，认为有必要先论述超额利润与市场价值理论，以及平均利润和生产价格理论，而这些他原来是打算在竞争篇中才着手进行的。

如果说，一个生产部门由于土地私有制而摆脱了使个别利润率平均化为平均利润率的竞争，那么对资本分析来说就会得出这样一些结论，这些结论不应该作为偶然的结论放到竞争学说中，而是应该放到对资本的本质的分析中。如果说绝对地租的价值来源可以从农产品的生产价格

---

① 《马克思恩格斯全集》第 1 版第 48 卷第 281 页。

与价值的区别中得到解释，那么价值与生产价格之间的区别就是最根本的因素，必须在一般的资本分析中得到阐述。

对价值转化为生产价格的分析必然使马克思回到市场价值，构成生产价格和平均利润的，并不是单个资本的个别价值和个别利润率，而是生产部门内部因商品销售的竞争而形成的统一市场价值。通过对洛贝尔图斯的研究，马克思得出以下结论："在竞争中，应当区分两种平均化运动。在同一生产领域内部，资本把这个领域内部生产的商品的价格平均化为同一市场价格（即市场价值——本文作者），而不管这些商品的个别价值同这个市场价格的关系怎样。如果没有不同生产领域之间的平均化，平均市场价格就应当等于商品的市场价值。这些不同领域之间的竞争，在资本的相互作用不被第三种力量——土地所有权等等——阻碍、破坏的情况下，把市场价值平均化为平均价格。"①

通过分析得出：平均利润并不像马克思最初认为的那样，是经验的量；相反，经验的个别利润不同于平均利润，这种区别有着范畴的意义，就如同个别价值、市场价值、生产价格和市场价格之间的区别一样。在《资本论》第3卷中，马克思给这些范畴区别补充了市场生产价格这样的范畴。也就是说，在市场生产价格上商品的个别成本价格已经通过生产价格而发生了变形。理解竞争的这两种基本形式对于理解市场价值、超额利润、生产价格、平均利润和市场价格这些范畴是绝对必要的。这两种基本形式同马克思为贯彻经济规律而打算在资本册（b）篇中阐述的那些作为特殊性的竞争形式相比，被清楚地突出出来了。

马克思越来越意识到，利润、平均利润、市场价值和生产价格是与资本有着本质联系的范畴，不能列入竞争本身的各种经验形式中。

---

① 《马克思恩格斯全集》第1版第26卷（Ⅱ）第135页。

与此相应，对于竞争的叙述也要求有所区别。竞争的两种基本形式在结构上同实际资本的竞争相比而突出出来，并被包括到资本的一般分析中。

1862年，结构原则开始逐渐得到运用。马克思在《资本论》第1卷中对这一原则作了如下叙述："……本书的最终目的就是揭示现代社会的经济运动规律。"① 这一经济运动规律就是剩余价值规律，它在生产过程、流通过程和资本总过程中的各种形式在结构和形成史上都得到了从抽象到具体的阐述。

如果说，平均利润和生产价格的形式是资本内在联系的范畴，那么就出现了这样一个问题：人们能够把资本在总过程中作为商业资本即商品经营资本和货币经营资本的具体形式排除于一般的资本分析之外吗？马克思在1861—1863年手稿第 XV 笔记本中把资本的这些特殊形式包括在一般的资本分析中，并且说明了这些资本形式如何按其大小，以平均利润的形式参与剩余价值的分配，尽管它们并不生产剩余价值。

如果说，信用制度对于形成平均利润率起了重要作用，而且利润纯粹从量上划分为利息和企业主收入这件事表现为质上的分离，那么显然要把对信用基本问题的分析包括到资本的一般分析中。这时，马克思是否仍然把信用的特殊问题放到专门的信用学说中，已是无关紧要的了。

正如上面已经提到的，绝对地租的发现对这一结构的改变起了重要的作用。只要地租理论单纯被认为是级差地租理论，是随着超额利润转化为地租而得到解释的理论，那么，它除了是剩余价值的具体形式之外，没有提出任何特殊的问题，并且能够按照叙述逻辑被纳入论述土地所有制的专册中。但是，绝对地租是剩余价值的一种特殊形式，在这一形式中，土地所有者不仅获得了作为级差地租的级差利润，而且把农业

---

① 《马克思恩格斯全集》第1版第23卷第11页。

中生产的超过平均利润的剩余价值攫为己有,因此,地租属于广义的剩余价值学说。

《资本论》第2卷结构的发展在科学上也具有重要意义,马克思的所有草稿在《马克思恩格斯全集》原文版第2部分中的发表为研究创造了更多的条件。联系到目前提出的问题,我的论述只限于《资本论》结构中对社会总资本再生产的叙述。马克思把对社会总资本再生产的叙述排除在资本一般的结构之外,因为在这个问题上单个资本彼此交织在一起,互相依赖,互相作用。在《大纲》中存在着一些极为重要的科学的基本论题,在《剩余价值理论》中马克思再次回到社会总资本再生产的问题上来,以便逐步精确地阐述这一理论。在1861—1863年手稿第X笔记本中,马克思遇到了社会总资本再生产的问题。当时,他还未完全按照叙述逻辑搞清社会总资本再生产在结构中的地位。他写道:"这里,我们显然又遇到了已经两次涉及的问题","这个问题一再出现,就说明事情还有些棘手,这个问题本来属于论述利润的第3章,不过在这里谈一谈比较好"。① 马克思对平均利润和生产价格理论的研究越有进展,对内在联系的认识越深刻,他就越来越意识到,对社会总资本再生产这一篇的叙述是流通过程的总结性结尾。在从抽象上升到具体的过程中,对生产部门相互依赖性的叙述和对实现剩余价值的条件的叙述必须放在资本与利润篇之前。马克思在第XVIII笔记本中写道:"只有在本身同时就是再生产过程的流通过程〔马克思指的是剩余价值的实现——本文作者〕中,这一点才能初次显露出来。这里还要指出,我们必须在叙述完成了的资本——资本和利润——之前叙述流通过程或再生产过程。"② 对社会总资本再生产的阐述是取消资本一般的结构设

---

① 《马克思恩格斯全集》第1版第26卷(Ⅱ)第43—44页。
② 《马克思恩格斯全集》第1版第26卷(Ⅱ)第585—586页。

想的一个重要因素。

　　最后，我们还想在这里撇开各种导致取消这一结构设想的因素说一说工资。正如已经指出的，《资本论》第1卷第6篇并不涉及放弃对工资特殊形式的单独叙述，《资本论》第1卷中的工资篇完成了一个甚至超出叙述逻辑而具有普遍意义的特殊任务。从表面上看，工资似乎是劳动的价格，在1861—1863年手稿第XX笔记本中，马克思极其重视这一颠倒地反映劳动力商品的本质和现象的问题。因为这并不单纯是由于这个问题涉及资产阶级经济学的有意歪曲，而且因为这种现象是由客观条件本身所引起的。资产阶级经济学接受了直接呈现在他们眼前的这一现象，因为这符合他们认识上的利益。这一现象迎合了资产阶级经济学的阶级利益，因为它实际上掩盖了资本主义剥削的本质。按照资产阶级的生产要素理论，工人通过他的劳动参与了生产，同时，他的劳动又通过工资得到了补偿，工人一分不差地收回了他付出的一切。马克思指出，工人得到的不是付给他的"劳动"的报酬，因为这一劳动物化在生产资料即资本家的财产中了，如果资本家对工人的劳动付给了报酬，那么他就不能实现他的生产最大剩余价值的目的了。在分析资本的本质时，马克思指出，工人出卖给资本的不是他的劳动，而是劳动力。工人按劳动力价值得到补偿以维持劳动力，因此，工资本质上是劳动力商品的货币表现。马克思认为，在认识了隐藏在表面现象后面的本质后，原则上有必要证明，本质必须以这种颠倒了的形式表现出来，这符合已存在的客观条件。他在1861—1863年手稿第XX笔记本中写道："但是，这是由生产过程必然产生的说法，它是劳动力价值的必然的表现形式。在工资这个词中已经包含着这个说法，由这个词可以得出结论：劳动的报酬等于劳动的价格，等于劳动的价值。但是，这个没有概念的形式在工人以及资本家的意识中都存在（因为它是在现实中直接表现的形式），因此，它是庸俗政治经济学顽固地坚持的形式，庸俗政治经济学以为，政治经济学科学与其他一切科学的特征差别在于，后者力图说明被掩盖在日常现象后面的，因而按其形式总是与日常现象相矛盾的本质。"①

把"现象——本质——本质的表现"这样的关系包括进来，是《资本论》第 1 卷论述工资的第 6 篇中一个特别显著的重要部分，但对马克思来说，这也是一个普遍的叙述原则，用来说明其本质从表面看来似乎是颠倒的那一切范畴。在第 1 篇中，马克思从商品拜物教即社会关系转化为物与物之间的关系开始，把对拜物教的阐述贯穿于 3 卷著作中，以便最后用第 7 篇《各种收入及其源泉》这一最具体的表现形式来把第 3 卷结束。

《资本论》结构计划的发展过程虽然仍未结束，但我们把 1862 年底至 1863 年初这一时期看做是一个质的转折点。《剩余价值理论》完成后，马克思从阐述广义的剩余价值学说中得出若干关于《资本论》结构的结论，这些结论在 1862 年 12 月 28 日给库格曼的信②中，和 1861—1863 年手稿第 XVIII 笔记本中关于《资本论》第 3 卷和第 1 卷的计划中草稿都有据可查。③ 在这些地方，再也看不出最初对资本一般的限制了。平均利润和生产价格、商业资本、货币资本、利润分为产业利润和利息以及地租，都被纳入后来的第 3 卷计划中。《各种收入及其源泉》也是如此。④ 纳入第 1 卷的有雇佣劳动和剩余价值的比例、剩余价值再转化为资本⑤。

---

① 参看《马克思恩格斯全集》第 1 版第 47 卷第 631 页。
② 《马克思恩格斯全集》第 1 版第 30 卷第 636—637 页。
③ 《马克思恩格斯全集》第 1 版第 26 卷（Ⅰ）第 446—447 页。
④ 《马克思恩格斯全集》第 1 版第 26 卷（Ⅰ）第 446—447 页。
⑤ 《马克思恩格斯全集》第 1 版第 26 卷（Ⅰ）第 446 页。

当然，在上述的给库格曼的信中，马克思仍再次使用了"资本一般"这一概念，他写道，他"将以《资本论》为标题单独出版，而《政治经济学批判》这个名称只作为副标题。其实，它只包括本来应构成第一篇第三章的内容，即《资本一般》。这样，这里没有包括资本的竞争和信用。这一卷的内容就是英国人称为'政治经济学原理'的东西。这是精髓。"①

如果说，马克思写道，这本来应涉及第3篇《资本一般》，那么他是为了同库格曼熟悉的计划设想联系起来。这并不一定意味着，他仍认为这一概念作为结构概念是合理的，事实上，"资本一般"的概念最初仍是个别地、不明确地出现在第 XVII 笔记本之后的笔记本中。对此要补充说明的是，术语的发展往往落后于内容的发展。恩格斯在第 2 卷的序中曾提醒人们注意这一点。对我们来说具有决定意义的是，在 1862 年之后，再也看不到对资本一般结构的最初的限制了，而且一般的资本分析的结构原则越来越清楚地表现出来，这一结构原则在于从结构和形成史上从抽象到具体地阐述经济运动规律。在这一结构原则中，资本一般的概念被辩证地扬弃了。

大概是为了扬弃最初对这一概念的限制，马克思在开始撰写 1863—1865 年手稿时就不再使用"资本一般"的概念了。为了说明作为一般资本分析的对象的资本概念，马克思使用了这样一些概念：与资本概念相符合的资本，资本的一般性质，资本的核心结构等等。

最后一个问题是：原来拟定的资本册中的最后几篇情况如何呢？

我们不能同意这样的观点，即认为马克思已把这几篇纳入第 3 卷中，因此单独叙述这些部分就变成多余的了。有的文献就是这样说的，例如，布劳恩斯道尔夫和勒夫勒就认为，马克思在《资本论》第 3 卷

---

① 《马克思恩格斯全集》第 1 版第 30 卷第 636 页。

第2篇中已论述了竞争篇。①

马克思在上述1862年12月28日给库格曼的信中写道,他"在完成资本篇"后,只要一有时间,他就打算写续篇,即"结束资本、竞争和信用的阐述"。②

在最后的《资本论》中,马克思按照叙述逻辑考察了3个抽象阶段上的竞争。第一,与作为伴随的普遍叙述原则的拜物教的展开相适应,竞争的假象和假象的消除也得到了普遍阐述,并且在第50章《竞争的假象》中得到了概括和总结。第二,收入一般的资本分析中的竞争的两种基本形式不同于马克思打算用独立的篇来阐述的那些竞争。这些竞争形式是他从未放弃,但未能实现的计划。他在第3卷中写道:"我们在这一章中研究的各种现象要得到充分阐明,必须以信用制度和世界市场上的竞争为前提,因为一般说来,世界市场是资本主义生产方式的基础和生活条件。但资本主义生产的这些比较具体的形式,只有在理解了资本的一般性质以后,才能得到全面的说明;不过这样的说明不在本书计划之内,而属于本书一个可能的续篇的内容。尽管如此,标题中提到的几种现象,还是可以在这里概括地考察一下。"③

在《资本论》第3卷开头,马克思写道:"因此,我们在本卷中将要阐明的资本的各种形式,同资本在社会表面上,在各种资本的互相作用中,在竞争中,以及在生产当事人自己的通常意识中所表现出来的形式,是一步一步地接近了。"④

---

① 参看布劳恩斯道尔夫和勒夫勒:《资本概念和垄断》,1976年西柏林版第53页。

② 《马克思恩格斯全集》第1版第30卷第637页。

③ 《马克思恩格斯全集》第1版第25卷第126—127页。

④ 《马克思恩格斯全集》第1版第25卷第30页。

随着第3卷的结束,资本生成的本质即资本的一般分析,也就结束了。这时,内在联系、经济必然性和经济运动规律都得到了阐述。资产阶级经济学家试图用竞争来解释经济规律,但只要仔细一看,就可发现,他们的一切尝试只停留在表面现象上。竞争虽然不言而喻地是资产阶级经济关系的前提,但归根到底,它并不说明什么,经济规律必须在竞争之前得到阐述和理解。对资本本质的理解是分析资本主义生产方式现实性的重要前提,但现实性不只包括本质,而且也包括现象。

正如经济关系表面上所表明的,竞争也必须包括在经济关系的完成了的形态中,以便说明经济规律如何得到实现。当马克思谈到现实的资本时,他指的是经济规律在实际中得到实现的形式,马克思在1861—1863年的经济学手稿中写道:"不言而喻,应当时刻记住,一旦在我们面前出现某种具体的经济现象,决不能简单地和直接地用一般的经济规律来说明这种现象。……必须考虑到离我们现在所研究的对象很远的许多情况;而且,如果我们没有事先对那些比我们这里现有的关系远为具体的关系进行研究,就连解释这些情况也是不可能的"。[①]

竞争不创造经济规律,但是,由于单个资本的相互压力,竞争是使经济规律的内在趋势通过外在力量爆发出来的推动力。在个别情况下,经济规律的实现是偶然的,这种实现是在不断的波动中完成的,在这些波动中,内在的必然趋势归根到底得到实现。

马克思极其重视对竞争的特殊分析,因此有一点并不偶然,即他表示打算在完成主要部分即《资本论》中得到阐述的资本主义经济运动规律之后,如果时间允许的话,他将着手竞争学说的阐述。这样的话,《资本论》就有了续篇。

如果有的作者认为马克思计划中的竞争学说已经变成多余的,因为

---

① 《马克思恩格斯全集》第1版第47卷第405页。

它已被包括在《资本论》中了,那么,这是对《资本论》的叙述方面所得出的完全错误的认识。如果说在一般的资本分析中资本向完成了的资本的发展是通过经济运动规律而得到阐述的,那么,作为资本实现条件的许多资本即实际资本的学说,正如马克思所说,则要通过竞争而得到阐述,资本主义经济规律只有在各单个资本相互施加的外在压力下才得以实现。

马克思同意威克菲尔德的意见,后者在他对亚当·斯密《国富论》的评论中强调指出,政治经济学从来没有肯定地阐述它所喜爱的"竞争"范畴,它只是把"竞争"理解为否定,也就是说,理解为对中世纪封建制度、垄断、贸易保护主义和国家干涉主义的否定。针对这些,人们抽象地提出了"听之任之"的自由贸易口号。

与此相对,马克思在《大纲》中写的话则是对竞争进行肯定阐述的萌芽:"从概念来说,竞争不过是资本的内在本性;是作为许多资本彼此间的相互作用而表现出来并得到实现的资本的本质规定,不过是作为外在必然性表现出来的内在趋势。资本是而且只能是作为许多资本而存在,因而它的自我规定表现为许多资本彼此间的相互作用。"①

竞争是资本实现与自己相适应的生产方式的形式。

在叙述竞争的积极因素时,马克思安排了下列的论题,这里只以标题形式谈谈其中最重要的论题:

——市场是商品实现条件总和的具体领域。

——供求见面的场所。

——抽象的市场与各种各样的商品市场,每种商品都构成一个特殊的市场。

——主要市场与地方市场。

---

① 《马克思恩格斯全集》第 1 版第 46 卷(上)第 397—398 页。

——劳动市场。

——原料市场。

——货币市场。

——资本市场。

——价格竞争,市场价格。

——供与求的具体依赖关系。

——对需求的具体分析和使用价值对价值的影响。

——产品更新和产品上市。

——例外的生产力,通过竞争使其普遍化。

——对社会总资本再生产的具体分析(这时投入的价值量被价格量代替,资产阶级马克思学者多次讨论的转型问题并不是真正的问题,它按照叙述逻辑应该放在竞争学说中,这个问题在一般的资本分析的基础上比较容易解决。)

——欺诈与投机活动的作用。

——竞争与垄断的关系。

竞争学说决不只涉及自由竞争的资本主义,它也涉及经济规律实现的特殊形式,并且包括垄断。竞争迫使资本积累和生产积聚,发展到一定阶段就导致垄断的形成。垄断是特殊的产物,它们也导致了经济规律实现的特殊性,但是垄断没有消除竞争这种自发地通过资本对资本的外在作用来使经济规律得到实现的形式。列宁在《帝国主义是资本主义的最高阶段》一书中明确指出,帝国主义是资本主义基本特征的进一步发展和直接继续,他写道:"自由竞争是资本主义和一般商品生产的基本特征;垄断是自由竞争的直接对立物……同时,从自由竞争中成长起来的垄断并不消除竞争,而是凌驾于竞争之上,与之并存,因而产生许多特别尖锐特别剧烈的矛盾、摩擦和冲突。"①

  关于竞争学说,在《资本论》及其手稿有许多以题外的插入形式存在的提示,在摘录笔记中也有丰富的材料,我们认为利用这些资料并作出概括的结论是政治经济学领域中马克思恩格斯研究工作的一项迫切任务。

(原载民主德国马丁·路德大学《马克思恩格斯研究文集》第20辑)

(裘挹红 译　张钟朴 校)

---

① 《列宁选集》第1版第2卷第807—808页。

马克思经济学著作"六册计划"的来龙去脉*

张钟朴

在阅读马克思的《1857—1858 年经济学手稿》时,经常遇到马克思以插论的形式写的各种不同的计划,人们往往弄不清其含义和来龙去脉。现在,我把这些计划的演变情况和国内外学术界的讨论情况,简要地介绍一下。

在上世纪 40 年代,马克思在进行哲学和历史的研究中,在对社会现实问题的考察中得出结论:物质生活关系的总和是决定国家的因素,而这些关系的基础应到政治经济学中去寻找。大概从 1843 年末开始,马克思着手系统地研究政治经济学。经过 15 年的研究,从 1857 年开始,马克思写了一个庞大的经济学手稿,《1857—1858 年经济学手稿》,即著名的《政治经济学批判大纲》,这也是他的未来《资本论》的第一个草稿。这部手稿包含在编号为 I—VII 的 7 个笔记本中,在第 VII 个笔记本的封页上,马克思写上标题《政治经济学批判》(以后的手稿也标了这个标题,直到最后写成《资本论》时,它变成副标题)。另外,在编号为 M 的笔记本中,马克思为《政治经济学批判》写了著名的《导言》。

马克思在创立自己的经济理论的同时,还不断地制定和完善自己经济学著作的结构计划。合理的科学的结构计划能把经济学各个范畴置于

---

* 本文选自《马克思恩格斯研究》1990 年总第 4 期。

正确的体系之中，从而能够科学地反映错综复杂的经济现象，揭示出社会经济关系的客观规律。这些计划是马克思科学研究工作的一个重要侧面，这些计划一方面反映了他每个时期理论发展的水平，另一方面，这些计划的制定和完善又反过来促进他的理论向前发展。因此，研究这些计划，有助于我们更好地理解马克思的经济理论和方法，并且对制定社会主义政治经济学有现实意义。

"六册计划"的形成

大约是在1857年8月，马克思在写《导言》时，为他的经济学著作写了第1个计划。这个计划表明，他未来的经济学著作《政治经济学批判》应分为5部分或5篇，所以人们通常称为"五篇计划"。马克思写道：

"显然，应当这样来分篇：

（1）一般的抽象的规定，因此它们或多或少属于一切社会形式……

（2）形成资产阶级社会内部结构并且成为基本阶级的依据的范畴。资本、雇佣劳动、土地所有制。它们的相互关系。城市和乡村。三大社会阶级。它们之间的交换。流通。信用事业（私人信用）。

（3）资产阶级社会在国家形式上的概括。就它本身来考察。'非生产'阶级。税。国债。公共信用。人口。殖民地。向外国移民。

（4）生产的国际关系。国际分工。国际交换。输出和输入。汇率。

（5）世界市场和危机。"①

我们看到：第一，这个结构计划反映了马克思和恩格斯在40年代

---

① 《马克思恩格斯全集》第1版第46卷（上）第46页。

制定的唯物史观的成就。这就是，物质生活关系的总和是决定国家的因素；物质生产是全部社会关系、政治上层建筑和社会意识形态的基础。第二，马克思批判地继承了古典经济学的成就，把资产阶级社会划分为三大阶级，以及它们各自依据的经济范畴，并且把资本置于优先地位，因为"资本是资产阶级社会的支配一切的经济权力"。[①] 第三，这个计划反映了《导言》中阐明的"政治经济学的方法"，这就是从抽象上升到具体的方法，以及逻辑和历史相一致的原则。计划的第 1 篇到第 5 篇先是分析"一般的抽象的规定"，继而分析社会的内部结构和阶级，再分析上层建筑，直到最后分析世界市场。这里要特别注意第 2 篇，就是这一篇后来演变成了《资本论》的结构。

就在写这个计划的同时，马克思写作手稿中《货币章》的正文。到《货币章》快写完时，大体上到了 1857 年 11 月份，即跟第 1 个计划相距 3 个月左右，马克思又写了第 2 个计划：

"在考察交换价值、货币、价格的这个第一篇里，商品始终表现为现成的东西。形式规定很简单。我们知道，商品表现社会生产的各种规定，但是社会生产本身是前提。然而，商品不是被设定在这一规定上。事实上，最初的交换也只是表现为多余的产品的交换，并不涉及和决定整个生产。这是一种处于交换价值世界之外的总生产的现成的多余产品。即使在发达的社会中，这些多余的产品同样会作为直接现成的商品世界而出现在社会表面上。

但是，商品世界通过它自身便超出自身的范围，显示出表现为生产关系的经济关系。因此，生产的内部结构构成第二篇。

［资产阶级社会］在国家上的概括构成第三篇，

［生产的］国际关系构成第四篇，

[①] 《马克思恩格斯全集》第 1 版第 46 卷（上）第 45 页。

世界市场构成末篇；在末篇中，生产以及它的每一个要素都表现为总体，但是同时一切矛盾都展开了。于是，世界市场又构成总体的前提和承担者。于是，危机就是普遍表示超越这个前提，并迫使采取新的历史形式。"①

这第2个计划从总的轮廓来说，是第1个计划的再现。但仔细比较起来，有三点区别，它们反映了写作《货币章》的成果。第一，第1篇的内容大大充实和具体化了，马克思逐步认识到，第1篇"一般的抽象的规定"的对象应该是商品，而交换价值、货币、价格等仅仅作为商品生产的特征来考察。马克思进一步指出，分析简单规定的商品，事实上是与前资本主义生产发展阶段相一致的。即使在资本主义世界中，社会表面上出现的也是"直接现成的商品世界"，这预示着马克思打算把研究的起点转到商品上来。第二，马克思论述了过渡到第2篇的必然性，"商品世界通过它自身便超出自身的范围"，商品矛盾的展开必然引导人们去分析资本主义社会生产的内部结构。第三，随着资本主义对抗性矛盾的展开，到第5篇，"一切矛盾都展开了"。于是"迫使采取新的历史形式"，资本主义发展的结果就是共产主义社会的客观前提。

写完第2个计划之后不久马克思结束了《货币章》的写作。大约在1857年11月中旬，马克思从第Ⅱ笔记本的第8页开始写《资本章》。刚写了几页，马克思就在第Ⅱ笔记本第18页上写了第3个计划。这个计划主要是设计第2篇，特别是"资本"部分的结构，内容如下：

"Ⅰ.(1) 资本的一般概念。

(2) 资本的特殊性：流动资本，固定资本。（资本作为生活资料，作为原料，作为劳动工具。）

(3) 资本作为货币。

---

① 《马克思恩格斯全集》第1版第46卷（上）第177—178页。

Ⅱ. （1）资本的量。积累。

（2）用自身计量的资本。利润。利息。资本的价值：即同作为利息和利润的自身相区别的资本。

（3）资本的流通。

（α）资本和资本相交换。资本和收入相交换。资本和价格。

（β）资本的竞争。

（γ）资本的积聚。

Ⅲ. 资本作为信用。

Ⅳ. 资本作为股份资本。

Ⅴ. 资本作为货币市场。

Ⅵ. 资本作为财富的源泉。资本家。

在资本之后可以考察土地所有权。然后考察雇佣劳动。以所有这三者为前提，价格运动作为在流通的内在整体性上被规定的流通来进行考察。另一方面，三个阶级作为在生产的三种基本形式上和流通的各种前提上来看的生产。

其次是国家。（国家和资产阶级社会。——赋税，或非生产阶级的存在。——国债。——人口。——国家对外：殖民地。对外贸易。汇率。货币作为国际铸币。——最后，世界市场。资产阶级社会越出国家的界限。危机。以交换价值为基础的生产方式和社会形式的解体。个人劳动实际转化为社会劳动以及相反的情况。）"①

仅仅在这第3个计划之后隔了3页手稿，马克思在第Ⅱ笔记本的第22—24页上又拟定了第4个计划草稿，把"资本"这部分的结构整理得更加规则：

---

① 《马克思恩格斯全集》第1版第46卷（上）第219—220页。

"资本。

Ⅰ．一般性：

（1）（a）由货币变成资本。

（b）资本和劳动（以他人劳动为媒介）。

（c）按照同劳动的关系而分解成的资本各要素（产品、原料、劳动工具）。

（2）资本的特殊化：

（a）流动资本、固定资本。资本周转。

（3）资本的个别性：

资本和利润。资本和利息。资本作为价值同作为利息和利润的自身相区别。

Ⅱ．特殊性：

（1）资本的积累。

（2）资本的竞争。

（3）资本的积聚（资本的量的差别同时就是质的差别，就是资本的大小和作用的尺度）。

Ⅲ．个别性：

（1）资本作为信用。

（2）资本作为股份资本。

（3）资本作为货币市场。

……"①

以上这两个计划（特别是后面的第 4 个计划）把资本篇的结构按照"一般、特殊、个别"这样的顺序排列得很整齐，形成一个多层次的三分结构，这不是偶然的。马克思在 1855 年 1 月 14 日给恩格斯的信

---

① 《马克思恩格斯全集》第 1 版第 46 卷（上）第 232—233 页。

中说:"完全由于偶然的机会……我又把黑格尔的《逻辑学》浏览了一遍,这在材料加工的方法上帮了我很大的忙。"① 在黑格尔的《逻辑学》中,概念在每个层次的发展都包括三个环节,即"一般性"、"特殊性"、"个别性"。"一般性"是"自我同一性",即本质,"特殊性"是概念表现出来的多样性,"一般性"是"特殊性"的灵魂,"特殊性"是"一般性"的外部表现。至于"个别性"则是"一般性"和"特殊性"的对立统一,也就是"具体概念","具体概念"本身是"多样性的统一"。概念的发展就是这样从"一般"经过"特殊"然后上升到"个别"。不仅如此,概念的上升是螺旋形的,第一级的"一般"、"特殊"、"个别"三个环节合起来又构成第二级的"一般性",然后再向第二级的"特殊性"、"个别性"上升,然后再向第三级上升,如此等等。黑格尔的《逻辑学》是唯心论的,但它的方法具有合理的内核,马克思把这种方法加以改造,运用于自己的科学研究工作,从而取得重大理论成就。

这两个计划的其他特点还有:(1) 没有包括关于商品、货币等问题的第 1 篇,大概因为第 1 篇这时已经写完,可以暂时放在一边。(2) 从第 3 个计划看出,马克思把前两个计划中"资本、雇佣劳动、土地所有制"这样的考察顺序,改为"资本、土地所有制、雇佣劳动"。马克思在手稿中对这种顺序的改动作了说明:"不论是按照资本的本性还是从历史上来看,资本都是现代土地所有权的创造者,地租的创造者……"然后,通过资本作用于土地所有权,才产生出雇佣劳动。马克思说:"雇佣劳动就其总体来说,起初是由资本对土地所有权发生作用才创造出来的,后来在土地所有权已经作为形式形成以后,则

---

① 《马克思恩格斯全集》第 1 版第 29 卷第 250 页。

是由土地所有者自己创造出来的。"① （3）第3个计划中第3、4、5篇的内容与第1、2个计划大致相同，其中最后一句话"个人劳动实际转化为社会劳动以及相反的情况"，使人联想起《资本论》第1卷第24章关于"否定的否定的论述"。在那里马克思指出，在资本主义大生产基础上，个人劳动转化为社会劳动，这是对孤立个人的私有制的第一个否定，而通过资本主义自身的发展，导致在未来社会更高的发展阶段上重建个人所有制，这是否定的否定。

马克思《资本章》的写作，基本上就是按照第4个计划的框架写的，马克思集中写了（1）"一般性"中的三个组成部分。马克思在手稿的第Ⅲ笔记本中，又开始把这部分称为"资本一般"，② 这个"一般性"中的三个组成部分实际上是后来《资本论》前3卷的萌芽。其中的（1）是后来"资本的生产过程"的雏形，（2）"资本的特殊化"是后来"资本的流通过程"的雏形，（3）"资本的个别性"，是后来"资本和利润"的雏形。正像在写《货币章》时，由于抽象掉进一步的较具体的规定，只在一般性上考察商品、价值、货币等简单的规定，结果像发现了劳动二重性一样。在写《资本章》时，先是抽象掉任何进一步的具体规定，只考察资本的"一般性"。而在考察这个"一般性"的第一项内容时，又抽象掉其中的资本的个别性，即"利润"和"利息"等，再抽象掉其中的"资本的特殊化"即"资本周转"等，纯粹考察"资本的生产过程"，这就得出了剩余价值的科学范畴，揭示了剥削的实质和机制。然后再逐步上升，通过"资本的特殊化"和"资本的个别性"，阐明了剩余价值的各种转化形式，这就彻底解决了资产阶级古典经济学遭到破产的那些矛盾，实现了政治经济学的革命。古典经济学

---

① 《马克思恩格斯全集》第1版第46卷（上）第233—234页。
② 《马克思恩格斯全集》第1版第46卷（上）第250—344页。

所以破产，从方法论上说，就在于它们抽象得不彻底，把剩余价值同它的各种转化形式如利润等直接等同起来，结果陷入了绝境。

在《资本章》快写完时，马克思考虑按什么样的体系整理出版。显然《资本章》的写作使计划得到完善和发展，1858年2月22日，马克思在给拉萨尔的信中首次明确提出"六册计划"：

"全部著作分成六个分册：（1）资本（包括一些绪论性的章节）；（2）地产；（3）雇佣劳动；（4）国家；（5）国际贸易；（6）世界市场……

政治经济学和社会主义的批判和历史整个说来应当是另一部著作的对象。

最后，对经济范畴或经济关系的发展的简短历史概述，又应当是第3部著作。"①

这个计划表明，马克思打算把自己的经济学分成3部出版，第1部是政治经济学的理论部分，第2部是理论史（包括资产阶级经济学史和空想社会主义史；后来在写《剩余价值理论》时，才决定不包括社会主义和共产主义著作家）②。第3部是经济范畴史，后来这部分没有写成专著。

这"六册计划"是从"五篇计划"演变而来，原来"五篇计划"中第2篇的三大范畴——资本、土地所有制、雇佣劳动——变为前3册，"五篇计划"中的第3、4、5篇变为后3册，至于"一些绪论性的章节"，开始时设想为"五篇计划"中第1篇的内容，在以后的书信中越来越明确地是指"商品"、"货币"。

1858年3月11日，马克思在给拉萨尔的另一封信中着重谈了第1分册的计划：

---

① 《马克思恩格斯全集》第1版第29卷第531页。
② 参看《马克思恩格斯全集》第1版第26卷（Ⅰ）第367页。

"第一分册无论如何应当是一部比较完整的著作,而由于它包括整个叙述的基础,所以未必能少于五至六个印张。这一分册包括:(1)价值,(2)货币,(3)资本一般(资本的生产过程,资本的流通过程,两者的统一,或资本和利润、利息……)

整个著作将分成六分册,不过我并不准备每一分册都探讨得同样详尽;相反地,在最后三册中,我只打算作一些基本的叙述,而前三册专门阐述基本经济原理,有时可能不免要作详细的解释。"①

这封信表明,前3册是基本原理,要作"详细的解释",而后3册则不作详细探讨。其次,"绪论性的章节"相当于"价值"、"货币"等,"资本一般"中的3部分即是《资本论》3卷的萌芽。

1858年4月2日,马克思在给恩格斯的信中又一次谈了6册计划,并把"资本"一册划分为四篇:

"这一堆讨厌的东西将分为六个分册:1.资本;2.地产;3.雇佣劳动;4.国家;5.国际贸易;6.世界市场。

一、资本又分成四篇。

(a)资本一般(这是第1分册的材料);

(b)竞争或许多资本的相互作用;

(c)信用,在这里,整个资本对单个的资本来说,表现为一般的因素;

(d)股份资本,作为最完善的形式(导向共产主义的),及其一切矛盾。"②

接着,马克思对"资本"(第1册)向"地产"(第2册)和雇佣劳动(第3册)的转化,提出了逻辑的和历史的论据;然后,对"价

---

① 《马克思恩格斯全集》第1版第29卷第534页。

② 《马克思恩格斯全集》第1版第29卷第299—300页。

值"和"货币"这两章作了详细的说明,这两章构成了1859年出版的《政治经济学批判》第1分册的内容。

1859年2月1日,马克思在给魏德迈的信中又一次详细说明了6册计划和第1册"资本"划分为4篇,内容基本上没有变。所不同的是,在每一章节的后面,都附有一个历史部分,如"商品"章附有《关于商品分析的历史》,《价值尺度》一节附有《关于货币计量单位的学说》等,这些都反映在《政治经济学批判》第1分册的体系中。

可见,"六册计划"是随着理论的制定过程逐步形成的,计划的制定促进了理论的探讨,而理论的研究又进一步发展和完善了计划。如果把马克思这些计划设想综合起来,我们就可以看到"六册计划"的全貌:

第1册《资本》

 第一篇《资本一般》

  绪论:第一章《商品》;第二章《货币》。

  第三章《资本一般》

   (1)资本的生产过程

   (2)资本的流通过程

   (3)两者的统一,或资本和利润、利息。

 第二篇《竞争》

 第三篇《信用》

 第四篇《股份资本》

第2册《土地所有制》

第3册《雇佣劳动》

第4册《国家》

第5册《对外贸易》

第6册《世界市场》

"六册计划"的演变

在"六册计划"中,以资本作为分析的起点,前3册分析资本主义社会的内部结构,揭示三大阶级之间的关系。第4册是资产阶级社会在国家形式上的概括。最后两册从生产的国内关系过渡到生产的国际关系,直到最后上升到世界市场,这是资本主义生产的包罗万象的具体总体,一切矛盾都展开了,从而导致资本主义的灭亡。在这6册中,马克思打算对前3册作较详细的分析,而第1册《资本》又是分析的重点,其中的第1篇(或第1分册)《资本一般》则是重点的重点,马克思称之为"精髓"。① 关于这部分,马克思在1859年11月7日给恩格斯的信中写道:"我认为这个分册具有决定性的重要意义。实际上,这是全部资产阶级污垢的核心"。② 马克思在经济学手稿中着重研究的主要是"资本一般"这一部分。

那么,"资本一般"的含义和范围是什么呢?马克思说:"资本一般""是抓住了与所有其他财富形式或(社会)生产发展方式相区别的资本的特征的一种抽象。资本一般,这是每一种资本作为资本所共有的规定,或者说是使任何一定量的价值成为资本的那种规定"。③ 可见,"资本一般"是表示资本的本质和共性的概念,但"资本一般"不只是一种抽象,而且是现实的社会总资本。马克思说:"考察资本一般,并不是单纯的抽象。例如,如果我考察某个国家内与总雇佣劳动(或者也与地产)相区别的总资本,或者说,我把资本当做与另一个阶级相区别

---

① 《马克思恩格斯全集》第1版第30卷第636页。
② 《马克思恩格斯全集》第1版第29卷第483页。
③ 《马克思恩格斯全集》第1版第46卷(上)第444页。

的某一阶级的一般经济基础来考察，那我就是在考察资本一般。"可见，分析"资本一般"，就是要剖析作为生产关系的资本的本质，分析资本运动的基本形式。按照马克思最初的考虑，"资本一般"的范围不应包括竞争和众多资本的相互作用，也不应包括资本的一些特殊形式，这些内容都应当是和"资本一般"相区别的其他篇，如"竞争"，"信用"等篇论述的内容，也有的是其他专册如《土地所有制》册和《雇佣劳动》册论述的内容。但在实际写作过程中，由于制定理论的需要，逐步突破了这个范围。

如在写作《1857—1858年经济学手稿》的《资本章》以前，马克思曾考虑"资本一般"不一定包括资本的流通过程，因此，在第3个计划中甚至没有把"资本的流通"放到"资本一般"概念中。在分析过程中，他发现资本生产过程生产的剩余价值体现在产品中，必须在流通过程中重新变成货币，剩余价值才能得到实现。因此，"资本的流通"是属于资本的本质内容的，必须包括在"资本一般"之中。为了研究资本的实现问题，马克思研究了工人阶级和资本家之间的交换，资本家之间的交换问题，甚至涉及平均利润的形成问题，研究了再生产问题和资本主义的积累过程。显然这些问题已涉及众多资本的相互作用问题，这已经局部突破了原来的范围。由于《资本章》写作的结果，使"资本一般"中三部分的内容比第4个计划充实和具体化了。

马克思手稿的写作大约到1858年5月终止，开始着手整理加工，以分册形式出版。经过下半年的艰苦努力，终于在1959年出版了《政治经济学批判》第1分册，这样，绪论性章节即"商品"和"货币"两章就完成了。马克思从1860年开始，接着写作第3章即"资本一般"这部分，他草拟了一个《〈政治经济学批判〉第3章提纲草稿》，共包括4部分：（Ⅰ）"资本的生产过程"；（Ⅱ）"资本的流通过程"；（Ⅲ）"资本和利润"；最后还有一个部分"其他问题"。第（Ⅰ）部分内容比较详细，包括：(1)"货币转化为资本"；(2)"绝对剩余价值"；(3)"相对剩余价值"（a、大量人的协作，b、分工，c、机器）；(4)"原始积累"；(5)"雇佣劳动和资本"（"简单商品流通中占有规律的表现，这一规律的转化"）。第（Ⅱ）部分包括："流通过程"；"资本周转"；"流通费用"；"流动资本，固定资本"；"流通时间"；"总资本的平均周转"等，第（Ⅲ）部分包括："利润率和剩余价值"；"资本和利润"；"风险，利息，生产费用"；"资本各个部分的均等利润"；"工资和利润是生产形式，从而是分配形式，等等"；"利息和利润"最后一部分即"其他问题"包括："生产劳动和非生产劳动"；"对资本的各种解释"，这主要是理论史的内容。① 这个提纲草稿既是《1857—1858年经济学手稿》理论成果的概括，又是《1861—1863年经济学手稿》写作的提纲。

　　从1861年8月到1863年7月，马克思又写成了篇幅更大的一个手稿，共23个笔记本，通称《1861—1863年经济学手稿》。在手稿第Ⅰ本的封页上写有标题：《政治经济学批判，第3章，资本一般》，手稿的第Ⅰ—Ⅴ笔记本基本上是按照上述提纲（1）"资本的生产过程"写的，一直写到《机器》这一部分为止。从1861年12月起，马克思转入写作提纲中的（Ⅲ）"资本和利润"，内容主要是论述剩余价值表现为利润时的一些特点，如：利润是剩余价值的转化形式、利润总是把剩余价值表现得较小、同一剩余价值可以表现为极不同的利润率、利润率下降的一般规律等，其中虽然也涉及了平均利润和生产价格问题，但尚未阐明平均利润形成的机制，这一部分手稿后来被马克思编为第ⅩⅥ和第ⅩⅦ笔记本。然后，大约从1862年春天起，转入《剩余价值理论》的写作，在这一部分的写作中，通过对资产阶级经济学理论的批判，取得

---

① 《马克思恩格斯全集》第1版第46卷（下）第540—549页。

了进一步的理论成就，从而进一步扩大和完善了他的经济著作的内容和结构。

从上述《提纲草稿》中可以看出，在（Ⅰ）"资本的生产过程"中，没有专设"工资"一章来把工资作为劳动力价值的表现形式加以论述，也没有明确地把资本积累问题包括在内，虽然在《纲提》中有一项"简单商品流通中占有规律……的转化"预示着资本积累问题应当包括进来。在（Ⅱ）资本的流通过程中也不包括"社会总资本的再生产"问题。在（Ⅲ）"资本和利润"中，不包括商业资本和货币经营资本、地租、收入及其源泉等问题，原因在于最初设想的"资本一般"这部分，是不包括众多资本的相互作用和资本的各种特殊形式的。

我们先来考察（Ⅲ）"资本和利润"这一部分的扩大，因为在剩余价值理论之后，马克思首先充实和扩大了这一部分。马克思原来打算把资本竞争的各种问题都放到《竞争》篇中去论述，但是，通过对剩余价值转化为利润，利润转化为平均利润的分析，马克思认识到平均利润是剩余价值的必然的表现形式。古典经济学正是在这个重要问题上碰壁的，马克思在批判古典经济学的过程中，彻底弄清了形成平均利润和生产价格的机制，阐明了导致这种表现形式的两种竞争形式，即部门内的竞争和部门之间的竞争。基于这种理论成就，马克思认识到在对资本进行一般分析时必须把这个问题以及两种竞争形式包括进来。当然，这只是在阐明《资本一般》所必须的范围内论述竞争，并不是完全取代《竞争》篇，对竞争的全面论述仍应放在未来的《竞争》篇中去进行。

马克思原来设想《资本一般》中不包括资本的各特殊形式。

他曾说："我们研究的既不是资本的某一特殊形式，也不是与其他各单个资本相区别的某一单个资本"。[①] 但是他在分析平均利润之后认

---

① 《马克思恩格斯全集》第 1 版第 46 卷（上）第 270 页。

识到，商业资本和货币经营资本都参与作为平均利润表现出来的剩余价值的分配，因此，在对资本进行一般分析时，也应当把理解总过程所需的这些资本特殊形式包括进来，这样，马克思就把商业资本、货币资本以及利润分为产业利润和利息等问题的论述加入进来。

绝对地租理论的制定，是马克思在《剩余价值理论》中取得的又一理论成就。马克思最初也曾设想把地租问题全都放到《土地所有制》专册中去论述。绝对地租和级差地租不同，它是由于农业中存在土地所有权的垄断，使得超过平均利润的那一部分剩余价值为地主所占有。后来，马克思认识到绝对地租正好可以作为价值和生产价格之间差别的说明和例解，所以才决定把地租理论的基本原理收入进来。他在1862年8月2日给恩格斯的信中说："我还是打算把地租理论放在这一卷作为增补，即作为对前面提出的原理的说明"。① 当然这只限于能说明资本问题的地租基本原理，而地租问题的全面论述仍将是《土地所有制》专册的内容。

马克思在《剩余价值理论》的最后，结合批判资产阶级庸俗经济学，论述了"收入及其源泉"问题。这样，《资本论》第3卷的各项理论大体上制定出来了。1863年1月，马克思在写完《剩余价值理论》之后，在第XVIII笔记本上又拟定了一个第3篇《资本和利润》的计划，反映了上述各项理论成就的收入，表明这个理论部分已大致接近了未来《资本论》第3卷的结构，这个计划是：

"（1）剩余价值转化为利润。不同于剩余价值率的利润率。

（2）利润转化为平均利润。一般利润率的形成。价值转化为生产价格。

（3）亚·斯密和李嘉图关于利润和生产价格的理论。

---

① 《马克思恩格斯全集》第1版第30卷第265页。

(4) 地租（价值和生产价格的区别的例解）。

(5) 所谓李嘉图地租规律的历史。

(6) 利润率下降的规律。亚·斯密、李嘉图、凯里。

(7) 利润理论……

(8) 利润分为产业利润和利息。商业资本。货币资本。

(9) 收入及其源泉。这里也包括生产过程和分配过程之间的关系问题。

(10) 资本主义生产总过程中货币的回流运动。

(11) 庸俗政治经济学。

(12) 结论。资本和雇佣劳动。"①

马克思接下来着手制定（1）《资本的生产过程》的理论。前面已经指出，这部分原来的计划中没有包括"资本积累"和"工资"的内容，因为前者要以产品必须在流通过程中得到实现为前提，从而涉及众多资本的相互作用问题，后者则应在《工资》册中全面论述。在写作《大纲》的过程中，马克思把资本原始积累同资本积累区别开，认为前者属于资本的形成史，是资本的前提、应包含在资本一般的论述中，而后者则要以资本已经存在为前提。② 但当马克思写到资本的流通过程时，已经开始考察资本的实现问题，这预示着资本积累和社会资本再生产问题必将被收入进来。③ 在《剩余价值理论》中，结合对古典经济学，特别是对亚·斯密的批判，详细论述了社会资本再生产问题和资本积累问题。资本积累理论揭示的是，全部资本不管其最初来源如何，归根到底都由工人阶级创造的剩余价值组成；通过资本积累，资本家及其

---

① 《马克思恩格斯全集》第1版第26卷（Ⅰ）第447页。

② 参看《马克思恩格斯全集》第1版第46卷（上）第281页。

③ 参看《马克思恩格斯全集》第1版第46卷（上）第422—442页。

同伙的财富越积越多，而工人阶级的地位则在恶化。这个问题最能说明资本的本质，应收入对资本的一般分析中来，由于这种考虑，这个问题被加入到了《资本的生产过程》中。

关于工资问题，最初也没有包括在计划之内，因为它并不改变雇佣劳动同资本间的一般关系。在《剩余价值理论》中，马克思通过批判揭示了利润、利息、地租这些剩余价值的表现形式，同时他发现，劳动力价值问题正是古典经济学碰壁的问题之一。马克思在这之后，决心科学地阐明工资这种不合理的表现形式。他指出，工资是劳动力价值的必然表现形式，劳动力价值以这样歪曲的形式表现出来，造成一种假象，似乎整个工作日都得到了报酬，这就使资产阶级经济学陷入了迷雾。在手稿写到"绝对剩余价值和相对剩余价值的结合"这一部分时，马克思在第 XX 笔记本的封面上关于这节的内容加了一句话："工资与剩余价值之间的比例，作为劳动的价值或价格的劳动力的价值的转化形式。"① 这表明马克思这时已决定把工资的两种基本形式问题加入进来。需要指出的是，这项理论内容虽然收入《资本的生产过程》中，但尚未专门设置《工资》章。直到《资本论》德文第 2 版中才专门分出《工资》一章。马克思在 1861 年 1 月继第 3 篇计划之后，又拟定了第 1 篇《资本的生产过程》的计划，该计划反映了上述理论的加入（"工资"则是在这之后加入的）：

"（1）导言：商品，货币。

（2）货币转化为资本。

（3）绝对剩余价值：（a）劳动过程和价值增殖过程；（b）不变资本和可变资本；（c）绝对剩余价值；（d）争取正常工作日的斗争；（e）同一时间的工作日（同时雇用的工人人数）。剩余价值额和剩余价

---

① 《马克思恩格斯全集》第 1 版第 47 卷第 652 页第 163 注。

值率（大小和高低？）。

（4）相对剩余价值：（a）简单协作；（b）分工；（c）机器等等。

（5）绝对剩余价值和相对剩余价值的结合。雇佣劳动和剩余价值的比例。劳动对资本的形式上的隶属和实际上的隶属。资本的生产性。生产劳动和非生产劳动。

（6）剩余价值再转化为资本。原始积累。威克菲尔德的殖民学说。

（7）生产过程的结果……

（8）剩余价值理论。

（9）关于生产劳动和非生产劳动的理论。"①

关于第2篇《资本的流通过程》，即未来《资本论》第2卷的理论内容，马克思没有拟出计划，这一部分似乎不如第1部分和第3部分那样完备。但我们仔细考察就可看出，早在《大纲》中，马克思已初步论述了资本的循环、周转、固定资本、流动资本、周转时间和费用等问题。在1861—1863年经济学手稿中继续论述了这些问题，特别是从《剩余价值理论》部分开始，马克思反复详细地分析了社会资本的再生产问题，这样，未来《资本论》第2卷的各理论要素也具备了。

马克思在写作《剩余价值理论》的过程中，同时考察了资产阶级经济学从上升到顶峰再到没落的全过程。当时，他还没有意识到把这一部分作为《资本论》第4卷，而是设想放在《资本的生产过程》之后，作为剩余价值的理论史，就像在《政治经济学批判》第1分册中每一理论之后都附有一个理论史部分一样。但是马克思的写作超出了原来设想的范围，成为马克思遗留下来的唯一可编成《资本论》第4卷的历史文献材料。

可见，由于《1861—1863年经济学手稿》取得的理论成就，特别

---

① 《马克思恩格斯全集》第1版第26卷（Ⅰ）第446页。

是《剩余价值理论》部分取得的理论成就,使原来设想的"资本一般"的框架扩大和丰富了。如果说按照原来的 6 册计划,"资本一般"这一部分并不能成为独立著作的话,那么在加入了上述这些理论成分之后,它可以作为独立著作单独出版。正是基于这样的考虑,1862 年 12 月 28 日马克思写信给库格曼说,他的著作的第 2 部分,即继《政治经济学批判》第 1 分册之后的《资本一般》部分,已经脱稿,"它是第 1 册的续篇,将以《资本论》为标题单独出版,而《政治经济学批判》这个名称只作为副标题",关于这一部分的性质,他写道:"其实,它只包括本来应构成第 1 篇第 3 章的内容,即《资本一般》……这一卷的内容就是英国人称为政治经济学原理的东西,这是精髓(同第一部分合起来)。至于余下的问题……别人就容易在已经打好的基础上去探讨了。"这表明,马克思当时考虑到自己的主客观条件,打算先集中力量把这一部分写好,至于以后的打算,他说了两种设想:"我打算或者用德文写续篇,即结束资本、竞争和信用的阐述,或者为英国读者把头两本著作压缩成一本书。"① 前一种设想表明,马克思认为写成《资本论》并不能取代原来的 6 册计划中设想的资本、竞争、信用等等部分的全部论述。后一种设想后来得到了实现,马克思在写完 1861—1863 年手稿之后,紧接着在下一写作阶段分册写了《资本论》前 3 卷的手稿。1865 年 7 月 30 日他向恩格斯通报《资本论》写作情况说:"再写三章就可以结束理论部分(前三册),然后还得写第四册,即历史文献部分。"② 这样,《资本论》的 4 册或 4 卷结构开始形成了,这样就形成了后来的《资本论》4 卷。

由此可见,《资本论》的四卷结构是由"六册计划"演变而来。应

---

① 《马克思恩格斯全集》第 1 版第 30 卷第 636—637 页。
② 《马克思恩格斯全集》第 1 版第 31 卷第 135 页。

当指出的是，4卷结构并不能完全取代6册计划，它只是《资本一般》这部分扩大而成，并没有把6册计划中《竞争》、《信用》、《股份资本》等篇和《土地所有制》、《雇佣劳动》等册的内容全部包括进来，只是把这些篇和册中对于分析"资本一般"必不可少的理论部分包括了进来。至于后3册，即《国家》、《对外贸易》和《世界市场》的内容，则没有包括进来，因此，"六册计划"仍有其科学意义。"六册计划"的研究使我们受到启发，它表明《资本论》提供的是政治经济学的基本原理，不等于6册的全部内容。要解决现实问题，还需要许多中间环节。另外，在我们制定社会主义政治经济学的时候，不能只限于《资本论》研究的范围，而应更加扩大，除基本原理外，还应研究社会主义经济现实的各种比较具体的形式。

中外学术界有关这个问题的争论简介

从原来的"六册计划"到后来的《资本论》4卷，这中间是否意味着计划改变了？4卷结构是否取代了6册计划，还是只相当于6册计划中的一部分？这些问题具有重要的理论意义和现实意义，一直是学术界长期争论的问题。最初的研究者们主张计划改变说的人很多，如考茨基、卢森贝、列昂节夫等人就是如此。不过他们都是在文章中顺便提到，没有专门写文章论述过理由。最早专门写文章主张计划改变说的是法兰克福大学教授亨·格罗斯曼。他认为计划的改变是由于方法论的改变，"六册计划"是从材料的观点拟定的，而到1863年夏天，当马克思在研究中发现了"再生产的图式"之后，他就改变了计划，放弃了原来的计划，而代之以从"认识的观点"来划分，即根据"产业资本在其循环中所完成的各种职能"来叙述理论，于是形成了后来的4卷结构。① 格罗斯曼的观点后来遭到莱比锡大学教授弗·贝伦斯的批判，但贝伦斯自己也主张计划改变说，他认为"六册计划"是从"外部观点"出发的，即继承了过去政治经济学的传统划分法，而"四卷结构"则是根据严格的科学的方法论拟定的，其分水岭是1861—1863年期间马克思对古典经济学的批判研究。② 最初主张计划不变说的最有代表性的是日本的久留间鲛造，他反对格罗斯曼的观点，认为《资本论》只相当于"六册计划"中"资本一般"这一部分，并不是原来的"六册计划"的"总结性著作"。原来的计划并没有改变，虽然在《资本论》之后还应写出《竞争》、《信用》等篇以及《土地所有制》、《雇佣劳动》、《国家》、《对外贸易》等册，才算完成了6册计划，至于《资本论》中也论述了"工资"、"地租"等问题，但那只限于阐明"资本一般"所必需的范围，并不是"六册计划"中所列的全部内容。③ 久留间的基本观点对后来主张计划不变说的人影响很大，这就是围绕计划问题争论的截然对立的两种最初的观点。

战后，随着《大纲》的出版和马克思历次经济学手稿的发表，对于这个问题的争论越来越深入和细致，也出版了一批专著。最著名的著作之一，是罗曼·罗兹多尔斯基写的《马克思〈资本论〉产生史》，④

---

① 亨·格罗斯曼：《马克思〈资本论〉最初的结构计划的改变及其原因》，载于德国《社会主义史和工人运动文库》，1929年第14卷第2辑。
② 弗里茨·贝伦斯：《政治经济学方法论》，1952年柏林版。
③ 久留间鲛造：《关于马克思恐慌论的确认》（1930年），载于《恐慌论研究》1965年大月书店增订版。
④ 罗·罗兹多尔斯基：《马克思〈资本论〉产生史》，法兰克福：欧洲出版社1969年修订第2版。

其中有专章研究《资本论》结构的演变。他认为马克思的"六册计划"和"四卷结构"之间相隔9年,在此期间,马克思不断追求合理的表述形式,结果把"六册计划"中的后3册(《国家》、《对外贸易》、《世界市场》)减掉了,而在写作《资本一般》的过程中,又把内容逐步扩大,把其他篇如《竞争》、《信用》等和前3册如《土地所有制》和《雇佣劳动》册的内容吸收了进去。因此,《资本论》最后的内容相当于前3册(后3册则被放弃了),至于马克思改变计划的原因,他认为原来的计划是一种供研究的模式,当马克思研究完主要课题,即对产业资本分析清楚之后,这种计划就成为多余的而被放弃了,这个观点几乎成了所有主张计划改变说的人的共同见解。但这种计划改变说受到了联邦德国的温·施瓦尔茨、苏联的阿·科甘和日本的佐藤金三郎等人的坚决反对,他们都主张计划不变说,认为《资本论》没有取代"六册计划"。佐藤认为,"六册计划"和《资本论》结构之间没有发生方法论的改变,并非一个代表研究模式,另一个是科学的体系。他通过对《资本一般》的内涵和外延的研究,认为马克思在《剩余价值理论》中通过对资产阶级经济学的批判,使《资本一般》的内容扩大和充实了。前3册中的内容发生了"两极分解",凡是与论述资本的本质有关的内容都被吸收到了原来的《资本一般》中,而其他特殊的内容则仍应是各专册研究的专门学说,因此,《资本论》并没有代替"六册计划"[①]。科甘从60年代起就不断写文章主张计划不变说。[②] 他的观点和佐藤的观点基本一致,他在《资本论》中找到了大量的马克思自己写的提示并

---

① 佐藤金三郎:《〈经济学批判〉体系和〈资本论〉》,见横山正彦编:《马克思经济学论架》,1960年河出书房新社版。

② 阿·科甘:《资本论方法论的一些问题》,见苏联《经济科学》,1966年第2期;《未研究过的马克思研究计划》,见苏联《哲学问题》,1967年第9期。

把它们一一列举出来，表示马克思直到最后仍坚持"六册计划"的方法论思想，要把一些专门学说放到各专册中去论述。他在《进入卡·马克思的创作实验室》①一书中，详细列举了他所设想的各个专册所应包括的理论内容，对我们有一定的启发。施瓦尔茨直接反驳了罗兹多尔斯基的计划改变说，他认为"资本一般"的内容一直体现在后来的《资本论》中，直到1862年12月28日给库格曼的信中，马克思仍说他的著作属于"资本一般"。施瓦尔茨也认为，其他各册的内容凡与资本一般原理有关的部分，后来被收入了《资本论》中。他认为《资本论》第1卷中的"工资"、"积累"两个部分，第2卷中的"扩大再生产"部分，第3卷中从第2篇"平均利润"起以后的各篇章的内容，都不属于原来的"资本一般"的范围，是扩大进来的，然后他分别详细考察了这些部分加入进来的原因和经过。②随着争论的深入，一些学者的观点很难简单地用"计划改变说"和"计划不变说"来概括，他们都主张4卷结构没有取代6册计划，《资本论》是从"资本一般"演化而来，但论据和说法各不相同。苏联马列研究院的观点，以维·索·维戈茨基为代表，他的几本专著都有中译本。在他与巴加图利亚合著的《马克思的经济学遗产》中，详细叙述了《资本论》创作的历史和他们研究的成果，他说："6册书的计划方案表现出马克思经济理论的结构（更具体地说，是表现出资本主义一般经济理论的结构），在这个意义上，它也是资本主义社会客观结构的反映，因此，不能把它简单的作为后来被《资本论》的计划代替了的、马克思科学著作的计划之一来研究。"

---

① 阿·科甘：《进入卡·马克思的创作实验室，1857—1859年经济研究计划和〈资本论〉》，莫斯科：思想出版社1983年版。

② 温·施瓦尔茨：《马克思主要著作的结构史，从〈草稿〉到〈资本论〉》，西柏林：欧洲出版社1978年版。

他认为，在写作《剩余价值理论》的过程中，马克思"扩展了对《资本一般》这一篇的内容的说明"，当然没有放弃6册书计划的基本思想。他认为马克思1862年12月28日致库格曼的信表明，这时他已觉得不可能完成6册计划，而是集中精力制定"资本一般"范围内的基本原理，到1865年中期最终形成了由四卷书组成的《资本论》结构，这时"马克思完全放弃了实现6册书的计划"。① 如民主德国马列研究院的曼·穆勒在《通往〈资本论〉之路》一书中也主张演变说，他认为马克思在最初的计划中是把"资本一般"同资本的"现实"运动严格区分开的，这是抽象方法的要求，是研究过程所需要的。而当马克思得出一般概念之后，就要从抽象上升到具体，这时就要把纯概念同具体结合起来，"资本一般"就被取消了。他认为在写作《剩余价值理论》时，具体地是写作第XV笔记本中《补充部分：收入及其源泉》成为分水岭。马克思在五个方面突破了"资本一般"的界限（把"竞争"、"商业资本和货币资本"、"地租"、"工资"、"积累"以及"再生产问题"中属于一般原理的内容加入进来），结果逐步形成了《资本论》的结构。② 有人把上述的演化说也归入主张计划改变说的行列，我认为恐怕有些牵强。民主德国马丁·路德大学的沃尔弗冈·杨教授领导下的研究组写的一组文章，已在本刊发表，这里不再赘述。

我国学术界也在不断探讨这个问题，经济研究所的田光同志在他的专文中认为，《资本论》4卷代替了《政治经济学批判》6册，是基本上实现了6册计划，又没有实现6册计划。说基本上实现了，是因为

---

① 格·阿·巴加图利亚、维·索·维戈茨基：《马克思的经济学遗产》，贵阳：贵州人民出版社1981年版，第14—15页。

② 曼弗列特·穆勒：《通往〈资本论〉之路》，柏林：科学院出版社1978年版。

《资本论》4卷虽然只是《资本一般》的展开和完成,但在一定程度上也从其他篇和册中吸收了有关的内容。说没有实现,是因为4卷结构毕竟压缩了6册的更为广泛的内容,据此,他认为"六册计划"仍有充分的科学意义。① 中国人民大学的马健行和郭继严同志在他们合著的《〈资本论〉创作史》中主张"六册计划"演化为"四卷结构"。他们指出,结构的调整是由于理论的发展造成的。马克思在《剩余价值理论》中建立和发展了平均利润、地租、社会资本再生产等理论,这是"六册计划"向"四卷结构"演化的主要原因。由于理论认识的加深,写到《资本论》的直接手稿时,就不再以"资本一般"这一抽象规定作为依据来安排各理论部分之间的关系了。原来六册计划中的其他篇和册的"一般理论内容"部分被吸收到了《资本论》中,而这些篇和册的属于"专门学说"的部分,则没有收入。马克思在形成4卷结构之后,再也没有说过要实现"六册计划"的事。② 可见,他们的主张同维戈茨基的观点相类似。武汉大学的汤在新教授写了多篇论文,在他写的最新一篇论文中详细论述了6册计划中的其他篇和册的内容同《资本论》的关系。他也认为,在马克思的写作过程中,随着理论观点的日益深化,特别是在《资本论》第2稿中,随着平均利润和生产价格理论、绝对地租理论、社会资本再生产理论的基本完成,对资本的一般性质的考察范围也日益扩大,内容更为充实,因而最后形成的《资本论》突破了原来计划的"资本一般"的框架。他认为《资本论》并没有取代"六册计划",马克思不认为他的《资本论》包括了全部关于资本主义

---

① 田光:《〈资本论〉结构形成的早期阶段》,载《中国社会科学院经济研究所集刊》,1979年第1集。
② 马健行、郭继严:《〈资本论〉创作史》,济南:山东人民出版社1983年版,第334—350页。

经济关系的考察，而只是研究了资本主义关系的核心，为进一步探讨资本主义经济关系的更加具体而现实的形式奠定了基础。从"六册计划"可以看出，在马克思那里，政治经济学并不只限于研究生产关系的一般性质及其内在规律，而且还要研究这些本质关系在现实生活中呈现的种种具体形式。总之，要研究一定关系下的生产的总体，这些思想对研究社会主义经济也具有指导意义。①

---

① 汤在新：《马克思经济学著作的"六册计划"及其科学意义》，载《经济研究》，1985年第4期。

"资本一般"在《资本论》结构形成中的作用[*]

冯文光

"资本一般"概念是马克思的经济理论中的一个重要概念。弄清楚这一概念在马克思著作中的发展和被扬弃的过程,是理解《资本论》的结构形成和马克思的方法论的关键。以下分三个方面来论述这一问题:一、"资本一般"概念遇到的形式上的矛盾;二、"资本一般"概念遇到的实质上的矛盾;三、"资本一般"概念的扬弃。

一

《资本论》的三层次结构即生产过程、流通过程和总过程的结构,体现了马克思的方法:"抽象的规定在思维行程中导致具体的再现"[①]。从《资本论》的结构形成过程的角度来看,这一思维行程可以表述为五篇结构四个计划——六册结构——《资本论》的三分结构。这一结构演变过程反映了它们的中心概念即"资本一般"的演变过程。

马克思在1857年8月底写的《导言》中提出了五篇结构的第一个计划。他在《导言》第三节《政治经济学的方法》末尾写道:

"显然,应当这样来分篇:

---

[*] 本文选自《马克思恩格斯列宁斯大林研究》1996年第2辑。
[①] 《马克思恩格斯全集》第1版第46卷(上)第38页。

（1）一般的抽象的规定，因此它们或多或少属于一切社会形式。不过是在上面所阐述的意义上。

（2）形成资产阶级社会内部结构并且成为基本阶级的依据的范畴。资本、雇佣劳动、土地所有制。它们的相互关系。城市和乡村。三大社会阶级。它们之间的交换。流通。信用事业（私人信用）。

（3）资产阶级社会在国家形式上的概括。就它本身来考察。'非生产'阶级。税。国债。公共信用。人口。殖民地。向外国移民。

（4）生产的国际关系。国际分工。国际交换。输出和输入。汇率。

（5）世界市场和危机。"①

第一篇"一般的抽象的规定"指"分工、货币、价值等等"或"劳动、分工、需要、交换价值等等"②。第一篇过渡到第二篇是从货币过渡到"资本、雇佣劳动、土地所有制"，是从抽象到具体。第二篇过渡到第三篇是从社会过渡到国家，第三篇到第四篇则是从国内到国外，第五篇是最高的具体总体——世界市场。

第一计划是按照《导言》本身提出的抽象到具体的方法制定的。各篇之间的关系是按照抽象—具体的行程建立的递进的关系，随着逻辑进程的行进，规定性越来越丰富、具体。1857年10月，马克思开始写作《1857—1858年手稿》。起初，他在第Ⅰ笔记本第1页开头加的标题是《阿尔弗勒德·达里蒙〈论银行改革〉1856年巴黎版》。当他写完第Ⅰ笔记本并开始写第Ⅱ笔记本时在第Ⅱ笔记本第1页上方标上了"货币章（续）"的字样。大约也是在这个时候，他回过来在第Ⅰ笔记本第1页原标题之上又写了《货币章》这个标题。马克思在第Ⅰ笔记本第37页上写道："使商品的交换价值，从而使商品的价格高于或低于商品的

---

① 参看《马克思恩格斯全集》第1版第46卷（上）第46页。
② 参看《马克思恩格斯全集》第1版第46卷（上）第44页。

平均价值而上涨或下跌的情况,应在论交换价值的一篇中阐述……"①。由此可以断定,马克思在这时已经想到了要在《货币章》之前加上《价值章》。后来,当他快写完《政治经济学批判(1857—1858年手稿)》时又返回来在《货币章》这个标题的前面补加了号码"Ⅱ"。这样,在这个计划中,马克思的《政治经济学批判》就包括了价值、货币、资本等章,还包括国家、生产的国际关系、世界市场。这一顺序也反映在第Ⅰ笔记本第3页的第二个计划中。这个计划是:第一篇,考察交换价值、货币、价格;第二篇,考察生产的内部结构;第三篇,考察资产阶级社会在国家上的概括;第四篇,考察生产的国际关系;第五篇,考察世界市场。第二个计划与第一个计划基本相同,只是第一篇更充实了,反映了《货币章》的成果,指出了商品生产必然过渡到第二篇,第五篇指出了转入新的社会的必然性。大约在1857年11月中旬,马克思在开始写作《资本章》后,草拟了五篇结构的第三个计划和第四个计划。第三个计划的《资本章》的部分如下:

"Ⅰ.(1)资本的一般概念

(2)资本的特殊性:流动资本,固定资本。(资本作为生活资料,作为原料,作为劳动工具。)

(3)资本作为货币。

Ⅱ.(1)资本的量。积累。

(2)用自身计量的资本。利润。利息。资本的价值;即同作为利息和利润的自身相区别的资本。

(3)资本的流通。

(α)资本和资本相交换。资本和收入相交换。资本和价格。

(β)资本的竞争。

---

① 《马克思恩格斯全集》第1版第46卷(上)第142页。

(γ) 资本的积聚。

Ⅲ. 资本作为信用。

Ⅳ. 资本作为股份资本。

Ⅴ. 资本作为货币市场。

Ⅵ. 资本作为财富的源泉。资本家。在资本之后可以考察土地所有权。然后考察雇佣劳动。"①

可能是在写作第三个计划的前后,马克思又重读了黑格尔的《逻辑学》,他在1858年1月14日致恩格斯的信中说:"这在材料加工的方法上帮了我很大的忙"。② 这一点反映在第二笔记本第22—23页的第四个计划中。第四个计划按照"一般—特殊—个别"的顺序列出了《资本章》的内容。

资本。

Ⅰ. 一般性:

(1)(a)由货币变成资本。

(b)资本和劳动(以他人劳动为媒介)。

(c)按照同劳动的关系而分解成的资本各要素(产品、原料、劳动工具)。

(2)资本的特殊化:

(a)流动资本、固定资本。资本周转。

(3)资本的个别性:资本和利润。资本和利息。资本作为价值同作为利息和利润的自身相区别。

Ⅱ. 特殊性:

(1)资本的积累。

---

① 《马克思恩格斯全集》第1版第46卷(上)第219页。
② 《马克思恩格斯全集》第1版第29卷第250页。

(2) 资本的竞争。

(3) 资本的积聚（资本的量的差别同时就是质的差别，就是资本的大小和作用的尺度）。

Ⅲ. 个别性：

(1) 资本作为信用。

(2) 资本作为股份资本。

(3) 资本作为货币市场。①

在第三计划中，原来的资本—雇佣劳动—地产的顺序被改成资本—地产—雇佣劳动。马克思在第四计划之后解释了为什么要把地产放在雇佣劳动之前。这是第三、四计划与第一、二计划的一个不同之处。

1858年2月22日，马克思在给拉萨尔的信中第一次提出他的全部著作将分为六册。他在信中写道："全部著作分成六个分册：(1) 资本（包括一些绪论性的章节）；(2) 地产；(3) 雇佣劳动，(4) 国家；(5) 国际贸易；(6) 世界市场"。② 1858年3月11日，马克思致信拉萨尔，谈到了第一分册的内容：①价值，②货币，③资本一般（资本的生产过程，资本的流通过程，两者的统一，或资本和利润、利息）。③ 这封信第一次提出了资本一般的三分结构。我们比较一下五篇结构和六册结构就可以看到，上述两封致拉萨尔的信所提出的六册结构是从五篇结构中发展出来的。前三册即资本、地产、雇佣劳动在五篇结构的第一计划的第二篇中就已列出，只是顺序不同，在五篇结构的第一计划中是资本、雇佣劳动、地产。后三册即国家、国际贸易和世界市场也都已包含在五篇结构的第一、二、三个计划中。1858年3月11日信中提出的

---

① 参看《马克思恩格斯全集》第1版第46卷（上）第232—233页。

② 参看《马克思恩格斯全集》第1版第29卷第531页。

③ 参看《马克思恩格斯全集》第1版第29卷第534页。

三分结构也是直接从五篇结构的四个计划中发展出来的。我们比较一下就可以明显地看到，第四计划中的"一般性"相当于1858年3月11日信中所提的三分结构的"资本的生产过程"，"资本的特殊化"相当于"资本的流通过程"，"资本的个别性"相当于"两者的统一"。

从四篇结构转变为六册结构，"资本"或"资本一般"概念的涵盖范围出现了一些差别。第四计划的"资本"章和这两封信中提到的"资本"册都是在总标题《政治经济学批判》之下设立的，这是它们的共同之处。不过在前者是第三章；在后者是第一册。但是，由于"资本"在六册结构中是第一册，因此"价值"、"货币"放在什么地方就成了问题。1858年2月22日的信中的解决办法是："全部著作分成六个分册：（1）资本（包括一些绪论性的章节）"。1858年3月11日的信在谈到第一分册时则说："这一分册包括：①价值，②货币，③资本一般……"在这里，第四计划和这两封信的区别显现出来了。在第四计划中的"资本"概念并没有涵盖"价值"和"货币"，而在马克思致拉萨尔的这两封信中则把"价值"和"货币"置于"资本"范畴之下。这种转变是不是出于从四篇结构转向六册结构的形式上的需要呢？应该说这不是出于形式上的需要，而是一种认识上的转变的结果。马克思在1857年10月写作《货币章》时还把"考察交换价值、货币、价格"的第一篇中的商品看做前资本主义社会中"处于交换价值世界之外的总生产的现成的多余产品"[①]。1857年11月制定的五篇结构的第三个计划和第四个计划也没有发生这种认识上的转变。1857年11月下旬，马克思开始写《资本章》，上述认识上的转变是在《资本章》的写作过程中发生的。上述两封致拉萨尔的信表明了这一认识上的变化。正是这一认识上的变化，使马克思有可能提出六册结构，并以《资本》作为第一册

---

① 《马克思恩格斯全集》第1版第46卷（上）第177页。

的标题，把"价值"与"货币"纳入"资本"概念之下。但是，另一方面，由于马克思在这时把"资本一般"和"竞争或许多资本的相互作用"看做两个对立的概念，因而在《资本》册的内容安排上出现了形式上的矛盾。马克思于1858年4月2日给恩格斯的信表明了这一点。他在信中把第一分册《资本》分为四篇：①资本一般；②竞争或许多资本的相互作用；③信用；④股份资本。其中②相当于第四计划中的资本的特殊性，③和④相当于第四计划中的资本的个别性。第一篇"资本一般"包括1、价值；2、货币；3、资本。在这里，马克思明确把价值和货币列入"资本一般"。但是，分册的标题"资本"包含"资本一般"篇，而"资本一般"篇又包含小节标题"资本"，这在形式上造成了概念的混乱。

二

1858年5月末，马克思写完了《1857—1858年手稿》。为了整理出《第一部分》的付印材料，马克思于1858年6月编了《七个笔记本的索引（第一部分）》的第一稿和第二稿。按照这个《索引》的第一稿，马克思要写的"第一部分"包括"价值"、"货币"、"资本一般"三章。大约在1858年8月，马克思开始写作《政治经济学批判》第一分册；1859年1月26日，马克思寄出书稿。《政治经济学批判》第一分册前面的总标题是《政治经济学批判》，第一篇为《资本一般》，该篇包括《商品》章和《货币或简单流通》章。这证明马克思在这时还是按照六册计划写作的。六册计划的第一册是《资本》，第一篇是《资本一般》。根据前面提到的1858年3月11日马克思致拉萨尔的信，1858年4月2日致恩格斯的信以及《七个笔记本的索引》的第一稿，这个第一篇还应当包括第三章"资本"，内容应该是资本的生产过程、资本的流通过程和两者的统一。第二篇应当是"竞争或许多资本的相互作用",第三篇应当是"信用"和"股份资本"。但是,马克思只写了《商品》和《货币或简单流通》两章。关于这样做的原因,马克思在1858年11月12日致拉萨尔的信中写得很清楚:"第一篇《资本一般》很可能一下子就占两分册,因为我在定稿过程中发现,这里正是叙述政治经济学的最抽象的部分,写得过于简短,读者不易理解"。从《资本论》的结构形成过程的角度来看,《政治经济学批判》第一分册有两个问题值得注意,一是"价值"章变成了"商品"章,二是加了三个理论史的批判部分。马克思在1858年2月22日给拉萨尔的信中谈到他的著作,计划包括六个分册,并说明,在内容上同样包含着对资产阶级经济学体系的批判。在写作《政治经济学批判》第一分册时,马克思还没有考虑把理论批判史作为一个独立的分册,而是在"第一章商品"之后插入:"甲 关于商品分析的历史";在第二章第一节"价值尺度"之后插入:"乙 关于货币尺度单位的学说";在"第二节流通手段"、"第三节货币"和"第四节贵金属"之后插入:"丙 关于流通手段和货币的学说"。

1859年2月28日,马克思开始在第Ⅶ笔记本上作摘录笔记,为写作《政治经济学批判》第二分册做准备。大约在同一时期,马克思开始写《引文笔记》。1861年6、7月,马克思相继写作了《引文笔记索引》、《我自己的笔记本的提要》、《政治经济学批判》第三章计划草稿。1861年8月,马克思开始写作《1861—1863年手稿》。到此为止我们已经看到,由于马克思不再把前资本主义社会中的商品作为出发点,转而把"商品"隶属于"资本一般"的概念之下,由于马克思的资本—雇佣劳动—地产的次序改为资本—地产—雇佣劳动,资本作为支配其他范畴的地位就开始建立起来。①

马克思的《1861—1863年手稿》最初是按照1861年夏天制定的《政治经济学批判》第三章计划草稿写作的。这个计划草稿的主要内容如下：

I
资本的生产过程

（1）货币转化为资本

（α）过渡

（β）资本和劳动能力的交换

（γ）劳动过程

（δ）价值增殖过程

（2）绝对剩余价值

（3）相对剩余价值

（α）大量人的协作

（β）分工

（γ）机器

（4）原始积累

（5）雇佣劳动和资本

II
资本的流通过程
III
资本和利润
IV
其他问题

---

① 《马克思恩格斯全集》第1版第46卷（上）第233—234页。

《1861—1863年手稿》的前5个笔记本（笔记本Ⅰ—Ⅴ）基本上是按照这个计划草稿写作的。第Ⅰ笔记本前面的总标题是"政治经济学批判第3章　资本一般"。第一篇标题是"资本的生产过程"。很显然，马克思在这时准备在《第3章　资本一般》的标题下写作资本的生产过程、资本的流通过程以及两者的统一这三部分的内容。在马克思的这一写作时期，"资本一般"概念仍然是中心概念。在这个概念下，竞争不是论述的对象。在第Ⅲ笔记本第127页上，马克思谈到了必要劳动和剩余劳动的关系，他指出，资本家靠提高劳动生产率来增加相对剩余价值，从社会的角度来看，社会的相对剩余劳动量等于各个别劳动部门中个别工人的剩余劳动总量，不过"这里会出现各种平衡和中介，这些不属于这里所要考察的范围"①。这里的"各种平衡和中介"应该就是指竞争。直到第Ⅴ笔记本第185页，马克思还是认为"这里应该完全避免谈论竞争，因为竞争是资本的相互作用，因而已经要以资本本身的发展为前提"②。但是，撇开竞争，不可能说明剩余劳动量的"平衡"问题，也不可能说明商品价值由商品所包含的社会必要劳动时间决定的实现问题，因为关于商品的这个一般规律"只是随着资本主义生产即资本的发展"③才第一次得到实现。必要劳动时间是平均劳动时间，由必要劳动时间决定的价值是平均价值。只有通过竞争才能说明价值的平均化。按照马克思1858年4月2日给恩格斯的信中的计划，"竞争或许多资本的相互作用"是第二篇，"资本一般"是第一篇。马克思在1857—1858年手稿第Ⅵ笔记本中提出"许多资本"概念之后，一直把"许多资本"当做"资本一般"的对立概念来使用。因此，马克思在《资本

---

① 《马克思恩格斯全集》第1版第47卷第269页。
② 《马克思恩格斯全集》第1版第47卷第352页。
③ 《马克思恩格斯全集》第1版第47卷第353页。

一般》篇中多次提出要撇开竞争。但是，在马克思当时写作《资本一般》的计划中，《资本一般》包括资本的生产过程、流通过程和两者的统一。1861年的第三章计划草稿包括生产过程、流通过程、资本和利润、其他问题四个部分，其中第3部分要论述"生产费用"、"资本各个部分的均等利润"等，而这些问题离开许多资本的相互作用即竞争是不可能说明的。于是出现了难以解决的矛盾："资本一般"概念与"资本的相互作用"概念不相容，而《资本一般》下所要论述的问题又不能缺少资本的相互作用或竞争概念。这是"资本一般"概念所面临的实质上的矛盾。

三

资产阶级经济学家把剩余价值和利润混为一谈，从而掩盖了资本主义剥削关系。在社会表面上，利润表现为资本的衍生物，地租表现为土地的果实，利息则是货币的产物。由此剩余价值的真正来源被掩盖了，被神秘化了。为了揭示资本主义剥削关系，马克思在研究了剩余价值的产生之后，必然要研究剩余价值和利润的关系。

在1861—1863年手稿第Ⅴ笔记本的第211页上，马克思中断了《相对剩余价值》的写作，转而在编号为ⅩⅥ的笔记本中开始写作《资本和利润》。马克思采用《资本和利润》作为第三篇的标题，因为"利润应当理解为剩余价值的所有形式，如地租、利息等……也就是说，利润是各种各样的资本家可以在不同的名义下瓜分的绝对的价值量"①。马克思首先论证了剩余价值和利润之间的差别，他指出，剩余价值和利润的区别不仅是计算方法的区别，数量上的区别，而且是实质上的区

---

① 《马克思恩格斯全集》第1版第48卷第286—287页。

别、概念上的区别。剩余价值同资本的可变部分有着有机的关系，这种关系表明了"资本作为资本而形成和增长的秘密"①。利润是按照总资本来计算的，因此资本的所有部分都表现为新创造的价值的原因，由此"资本主义关系被完全神秘化了"②。马克思区分了两种转化。第一种转化只涉及剩余价值和利润的形式上的区别。第二种转化是物质上的区别，因为利润是全部单个资本得到的"同样的、无差别的价值额"③。各单个资本在总剩余价值中占有多少份额，实现这种计算的因素是"资本之间的竞争"④。第一种转化没有改变利润的绝对量，从而没有改变在利润形式上表现出来的剩余价值的绝对量。第二种转化则改变了这种绝对量，因为各个特殊投资领域中的不同的利润率"被平均化，化为它们的平均数"⑤。因此，在第二种转化中出现了利润和剩余价值之间的差别，商品价格和价值的差别。马克思在第XVI笔记本第993页上谈到这一点时指出："对这个问题的详细研究〔XVI—994〕属于论竞争的那一章"⑥。这里的"竞争一章"显然是指1858年4月2日马克思致恩格斯的信中所提到的"（b）竞争或许多资本的相互作用"⑦。由此可知，马克思直到这时仍然把"资本一般"和"竞争"分开来写作。不过，马克思在这里实际上已经涉及"竞争"，他指出实现利润平均化的计算因素是"资本之间的竞争"。马克思在作这一部分的论述时计划以利润

---

① 《马克思恩格斯全集》第1版第48卷第254页。
② 《马克思恩格斯全集》第1版第48卷第254页。
③ 《马克思恩格斯全集》第1版第48卷第287页。
④ 《马克思恩格斯全集》第1版第48卷第287页。
⑤ 《马克思恩格斯全集》第1版第48卷第284页。
⑥ 《马克思恩格斯全集》第1版第48卷第289—290页。
⑦ 《马克思恩格斯全集》第1版第29卷第299页。

通过竞争平均化作为过渡进而考察生产费用。他指出:"支配资本竞争的唯一事情,就是利润……这就促使我们(这是真正的过渡)去考察生产费用及其与产品出售价格的关系"①。

在研究了价值和剩余价值的一般性质、剩余价值与利润的区别以及利润的平均化之后,马克思于 1862 年春开始写作《剩余价值理论》,作为第 I—V 笔记本和第 XVI 笔记本以及第 XVII 笔记本前七页内容的理论史附论。在第 XI 笔记本中,特别是在论述李嘉图和斯密的费用价格理论的部分中,马克思从两种不同性质的竞争角度出发分析剩余价值到利润和利润到平均利润的转化过程。他把竞争区分为部门内部的竞争和部门间的竞争。同一部门内各个资本家之间的竞争以强制的方式造成了相同产品的统一的市场价值,造成了具有不同生产效率的各个资本家之间的不同的利润率。各个不同部门之间的资本家的竞争使资本从一个领域转移到另一个领域,从而造成一般利润率,造成统一的费用价格。从《剩余价值理论》中关于竞争的论述来看,可以认为当时马克思开始形成了不再单独设一篇论述竞争的思想。马克思在写完第 XV 笔记本之后,在第 XVII 笔记本的第 1029 页继续第 XV 笔记本的写作。在第 XVIII 笔记本中写完"商业资本"之后,他在第 1139 页上起草了"《资本论》第三部分或第三篇的计划",接着又在第 1140 页上起草了"《资本论》第一部分或第一篇的计划"。这两个计划的内容与后来《资本论》第 1 卷和第 3 卷的内容已十分接近。从"第三篇的计划"的第一章(指第 XVI 笔记本和第 XVII 笔记本前七页的内容《剩余价值和利润》)来看,"第三篇的计划"中许多内容离不开关于竞争的论述,如剩余价值转化为利润、利润转化为平均利润、一般利润率的形成、价值转化为生产价格、地租等问题。马克思在"《资本论》第三部分第二章的计划"的第

---

① 《马克思恩格斯全集》第 1 版第 48 卷第 258 页。

(4)点中指出:"第一章论述的一切,适用于总资本。在资本主义生产中,每一个资本都作为总资本的一部分,作为它的某个份额出现。一般利润率的形成(竞争)。"① 因此可以说,在1863年1月新起草的这个计划草稿中不仅形式上扬弃了"资本一般"概念,而且在实际上也扬弃了这个概念。这一扬弃意味着马克思的著作的总标题的改变。"资本"(《资本论》)既能包括《商品章》、《货币章》以及关于剩余价值的生产过程的论述,关于流通过程的论述,又能包括1863年1月计划中的《资本论》第三篇的内容。在制定这两个计划之前,马克思于1862年12月28日致信库格曼,谈到将以《资本论》作为标题(《政治经济学批判》作为副标题)单独出版1861—1863年手稿第I—V笔记本所包含的内容。他在信中指出:"其实,它只包括本来应构成第一篇第三章的内容,即《资本一般》"②。这封信证明,马克思在起草1863年1月的计划草稿之前,在写作《剩余价值理论》的过程中,已经逐步扬弃掉了"资本一般"概念。

---

① 《马克思恩格斯全集》第1版第26卷(I)第448页。
② 《马克思恩格斯〈资本论〉书信集》,北京:人民出版社1976年版,第170页。

马克思《资本论》结构的形成*

〔英〕罗曼·罗斯多尔斯基

第一节 原初的提纲及其变化

我们知道，马克思有两个打算作为他的主要著作基础的提纲。第一个提纲是从1857年开始提出的，第二个提纲是从1866年（或1865年）开始提出的。① 这两个提纲相隔9年，其间是一个实验和不断探寻适合于内容的阐述形式的阶段。在这一阶段中，原初提纲逐渐缩减，而保留的部分则相应地得到扩展。

---

* 本文选自《马克思恩格斯研究》1993年总第15期。

① 我们把第2个提纲定在1856年，因为马克思在1856年7月31日给恩格斯的信中提到的著作的结构和他在1866年10月13日给库格曼的信中提到的著作的结构十分相符。

在1857年的提纲中，完整的著作分作六"册"（也称做"篇"① 和"章"②）。第Ⅰ册论述资本，第Ⅱ册论述土地所有制，第Ⅲ册论述雇佣劳动，第Ⅳ册论述国家，第Ⅴ册论述对外贸易，第Ⅵ册论述世界市场和危机。马克思打算以一个"导言"作为整部著作的开端。在"导言"中要讨论"一般的抽象的规定，因此它们或多或少属于一切社会形式"的内容。③ 然而，1859年初，马克思已经决定取消这一"导言"，因为他觉得"预先说出正要证明的结论总是有妨害的。"④

按照原初提纲，6册中的最后3册（国家、对外贸易和世界市场）只可能草拟出来，如马克思所说的，只限于"基本的叙述"。⑤ 但是，马克思在1862年12月28日给库格曼的信中还是谈到其中一册的内容。

---

① 参看《马克思恩格斯全集》第1版第46卷（上）第247页（"工资那一篇"），（下）第23页（"国际交换那一篇"）和（上）第177—178页，都把著作的6部分称做"篇"。

② "资本章"（《马克思恩格斯全集》第1版第13卷第7页）；"雇佣劳动章"[《马克思恩格斯全集》第1版第46卷（上）第378页（中译本译作"工资那一章"应译为"雇佣劳动那一章"（"das Kapital vonder Lohnarbeit"）——译者注），（下）第344页和《马克思恩格斯全集》第1版第29卷第300页]；"工资章"[《马克思恩格斯全集》第1版第46卷（上）第300页，《马克思恩格斯全集》第1版第26卷（Ⅰ）第435页，（Ⅱ）345页]。

③ 参看《大纲》中《未完成的作品》的《导言》[《马克思恩格斯全集》第1版第46卷（上）第18—50页]。在这里应该注意，在《大纲》的笔记中，可以看到多处提到《导言》及《导言》中的论题［见《马克思恩格斯全集》第1版第46卷（上）第256、281—282、332页］。

④ 《马克思恩格斯全集》第1版第13卷第7页。事实上，马克思在1863年1月的计划中，再次提及这个"导言"。

⑤ 《马克思恩格斯全集》第1版第29卷第534页。

这就说明,后3册到那时还没被最后从整个著作计划中排除出去。① 但在这之后不久肯定发生了变化,因为马克思在1864—1865年手稿(恩格斯以此作为《资本论》第3卷的基础)中,没再提到这些册,而仅仅把它们——或者至少是其中世界市场这一册——当做著作的"可能的续篇"②。这就决定了对原初计划的一个缩减。

对原初计划的第二个缩减涉及第Ⅱ册土地所有制和第Ⅲ册雇佣劳动。要确切地说明马克思在什么时候最后取消这两册是不大可能的。甚至在马克思1863年1月提出的、后来由考茨基编辑发表的论资本的第1篇和第3篇的计划中,也没提供确定的答案。土地所有制册和雇佣劳动册的基本论述,并入了在1864年到1866年之间形成的最后著作的第1卷和第3卷手稿中。这样,最初计划的6册就减为1册——"资本册"。

现在来分析一下保留下来的这一册的扩展问题。显然,就包含的"基本经济原理"③ 而言,已删去的几册、特别是第Ⅱ册和第Ⅲ册中的大量的材料必然转入第Ⅰ册。但是不尽如此。按照原初的提纲,资本册又分为4篇,这4篇打算论述(a)"资本一般",(b)竞争,(c)信用,最后(d)股份资本。最初的两部手稿即《政治经济学批判大纲》和1861—1863年手稿,本质上也限于论述"资本一般"。④ 1862年12

---

① 马克思在写这封信时正在写作第2部手稿,马克思在这封信中已打算发表时把标题改为:《资本论,政治经济学批判》。马克思还指出:"这是精髓……至于余下的问题(除了国家的各种不同形式对社会的各种不同的经济结构关系以外),别人就容易在已经打好的基础上去探讨了。"参看《马克思恩格斯全集》第1版第30卷第636页。

② 《马克思恩格斯全集》第1版第25卷第127页。

③ 《马克思恩格斯全集》第1版第29卷第534页。

④ 在本章第四节B中,我们将证明这个概念在马克思方法论中具有特殊的重要性。

月 28 日马克思在给库格曼的信中论及上述第二部手稿的内容时指出，"其实，它只包括本来应构成第 1 篇第 3 章的内容，① 即《资本一般》。这样，这里没有包括资本的竞争和信用"。但是，一个月后，马克思在起草上面提到的论资本的"第 3 篇"计划时，基本上就打破了先前细分资本册的方法。在以后的两年中，他放弃了单独论述竞争和股份资本的打算，第Ⅰ册第 1 篇"资本一般"逐渐扩展了。删去的（b）、（c）、（d）篇的本质部分现在能够引入这三"册"（作为拟出的新的提纲）的最后部分，这三册要论述（Ⅰ）资本的生产过程、（Ⅱ）流通过程和（Ⅲ）资本主义生产总过程的结构。② 这样，《资本论》就获得了它的最后形式。

第二节　何时和在何种程度上第一个提纲被放弃了

现在我们来比较一下已经提到的《资本论》各部手稿（《大纲》、《剩余价值理论》和《资本论》）的发展。为了便于查考，我们把这两个提纲引述如下：

1857 年计划拟订了著作的下述结构：

Ⅰ资本册

（a）资本一般

1 资本的生产过程。

2 资本的流通过程。

3 利润和利息。

（b）竞争

---

① 在《大纲》中，我们可以看到前两章的标题是《货币章》和《商品章》。

② 参看《马克思恩格斯全集》第 1 版第 31 卷第 535—536 页。

（c）信用制度

（d）股份资本

Ⅱ土地所有制册

Ⅲ雇佣劳动册

Ⅳ国家册

Ⅴ对外贸易册

Ⅵ世界市场和危机册

另一方面，在1866年（1865年）提纲中，著作则分为以下几册：

第Ⅰ册 资本的生产过程

第Ⅱ册 资本的流通过程

第Ⅲ册 总过程的各种形式

第Ⅳ册 理论史

现在我们来考察一下《资本论》的各部手稿。先从《大纲》开始考察。粗略看来，《大纲》的结构和《资本论》的结构似乎是一致的。首篇考察资本的生产过程①，第2篇论述流通过程，第3篇结束于对利润、利润率和利息的分析。然而这种粗略一瞥是非常靠不住的。和《资本论》相比，由于《大纲》基本上限于对"资本一般"的分析，在分析中对许多问题明显地不加考虑，在《资本论》中才对这些问题作了全面的论述。马克思以后在《资本论》第1卷以下各章中得到阐述的全部的（或几乎全部的）论题，在《大纲》对资本生产过程的分析中都没有加以论述。这些章节就是第8章第1—7节，第12章第1—5节，第13章第3—10节，第15—19章，第22章第2—5节，第23章第5节a—f，第24章第2—6节和第25章。因此，我们认为，不仅在《大纲》中只作了暗示的论题，如分工、协作、原始积累和殖民理论（《资本

---

① 这里不考虑《货币章》，这一章和《资本论》第1卷第1篇相一致。

论》仅对这几个论题作了充实，其框架在《大纲》中已拟订了），而且在《大纲》中，和工资及其形式、工作日、资本的剥削事实、劳动法有关的论题都还被明确地归在专门的雇佣劳动册的范围内。

《大纲》"资本章"的第2篇和《资本论》第2卷之间的差别似乎更大。因为在《大纲》中只看到相当于《资本论》第2卷第5章和第7—15章的内容。《大纲》中不仅没有对货币资本、生产资本和商品资本循环的分析，而且也没有对再生产和社会总资本流通（《资本论》第2卷第3篇）的考察。不过还是可以认为，在第2卷中作了详细阐述的思想轮廓，在《大纲》中已经涉及，并且已经表现为萌芽形式。① 第2卷所作的论述基本上没有超出原初计划中分析流通过程的结构。

如果我们把《大纲》略写的第3篇和《资本论》第3卷相比较，情况就不大一样了。《大纲》只涉及和《资本论》第3卷前3篇相同的问题。可以认为，只是在《大纲》的旁注中才能看到对这些问题的论述，也就是说，是从排除了竞争的"资本一般"的观点来论述这些问题的。换句话说，假如《大纲》仍然忠实于原初计划的话，就应该到此结束。这就解释了为什么《大纲》的最后一篇这样地简短，为什么构成《资本论》第3卷第4和5篇（原文如此，似应指第4—6篇。——译者注）的论题，即关于商人资本和信用制度的论题及关于地租的论题，在这里有意地被取消了。按照1857年的《大纲》，这些论题应该在"资本册"的稍后部分和在论土地所有制的第五册才开始阐述。

由此可见，《大纲》基本上没有超出上面提到的"资本册"计划中第（a）篇的第1至第3节——它的结构完全符合马克思原初的提纲。那么，把《大纲》同1861—1863年《资本论》第2个手稿相比较又怎

---

① 例如，《大纲》已提到第一个"再生产图式"。

样呢？由于1861—1863年手稿的最重要的部分还没发表，① 我们主要还只能依据马克思在1863年提出的"资本册"的第1部分和第3部分的计划，这是由考茨基编辑发表的。

第一部分"《资本的生产过程》划分如下：

（1）导言。商品。货币。

（2）货币转化为资本。

（3）绝对剩余价值：（a）劳动过程和价值增殖过程；（b）不变资本和可变资本；（c）绝对剩余价值；（d）争取正常工作日的斗争；（e）同一时间的工作日（同时雇佣的工人人数。）剩余价值额和剩余价值率（大小和高低？）。

（4）相对剩余价值：（a）简单协作；（b）分工；（c）机器等等。

（5）绝对剩余价值和相对剩余价值的结合。雇佣劳动和剩余价值的比例。劳动对资本的形式上隶属和实际上的隶属。资本的生产性。生产劳动和非生产劳动。

（6）剩余价值再转化为资本。原始积累。威克菲尔德的殖民学说。

（7）生产过程的结果。（占有规律的表现中的变革可以在第6点或第7点中考察）

（8）剩余价值理论。

（9）关于生产劳动和非生产劳动的理论"。

第2个计划是"第3篇——《资本和利润》——分为：

（1）剩余价值转化为利润。不同于剩余价值率的利润率。

（2）利润转化为平均利润。一般利润率的形成。价值转化为生产

---

① 众所周知，考茨基只限于发表手稿中涉及"剩余价值理论"的部分。然而，从恩格斯和考茨基的评论中可得出结论，手稿的剩余的部分足有一千多页。（这些手稿现已经编入《马克思恩格斯全集》第1版第47卷和第48卷。——译者注）

价格。

(3) 亚·斯密和李嘉图关于利润和生产价格的理论。

(4) 地租（价值和生产价格的区别的例解）。

(5) 所谓李嘉图地租规律的历史。

(6) 利润率下降的规律。亚·斯密、李嘉图、凯里。

(7) 利润理论。

（问题：是不是还应该把西斯蒙第和马尔萨斯包括在《剩余价值理论》里？）

(8) 利润分为产业利润和利息。商业资本。货币资本。

(9) 收入及其源泉。这里也包括生产过程和分配过程之间的关系问题。

(10) 资本主义生产总过程中货币的回流运动。

(11) 庸俗政治经济学。

(12) 结论。资本和雇佣劳动。"①

考茨基是怎样评价上述计划的呢？考茨基认为："从各方面来看，第1卷和第3卷和计划都充分证明②，马克思在起草计划的时候，基本上已经建立了《资本论》的提纲（考茨基指的是《资本论》的最后形式——罗斯多尔斯基。）……在《资本论》第1卷出版前五年，马克思对整个《资本论》不只是大体地作了考虑，而是在实际上已经完成了和最后发表时相同的结构形式，把这提纲同第1卷的目录直接相比较，就可以得出它们几乎完全相同的结论。马克思在第1卷中加以发展的'资本积累的历史趋势'和由此引起的剥夺者被剥夺的论述，就已很清楚地在这一提纲的'占有规律的表现中的变革'中加以说明了。起初

---

① 《马克思恩格斯全集》第1版第26卷（Ⅰ）第446—447页。
② 这里应该读作"'资本册'第1篇和第3篇的计划"。

形成的计划和第1卷的最后版本之间只有两个重要的不同之处。在起初的计划中，马克思严格地坚持在每一部分结束处，以总结的形式提出关于政治经济学个别观点的理论史的打算，像他在《政治经济学批判》中所作的那样……①可以肯定，对理论史的部分阐述合适地作为总的论述保留在专门的第4卷中，部分则合适地根据情况用作单独的脚注。"

考茨基继续指出："但是，马克思为什么不像原初打算的那样，在第1卷中论述生产劳动呢？不能想象马克思会在《资本论》研究范围内完全取消这一问题，因为对《资本论》来讲这一问题太重要了。那么，假如马克思认为在第1卷可以取消这一问题，那么他又打算在什么地方再补进去呢？可惜，对此我们一无所知，我们还没有可靠的线索来作出确定的回答。"

在考茨基写的前言中，我们还能读到，"著作最后形式的第3卷比第1卷和原先提纲更相吻合。假如我们不考虑离题的论述地租和利润的理论史部分，这些部分起先在计划之内，而后又放弃了；那么，第3卷（就其完成的程度上看）和前一计划之间只有材料安排次序上的不同。在原先的提纲中，对地租规律的解释先于对商业利润和货币利息的探讨。这个次序在第3卷中颠倒过来了。我认为这和其他地方一样，并不构成本质的差别。"② 这就是考茨基的观点。他的全部评论像他对生产劳动的评论一样，同样是建立在一种误解的基础之上的。他只注意了这样的事实：计划第1篇的第（5）点极准确地与《资本论》第1卷第14章和第15章相对应，第14章《绝对剩余价值和相对剩余价值》就是从对生产劳动概念的定义的考察开始的，这里打算扩展和完成早先对这一

---

① 在《大纲》中也有专门论述"剩余价值和利润理论"的部分。
② 《剩余价值学说史》（考茨基编辑）第3册，第VIII—X页。

概念所作的"从简单劳动过程的观点"来看的分析。事实上，马克思在第14章也只限于对这个论题的研究作一简短的总结，除此之外，马克思还要读者参阅他的著作的"第Ⅳ册"（按1866年提纲）。也就是参阅由考茨基本人编辑出版的《剩余价值理论》，在那里可以看到马克思对这个问题所作的更广泛的考察。[参看《马克思恩格斯全集》第1版第26卷（Ⅰ）第142—318页。——译者注]

我们也不赞同考茨基提出的以下这种观点，即认为马克思在《资本论》第1卷"资本积累的历史趋势"中的阐述，可以理解为是对"占有规律的表现中的变革"的说明。事实并非如此。事实更可能是，在向资本主义生产过渡发生时，简单商品经济中的占有规律就必然转变为资本主义的占有规律。在《资本论》第1卷中，马克思以整整一小节来阐述这一思想。① 事实上，它也表述了马克思对古典学派批判的要点。

当然，这些仅仅是细节。而考茨基硬说1863年1月的提纲和《资本论》第1卷、第3卷内容"几乎完全"一致的断言则是严重得多的错误。很显然，和《大纲》相比，1863年1月计划的第1篇包括了诸如"争取正常工作日的斗争"、"简单协作"、"分工"、"雇佣劳动和剩余价值的比例"、"原始积累"、"殖民学说"等论题，而这些论题和《资本论》第1卷第8章、第11章、第12章、第15章、第24章和第25章相一致。但完全缺少对工资范畴和工资形式的分

---

① 《资本论》第22章第1节的标题就是："规模扩大的资本主义生产过程。商品生产所有权规律转变为资本主义占有规律。"（《马克思恩格斯全集》第1版第23卷第635页）也可参看《马克思恩格斯全集》第1版第46卷（上）第189、252—253、453—454、468—469、505—506页；（下）第185—186、417—418页。《马克思恩格斯全集》第1版第26卷（Ⅰ）第67页；（Ⅲ）第416—417、537—538页。

析——这是《资本论》第1卷第6篇所论述的内容。由此我们可以得出结论,马克思还把对这个问题的论述保留在单独的雇佣劳动册中。因此,和1866年的提纲相比,1863年1月计划中的第1篇似乎和1857年最初提纲相一致。

1863年1月计划中第3部分的情况就更复杂了。首先关于地租,我们几乎就不能同意考茨基所认为的问题只在于"材料安排次序上的不同"的观点。事实上,马克思认为,1863年1月计划只把对地租问题的论述看做比较"价值和生产价格区别的例解"的插论,① 这应该同"价值转化为生产价格"的分析直接相联系。另一方面,我们也认为,马克思在取消论述竞争的单独部分时,就提出了与早先细分资本册的方法不同的提纲是重要的。但是,提出的提纲仍然缺少对信用和股份资本的分析。[考茨基引证1863年1月计划第3部分的第(8)点来说明是不充分的。就像在《大纲》② 和在《剩余价值理论》中,③ 马克思虽然对利息范畴作了论述,但是对信用制度还是明显地不加考虑。④]

---

① 因此,马克思这里只涉及绝对地租理论。马克思在《剩余价值理论》中指出:"绝对地租是原产品价值超过平均价值的余额。级差地租是比较肥沃的土地上生产的产品的市场价格的余额。"[《马克思恩格斯全集》第1版第26卷(Ⅰ)第155页] 并见马克思1862年8月2日给恩格斯的信:"我还是打算把地租理论放在这一卷作为增补,即作为对前面提出的原理的'说明'。"(《马克思恩格斯全集》第1版第30卷第265页)

② 该书第27章。

③ 参看《马克思恩格斯全集》第1版第26卷(Ⅲ)第499—553页。

④ 参看《马克思恩格斯全集》第1版第46卷(下)第312、532、383—384页;《马克思恩格斯全集》第1版第26卷(Ⅱ)第233—234、550、562、585、609页;(Ⅲ)第52、512页。

因此，我们可以得出如下结论：1863年1月提出的计划，在极大程度上仍然停留在原初提纲的结构内，虽然已能看到一些与原初提纲不相一致的地方。这个假设通过阅读《剩余价值理论》（就是1861—1863年手稿已发表的部分）（即1861—1863年手稿的《剩余价值理论》部分，现在1861—1863年手稿已全部公开发表。——译者注）可以得到证实。在《剩余价值理论》中，多处提到要读者参阅单独的雇佣劳动册和土地所有制册，有时也提到要参阅资本册中后面的几篇（这和原初提纲中一样）。

让我们从对后者的分析开始。首先应该注意到，以后由考茨基发表的提纲是马克思在《剩余价值理论》手稿几乎已经完成时才起草的。这就解释了为什么在《剩余价值理论》中能发现参看论信用，[①]以及论竞争的单独篇的提示。[②]从一开始就很清楚，在《大纲》中，马克思就反复强调，只有到分析"许多资本"[③]即竞争时，[④]才可能对平均利润率和生产价格问题作彻底的论述。然而在《剩余价值理论》中，马克思不得不论述斯密和李嘉图的价值和剩余价值理论；马克思假如不对一般利润率的确定和价值转化为生产价格的问题作详细的论述，也就不可能论述平均利润率和生产价格问题。因此，在著作的写作过程中，就有

[①] 参看《马克思恩格斯全集》第1版第46卷（下）第312、532、383—384页；《马克思恩格斯全集》第1版第26卷（Ⅱ）第233—234、550、562、585、609页；（Ⅲ）第52、512页。

[②] 参看《马克思恩格斯全集》第1版第26卷（Ⅱ）第227、261、518、535、553、562、576、585页；（Ⅲ）第52、345、392页。

[③] 参看本章第四节B部分关于"许多资本"范畴的论述。

[④] 参看《马克思恩格斯全集》第1版第46卷（上）第426—427页；第46卷（下）第62、281页。

远远超出原初"资本一般"篇界限的必要。确实,有几个问题(这些问题我们以后在分析《资本论》第3卷时会看到的)还是被安排在论竞争的"章"或"篇"中,① 但是,正像我们已经在马克思提出的提纲中看到的,相当多的原初安排在特殊的竞争篇中的内容已经预先在1861—1863年手稿中作了阐述,最后导致这一篇完全地被删除,结果引起新的提纲代替旧的提纲。

如果我们考虑到《剩余价值理论》中关于土地所有制册和雇佣劳动册的提示,就会得出一个和考茨基不同的结论。马克思反复强调,在《剩余价值理论》第Ⅱ册论述李嘉图地租理论时,他所想做的只是"把地租的一般规律作为我的价值理论和费用价格理论的例证来发挥",因此,马克思接着指出:"只有到我专门考察土地所有权时我才详细地论述地租。"② 在提到雇佣劳动册时也同样地清楚,马克思在这一册中打算考察熟练劳动的重要问题,③ 考察所谓"非生产性服务"报酬的问题。④ 在这一点上,他仍然坚持原初的提纲。

最后,我们想提及由恩格斯出版并部分地作了重新编辑的《资本论》第3卷的手稿,这一手稿最先产生于1864—1865年,也就是我们

---

① 在这一点上,最能说明问题的肯定是"利润率趋向下降的反作用的趋势"的例子。在《剩余价值理论》(Ⅰ)研究这些"趋势"时,马克思还认为在要"论述资本的竞争那一章"中加以考察[参看《马克思恩格斯全集》第1版第26卷(Ⅲ)第344—345页]。然而,在《资本论》第3卷中,已有完整的一章论述利润率下降规律的"起反作用的各种原因"。(参看《资本论》第3卷第14章)

② 《马克思恩格斯全集》第1版第26卷(Ⅱ)第300页;还可参看第22、28—29页。

③ 参看《马克思恩格斯全集》第1版第26卷(Ⅲ)第179页。

④ 参看《马克思恩格斯全集》第1版第26卷(Ⅰ)第435页。

认为的发生了旧的提纲向新的提纲过渡的时候。

就原初拟订的篇章、特别是就竞争篇而言，一些论题（更详细地出现）打算放在1864—1865年手稿"专门研究竞争"中。① 但是，这里的关键问题是马克思在手稿第1页上所提出的一个观点。马克思指出："资本在自己的现实运动中就是以这些具体形式互相对立的，对这些具体形式来说，资本在直接生产过程中采取的形态和在流通过程中采取的形态，只是表现为特殊的要素。因此，我们在本卷中将要阐明的资本的各种形式，同资本在社会表面上，在各种资本的相互作用中，在竞争中，以及在生产当事人自己的通常意识中所表现出来的形式，是一步一步地接近了"。② 因此，以前分析"资本一般"和分析竞争的那种根本的分离，在这里消失了，这自然不得不考虑是否有把某些特殊的问题归到专门研究竞争单独篇中去的必要性。③

论信用（和论股份资本）篇的问题没能这样明确地得到解决。马克思本人的叙述表明，第3卷应该包含对信用制度的彻底分析。④ 因此，在这一点上，马克思也打破了旧有的提纲。但是，在1864—1865年手稿的第1篇中，我们能看到这样的评论，即对信用制度的论述"不在本书计划之内"。⑤

---

① 参看《马克思恩格斯全集》第1版第25卷第99、135、219、262、939页。
② 《马克思恩格斯全集》第1版第25卷第29—30页，可参看第930页。
③ 这里应该指出：按马克思的意图，"专门研究竞争"部分主要是对"市场价格的现实运动"的论述，即对构成所谓现代学院理论的主要的研究对象的论述。
④ 参看《马克思恩格斯全集》第1版第31卷第300页，第32卷第75、191页。
⑤ 《马克思恩格斯全集》第1版第25卷第127页。

在《资本论》第3卷第25章开头，马克思还指出，"我们不打算详细分析信用制度和它为自己制造的工具（信用货币等等）。"① 这些都表明了某种不确定的陈述，马克思如果有机会起草用作准备付印形式的手稿——特别是主要以笔记形式存在的第5篇，这些不确定的陈述肯定会被克服的。②

关于竞争和信用就讲这些。那么，《资本论》第3卷和应该在原初提纲的第Ⅱ册和第Ⅳ册中论述的内容有怎样的关系呢？

就土地所有制册而言，《剩余价值理论》导致了马克思超出了他在1863年1月提出的第3部分计划的第（4）点。在《剩余价值理论》中，他绝没有限定在"价值和生产价格的区别的例解"上，即他不只限于阐述绝对地租理论，而且他还增加了对李嘉图级差地租理论的详尽批判。在1864—1865年手稿中，绝对地租和级差地租也都得到了论述，虽然现在对级差地租的考察放到对绝对地租考察的前面了。③

在由恩格斯出版的《资本论》第3卷手稿中，不仅有单独的一章论述建筑地段的地租、矿山地租和土地价格，而且也对"资本主义地租的产生"作了详细说明，从而实现了在《剩余价值理论》第2册中已

---

① 《马克思恩格斯全集》第1版第25卷第450页（可参看本书第27章）。

② 参看恩格斯为《资本论》第3卷写的序言，《马克思恩格斯全集》第1版第25卷第2—14页。

③ 实际上这一顺序的变化可追溯到恩格斯，但恩格斯也只是按马克思在《资本论》第3卷第818—819页上的一个提示而改动的。

经提出的想法。① 虽然马克思所强调的"系统地论述土地所有权还不在我们计划之内",不仅指对土地所有权的各种历史形式的考察,而且也指对一些与现代土地所有权相联系的专门问题的考察,② 但是,作为结果产生的《资本论》第3卷第6篇应该说已经包括了最初提出的土地所有制中有决定意义的论题。另一方面,我们从恩格斯写的《资本论》第3卷的序言中可以知道,马克思"在七十年代曾进行了全新的专门研究。他对于俄国1861年改革,以后不可避免地出现的关于土地所有权的统计资料及其他出版物……作了摘录……由于俄国的土地所有制和对农业生产者的剥削是有多种多样的形式,因此在地租这一篇中,俄国应该起在第1篇研究工业雇佣劳动时英国所起的那种作用"③。我们并不认为这对论地租的手稿的变化会产生什么影响。

在1864—1865年手稿中没有任何对雇佣劳动册的提示的原因是容易解释的。因为手稿已经按马克思新的提纲起草了,较早的所有阐述雇

---

① 以下的引文说明了这一点:"现在本来应该研究:(1) 从封建土地所有制到另一种由资本主义生产调节的商业地租的过渡;或者,另一方面,从这种封建土地所有制到自由的农民土地所有制的过渡;(2) 在土地最初不是私有财产而资产阶级生产方式至少在形式上一开始就占统治地位的一些国家,如美国,地租是怎样产生的;(3) 仍然存在着的土地所有制的亚洲形式。"[《马克思恩格斯全集》第1版第26卷(Ⅱ)第36页] 在《资本论》第3卷手稿中,除了第3点之外,马克思都作了回答。我们或许还应该提及这同马克思以下打算(这从《资本论》第1卷第780页上的一个脚注中可以推知)的关系,这就是"我将更详细谈到,单个的土地所有者以及英国的立法如何有计划地利用饥荒和由饥荒引起的情况来强力推行农业革命,并使爱尔兰的人口稀少到符合地主希望的程度",马克思在《资本论》第3卷中对此也没有加以论述。

② 参看《马克思恩格斯全集》第1版第25卷第693、694、698页。

③ 《马克思恩格斯全集》第1版第25卷第10—11页。

佣劳动的论题都相应地归入论述生产过程的第1卷中了。

最后,就原初提纲中第Ⅳ至第Ⅵ册(国家、对外贸易和世界市场)而言,我们很想引证上面已经提到的《资本论》第3卷中的论述。在这一论述中,马克思在《资本论》范围内排除了对"世界市场上的竞争"问题的研究。① 这同样适用于与此联系很紧的商业循环——"繁荣和危机的交替"——的问题。马克思一再强调,"对这种周期作进一步分析,则不属于我们的考察范围",② 或许作为著作的"可能的续篇"。这就证明,马克思的危机理论有"空隙",从某种意义上来说,他没再有机会在最具体的层次上论述这一问题。就此而言,罗莎·卢森堡的批评包含了真理的成分。③

通过阅读《资本论》手稿而能得出的提纲的变化就说这些。那么,我们从中能得出什么结论呢?首先,从旧的提纲到新的提纲的过渡不会发生在1864—1865年之前,其次,在提纲变化的问题上,我们必须在1857年提纲的第Ⅰ到第Ⅲ册和第Ⅳ至第Ⅵ册之间划一条明显的界线。

就这最后3册而言,我们研究的结论是:它们从来没有真正地被"放弃"过。也就是说,这3册中所要论述的内容绝没有全部被吸收进著作的第2个结构中,而是保留在著作的"可能的续篇"中。由于《资本论》中所研究的论题只是断断续续地叙述的,因此所谓"空隙理论"(这实际上是格罗斯曼的用语。当然,他本人否认在马克思的《资本论》中存有任何的"空隙"。④)确有其合理的地方。

---

① 参看《马克思恩格斯全集》第1版第25卷第127页。
② 《马克思恩格斯全集》第1版第25卷第401、404、939页。
③ 参看罗莎·卢森堡《资本积累论》。
④ 格罗斯曼:《资本主义体系的积累和崩溃的规律》(德文版),第417页。

就第Ⅱ册和第Ⅲ册而言，它们的地位是相当不同的。这两册所论述的问题必须并入新的结构内，因为没有对这些问题的阐述，《资本论》就将是不可思议的［当然，这同样适合于原初提纲中资本册的（b）、（c）、（d）部分］。因此，现在关于提纲变化的问题，就只发生在前一结构的稍后部分——也就是只同第Ⅱ册、第Ⅲ册、第Ⅰ册的（b）、（c）部分有关系。①

第三节　以前对提纲变化的解释

格罗斯曼和贝尔伦斯尝试性的解释

对提纲外在变化史的分析已足够了。但是变化的原因是什么？这些变化和马克思著作的研究方法有什么关系呢？对于这个理解马克思体系如此基本的问题直到1929年才由《资本主义体系的积累和崩溃的规律》的作者格罗斯曼提出来（同时这也是令人惊讶的）。② 但是，像战后论述这一问题的其他作者一样，格罗斯曼也没有成功地回答这一问题。

格罗斯曼认为，"《资本论》提纲的变化不可能是一个偶然的事情，也不可能是一个表述上的技术问题，例如为了把问题表述清楚的问题"。这当然是对的。他又认为，这应该追踪到事物"内部"中去，即必须找出方法论上的原因。然而，格罗斯曼提出的原因是很不充分的，以致

---

① 因此，我们在本章中限定在第Ⅰ到第Ⅲ册范围内，只是偶然地提到第Ⅳ到第Ⅵ册。

② 格罗斯曼：《马克思〈资本论〉结构计划变化及其原因》，载《社会主义和工人运动历史档案》1929年，第305—338页。

我们不得不认为他所作的尝试性的解释是完全失败的。①

按格罗斯曼的说法，这个问题很简单地就能得到解决。马克思著作的最后形式是按照以科学观点来看的产业资本的个别职能而构成的，而原初提纲仅仅显示了对所叙述的内容在经验上的划分。② 后来直到1863年，马克思在他对再生产问题的研究中，才"必然地达到这一观点，即他不再以所给定的表象的世界作为分析的对象"，直到这时，他才成功地"从可见的利润和资本的不同形式的表面现象"进到"全部的、总和的剩余价值和总资本的全貌。这样也就不可能再坚持原初提纲了"。③ 因此，事实上原初提纲的放弃，等于突破了在本质上还是庸俗经济学的外壳，而这一外壳直到1863年还束缚着马克思。

格罗斯曼的这一研究受到贝尔伦斯的尖锐批评。④ 和格罗斯曼相反，贝尔伦斯从"唯物辩证法的实质"来探寻提纲变化的缘由。他实际上所得出的结论就是："假如说马克思最初还是从外在的观点来划分6册，并且一直到那时他还追随经济学的传统划分；那么现在他在构想

---

① 奥·莫尔夫：《卡尔·马克思的经济理论和经济史的关系》1951年版，第75—78页，对格罗斯曼研究作了透彻的批判。

② 这里用格罗斯曼自己的话来说就是："1859年提纲中六部分之间的结构，是从内容的观点出发来论述资本、土地所有制、雇佣劳动、对外贸易等问题；而著作的最后提纲的结构则是以知识的观点为出发点——方法论上的考虑导致同现实相反的产业资本的个别职能作为抽象和单独的代表，而不考虑内容。总的内容只在从各自的职能的观点来看的每一职能的代表的范围才加以论述"。（参看前引书，第311页）

③ 格罗斯曼：《马克思〈资本论〉结构计划变化及其原因》，载《社会主义和工人运动历史档案》1929年，第319—320页。

④ 贝尔伦斯：《政治经济学的方法》1952年德文版，第131—148页。

他著作（即按修改过的提纲）时，就严格地遵照科学的方法论了。"①

尽管贝尔伦斯批判了格罗斯曼的"外在的机械的"方法，但是，贝尔伦斯自己的解释显然也是如此。他们都（同样在表面上）想依靠对个别领域的研究，得出马克思提纲变化的结论。②

两者都"局限"于提纲到1863年的变化，③并以随意地解释马克思的通信集中的段落为基础；最后，他们都把马克思最初的提纲解释为是与庸俗经济学的方法论相一致的。这同贝尔伦斯用以证明他的论点的"辩证法的"附属品毫无共同之处。

再进一步谈这些表面的解释纯粹是浪费时间。如果我们要找出提纲变化的答案，就必须在对《大纲》和以后的《资本论》手稿本身的分

---

① 贝尔伦斯：《政治经济学的方法》1952年德文版，第33页。

② 他们的差别只在于：在格罗斯曼看来，在马克思写作过程中，他最先遇到了再生产问题，这问题是在1863年开始提出的，"代替对一定的经验材料的分析，创造剩余价值的职能必须处在最显著的地位。"（格罗斯曼上引书，第320页）而在贝尔伦斯看来，马克思得感谢他依据剩余价值理论"重新针对古典经济学的批判"这一突发的灵感（贝尔伦斯上引书，第44页）。这里只要提醒一下，马克思在1858年《大纲》中首次从事再生产问题研究就足够了。另一方面，马克思用以反对斯密和李嘉图方法论的全部本质观点在《大纲》中都能发现。

③ 有关段落就是：马克思在1863年8月15日给恩格斯的信中指出："我的工作……一方面进行得很好，我觉得这些东西在最后审订中。除了一些不可避免的G—W和W—G以外，已经变得相当通俗了……无论如何，这比起第一部来要容易懂百分之百。总之，现在我看着这整个庞然大物，而且回想起我曾不得不把一切统统推翻，而历史部分甚至要根据一部分以前根本不知道的材料去加工时，就感到伊戚希的确可笑，'他的'政治经济学居然已经完成了。"贝尔伦斯和格罗斯曼由此得出结论，"我不得不把一切统统推翻"同提纲的变化直接有关。然而，更可能的却是，"推翻"不是指原初的提纲，而是指所有以前的经济学，如果这样的话，格罗斯曼和贝尔伦斯把提纲变化确定在1863年，就缺乏任何根据了。

析中，推论出原初提纲的意图。

第四节　原初提纲中的方法论要义

A 关于前 3 册

1. 马克思论政治经济学的方法和对象

在第一个提纲中所看到的著作的结构不是至少在外表上同资产阶级政治经济学的传统划分相一致吗？但这只是表面上的一致，马克思主义者的研究任务在于深入事物的本质，达到在基本的方法论上区别马克思的划分和传统经济学的划分的前提，而不允许被表面的相似所迷惑。

这里所讨论的提纲最先是由马克思于 1857 年 9 月在《〈政治经济学批判〉导言》中《政治经济学的方法》这一节的最后部分提出来的。①因此，对马克思原初提纲背后的真正用意的最初的说明，应该到这一节中去寻找。

马克思在这里证明，"从抽象上升到具体"的方法是"思维用来掌握具体并把它当做一个精神上的具体再现出来"的唯一科学的方法。这就是《导言》中广泛流行的名言："具体之所以具体，因为它是许多规定的综合，因而是多样性的统一。"② 因此，它只能完全被理解为是依靠"综合过程"的思维，即通过从具体自身的最简单、最抽象的规定逐渐达到具体的重建。另一方面，假如科学的（经济学中的情况）分

---

① 参看《马克思恩格斯全集》第 1 版第 46 卷（上）第 38 页。
② 参看黑格尔：《哲学全书纲要》（即《小逻辑》——译者注）"概念是具体的，概念自身，甚至每一个规定性，本质上一般都是许多不同规定的统一体。"（《小逻辑》，贺麟译，1980 年商务印书馆第 2 版，第 102 页）

析直接地从"实在和具体"、"现实的前提"本身,如人口或世界市场开始,那么,所论述的就是一个混沌的和完全不能确定的现实的图景。因为"如果我抛开构成人口的阶级,人口就是一个抽象。如果我不知道这些阶级所依据的因素,如雇佣劳动、资本等等,阶级又是一句空话。而这些因素是以交换、分工、价格等等为前提的"。"因此,如果我从人口着手,那么,这就是一个混沌的关于整体的表象,经过更切近的规定之后,我就会在分析中达到越来越简单的概念;从表象中的具体达到越来越稀薄的抽象,直到我达到一些最简单的规定。于是行程又得从那里回过头来,直到我最后回到人口,但是这回人口已不是一个混沌的关于整体的表象,而是一个具有许多规定和关系的丰富的总体了。"由于这个原因,为了能够理解资本主义生产方式,直到在总体上把握它,正确的和科学的政治经济方法就必须是"从劳动、分工、需要、交换价值……上升到国家、国际交换和世界市场"。①

我们引述了为人们时常引用的这一部分,因为它能使我们对马克思1857年提纲作出某些解释,因为它证明,这个提纲(以后的《资本论》也同样)"遵循从抽象上升到具体的方法",而决不是以相应的"原始材料的观点"来安排的。②然而,还不仅如此。最初的提纲写得很清楚,以至综合的过程,即"从抽象上升到具体"的提法出现过数次。在《大纲》提纲的变化〔参见《马克思恩格斯全集》第1版第46卷(上)第46页〕中,可以特别清楚地看到这一点。按这一提纲,研究的进程从一般的范畴(交换价值、货币、价格)开始,通过对"生产的内在结构"——资本、土地所有制和雇佣劳动的范畴——的分析,达

---

① 《马克思恩格斯全集》第1版第46卷(上)第37—38页。
② 莫尔夫:《卡尔·马克思的经济理论和经济史的关系》1951年版,第35页。

到在国家形式上对资产阶级社会的综合。这里研究资产阶级社会"就它本身"的关系,这自然就提供了非常新的看法。然而,这还不是具体化的最后的阶级!对国内经济来说,还必须在同其他资本主义(和非资本主义)国家的外在联系上来加以理解,最后国内经济成了包含了所有国家在内的总体的一个分子。只有到那时,我们才达到具有"许多规定和关系的丰富的总体"的"世界市场"和"世界经济"的范畴。最后,从"抽象上升到具体"的同样顺序在"资本册"中得到了重复,马克思在那里以"资本一般"为起点,通过对竞争和信用制度的考察,达到最发达形式的资本,即股份资本。①

由此可见,原初提纲的区别在于,最初是把资产阶级经济当做"有机整体",即依"总体对于局部的遍及一切的优越性"(卢卡奇语)②的总体观点。这同资产阶级经济学的方法是大相径庭的。资产阶级经济学的方法是从外表的现象中得出纯粹外在的相互关系。因此,马克思在《导言》第3节中强调"把经济范畴按它们在历史上起决定作用的先后次序来排列是不行的,错误的。它们的次序倒是由它们在现代资产阶级社会中相互关系决定的,这种关系同表现出来的它们的自然次序或者符合历史发展的次序恰好相反"。马克思还进一步指出,"这必须把握,因为这对于分篇直接具有决定的意义。例如,从地租开始,从土地所有制开始,似乎是再自然不过的了,因为它是同土地结合着的,而土地是一切生产和一切存在的源泉,并且它又是同农业结合着的,而农业是一切多少固定的社会的最初的生产方式。但是,这是最错误不过的了。在一切社会形式中都有一种一定的生产决定其他一切生产的地位和影响,

---

① 参看马克思1858年4月2日给恩格斯的信(《马克思恩格斯全集》第1版第29卷第299—306页)。

② 《历史和阶级意识》第27页。

因而它的关系也决定其他一切关系的地位和影响。"例如，在资本主义生产中，农业越来越成为工业的一个部门，因此它完全从属于资本。准确地说，这就是因为，在理论上分析资产阶级社会秩序中，"资本是资产阶级社会的支配一切的经济权力。它必须成为起点又成为终点，必须放在土地所有制之前来说明。分别考察了两者之后，必须考察它们的相互关系。"①

2. 资产阶级经济学的"三位一体公式"

如果资本范畴构成"起点又成为终点"，那么，马克思为什么还打算在资本册后安排单独的土地所有制册和雇佣劳动册呢？这是否说明原初提纲中的某种前后不一致或方法论上的不成熟呢？

绝非如此。我们首先必须记住，资产阶级经济学把内容划分成3部分的做法，并不总是为辩护的结论服务的，至少我们应该区别古典经济学和庸俗经济学在这一方面的不同。我们知道，马克思对庸俗经济学"三位一体"公式的摧毁是无情的，三个"生产要素"（资本、土地和劳动）的理论，不只被理解为是收入的三种不同的源泉，而且还被理解为是协调地共同劳动来创造价值的独立源泉。（"这好比农民、井、犁和土地，尽管它们彼此不同，但它们却在农业中，在实际的劳动过程中协调地共同劳动。"②）马克思证明，在这个公式中，"资本主义生产方式的神秘化，社会关系的物化……已经完成"，因为它轻率地把历史上已被决定的社会生产形式同现实劳动过程的物质方面调和在一起了，"这是一个着了魔的、颠倒的、倒立着的世界。在这个世界里，资本先

---

① 《马克思恩格斯全集》第1版第46卷（上）第44—45页。
② 《马克思恩格斯全集》第1版第26卷（Ⅲ）第559页。

生和土地太太，作为社会的人物，同时又直接作为单纯的物，在兴妖作怪。"① 但是，这个特点仅仅适合严格意义上的庸俗经济学，毫无疑问，这个特点的成分②在古典学派中也可以找到。③ 其次，"三位一体公式"也确实包含着一定的真理的萌芽，这是因为现实的生产者和生产资料的分离，使得由每年新追加的劳动所创造的价值分为三部分，分为三种不同的收入份额，构成三个阶级（资本家、土地所有者和工人）的年收入，"因此，这就是分配的关系或形式，因为它们表示出新生产的总价值在不同生产要素的所有者中间进行分配的关系。"④

确实，"如果劳动不是规定为雇佣劳动，那么，劳动参与产品分配的方式，也就不表现为工资。"⑤ 另一方面，如果统治阶级不拥有对生产资料的垄断，他们也就不可能强迫工人完成剩余劳动，也就不能在企

---

① 《马克思恩格斯全集》第1版第25卷第938页。因此，《导言》强调，把地租看做源于"土地"，把工资看做源于"劳动"就"完全是幻觉"，分配的这些形式是以被资本主义和现代雇佣劳动所改变的现代土地所有权为前提的。

② 参看《马克思恩格斯全集》第1版第26卷（Ⅲ）第556页。

③ 然而，就古典经济学而言，"它想了解与表现形式的多样性不同的内在联系。因此，它把地租还原为超额利润，这样，地租就不再作为特殊的、独立的形式而存在，就和它的虚假的源泉即土地分离开来。它同样剥去了利息的独立形式，证明它是利润的一部分。于是，它把非劳动者借以从商品价值中获取份额的一切收入形式，一切独立的形式或名义都还原为利润这一种形式。但是利润归结为剩余价值。因为全部商品的价值都归结为劳动；商品中包含的有酬劳动量归结为工资；因此，超过这一数量的余额归结为无酬劳动，归结为在各种名义下被无偿地占有的、然而是由资本引起的剩余劳动。"[《马克思恩格斯全集》第1版第26卷（Ⅲ）第555—556页] 在这一范围内，古典经济学对内容的三分法同庸俗经济学的"三位一体"公式毫无联系。

④ 《马克思恩格斯全集》第1版第25卷第992页。

⑤ 《马克思恩格斯全集》第1版第46卷（上）第32页。

业主利润、利息和地租形式上占有由工人创造的剩余价值的不同部分。因此,"生产要素的分配",即"作为工人的商品劳动力和作为非工人的财产的生产资料互相分离","先于产品的分配"。① "这种分配包含在生产过程本身中并决定生产的结构,产品的分配显然只是这种分配的结果。"② 由此看来"分配方式就是生产关系本身"③,只是采用了不同形式。因此,"把资产阶级的生产形式看成绝对的,而把资产阶级的分配形式看做相对的、历史的、因而是暂时的",④ 这种观点是愚蠢的。但是,这并不是说,分配形式在经济学中只能是第二等重要的。相反,分配形式不断地反作用于生产的关系,"分配的界限的特征——也就是特殊的局限性——作为控制生产和支配生产的特定性质加入生产本身。"⑤ "力求在一定的社会结构中来理解现代生产并且主要是研究生产的经济学家李嘉图,不是把生产而是把分配说成现代经济学的本题。"⑥

总之,马克思注意的主要也是考察作为庸俗经济学起点的分配现象形式,考察作为生产关系的必要的对立面的分配现象形式,以便确立"同地租、利润、工资这三个主要收入形式相适应的发达资本主义社会的三大阶级,即土地所有者、资本家、雇佣工人,以及由他们的存在所

---

① 《马克思恩格斯全集》第1版第24卷第428页。
② 《马克思恩格斯全集》第1版第46卷(上)第34页。
③ 《马克思恩格斯全集》第1版第46卷(下)361页。
④ 《马克思恩格斯全集》第1版第26卷(Ⅲ)第86页。
⑤ 《马克思恩格斯全集》第1版第26卷(Ⅲ)第86页。在这一意义上,在《大纲》的《导言》中,利润和利息被表述为"决定一定的分配形式的东西"。
⑥ 《马克思恩格斯全集》第1版第46卷(上)第34页。(参看同上第33页:"因此,像李嘉图那样一些经常被人责备为只看到生产的经济学家,却专门把分配规定为经济学的对象,因为他们直觉地把分配形式看成是一定社会中的生产要素得以确定的最确切的表现。")

必然产生的阶级斗争,应该当做资本主义时期的实际产物加以论述"。①因此,《资本论》第3卷结束于对社会阶级收入的分析。另外,按照1857年的提纲,对资本、土地所有权和雇佣劳动的分析要在"三大社会阶级"以及"它们之间的交换"作展开的研究。这就是说,马克思希望通过对生产关系的分析,导致对分配关系的分析。② 所以,原初提纲和最后提纲之间许多的一致性就可以建立在这一论点上了。

3. 社会三大基本阶级

通过以上的分析,我们应该怎样解释在原初提纲中计划把资本、土地所有制、雇佣劳动分作3个单独的分册应该是很清楚的了;"研究现代资产阶级社会分成的三大阶级的经济生活条件"③ 是必要的。那么,阶级的划分是由什么决定的呢?(或如《资本论》第3卷第52章片断中所指出的,"什么事情使雇佣工人、资本家、土地所有者成为社会三大阶级"?④)

就工人和资本家而言,显然只有这样一个答案:这是由他们在生产过程中的职能所决定的。⑤ 这对于雇佣劳动是十分明显的。没有雇佣劳动的范畴,资本主义社会的次序将是不可思议的。为了扩大资本的价值,资本必须不断地拥有这样一个阶级,这个阶级的成员完全地缺乏生产资料,因此,他们不得不购买由他们完成剩余劳动而创造的价值产品

---

① 《马克思恩格斯全集》第1版第25卷第11页;参看《马克思恩格斯全集》第1版第32卷第75页。

② 参看《马克思恩格斯全集》第1版第13卷第7页。

③ 《马克思恩格斯全集》第1版第13卷第7页。

④ 《马克思恩格斯全集》第1版第25卷第1001页。

⑤ 在这一点上,马克思谈到"在职能上决定社会阶级"的观点。

的一部分。资本家阶级的作用及其存在,也是由其在生产过程中的职能所赋予的(这自然只适用于产业资本)。[①] 马克思在《评阿·瓦格纳的〈政治经济学教科书〉》中写道:"我把资本家看成资本主义生产的必要的职能执行者,并且非常详细地指出,他不仅'剥取'或'掠夺',而且迫使进行剩余价值的生产,也就是说帮助创造属于剥取的东西。其次,我详细地指出,甚至在只是等价物交换的商品交换情况下,资本家只要付给工人以劳动力的实际价值,就完全有权利,也就是符合于这种生产方式的权利,获得剩余价值。"[②] 或如《剩余价值理论》中所说的,"资本家是工人的直接剥削者,他不仅是剩余劳动的直接占有者,而且是剩余劳动的直接创造者。但是,因为剩余劳动对产业资本家来说只有通过生产并在生产过程中才能实现,所以产业资本家本身就是这一生产

[①] 马克思指出:"产业资本是唯一的这样一种资本存在方式,在这种存在方式中,资本的职能不仅是占有剩余价值或剩余产品,而且同时是创造剩余价值或剩余产品。因此,产业资本决定了生产的资本主义性质;产业资本的存在,包含着资本家和雇佣工人之间的阶级对立的存在……那几种在产业资本以前,在已成过去的或正在衰落的社会生产状态中就已出现的资本,不仅要从属于产业资本,要和产业资本相适应来改变它们的职能的机构,而且只能在产业资本的基础上运动,从而要和它们的这个基础同生死共存亡。"(《马克思恩格斯全集》第1版第24卷第66—67页)

[②] 马克思还补充道:"但是所有这一切并不使'资本家的利润'成为价值的构成因素,而只是表明,在那个不是由资本家的劳动'构成的'价值中,'包含'他'有权'可以占有的部分,就是说并不侵犯符合于商品交换的权利。"(参看《马克思恩格斯全集》第1版第19卷第401页)

职能的承担者,生产的领导者。"① 从这个观点来看,既然"物化劳动和活劳动,这是两个因素,资本主义生产正是建立在这两个因素的对立之上。资本家和雇佣工人是生产职能的唯一的承担者和当事人,他们之间的联系和对立是从资本主义生产方式的本质产生的"。②

---

① 《马克思恩格斯全集》第 1 版第 26 卷（Ⅱ）第 372 页。马克思在 1863 年写道:"资本主义生产本身已经使那种完全同资本所有权（不管是自有的资本还是别人的资本）分离的管理劳动比比皆是。因此,这种管理劳动就完全无需资本家亲自担任了。这种劳动实际上是同资本分离而存在的,但这不是表现在产业资本家同货币资本家那种表面上的分离上,而是表现在产业管理人员等等同各种资本家的分离上。"但是,这证明"资本家作为生产上的职能执行者对工人来说已经成为多余的了,就像在资本家本人看来,土地所有者的职能对资产阶级的生产是多余的一样。"〔《马克思恩格斯全集》第 1 版第 26 卷（Ⅲ）第 552 页〕两年以后,马克思指出,股份公司的发展会导致"实际执行职能的资本家转化为单纯的经理,即别人的资本的管理人,而资本所有者则转化为单纯的所有者,即单纯的货币资本家"。"在股份公司内,职能已经同资本所有权相分离,因而劳动也已经完全同生产资料的所有权和剩余劳动的所有权相分离。资本主义生产极度发展的这个结果,是资本再转化为生产者的财产所必需的过渡点,不过这种财产不再是各个互相分离的生产者的私有财产,而是联合起来的生产者的财产,即直接的社会财产。"（《马克思恩格斯全集》第 1 版第 25 卷第 493—494 页）在诸如柏汉姆这样的"社会学家提出产业管理人代替职能资本家是大规模的新鲜事物"时,人们确实不知道这是一个剽窃的问题,还是只是一个无知的问题,极可能是后者。因为人们确实不能把马克思主义的知识归于柏汉姆（考茨基称之为"巫医"）。

② 《马克思恩格斯全集》第 1 版第 26 卷（Ⅱ）第 166 页。参看《资本论》第 3 卷:"根据以上的说明,已无需重新论证资本和雇佣劳动的关系怎样决定着这种生产方式的全部性质。这种生产方式的主要当事人,资本家和雇佣工人,本身不过是资本和雇佣劳动的体现者,人格化,是由社会生产过程加在个人身上的一定的社会性质,是这些一定的社会生产关系的产物。"（《马克思恩格斯全集》第 1 版第 25 卷第 995 页）

正是由于这一原因，我们必须在产业资本家和大土地所有者之间作一明显的区分。如果我们假定资本主义生产方式中，"资本家不仅是一个必要的生产当事人，而且是占统治地位的生产当事人"，而"土地所有者在这种生产方式下却完全是多余的"，虽然土地所有者"在古代世界和中世纪世界是那么重要的生产当事人"，但是"在工业世界中却是无用的赘疣"。① 因此，马克思认为，对经济学家、特别是对李嘉图来说，唯一前后一致的就是"从资本家和雇佣工人两者分配出发，到后来才把地租所有者作为一种特殊赘疣引进来"，"把直接参与生产，因而也是直接参与分配所生产的价值以及这个价值所借以实现的产品的阶级，归结为资本家和雇佣工人，而把土地所有者排除在外（由于那种不是从资本主义生产方式生长出来，而是被这种生产方式继承下来的对自然力的所有权关系，土地所有者只是事后才参加进来）这丝毫不是李嘉图等人的错误"，② "它倒是资本主义生产方式的恰当的理论表现，表现了这种生产方式的特点。"③ 但不能由土地所有"决不是资本主义生产方式所必要的生产当事人"，④ 得出土地所有者的存在对这种生产方式来说是不必要的，或者得出没有土地所有者，资本主义经济也能产生和发展。相反，假如土地"供每个人自由支配，那么，资本的形成就缺少一个主要要素。一个最重要的生产条件，而且是——如果不算人本身和人的劳动——唯一原始的生产条件就不能转让、占有，因而不能作为别人的财产同劳动者对立并因此把他变成雇佣工人。这样一来……资本主义意义上的劳动生产率、无酬的别人劳动的生产，就不可能了。这样一

---

① 《马克思恩格斯全集》第 1 版第 26 卷（Ⅱ）第 38—39 页。
② 这一引述是直接针对洛贝尔图斯的。
③ 《马克思恩格斯全集》第 1 版第 26 卷（Ⅱ）第 166—167 页。
④ 《马克思恩格斯全集》第 1 版第 26 卷（Ⅱ）第 167 页。

来，资本主义生产就根本完结了"。① 以此来看,"土地所有权……一些人拥有土地私有权,意味着另一些人丧失土地所有权——又是资本主义生产方式的基础。"② 由于这一原因,没有土地所有权,资本简直就不能存在(这好像包含着它的反题);并且资本内在的劳动条件的变化,不仅以"直接生产者被剥夺了土地"为前提,同时也以"一定的土地所有权形式"③ 为前提。

事实上,"资本主义生产方式产生时遇到的土地所有权形式,是同它不相适应的。同它相适应的形式,是它自己使农业从属于资本之后才创造出来的,""这样,土地所有权就取得了纯粹经济的形式,因为它摆脱了它以前的一切政治的和社会的装饰物和混杂物。"④ 并被归结为资本主义的地租范畴。因此,不应该忘记,"资本主义生产是在存在土地所有权的前提下开始的,而土地所有权不是从资本主义生产中产生的,它在资本主义生产之前就已经存在。"最后,资本可能作用于土地所有权的影响受到限制,"资本所能做的一切,就是使农业服从资本主义生产的条件"。⑤ 这就不可能避免一个单独的生产资料垄断所有者阶

---

① 《马克思恩格斯全集》第1版第26卷(Ⅱ)第38页。

② 《马克思恩格斯全集》第1版第25卷第915页。事实上,资本唯一关心的是,"土地不是公共所有,土地作为不同于工人阶级的生产条件同工人阶级相对立。如果土地国有,因而国家收地租,这个目的就完全达到"。"激进的资产者在理论上发展到否定土地所有权……想把土地私有权以国有的形式变成资产阶级的、资本的公共所有。然而,他们在实践上却缺乏勇气,因为对一种所有制形式——一种劳动条件私有制形式——的攻击,对于另一种私有制形式也是十分危险的。"[《马克思恩格斯全集》第1版第26卷(Ⅱ)第38—39页]

③ 《马克思恩格斯全集》第1版第25卷第994页。

④ 《马克思恩格斯全集》第1版第25卷第696—697页。

⑤ 《马克思恩格斯全集》第1版第26卷(Ⅱ)第270页。

级，以大土地所有者形式与真正的资本家分开、并同时继续存在。"当资本投在土地上时"，这个阶级"就是作为这样一种外力和限制出现的"①，并从中榨取由工人创造的一部分剩余价值。"自然对象……的私有权"肯定"不是价值的源泉，因为价值只等于物化劳动时间；这种所有权也不是超额剩余价值的……源泉"。"这种所有权是收入的一个源泉……变成了支配无酬劳动、无代价劳动的凭证。"② 事实上，土地所有者"在土地所有权上（就绝对地租来说）和在土地等级的自然差别上（级差地租）都拥有一种特权，使他能把这种剩余劳动或剩余价值的一部分装进自己的腰包，尽管他在管理和创造这种剩余劳动或这种剩余价值方面毫无贡献"。（马克思还认为，"在发生冲突时，资本家把地主看做纯粹是一个多余而有害的赘疣，看做是资本主义生产的游手好闲的寄生虫，看做长在资本家身上的虱子。"③）

4. "从资本过渡到土地所有制"和"从土地所有制过渡到雇佣劳动"

我们已经花了一些时间论述了土地所有制及其在资本主义生产方式中的作用问题。在着手研究这一对理解原初提纲至关重要的独特理论分析时，我们会看到为什么这一论述是必要的。这一理论分析在《大纲》

---

① 《马克思恩格斯全集》第1版第25卷第859页。
② 《马克思恩格斯全集》第1版第26卷（Ⅱ）第36页。
③ 《马克思恩格斯全集》第1版第26卷（Ⅱ）第372页。

和书信集中都能看到，① 在那里马克思一方面讨论了资本过渡到土地所有制问题，另一方面也讨论了土地所有制过渡到雇佣劳动问题。

《大纲》在论述资本过渡到土地所有制时指出，"在货币市场上资本是以它的总体出现的……但是，资本不仅是自己生产自己……同时是价值创造者，它必须创造出一种与资本具有不同特点的价值或财富形式。这就是地租。这是资本所创造的唯一与其本身不同的，与其本身的生产不同的价值。不论是按照资本的本性还是从历史上来看，资本都是现代土地所有权的创造者，地租的创造者；因而它的作用同样也表现为旧的土地所有权形式的解体。新形式的产生是由于资本对旧形式发生了作用。"②

因此，马克思强调"从资本过渡到土地所有权"要在辩证的和历史的两重意义上来理解。第二重意义在前面已讨论了，不再作进一步的阐述。辩证的转化应作如下的理解：资本所创造的财富的特殊形式是建立在劳动基础上的价值。但除此之外还有"自然要素的价值"（土地、瀑布、矿藏等），这不是劳动的产物，但是"它们被占有，从而具有交换价值，因此作为价值列入生产费用"。③ 这种价值只能由地租理论来解释——现代地租表现为资本的一种特殊产物，只是和价值自身、和价

---

① 我们这里可以引述书信集中的论述，因为它只包括几句话。马克思在给恩格斯的信中谈到他的著作的第 2 册和第 3 册时指出，"资本向地产的转化同时又是历史的转化，因为现代形式的地产是资本对封建地产和其他地产发生影响的产物。同样，地产向雇佣劳动的转化不仅是辩证的转化，而且也是历史的转化，因为现代地产的最后产物就是雇佣劳动的普遍建立，而这种雇佣劳动就是这一堆讨厌的东西的基础。"（《马克思恩格斯全集》第 1 版第 29 卷第 299—300 页）参看恩格斯在同年 4 月 2 日的回信："全部材料分为六本书，是再恰当没有了。我非常赞成，虽然我还没有弄清地产向雇佣劳动的辩证转化。"（同上，第 306 页）

② 《马克思恩格斯全集》第 1 版第 46 卷（上）第 233 页。

③ 《马克思恩格斯全集》第 1 版第 46 卷（下）第 228 页。

值产品截然不同的资本的唯一产物。因此，所要回答的问题是："不包含劳动的商品怎么会有交换价值呢？或换句话说，纯粹的自然力的交换价值是从哪里来的呢？"① 当然，这里的"价值"只有象征性的意义，即它不能直接由价值理论自身来解释，相反要以"进一步发展"为前提。② 这就是马克思打算在分析资本范畴之后才对土地所有制即地租理论加以讨论的原因——更不用说对此提出历史的考察了。

关于土地所有制和资本之间在概念上和在历史上的相互关系就说这些。马克思继续指出："现在要问：从土地所有权过渡到雇佣劳动是怎样进行的……从历史上来看，这种过渡是不容争辩的。它已经包含在土地所有权是资本的产物这一事实中。"③ "因此我们看到，凡是在土地所有权由于资本对较早的土地所有权形式发生作用而转化为货币地租（这种情况在现代农民被创造出来的地方，则以另一种方式发生），因

---

① 《马克思恩格斯全集》第1版第13卷第53页。

② "说不是劳动产品的'土地的价值或价格'，表面看来直接同价值概念相矛盾，不能直接从其中得出来，这也是完全正确的。但是这句话用来反驳李嘉图就格外没有意义了，因为匿名作者并不反对李嘉图的地租理论，而李嘉图恰恰在那里阐明了怎样在资本主义生产的基础上形成土地的名义价值，以及土地的名义价值和价值规定并不矛盾。土地的价值不过是支付资本化的地租的价格。因此，这里假定的关系比从商品及其价值的简单考察中乍一看就得出的关系要深刻复杂得多；这正像虚拟资本（这种资本是交易所投机的对象，而且事实上不过是对部分年税的某种权利的买卖）不能用生产资本的简单概念去说明一样。"[马克思关于《评政治经济学上若干用语的争论》的笔记，《马克思恩格斯全集》第1版第26卷（Ⅲ）第117—118页] 再参看《资本论》第1卷："在劳动的价值这个用语中，价值概念不但完全消失，而且转化为它的反面。这是一个虚幻的用语。这像该土地的价值一样，但是这类虚幻的用语是从生产关系本身中产生的。它们是本质关系的表现形式的范畴。"（《马克思恩格斯全集》第1版第23卷第587—588页）

③ 当然，这里指的只是现代土地所有权。

而与此同时资本经营的农业转化为企业化农业的地方,无地农民、农奴、徭役农民、世袭租佃者、茅舍贫农等等就必然转化为短工、雇佣工人;可见,雇佣劳动就其总体来说,起初是由资本对土地所有权发生作用才创造出来的,后来在土地所有权已经作为形式形成以后,则是由土地所有者自己创造出来的。这时,正如斯图亚特所说的,土地所有者本身清扫土地上的过剩人口,把大地的儿女从养育他们的怀抱里拉走,于是,甚至按性质来说是直接生存源泉的土地耕作,也变成了纯粹依存于社会关系的间接生存源泉。""因此,毫无疑问,典型形式的雇佣劳动,即作为扩展到整个社会范围并取代土地而成为社会立足基地的雇佣劳动,起初是由现代土地所有权创造出来的……①土地所有权反过来导致雇佣劳动……这不外是雇佣劳动从城市转到农村,即雇佣劳动扩展到社会的整个范围。"② 在这一点上"英国在这方面是其他大陆国家的榜样"。另一方面,又同样必须对(现代)资本主义土地所有制加以证明:"如果在一个社会内部,现代生产关系,即资本,已发展成总体,而这个社会又占领了新的领土,如像在殖民地那样,那么这个社会,它的代表即资本家就会发现,他的资本没有雇佣劳动就不再

---

① 马克思在这之前指出:"因此,在现代土地所有权……的经济关系中表现出现代社会的内在结构,或者说表现出外在资本的各种关系的总体上的资本。"[《马克思恩格斯全集》第1版46卷(上)第233页] 在另一处,马克思提出:"因此,正是在土地所有权的发展中才能研究资本逐步取得的胜利和资本的形成,由于这个缘故,现代经济学家李嘉图为了确定资本、雇佣劳动以及地租的关系的特殊形式,以深刻的历史眼光把这些关系放在土地所有权范围内进行了考察。"(同上,第206页)

② 参看《资本论》第2卷:"劳动越变为雇佣劳动,生产者就越变为产业资本家。因而资本主义生产(从而商品生产)只有在直接的农业生产者也是雇佣工人的时候,才充分地表现出来。"(《马克思恩格斯全集》第1版第24卷第133页)

成为资本,因此,前提之一是不仅要有土地所有权一般,而且要有现代土地所有权,这种土地所有权作为资本化的地租十分昂贵,从而排除了个人直接利用土地的可能性。威克菲尔德的殖民理论就是由此而来的。① 这个理论已由英国政府在澳大利亚付诸实践了。在这里,地产被人为地抬高价格,以便使劳动者成为雇佣工人,使资本起资本的作用",马克思强调,确切地说,这是因为"威克菲尔德的理论对于正确理解现代土地所有权是极端重要的"。②

同时,从土地所有制过渡到雇佣劳动不仅是历史的,而且也是辩证的:"资本作为地租的创造者,重新回到作为资本总创造基础的雇佣劳动的生产。③ 资本从流通中出来,并且使劳动成为雇佣劳动;资本就是这样形成的,并且,在发展成一个整体时,把土地所有权既当做自己的条件又当做自己的对立面。④ 不过这里表明,资本由此只是把雇佣劳动作为自己的总前提创造出来。因此,现在应当就雇佣劳动本身来考察。"⑤

---

① 参看《资本论》第 1 卷第 25 章。

② 《马克思恩格斯全集》第 1 版第 46 卷(上)第 223—236 页。

③ 马克思这里的表述证明了同黑格尔《逻辑学》的紧密联系,特别是同在《逻辑学》第 2 卷中阐述的关于根据的理论的联系。参看《逻辑学》第 1 卷:"必须承认以下这一点是很重要的观察……前进就是回溯到根据,回溯到原始的和真正的东西……这样,意识在它的道路上,便将从直接性出发追溯到绝对的知,作为它的最内在的真理。"(《逻辑学》商务印书馆 1977 年版,第 55—56 页)

④ 参看《资本论》第 3 卷。在那里,马克思认为资本包括了作为它的"对立物"的土地所有权。(《马克思恩格斯全集》第 1 版第 25 卷第 994 页)

⑤ 《马克思恩格斯全集》第 1 版第 46 卷(上)第 236 页。

5. 三分法的真正的作用

显然,马克思在这里所讨论的基本上是他的著作的结构,也就是资产阶级社会阶级结构,即资本、土地所有制和雇佣劳动等范畴的顺序应该得以表现的问题。从对这些范畴的相互关系的分析中得出的答案是:资本作为资本主义社会决定的、占优势的和据统治地位的关系的范畴,必须在其他范畴之前作出详尽论述。这里指的是,纯粹形式上的资本,排除了对资本自身关系中产生的各种形式的考察。只有作为资本的产物,作为作用于前资本主义经济形式的产物,现代土地所有权才能得到发展。虽然雇佣劳动在概念上和历史上都表现为资本和资本主义生产方式的基本条件,但是雇佣劳动的充分发展却要以资本主义生产已经发展成社会关系的总体,并要以农村劳动者也转化为雇佣劳动者为前提。因此,我们只有在已经研究了资本和土地所有制之后才能详细地研究雇佣劳动的范畴。

可见,马克思提出这三部分划分和确定这一研究次序的原因,同"外在的考察",或者说同资产阶级经济学传统的"生产要素"理论毫无关系。相反,它们却是资本主义生产方式内在本质的产物,是构成资本主义生产方式的、并且特别是在一开始需要——至少是暂时地——对分析的对象加以分解的范畴在历史上和逻辑上连续性的产物。这里"所涉及的实质上是弄清纯粹的形式规定的问题,也就是说,不要把一些毫不相干的东西夹杂进来"。① 因此,在1857—1858年《大纲》中,马克思为了确定纯粹的资本概念,必定不讨论土地所有制的范畴,而且也放

---

① 《马克思恩格斯全集》第1版第46卷(下)第240页。

弃对工资形式的更详细的考察。① (因此，在马克思著作的最后形式中，对地租的分析只能跟随在对资本的分析之后，被安排在第 3 卷的结尾部分。) 从这个意义上来讲，把原初著作分作资本册、土地所有制册和雇佣劳动册三部分这一暂时的、但又是不可避免的"蓝图"就能得到解释了。但是，马克思以后又必然地放弃了这一蓝图的特殊原因问题还是没有解决；在解决这个问题前，我们应该先搞清楚原初提纲的 I 部分，即资本册中所发生的变化。

B 关于"资本册"

1. 对"资本册"原初的划分

按照 1857—1858 年的提纲，这一册应该分为以下几篇：②
(a) "资本一般"篇。
  1 资本的生产过程
  2 资本的流通过程
  3 利润和利息

---

① 参看马克思 1858 年 4 月 2 日给恩格斯的信："在整个这一篇（指'资本一般'篇）里，假定工资总是等于它的最低额……其次还假定：地产＝0，就是说，地产这一特殊的经济关系在这里还不加以考察。只有这样，才能在研究每一个别关系时不致总牵涉到一切问题"。(《马克思恩格斯全集》第 1 版第 29 卷第 300 页)

② 在《大纲》中，《资本册》提纲的变化中，还有另一种划分 [见《马克思恩格斯全集》第 1 版第 46 卷（上）第 219、232—233 页]。这一划分把《资本册》划作 6 篇，除了前 4 篇外，后两篇是：第 V 篇"资本作为货币市场"，第 VI 篇"资本作为财富的源泉"。后两篇的论题肯定和以下结构中的 c、d 部分完全相同，这也许能够解释为什么在提纲以后的变化中，没有再提及这一结构。

(b) 竞争篇

(c) 信用制度篇

(d) 股份资本篇

1857—1858年《大纲》只对第一篇作了论述，正如我们以上已说明的，同马克思以后的著作相比，《大纲》只限于分析"资本一般"。就其他的几篇，即（b）、（c）、（d）篇而言，它们所发生的变化和我们已证实的第Ⅱ册和第Ⅲ册的变化相似。这就是说，它们确实不再作为独立的篇，同时它们的内容也被并入到著作的新的结构中。这里原初的论题也发生了缩减，与此相适应的就是第一部分，即"资本一般"篇扩展了。《资本论》前两卷基本上还没有超出对"资本一般"的分析；但是，第3卷在原初设想的次序中，引进了竞争、信用和股份资本，虽然远不及马克思开始时所打算的那么广泛。这也说明起初对范畴的严格划分，只具有方法论上的抽象意义，因此在分析"资本一般"的主要任务完成以后，也就可能放弃这一划分。因此，"资本一般"是理解上最重要的范畴，因而也是我们现在所要集中注意的范畴。

2. "资本一般"和"许多资本"

我们已经知道，《大纲》不仅基本上舍弃了所有原初编入第Ⅱ册到第Ⅳ册中的论题，而且也基本上舍弃了要在第Ⅰ册（b）至（d）篇中加以考察的论题。① 马克思从一开始就打算论述"资本一般"。但是，

---

① 我们说"基本上"，是因为《大纲》还是包含了许多超出"资本一般"结构的插入部分。按照它们的内容，要放入马克思著作的其他部分。参看马克思1858年5月31日给恩格斯的信："困难的是，这些手稿（印出来有很厚一大本）很乱，其中有许多东西是在以后的篇章才用得上。"（《马克思恩格斯全集》第1版第29卷第317页）

这个概念的含义是什么呢？它显示了什么样的抽象的层次呢？

我们先看一下马克思在 1862 年 12 月 28 日给库格曼信中的回答。马克思在信中指出，在这里"资本一般"不包括对资本的竞争和信用制度的研究。① 竞争包含在"资本的相互作用"中，它以资本的多样性为前提，而信用作为"整个资本对单个资本来说，表现为一般的因素"。② 这两种情况就是现实资本的现实运动的问题，即具体的现实的资本，而不是某种"理想的平均"。③ 在《大纲》中，马克思指出，"资本是而且只能是作为许多资本而存在，因而它的自我规定表现为许多资本彼此间的互相作用"。这是由于它的本质（注意黑格尔术语的反复影响）的"自己排斥自己"，而且必然"自己排斥自己"。④ 因此，以资本为基础的生产"只有随着自由竞争的发展……才以它的最适当的

---

① "第 2 部分终于已经脱稿……它是第 1 册（即《政治经济学批判》——译者）的续篇，将以《资本论》为标题单独出版……其实，它只包括第 1 篇第 3 章的内容，即'资本一般'。这样，这里没有包括资本的竞争和信用。"（《马克思恩格斯全集》第 1 版第 30 卷第 636 页）

② 马克思 1858 年 4 月 2 日给恩格斯的信，《马克思恩格斯全集》第 1 版第 29 卷第 299 页。

③ 同样，在《剩余价值理论》中，竞争和信用常常作为"资本的现实运动"和"具体的关系"而同"资本一般"或"资本的一般性质"相对照。[参看《马克思恩格斯全集》第 1 版第 26 卷（Ⅱ）第 562、555、609 页；（Ⅲ）第 52、345、512 页。]

④ 《马克思恩格斯全集》第 1 版第 46 卷（上）第 398、409 页。"因为价值是资本的基础，资本必然只有通过和对等价值相交换才能存在，所以资本必然自己排斥自己。因此，普通资本，没有与它交换的其他资本同它相对立……这样的资本是毫无意义的。在作为已经实现了的交换价值的资本中已经包含着各个资本的互相排斥。"因此，只有在由国家组织的相互对立的几个资本时，"国家资本主义"才是可能的。

形式确立起来"。① 当然,"只要资本的力量还薄弱,它本身就还要在以往的或随着资本的出现而正在消逝的生产方式中去寻找拐杖"。但"当资本开始感到并且意识到自身成为发展的限制时,它就在这样一些形式中寻找避难所,这些形式虽然看来使资本的统治完成,同时由于束缚自由竞争却预告了资本的解体和以资本为基础的生产方式的解体"②。因此,在资本的全盛时期,资本的统治只有在竞争中才能成为现实。

马克思认为,资产阶级经济学"从来没有理解"竞争的这种积极观点。自由竞争实际上只被理解为"对垄断的行会、法律规定等等的否定"。但是竞争"决不仅仅具有这样的历史意义,或者仅仅是这样的否定方面"。同时也是"资本同作为另一资本的它自身的关系,即资本作为资本的现实行为",通过这个"符合资本概念的东西表现为单个资本的外在必然性",因此,从概念上来说,竞争"不过是资本的内在本性,是作为许多资本彼此间相互作用而表现出来并得到实现的资本的本质规定"。它"把资本的内在规定互相强加给对方并强加给自己"。③ 这样,竞争就是"资产阶级经济的重要推动力",尽管它不能创造规律,但能实现它们,即使不能说明它们,但能使人们看到它们。④ 因此把对这些规律的分析混同于对竞争的分析,或混同于对以竞争为前提的信用关系的分析是再错误不过的了。为了理解外表形式,我们首先必须考察

---

① 《马克思恩格斯全集》第1版第46卷(下)第159页。

② 《马克思恩格斯全集》第1版第46卷(下)第160页。早在1857年,马克思就已预言垄断资本主义的形式。(这可能被称做是"幻想",我们喜欢更不神秘的"辩证法"。)

③ 《马克思恩格斯全集》第1版第46卷(下)第159—160页;《马克思恩格斯全集》第1版第46卷(上)第397—398页。

④ 《马克思恩格斯全集》第1版第46卷(下)第47页。(参看格罗斯曼在《资本主义体系和崩溃规律》第96—99页上卓越的解释。)

在这些形式中所表现的东西。这是特别重要的，因为竞争中的一切东西都以颠倒的形式被表现出来，而且必然被表现出来①（不是劳动决定价格，而是价格决定劳动等等）。因此在竞争中，资本似乎"决定价格、提供工作、调节生产"，总之，成了"生产的源泉"。②那么，为了能直接地探索资本的内在的规律，我们必须对竞争及其伴随产生的特征加以抽象，从"一般的资本"或"资本一般"开始，"即使存在许多资本，也不应当妨碍我们的考察。相反地，在考察了所有资本的特点之后，许多资本的关系也就清楚了。"③

那么，所有资本的共同特点是什么呢？很清楚，它们具有适合于资本、而不适合于任何其他财富形式的特点，在其中表现了资本主义生产方式的特殊的历史特征。

古典经济学（马克思这里指的是斯密）常常把资本看做"新劳动手段"的"积累的（对象化的）劳动"。然而"要阐明资本的概念,④必须从价值出发，并且从已经在流通运动中发展起来的交换价值出发，而不是从劳动出发。正像不可能从不同的人种直接过渡到银行家，或者

---

① "竞争在表面上把资本的内在规律全部颠倒过来，而把它们作为外在必然性强加给资本。"[《马克思恩格斯全集》第1版第46卷（下）第282页]参看《资本论》第3卷第51、232—233、251页。

② 《马克思恩格斯全集》第1版第46卷（上）第233页。

③ 《马克思恩格斯全集》第1版第46卷（下）第7页。

④ "既然整个资本主义生产的基础是：直接购买劳动，以便在生产过程中不经购买而占有所使用的劳动的一部分，然后又以产品形式把这一部分卖掉；既然这是资本存在的基础，是资本的实质……"[《马克思恩格斯全集》第1版第26卷（Ⅰ）第305页]

从自然直接过渡到蒸汽机一样,从劳动直接过渡到资本也是不可能的"。① 这种交换价值就是货币,在这一范围内,货币既不是简单地充当交换的手段,也不是滞留为贮藏手段,而是在流通中通过他人劳动的中介保存并增殖自身。因此,同仅仅作为价值或货币截然不同,资本首要的显著的特点是作为"产生剩余价值"的价值,这是由特殊的历史关系——雇佣劳动的关系所决定的。显然,"人们给资本一词加进了许多就资本概念来说看来并不包含的含义。例如人们说,把资本借出去,把资本积累起来等等。在所有这些说法中,资本不过是物,同构成它的物质完全是一回事。"② 然而,我们在这里所要研究的"既不是资本的某一特殊形式,也不是与其他各单个资本相区别某一单个资本,等等。我们研究的是资本的产生过程。③ 这种辩证的产生过程不过是产生资本的实际运动在观念上的表现。④ 以后的关系应当看做是这一

---

① 《马克思恩格斯全集》第 1 版第 46 卷(上)第 213 页。参见本书第 3 篇第 2 章,那里较详细地涉及了这一证明。

② 《马克思恩格斯全集》第 1 版第 46 卷(上)第 518 页。

③ 因此,在《大纲》的许多地方,所指出的《大纲》真正的研究对象是"资本的一般产生史"、"它的自我规定"或"自我形成"。[《马克思恩格斯全集》第 1 版第 46 卷(上)第 385、398 页,(下)第 21 页。]

④ "我们这里谈的是这个资本、即正在生成的资本,所以除它以外,我们还是什么东西也没有——因为对我们来说,还不存在许多资本,——我们所有的,只不过是资本本身和简单流通……"[《马克思恩格斯全集》第 1 版第 46 卷(下)第 246 页]在《大纲》(并且也在《资本论》和《剩余价值理论》)中,正在生成的资本,是同已经生成的、完成的资本相对的。在这一意义上,"资本的总流通过程或总再生产过程是资本的生产阶段和资本的流通阶段的统一。"[参看《马克思恩格斯全集》第 1 版第 26 卷(Ⅲ)第 526—527 页;(Ⅱ)第 586 页]或者"经济关系的完成形态"。(《马克思恩格斯全集》第 1 版第 25 卷第 232 页)

萌芽的发展"。①

  所有资本的共同点是它们具有扩大价值的能力——它们（直接地或间接地）占有在资本主义生产过程中所创造的剩余价值。因此，分析"资本一般"必须从对生产过程的研究开始。必须证明货币是怎样"超越它作为货币的简单规定"而成为资本。然后又怎样通过人类劳动的消耗来创造剩余价值，最后又怎样使剩余价值产品的一部分引起资本和资本自身关系的再生产。对所有这些问题的阐述，都可以不考虑几个资本的存在和它们之间的区别，不考虑不同的个别资本是如何分配生产过程中所创造的剩余价值，"他们之间所分配的决不多于总剩余产品。"② 这不能解释而只能模糊剩余价值的产生，因为在利润形式中，剩余价值似乎是由具有同等数量的每一部分资本创造的，资本自身似乎是"不依赖于劳动的财富源泉"。③ 因此，如果要理解资本关系的这一基本前提，即理解资本对劳动的关系、剩余价值作为资本主义生产的动力的作用，我们肯定不能从"许多资本"开始，而要从资本或者"全社会的资本"④，即"资本一般"开始。只有这样，资本概念的现实发展才是可能的。

  但是，资本的生命周期并不限于直接生产过程。资本为了更新自身，包括剩余价值在内的资本产品就必须"转化为货币，这和以前的各

---

 ① 《马克思恩格斯全集》第1版第46卷（上）第170页。
 ② 《马克思恩格斯全集》第1版第46卷（下）第311页；再参看《马克思恩格斯全集》第1版第46卷（下）第199页："作为阶级的资本家的利润或资本的利润，在它能够被分配以前，必须已经存在……"
 ③ 《马克思恩格斯全集》第1版第46卷（下）第279—280页。
 ④ "我们这里考察的是资本本身，也可以说是全社会的资本。资本的差别等等还与我们无关。"[《马克思恩格斯全集》第1版第46卷（上）第313—314页]

个生产阶段不同,那时交换只涉及剩余生产和剩余产品,而根本不涉及全部生产"。① 生产过程的阶段必须由流通过程的阶段来补充。因此,资本运动成了一种由各种形式(固定资本和流动资本)生长其内的循环,从它们暂时的决定因素而凝固为资本存在的特殊形式。另外,要把这些形式理解为是在"资本一般"("资本的特殊化"②)抽象范围内的差别,因为它们作为"每一种资本的特性"③ 必须在不考虑"许多资本"的相互作用下来加以理解。另一方面,经过不同的流通阶段的资本过程似乎"成了一种通过资本自身设置的特殊性质的障碍所产生的对生产的限制"。流通花费的时间,在这个时间内,资本不能创造任何剩余价值。它的价值的增殖不仅仅依靠资本创造价值的时间(劳动时间)的长度,同时也依靠实现价值的流通阶段。④

因此,资本的剩余价值"不再表现为由资本同活劳动的简单的直接的关系所确立的东西",不再由"剩余劳动同必要劳动的比例"的实际尺度来衡量,而是由资本的自身的规模所决定,"具有一定价值的资本在一定时期内生产出一定的剩余价值。"⑤

因此,剩余价值现在就采取了转化的和派生的利润形式,而剩余价值率则取得了利润率形式(这在《大纲》的最后一篇,即第3篇提到这一点)。唯一的要求就是资本家阶级的总利润只和这个阶级所占有的

---

① 《马克思恩格斯全集》第1版第46卷(上)第388页。

② 《马克思恩格斯全集》第1版第46卷(上)第388页。同样,"特殊化"的概念也是黑格尔的一种专门概念(马克思所使用的"一般"、"特殊"、"个别"的用语也是建立在黑格尔《逻辑学》基础上的)。

③ 《马克思恩格斯全集》第1版第46卷(上)第445页。

④ 参看《马克思恩格斯全集》第1版第46卷(下)第131页。

⑤ 《马克思恩格斯全集》第1版第46卷(下)第264页。

总剩余价值相一致。① 另一方面，单个资本家可能获得多于或少于他们在自己生产过程中所创造的剩余价值。马克思直到"研究许多资本"时才提到这一问题。这是由于一般利润率的建立和与之相适应的价值转化为生产价格是以竞争为前提的，因此，按马克思原初的提纲，这是发生在舍弃了研究"资本一般"的层次上的。②

很明显，在以上的引述中，马克思已经谈到整个资本家阶级的资本，即同特殊的单个资本相对应的"社会总资本"。

但是，这个概念在马克思的方法论上有什么意义呢？从《大纲》的一个非常重要的插入部分的论述中可以回答这一问题。马克思指出，"与各个特殊资本相区别的资本一般，（1）仅仅表现为一种抽象，不过不是任意的抽象，而是抓住了与所有其他财富形式或（社会）生产发展方式相区别的资本的特征的一种抽象……这是每一种资本作为资本所共有的规定，或者说是使任何一定量的价值成为资本的那种规定。而且这种抽象内部的种种差别也是表明每一种资本的特性的一些抽象特殊性，每一种资本就是这些抽象特殊性的肯定或否定（例如，固定资本或流动资本）。（2）但是，与各特殊的现实的资本相区别的资本一般，本身是一种现实的存在。这一点虽然普通的政治经济学不理解，但已承认，而且构成它关于平均化等等学说的极其重要的要素。例如，这种一般形式上的资本，尽管也属于单个的资本家所有……作为……在银行中进行积累或通过银行进行分配的资本，形成像李嘉图所说的那样令人惊异地按照生产的需要进行分配的资本。"③ "这种资本同样会通过借贷等等在不同国家之间形成一种平均水平……因此，一般的东西，一方面只

---

① 参看《马克思恩格斯全集》第1版第46卷（下）第311页。
② 参看《马克思恩格斯全集》第1版第46卷（上）第281页。
③ 参看李嘉图：《政治经济学及赋税原理》。

是观念中的特征,同时也是一种同特殊事物和个别事物的形式并存的、特殊的现实形式"。① (马克思还指出:"以后我们还要用来谈这一点,尽管它的逻辑学性质较多而经济学性质较少,但毕竟是我们研究过程中极其重要的问题。" "代数学的情况也是这样。例如,a、b、c 是数一般,是一般形式的数;但对 a/b、b/c、c/b、c/a、b/a 等来说它们又是整数,不过,这些分数要以这些作为一般要素的整数为前提。")②

在《大纲》的另一处,马克思还指出:"考察资本一般,并不是单纯的抽象。例如,如果我考察某个国家内与总雇佣劳动(或者也与地产)相区别的总资本,或者说,我把资本当做与另一个阶级相区别的某一阶级的一般经济基础来考察,那我就是在考察资本一般。这就同我从生理学上考察与动物相区别的人一样。"③

马克思在插入部分中的这些论述的重要性是很明显的。我们以马克思在《资本论》第 2 卷"社会总资本的再生产和流通"的论述为例,马克思在论述"商品资本的循环"时指出:"但是,正因为 W′……W′循环在进行中要以另一个在 W (= A + Pm) 形式上的产业资本为前提……这个循环本身就要求我们不仅把它看做循环的一般形式,即能够用来考察每一个单个产业资本……的社会形式,因而不仅看做一切单个产业资本共有的运动形式,而且同时看做各单个资本的

---

① 马克思继续指出:"因此,举例来说,如果一般形式的资本的一个规律是,为了增殖自己的价值,它必须二重地存在,并且必须在这种二重的形式上二重地增殖自己的价值,那么,例如对某一个特殊的国家即同另一个国家相对立而杰出地代表资本的国家来说,它的资本必须贷给第 3 个国家才有可能增殖自己的价值。二重存在,即自己把自己当做异己的东西来发生关系,在这种情况下就会是极其现实的。"[《马克思恩格斯全集》第 1 版第 46 卷(上)第 445 页]
② 《马克思恩格斯全集》第 1 版第 46 卷(上)第 444—445 页。
③ 《马克思恩格斯全集》第 1 版第 46 卷(下)第 382 页。

总和即资本家阶级的总资本的运动形式,在这个运动中,每一个单个产业资本的运动,都只表现为一个部分运动,和其他部分运动交织在一起,并且受它们制约。例如,如果我们考察一个国家的全部年商品产品,分析其中一部分补偿一切单个企业的生产资本,另一部分进入不同阶级的个人消费的运动,那么,我就把 W′……W′看做社会总资本和由此产生的剩余价值或剩余产品的运动形式。社会资本＝单个资本……之和,社会资本的总运动＝各单个资本的运动的代数和,这一事实并不排除:这个运动,作为一个孤立的单个资本的运动来看,和同一个运动,作为社会资本总运动的一部分来看,即和社会资本的其他部分的运动联系起来看,会表现出不同的现象;同时,这个运动还会解决这样一些问题,这些问题在考察一个单独的单个资本的循环时必须事先已经解决,而不是要由这种考察去解决。"①

从这个观点来看,单个资本只被看做是社会总资本的"片断","总资本……的运动,既是它们的单个资本的运动,同时又是总资本运动的不可缺少的环节",尽管总资本只是单个资本的总量,但它却表现出不同于各单个资本家资本的特点。② 因此,要把"社会总资本"理解为一个总体,理解为"与各特殊的现实的资本相区别的"现实的存在。马克思在对信用的研究中同样指出(在插入部分中可见到):

"如果说产业资本只是在特殊部门之间的运动和竞争中把自己表现为整个阶级共有的资本,那么,资本在这里现实地有力地在资本的供求中表现为整个阶级共有的资本。"③ 因此,在马克思看来,信用是作为"资本极力使自己区别于个别资本,或者说,个别资本极力使自己表现

---

① 《马克思恩格斯全集》第 1 版第 24 卷第 112—123 页。
② 参看《马克思恩格斯全集》第 1 版第 24 卷第 435 页及以后几页。
③ 《马克思恩格斯全集》第 1 版第 25 卷第 413 页。

为区别于自己的数量界限的资本。"① 然而，在股份资本中，社会总资本的现实的特点最清楚地得到证明："在这种形式下资本达到了它的最后形式，在这里资本不仅按它的实体来说自在地存在着，而且在它的形式上也表现为一种社会力量和社会产物。"②

关于同研究"具体的形式",③ 即"现实中的资本"相区别的"资本一般"的概念就谈这些。④ 如我们已经指出的，对马克思来说，这个概念只是一种抽象的和辩证的"产生资本的实际运动"的观念。由此可知，"以后的发展已经"以萌芽的形式包含在资本一般中了。这不仅是"文明化的"和进步的趋势，而且也是引起超越资本限界的矛盾。⑤

---

① 《马克思恩格斯全集》第 1 版第 46 卷（下）第 169 页。
② 《马克思恩格斯全集》第 1 版第 46 卷（下）第 22 页。应该指出，这里的"自在"和"存在"的对应，也来自黑格尔的《逻辑学》。
③ 参看《马克思恩格斯全集》第 1 版第 24 卷第 512 页；第 25 卷第 29、127 页。
④ 这两种研究方法之间的区别，在下述例子中得到证明："各个资本有各种不同的量。但是每单个资本的量和它自身是等同的，因而，只要考察的是它作为资本的属性，它就和任何的量等同，但是当我们考察两个资本的差别时，那么，由于它们量的差别，就出现了一种质的规定的关系。量本身就成为它们相互区别的质。这是关于如何把考察资本本身同考察资本跟其他资本的关系区别开来，或同考察资本现实状况区别开来的重大观点，而从这个观点出发，资本的量是唯一的例子。"[《马克思恩格斯全集》第 1 版第 46 卷（上）第 199 页]
⑤ "在资本的简单概念中必然自在地包含着资本的文明化趋势等等，这种趋势并非像迄今为止的经济学著作中所说的那样，只表现为外部的结果。同样必须指出，在资本的简单概念中已经潜在地包含着以后才暴露出来的那些矛盾。"[《马克思恩格斯全集》第 1 版第 46 卷（上）第 398 页] 参看同上第 205 页："准确地阐明资本概念是必要的，因为它是现代经济学的基本概念，正如资本本身——它的抽象反映就是它的概念——是资产阶级社会的基础一样。明确地弄清楚［资本主义］关系的基本前提，就必然会揭示出资产阶级生产的一切矛盾，以及这种关系超出它本身的那个界限。"

（在《大纲》中可以找到大量的例子，在此我们只指出关于机器的发展，① 信用制度和实现的问题。②）但是，另一方面，"按照资本的一般概念考察资本时，资本的一切要素是包含在资本中的，这些要素只有在资本以许多资本的形式真正表现出来时，才能获得独立的现实性，才能显示出来。因此，那个在竞争范围内并且通过竞争而存在的内在的活的组织，也只有这时候才得到更广泛的发展。"③ 特别"资本的不同循环的同时并存，如同资本的不同规定的同时并存一样，只有以许多资本为前提时，才变得很清楚。这正像人的生命过程要经过不同的年龄一样。但是，人的各种年龄是并存的，分属于不同的个人"。④

---

① "从竞争以及由竞争规律引申出来的缩减生产费用的规律来说机器的采用是很容易的。这里必须用资本对活劳动的关系来说明机器，而不考虑其他的资本。"[《马克思恩格斯全集》第1版第46卷（下）第300页]

② "劳动时间和流通时间相对立……包含着全部信用学说。"[《马克思恩格斯全集》第1版第46卷（下）第170页] 关于实现问题参看同上（上）第442—443页。在《剩余价值理论》（《马克思恩格斯全集》第1版第26卷）（Ⅱ）第562—563页上，马克思指出："我们在考察货币时已经看到……货币本身就包含着危机的可能性，而这一点，在考察资本的一般性质时，用不着对成为实际生产过程的一切前提的进一步的现实关系加以说明，就更加清楚地表现出来了。"

③ 《马克思恩格斯全集》第1版第46卷（下）第11页。

④ 《马克思恩格斯全集》第1版第46卷（下）第145页。参看同上第171页："资本过程在其不同阶段上之所以可能同时并列，只是由于资本分为若干部分，其中的每一部分都是资本，但是是处在不同规定中的资本。这种形式变换和物质变换，就像有机体中发生的这种变换一样。例如，假定身体在24小时内被再生产出来，那么这并不是一下子完成的，而是分为一种形式下的排泄和另一种形式下的更新，并且是同时进行的。"

3. 《大纲》同《资本论》在结构上的联系

熟悉马克思《资本论》内容的读者,当然会体会到《大纲》中这些摘录的重要性,因为马克思在1857—1858年所写的最后实际上成了《资本论》的纲要。像《大纲》一样,《资本论》的第1卷和第2卷也限于对"资本形态的抽象研究",① 或限于对流通和再生产过程的"基本形式上"的分析,在那里"还原为它的最抽象的表现",② 即"资本一般"。(因此,假定商品完全是按它们的价值出卖的。③)在《资本论》第3卷才开始出现真正的方法论上的不同。《大纲》在谈到利润、一般利润率及其下降趋势时,还把它们看做是"利润一般"、"资本家阶级的利润"的问题,而不是"某一单个资本靠牺牲另一个资本以获得的利润"。④ 对后者(即最初价值转化为生产价格,剩余价值分割为商业利润和利息等等)的研究,超出了"资本一般"的范围。但是,《资本论》第3卷"将要阐明的资本的各种形式,同资本在社会表面上,在各种资本的互相作用中,在竞争中,以及在生产当事人自己的通常意识中所表现出来的形式,是一步一步地接近了"。⑤ 在这一点上,就远远超出了马克思在《大纲》中所详细论述的"资本一般"概念的

---

① 参看《马克思恩格斯全集》第1版第23卷第192—193页。
② 《马克思恩格斯全集》第1版第24卷第512、570页。
③ "在考察资本一般时假定价格是同商品的价值一致的。"[《马克思恩格斯全集》第1版第26卷(Ⅱ)第588页](译文略有改动——译者注)
④ 《马克思恩格斯全集》第1版第46卷(下)第289页。
⑤ 《马克思恩格斯全集》第1版第25卷第30页。

界限。现在所要论述的问题，在早先的研究阶级中只可能被暗示。① 只有在我们进而分析"经济关系的完成形态，那种在表面上……和这种关系的内在的、本质的、但是隐藏着的基本内容以及与之相适应的概念"② 时，这个问题才可能得到解决。

因此，我们认为，"资本一般"和"许多资本"的范畴不仅对理解《大纲》，而且对理解《资本论》都是关键。当然，不应该夸大这两部著作在结构上的相似。不应该忽视原初"资本册"在以后的重新组织而引起、而且必然引起这部著作在进一步使用这一概念时的某种变化。因此，《资本论》中这些概念的意义并不总是和我们在《大纲》中所遇到过的这些概念的意义相一致。

当然，在《资本论》中确实像在《大纲》中一样，资本主义生产的"现实的内在的运动"，总是同在竞争中展示的"现象的"运动相对立。这类似于黑格尔所坚持使用的"本质"和"现象"范畴的对立。③ 在《资本论》第1卷中，我们可以读到，"必须把资本的一般的、必然的趋势同这种趋势的表现形式区别开来。这里不考察资本主义生产的内在规律怎样表现为个别资本的外部运动，怎样作为竞争的强制规律发生作用……然而有一点一开始就很清楚：只有了解了资本的内在本性，才能对竞争进行科学的分析，正像只有认识了天体的实际的、但又

---

① 其中的一个例子就是"社会必要劳动"概念的定义，社会必要劳动时间定义——同积累定义——只被看做"抽象地……只看做直接生产过程的一个要素。"（《马克思恩格斯全集》第1版第23卷第620页）它只有在《资本论》第3卷中，在从"具体条件"的观点来看时，才可能进一步得到阐述。（参见下一章的更详细的论述）

② 《马克思恩格斯全集》第1版第25卷第232—233页。（概念只是一种"隐藏着的基本内容"，即实际占优势的社会关系。）

③ 参看卢卡奇《历史和阶级意识》第7页注释9。

直接感觉不到的运动的人，才能了解天体的表面运动一样。"① 在《资本论》第3卷第6章中，我们同样可以读到："在这一章中研究的各种现象要得到充分阐明，必须以信用制度和世界市场上的竞争为前提……资本主义生产的这些比较具体的形式，只有在理解了资本的一般性质以后，才能得到全面的说明。"② 实际上，"如果事物的表现形式和事物的本质会直接合而为一"，所有这些努力也就是不必要的，但这样的话，"一切科学就都成为多余的了"。③ 然而，事实决非如此。科学的研究必然从"表面的现象"进到"内在的本质"，进到经济运动的"本质的结构"，这样才能发现"现象的规律"，④ 才能理解现象本身的必然性。⑤ 在这一点上，《资本论》和《大纲》在方法论上的立场没有什么不同。不同之处在于：在《资本论》中，马克思认为，对"在竞争中……所表现出来的形式，是一步一步地接近"（即在《资本论》第3卷中）研

---

① 《马克思恩格斯全集》第1版第23卷第352页。（译文略有改动——译者注）

② 《马克思恩格斯全集》第1版第25卷第128—127页。"在进行这种一般研究的时候，我们总是假定，各种现实关系是同它们的概念相符合的，或者说，所描述的各种现实关系只是表现它们自身的一般类型的。"（同上，第160页）参看第929页："……竞争的实际运动不在我们的研究计划之内，我们只需要把资本主义生产方式的内部组织，在它的可说是理想的平均形式中表现出来。"

③ 《马克思恩格斯全集》第1版第25卷第923页。（参看1867年6月27日马克思给恩格斯的信，1868年7月11日给库格曼的信。）

④ 参看《马克思恩格斯全集》第1版第23卷第341页。

⑤ 马克思在1851年的一个笔记本中谈及李嘉图的竞争观点时指出，"李嘉图抽去了那种在他看来是偶然的东西。但在表达现实的过程时，那就是另外一回事情了。在现实的过程中，两种运动都同样表现为本质的运动；而他作为偶然的运动那种东西，乃是经常的和现实的东西，而且就是现实过程的规律，即平均的关系。"参看《政治经济学批判大纲》人民出版社1978年版第5分册第52页。

究部分,看做属于对"资本的一般的分析"。因此,《资本论》的研究范围扩展了,而研究竞争的结构被缩减了。[①] 这就证明,构成《大纲》基础的"资本一般"和"许多资本"的区别,最初也是表现为一种"蓝图",没有这一"蓝图",马克思经济学体系决不可能得到发展,但是这一"蓝图"(像任何资用假设一样)只有在特定的界限内才能说是完全有效的。

第五节 提纲变化的范围和可能的解释

那么,我们的研究结论是什么呢?换句话说,提纲包括了哪些变化,以及对这一变化能作怎样的解释呢?

第一个问题不难回答(参看本章末的附表)。我们认为,从我们对《资本论》手稿的考察中可以得出如下结论:马克思从来没有明确地"放弃"过原初六册计划中的后3册,相反,这三册还被预定为著作的"可能的续篇"。因此,提纲的真正的变化只同第Ⅰ至第Ⅲ册有关,这一变化在于:第Ⅱ册(土地所有制)结合进了《资本论》第3卷,第Ⅲ册(雇佣劳动)并入《资本论》第1卷的倒数第2篇。而"资本册"即原初提纲中的第一部分,则发生了(b)、(c)、(d)的重新归类,使得这3篇以原来同样的顺序被《资本论》第3卷所吸收,而《资本论》的前两卷几乎同《资本册》第(a)篇完全一致,这就是说,它们都限于对"资本一般"的分析。

[①] 同《大纲》相对照,《资本论》中"竞争理论"的范围被限定在对"市场价格的现实运动"(同生产价格相对)的研究,以及对世界市场竞争斗争的研究。《资本论》第3卷(《马克思恩格斯全集》第1版第25卷)第127、262、861、939页。

当然，这里所说的仅仅关系到马克思经济学体系所论述的内容的外在的重新归类。那么，在这背后隐藏着什么动机呢？

有一点是肯定的，这决不是格罗斯曼和贝尔伦斯所提出的原因！相反，提纲的变化只能由以上分析过程中所涉及的原因来解释。这就是说，马克思一旦完成了他的著作的最基本的部分——对产业资本的分析——以前用作自己弄清问题的结构就成为多余的了。《大纲》本身提供了一个重要的指针，这是因为这部手稿尽管完全是按原初提纲的意图起草的，但是它们在马克思以后的《资本论》第1卷和第2卷所阐明的基本的理论中全都存在——除了论述工资及其形式那一篇《大纲》中是没有的（我们这里是指论生产过程篇和流通过程篇的提纲）。这就证明，在没有对雇佣劳动和土地所有制作出展开论述时，就有可能对资本的生产过程和流通过程作出完整的分析。而所有这些分析的前提条件是雇佣劳动关系的存在——而在概念上，这同资本的自身关系相一致。最初，其他方面可能、而且也必定不加考虑，只有这样才能在纯粹的形式上对资本范畴作出详细阐述。① 构成原初提纲基础的这一研究范围的严格的区别这一点，完全被保留下来了。但是，最初有用的和必然的东西，最后必然转变为是多余的和有碍的限制了，（再进一步坚持这一划分，肯定要引起已经表述过的东西的不断重复。）这一"蓝图"已达到了它的目的，在进一步的分析阶段中也就可能被舍弃，对已经获得的结论没有引起任何根本性质的变化，这就意味着，单独的土地所有制册和雇佣劳动册可以被放弃，而它们的本质部分则被吸收进仅仅论述"资本"的新的著作中去。这两册在那里的归属是合适的：土地所有制册放

---

① 参看《马克思恩格斯全集》第1版第46卷（下）第344页："一切固定的前提本身在进一步分析的过程中都会成为变动的。但只要一开始就把它们固定下来，在进一步的分析中就可以避免把一切都弄乱。"

在《资本论》第 3 卷中，因为作为对已经完成的对产业资本分析的继续，作为"次要"的和"派生"的①形式，② 关于地租的现实的理论问题只能在这一阶段中得到解决；相反，雇佣劳动册则直接放在《资本论》第 1 卷对资本的生产过程分析中，这是为了通过对工资范畴及工资形式的分析，在第 1 卷的价值理论和第 3 卷加以发展的生产价格理论之间建立一种必然的联系。（关于这最后一点，将在本章专门论述雇佣劳动册的附录中，作更详细的论述。）

（原载罗兹多尔斯基《马克思〈资本论〉的形成》英译本第 2 章《马克思著作的结构》）

（顾海良 译）

---

① "产业资本是在资产阶级社会占统治地位的资本主义关系的基本形式，其他一切形式都不过是从这个基本形式派生的，或者与它相比是次要的，——派生的，如生息资本；次要的，也就是执行某种特殊职能（属于资本的流通过程）的资本，如商业资本。"[《马克思恩格斯全集》第 1 版第 26 卷（Ⅲ）第 518 页]

② 马克思在《资本论》第 3 卷第 47 章指出："我们必须弄明白，从作为资本主义生产方式理论表现的现代经济学观点来看，地租研究上的困难究竟在哪里"，——困难不在于一般地说明农业资本所生产的剩余产品和与之相适应的剩余价值。这个问题不如说已经在对一切生产资本——不管它是投在什么部门——所生产的剩余价值的分析中得到解决了。困难在于证明，在剩余价值已经在各个资本之间平均化为平均利润之后，即各个资本在一切生产部门的全部社会资本所生产的总剩余价值中分到与它们的相对量相适应的比例部分之后，"从哪里又会出现这种剩余价值的超额部分，由投在土地上的资本以地租形式支付给土地所有者"。（《马克思恩格斯全集》第 1 版第 25 卷第 881 页）

[附表一] 作者所认为的马克思关于著作结构论述一览：

1	1857年9月［参看《马克思恩格斯全集》第1版第46卷（上）第46页］
2	1857年10月［参看《马克思恩格斯全集》第1版第46卷（上）第177—178页］
3	1857年11月［参看《马克思恩格斯全集》第1版第46卷（上）第219—220页］
4	1857年11月［参看《马克思恩格斯全集》第1版第46卷（上）第232—233页］
5	1858年2月22日（参看《马克思恩格斯全集》第1版第29卷第531页）
6	1858年4月2日（参看《马克思恩格斯全集》第1版第29卷第299—300页）
7	1858年6月［参看《马克思恩格斯全集》第1版第46卷（下）第415—418页］
8	1859年1月（参看《马克思恩格斯全集》第1版第13卷第7页）
9	1859年2—3月［参看《马克思恩格斯全集》第1版第46卷（下）第541—549页］
10	1862年12月28日（参看《马克思恩格斯全集》第1版第30卷第636页）
11	1863年1月［参看《马克思恩格斯全集》第1版第26卷（Ⅰ）第446—448页］
12	1865年7月31日（参看《马克思恩格斯全集》第1版第31卷第135页）
13	1866年10月13日（参看《马克思恩格斯全集》第1版第31卷第535—536页）
14	1868年4月30日（参看《马克思恩格斯全集》第1版第32卷第70—75页）

[附表二]

原初计划(六册)	变化了的计划
《大纲》"六册计划"	《资本论》(3卷)
I 资本	
(a) 资本一般	
1) 生产过程	I 资本的生产过程
	1 商品和货币
	2 货币转化为资本
	3—5 绝对剩余价值和相对剩余价值
	6 工资
	7 积累过程
2) 流通过程	II 资本的流通过程
3) 利润和利息	III 资本主义生产总过程
(b) 竞争	1—3 利润和利润率
(c) 信用制度	4 商人资本
(d) 股份资本	5 利息和信用
II 土地所有制	6 地租
III 雇佣劳动	7 收入
IV 国家	
V 对外贸易	
VI 世界市场	

实线表示前三册内的变化；虚线表示资本册内的变化。

西方学者对《资本论》结构形成的研究[*]

顾海良

一、研究的概况和主要倾向

在西方学者中,最早对《资本论》结构的形成作出研究的应该是亨利希·格罗斯曼[①]。早在1929年,格罗斯曼就撰写了《论马克思〈资本论〉结构计划的变化及其原因》的论文,试图从方法上来说明马克思起初提出的"六册计划"转变为《资本论》"四册结构"的内在原因,由于当时马克思的大量手稿还没有公开发表,格罗斯曼的研究并没能深入下去,也没引起西方理论界的注意。

直到60年代后期,西方学者才开始对《资本论》结构形成进行广泛的研究。西方学者对《资本论》的结构形成研究的兴起,和60年代后期"西方马克思主义"、"马克思学"以及各种研究马克思学派的兴起有着紧密的联系。对《资本论》结构形成的研究,实际上构成了西方学者对马克思《资本论》"重新研究"、"重新评价"的一个重要方

---

[*] 本文选自《马克思恩格斯研究》1992年总第8期。

[①] 亨利希·格罗斯曼(Henryk Grossman,1851—1950),波兰犹太人。20年代末曾在法兰克福"社会研究所"工作,并取得法兰克福大学教授资格。战后曾在莱比锡任政治经济学教授,著有《资本主义制度的积累和崩溃的规律》(1929年)等著作。

面。而60年代后期，马克思的一些重要的经济学手稿的整理出版，并相继被译成英文和法文，则为研究《资本论》结构的形成提供了丰富的资料。使得西方学者有可能依据这些新的资料，对马克思《资本论》结构的形成进行较为系统的研究。

1968年，罗曼·罗兹多尔斯基[①]《马克思〈资本论〉产生史》一书的出版，对西方《资本论》结构形成的研究起着重要的影响。《马克思〈资本论〉产生史》一书，是研究马克思《1857—1858年经济学手稿》（又称《政治经济学批判大纲》下面简称《大纲》）的专著。在书中，作者试图对《大纲》的内容作出"注释"性的解说，对包含在《大纲》中的"新的发现作科学的评价"。在该书的长篇《导言》中罗兹多尔斯基详尽地分析了马克思政治经济学著作的"六册计划"到《资本论》"四册结构"变化的全过程。罗兹多尔斯基在分析中得出的结论，是现在西方流行的对《资本论》结构形成研究的主要观点之一。

1968年，法国著名的"马克思学"研究者马克西米兰·吕贝尔[②]发

[①] 罗曼·罗兹多尔斯基（Roman R. osdolsky, 1898—1967），生于利沃夫城（原苏联），早年从事波兰的共产主义运动，1926年曾任莫斯科马克思恩格斯研究院驻奥地利科学记者。1934年回到波兰，从事学术研究。1947年移居美国，1967年在底特律逝世。《马克思〈资本论〉产生史》（1968年法兰克福和维也纳版）是他的代表作之一。

[②] 马克西米利安·吕贝尔（Maximilien Rubel, 1905— ），生于奥匈帝国的切尔诺维茨（现划归原苏联），1937年取得法国国籍。1946年以后，陆续发表了研究马克思著作的论文、著作和译作近百篇（本），吕贝尔是当代西方很有影响的马克思著作的研究者，是西方"马克思学"的最重要的代表人物之一。

表了《马克思〈经济学〉的历史》一文①。在文章中,作者概述了马克思一生研究政治经济学的情况,在文章的第三部分"《经济学》的计划和意义"中,作者分析了马克思《经济学》"六册计划"和《资本论》"四册结构"之间的关系,提出了与罗兹多尔斯基不同的观点。1973年,吕贝尔又发表了《马克思〈经济学〉的计划和方法》一文,②专门讨论了马克思《资本论》结构计划形成的过程及其方法论的原则。吕贝尔在研究中所得出的结论,对西方学术界颇有影响。

1971年,英国年轻的马克思主义研究者戴维·麦克勒兰③出版了《卡尔·马克思的思想》一书,以马克思年表和马克思著作结合的方式,论述了马克思思想的发展。在该书的第六章和第七章,作者集中评论了马克思经济思想的形成,其中部分地涉及了《资本论》结构的形成问题。这一年麦克勒兰还翻译出版了《马克思的〈大纲〉》(节译本)④。在为这一译本所写的序言中,麦克勒兰概述了马克思《政治经济学批判》"六册计划"到《资本论》"四册计划"的发展过程。麦克勒兰的观点和吕贝尔的观点基本上是一致的。

---

① 《马克思〈经济学〉的历史》是吕贝尔自己编辑的《马克思文献·经济学》第2卷的《导言》。后被译成英文,收入《吕贝尔论卡尔·马克思》(1981年纽约版)一书。

② 最初发表在1973年10月出版的《马克思学研究》上,后被译成英文,收入《吕贝尔论卡尔·马克思》一书。

③ 戴维·麦克勒兰(David Mclellan),英国肯特大学政治理论教授,专致于马克思的研究。著有《马克思主义以前的马克思》(1970年)、《卡尔·马克思的思想》(1971年)、《马克思以后的马克思主义》(1980年)等著作,以及译作《马克思的〈大纲〉》(1971年)。

④ 《马克思的〈大纲〉》(节译本)(1971年纽约版)选择了马克思《政治经济学批判大纲》中包括《导言》在内的22个部分(有的只是段落)。

1973年，马丁·尼古拉斯①翻译的《大纲》英文全译本在伦敦出版。② 在为这一译本所写的长篇《前言》中，尼古拉斯系统地介绍了《大纲》的理论内容及其在马克思经济思想发展史中的地位，论述了《大纲》中的"五篇计划"到《资本论》"四册结构"的转化过程，以及这一转化的原因和实质。同罗斯多尔斯和吕贝尔相比，尼古拉斯所提出的观点不乏独特的见解。

整个70年代和80年代初，西方学者对马克思《资本论》结构形成的研究一直没有停止。例如，1976年，比利时著名的马克思主义研究者埃内斯特·曼德尔③，在为《资本论》第1卷新英译本所写的《序言》中，就论及了"《资本论》的计划"的问题。1983年，澳大利亚年轻学者阿伦·沃克雷④在《马克思批判理论的形成》一书中，也专门探讨了"六册计划"和《资本论》"四册结构"的命运，沃克雷的研究得益于罗兹多尔斯基和吕贝尔的著作，但他在许多问题上都提出了自己的新见解。

---

① 马丁·尼古拉斯（Martin Nicolous）在1968年就发表了介绍《政治经济学批判大纲》的论文《未知的马克思》，载《新左派评论》1968年第48期。

② 《马克思的〈政治经济学批判大纲〉》，马丁·尼古拉斯译，1973年英国企鹅书社。

③ 埃内斯特·曼德尔（Ernest Mandel）在《卡尔·马克思经济思想的形成》（1967年巴黎版）中，曾论述了从1843年到《政治经济学批判大纲》时期，马克思经济思想的发展。在这本书中，他已极其粗略地谈到他对《资本论》结构形成的看法。

④ 阿伦·沃克雷（Allen Oakley），澳大利亚纽卡斯尔大学经济学系讲师。从1973年以来，致力于马克思政治经济学批判的理论起源和发展的研究。著有《马克思批判理论的形成》1983年伦敦版，《马克思的政治经济学批判》（两卷本）1984年伦敦版。

应该承认，从60年代后期西方所兴起的对马克思《资本论》结构形成的研究，在某些方面还是取得了一些成就，评价西方学者对《资本论》的研究，不能忽视他们在这一方面的研究情况。

1857—1858年，马克思在写作《政治经济学批判大纲》时，提出了《政治经济学批判》的"六册计划"，并且在1859年出版的《政治经济学批判》第一分册中作了明确的说明。但是，到了1862年12月，马克思决定以《资本论》为标题，单独出版原来要在"六册计划"的第1册《资本》第一篇《资本一般》中加以论述的内容。到了1865年，马克思又进一步把《资本论》分为四册，形成了《资本论》的"四册结构"。而且马克思在确定《资本论》的标题之后，就没有再提及"六册计划"，也没有明确说明《资本论》"四册结构"和原先"六册计划"之间的关系。

这就产生了这样一些问题：《资本论》"四册结构"究竟是对原先"六册计划"的修改、取代呢？还是只是原先"六册计划"中《资本》册的一部分呢？如果说《资本论》"四册结构"是对"六册计划"的修改，那么，这一修改的范围、目的和方法论的基础又是什么呢？如果说《资本论》"四册结构"取代了"六册计划"，那么，又应该怎样评价原先"六册计划"的地位和意义呢？如果说《资本论》"四册结构"只相当于"六册计划"第1册《资本》第一篇《资本一般》部分，那么，又应该怎样理解现行《资本论》中所出现的对雇佣劳动和土地所有制（在"六册计划"中，这两个论题分别属于第2册和第3册的研究对象）理论的论述，以及所出现的应该在《资本一般》以后论述的内容呢？

在西方研究《资本论》结构形成的学者中，根据对这些问题的不同回答，大致可分为四种主要的观点，这四种观点都涉及应该怎样重新评价《资本论》在马克思主义经济学中地位的问题。

第一种观点认为，《资本论》"四册结构"修改了原先的"六册计划"。这种修改的主要方面就是："六册计划"中的《土地所有制》和《雇佣劳动》两册分别并入了《资本论》的第3册和第1册；而"六册计划"中的后三册，作为《资本论》的"可能的续篇"仍然存在。在"六册计划"的第1册《资本》中，原先的《竞争和许多资本》、《信用》和《股份资本》三篇都依次归入《资本论》第3册，持这种观点的主要代表是罗兹多尔斯基，曼德尔在70年代开始附和这种观点。

第二种观点认为，《资本论》四册只相当于原先"六册计划"中的第1册《资本》的第一篇《资本一般》的内容，《资本论》"四册结构"并没修改和否定马克思原先分六个部分写作"政治经济学原理"的计划，也就是说，《资本论》是马克思未完成的经济学著作的"绪论性"的部分。吕贝尔对这种观点作了最为详尽的说明，麦克勒兰也坚持这种观点。

第三种观点认为，马克思提出《资本论》"四册结构"之后，并没改变原先的"六册计划"，只是改变了《资本》册内部的结构。《资本论》"四册结构"改变了《资本》册的"四篇计划"，而回复到《大纲》中《资本章》的三篇（资本的生产过程、资本的流通过程、两个过程的统一）结构上。并认为，这种变化是马克思运用唯物辩证法研究资本主义经济关系"内部结构"的必然结果。尼古拉斯是这种观点的首创者。

第四种观点认为，从马克思留下的"文献上的证据"来看，《资本论》"四册计划"部分地改变了马克思政治经济学批判理论的"六册计划"。这种变化完全是为了达到《资本论》结构的"自身完善"，为了使《资本论》成为"艺术的整体"，但相对于原先"六册计划"而言，《资本论》"四册结构"仍然是不完整的。由于缺少马克思关于他的经济学著作计划的"文献上的证据"，所以"六册计划"究竟发生了什么样的变化，依然是一个没有解决的方法的困难问题。提出这种观点的代表者是沃克雷。

当代西方学者在对《资本论》结构形成的研究中，都抨击了格罗斯曼的所谓"正统"的或"传统"的观点。格罗斯曼曾断言，我们所继承的马克思主义的经济学，不是"不完整的"，"不是未完成的著作"，而是"在本质上是完成了的和无空隙的体系"。在西方研究《资本论》结构的学者中，几乎没人再坚持和发展格罗斯曼的这种观点了。

二、罗兹多尔斯基对《资本论》结构形成的研究①

1. 从《大纲》中的"六册计划"到《资本论》"四册结构"的变化

罗兹多尔斯基认为，作为马克思主要著作基础的计划有两个：一个是马克思在1857年间在《大纲》中提出的"六册计划"，另一个是马克思在1866年（或1865年）在《资本论》中提出的"四册结构"。这两个计划相隔9年，其间是一个实验和不断探寻同材料相适合的阐述方式的阶段。

马克思在提出"六册计划"时，就认为六册中的后三册只可能草拟出来。如马克思所说的只限于"作一些基本的叙述"，以后马克思在1862年12月28日给库格曼的信中，还谈到第4册《国家》的内容。这说明，到那时，后三册并没有被最后从整个著作中排除出去。在这之后不久就发生了变化，因为马克思在1864—1865年所写的《资本论》手稿（即恩格斯用作编辑《资本论》第3卷的手稿）中，没再提到后

---

① 本节所转述和引述的罗兹多尔斯基的观点，均见《马克思〈资本论〉产生史》一书的第一部分《导言》第2章《马克思著作的结构》。

三册，而仅仅把它们——至少是第 6 册《世界市场》——看做是《资本论》的"可能的续篇"。① 罗兹多尔斯基认为，"这是对'六册计划'的第一个缩减"。

罗兹多尔斯基所认为的对"六册计划"的第二个"缩减"涉及第 3 册《土地所有制》和第 2 册《雇佣劳动》。他认为根据现有的资料，"要准确说明马克思在什么时候取消这两册是不大可能的"。但是，《土地所有制》册和《雇佣劳动》册最后都并入马克思在 1864—1866 年间起草的《资本论》第 1 册和第 3 册手稿中去了。"这样，原初计划的六册就缩减成《资本》这一册了。"

同时，保留下来的《资本》册却得到了"扩展"。按照原初的计划，《资本》册分为四篇，即资本一般、竞争、信用制度和股份资本。《大纲》和《1861—1863 年经济学手稿》本质上都只限于论述"资本一般"。就如马克思在 1862 年 12 月 28 日给库格曼信中所说的，"这里没有包括资本的竞争和信用"，但是，在一个月之后（1863 年 1 月），马克思在起草《资本》册第三部分计划时，基本上打破了原来细分《资本》册的方法。在这以后的两年中，马克思放弃了分别论述竞争和股份资本的打算。最后，第 1 册《资本》的第一篇《资本一般》相应地逐渐得到扩展。删去的后三篇的基本部分，现在被引入新的三册的最后部分。这三册就是：（Ⅰ）资本的生产过程，（Ⅱ）资本的流通过程；（Ⅲ）资本主义生产的总过程。《资本论》形成了它的最后形式。

罗兹多尔斯基的结论是："马克思从来没有明确地放弃过'六册计划'中的后三册，相反，这三册还被预定为著作的'可能的续篇'，因此，'六册计划'的真正变化只涉及第 2 册和第 3 册。事实上，第 2 册（《土地所有制》）结合进了《资本论》第 3 卷，第 3 册（《雇佣劳动》）

---

① 《马克思恩格斯全集》第 1 版第 25 卷第 127 页。

则成了《资本论》第1卷第六篇,第1册(《资本》)发生了竞争、信用制度和股份资本篇的重新归类的变化。这三篇按照和原先同样的顺序被《资本论》第3卷所吸收。而《资本论》前两卷几乎完全相当于《资本》册的《资本一般》篇,这就是说,它们只限于《资本一般》的分析"。他的观点可归为下面的表格。

2. 从"六册计划"到《资本论》"四册结构"变化的时间和程度

尽管马克思在1862年12月28日给库格曼的信中已经提出单独出版《资本论》的计划,并且在1863年1月重新制订了构成《资本论》第二部分和第三部分的计划。但是,罗兹多尔斯基认为,马克思这时还没有放弃"六册计划",即还没发生"六册计划"向"四册结构"的过渡。

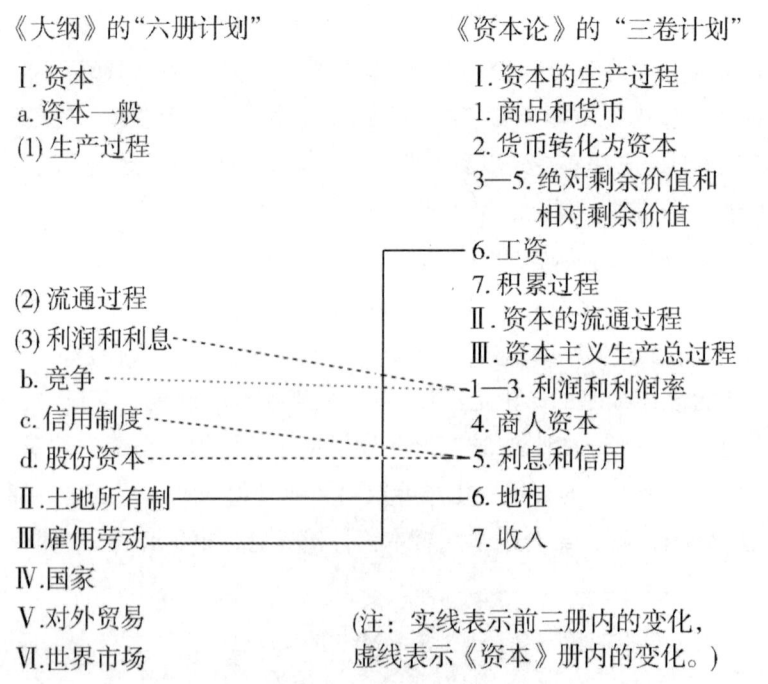

(注:实线表示前三册内的变化,虚线表示《资本》册内的变化。)

罗兹多尔斯基认为，在1863年1月计划的第一部分中，尽管已经包括了诸如"争取正常工作日的斗争"、"简单协作"、"分工"、"雇佣劳动和剩余价值的比例"、"原始积累"和"殖民学说"等论题，这些论题和《资本论》第1卷第8章、第11章、第12章、第15章、第24章和第25章相一致。但是，在这一计划中，完全缺少对工资范畴和工资形式的分析，从马克思这一时期所写的手稿来看，他还把熟练劳动和"非生产性服务"报酬的问题，放在单独的《雇佣劳动》册中加以论述。① 这就说明，马克思这时还保留着单独的《雇佣劳动》册。

在1863年1月计划的第三部分中，马克思把对地租问题的论述，只当做是"价值和生产价格的区别的例解"，同价值转化为生产价格的分析直接相联系。马克思在这一时期所写的手稿中还只是打算，"把地租的一般规律作为我的价值理论和费用价格理论的例证来发挥，只有到我专门考察土地所有权时我才详细论述地租"。② 同时，在计划中也缺少对信用和股份资本的分析。这就是说，马克思在制订1863年1月的计划时，仍然坚持原先的"六册计划"。

罗兹多尔斯基认为，只是到了1864—1865年间，马克思在起草以后被恩格斯编辑为《资本论》第3卷的手稿时，才发生了"六册计划"向《资本论》"四册结构"的过渡。

马克思在《资本论》第3卷手稿的第1页上就写道："我们在本卷中将要阐明的资本的各种形式，同资本在社会表面上，在各种资本的互相作用中，在竞争中，以及在生产当事人自己的通常意识中所表现出来

---

① 参看《马克思恩格斯全集》第1版第26卷（Ⅱ）第179页、第26卷（Ⅰ）第435页。

② 《马克思恩格斯全集》第1版第26卷（Ⅱ）第300页。

的形式，是一步一步地接近了。"① 罗兹多尔斯基认为，这样，以前分析"资本一般"和竞争之间的那种根本的分离消失了。这就不得不考虑是否还有必要把某些特殊问题归到论竞争的单独部分中去。

罗兹多尔斯基也承认，在这一手稿中，马克思对信用和股份资本篇的内容还没有能很明确地加以说明。马克思的论述表明，第3卷应该包含对信用制度的彻底分析。在这一点上，马克思已打破了原初的计划结构。但是，在第3卷的手稿中，我们还能看到这样的评论，即对信用制度的论述"不在本书计划之内"。在第25章的开头，马克思还指出："我们不打算详细分析信用制度和它为自己所创造的工具（信用货币等等）。"② 这些都表明了某种不确定的陈述。罗兹多尔斯基强调："如果马克思有机会起草用作准备付印形式的手稿——特别是主要还是以笔记形式存在的第5篇，这些不确定的陈述肯定会被克服的。"

那么，《资本论》第3卷手稿和原先应该在"六册计划"的第2册和第3册中加以论述的内容的关系怎样呢？

罗兹多尔斯基认为，在《资本论》第3卷手稿中，马克思不再限于在"价值和生产价格的区别的例解"上论述地租理论。这时，马克思不仅论述了级差地租和绝对地租，而且还以单独的一章论述了建筑地段的地租、矿山地租和土地价格，另外还对"资本主义地租的产生"作了详细说明，尽管马克思还是强调，"系统地论述土地所有权（还不在我们计划以内）"，这不仅指对土地所有权的各种历史形式的考察，而且也指对一些与现代土地所有权相联系的专题的考察。③ 但是应该

---

① 《马克思恩格斯全集》第1版第25卷第30页。
② 《马克思恩格斯全集》第1版第25卷第450页。
③ 参看《马克思恩格斯全集》第1版第25卷第693、694—695、698、939页。

说，第3卷第六篇已经包括了《土地所有制》册中的具有决定性意义的论题。在《资本论》第3卷手稿中，马克思对《雇佣劳动》册没作任何提示，这是因为手稿已经按新的计划起草了，先前阐述雇佣劳动的论题都已归入论述资本生产过程的第1卷中去了。

就原先"六册计划"中的后三册而言，罗兹多尔斯基认为，《资本论》第3卷手稿的论述表明，马克思已经决定不在《资本论》范围内研究"世界市场上的竞争"；与此相联系的商业循环，即"繁荣和危机的交替"的问题，也"不在我们的研究计划之内"，① 或许也作为《资本论》的"可能的续篇"。

罗兹多尔斯基由此得出如下结论："第一、从'六册计划'过渡到《资本论》的'四册结构'，不会发生在1864—1865年以前。第二、在结构计划变化的问题上，我们必须在'六册计划'的第1至第3册和第4至第6册之间划一道明显的界限，马克思从来没有真正'放弃'过'六册计划'中的后三册。"

3. 从"六册计划"到《资本论》"四册结构"变化的方法论要旨

罗兹多尔斯基认为，《大纲》中的"六册计划"和《资本论》"四册结构"，都遵循了"从抽象上升到具体的方法"。在"六册计划"中，研究的进程从一般的范畴（交换价值、货币、价格）出发，通过对"生产的内部结构"（资本、土地所有制和雇佣劳动等范畴）的分析，达到在国家形式上对资产阶级社会的综合，然而，这还不是具体化的最后阶段！还必须在同其他资本主义（和非资本主义）国家的外在联系

---

① 参看《马克思恩格斯全集》第1版第25卷第693、694—695、698、939页。

上来理解国内经济，最后使一国经济成为包含了所有国家在内的经济总体中的一个要素。到那时，就达到了"世界市场"和"世界经济"这一具有许多规定和关系的丰富总体的范畴，在《资本》册中，"从抽象上升到具体"的顺序得到了重复，马克思以《资本一般》为起点，通过对竞争和信用制度的考察，最后达到最发展的资本形式，即股份资本。

在《导言》中，马克思强调指出："资本是资产阶级社会的支配一切的经济权力。它必须成为起点又成为终点，必须放在土地所有制之前来说明。"① 据此，罗兹多尔斯基认为，作为起点的资本是纯粹形式上的资本，它排除了对资本自身关系中所产生的各种形式的考察，现代土地所有权的发展只是资本的产物，只是资本作用于前资本主义经济形式的产物。虽然在概念上和历史上，雇佣劳动都表现为资本和资本主义生产方式存在的基本条件，但是，雇佣劳动的充分发展却要以资本主义生产已经成为社会关系的总体，并以农村劳动者也转化雇佣劳动者为前提。因此，只有在研究了资本和土地所有制之后，才能详细地研究雇佣劳动的范畴。

罗兹多尔斯基由此得出结论，"可见，马克思所确定的资本、土地所有制和雇佣劳动这三部分的研究顺序，是资本主义生产方式内在本质的产物，是构成资本主义生产方式的、并且在一开始就需要加以分解的范畴在历史上和逻辑上的连续性的产物。这里'所涉及的实质上是弄清纯粹的形式规定的问题，也就是说，不是要把一些毫不相干的东西夹杂进来'。"②

但是，马克思以后为什么又放弃了这三部分的计划？罗兹多尔斯基

---

① 《马克思恩格斯全集》第 1 版第 46 卷（上）第 45 页。
② 《马克思恩格斯全集》第 1 版第 46 卷（下）第 249 页。

认为，要回答这个问题，必须先弄清楚"六册计划"中第 1 册《资本》所发生的变化。

罗兹多尔斯基认为，《大纲》只限于对"资本一般"的考察。马克思强调，在对"资本一般"的考察中，"即使存在许多资本，也不应当妨碍我们的考察。相反地，在考察了所有资本的共同点之后，许多资本的关系也就清楚了。"①《资本论》前两卷基本上也没有超出对"资本一般"的分析。但是，在第 3 卷就依次引进了竞争、信用和股份资本等属于"许多资本"分析范围的内容。因此，在《资本论》结构中，竞争、信用和股份资本篇不再是独立的篇。随着这三篇的缩减，《资本一般》篇就得到相应的扩展。罗兹多尔斯基所得出的重要结论就是："这说明，范畴最初的严格划分只是方法论上的一种抽象，在分析'资本一般'的主要任务完成之后，这一严格划分就能够放弃"。"这就证明，形成《大纲》基础的'资本一般'和'许多资本'的区别，最初表现为一种'蓝图'。没有这一'蓝图'，马克思经济学体系决不可能得到发展，但是这一'蓝图'（像任何资本假说一样）只有在特定的界限内才能是完全有效的。"

罗兹多尔斯基认为，理解了《资本》册"四篇计划"的这种变化，也就能理解"六册计划"前三册的变化，在最初考察资本关系时，对其他关系可以，而且也必须不加考虑；只有这样，才能在纯粹的形式上，对资本范畴作出详细的论述，构成《大纲》基础的这一研究范围的严格限制，在《资本论》中完全被保存下来了。但是，最初有用和必然的东西，在最后可能证明是多余的和有碍的。因此，以前提出的"蓝图"达到了它的目的，在进一步的分析中，就能加以舍弃。这种舍弃对已经获得的结论不会引起任何根本性质的变化。"这就意味着，单

---

① 《马克思恩格斯全集》第 1 版第 46 卷（下）第 7 页。

独的《土地所有制》册和《雇佣劳动》册可以放弃，可以把它们的本质部分相应地归入仅仅论述'资本'的著作中去，可以看到，这两册位置的重新安排是合理的：《土地所有制》册放在《资本论》第3卷中，因为作为对已经完成的产业资本分析的继续、作为第二级的和展开的形式，地租理论只能在这一阶段中得到解决。与此同时，《雇佣劳动》册则直接放在《资本论》第1卷对资本生产过程的分析中，这是为了通过对工资范畴及工资形式的分析，使第1卷的价值理论和第3卷得以发展的生产价格理论之间建立一种必然的联系。"

4. 曼德尔对《资本论》结构形成的看法

曼德尔在他众多的研究马克思政治经济学的著作中，对《资本论》结构的形成没有作过专门的论述。在他偶然涉及这个问题时，也往往只是一些结论性的断语，没作展开的论述，即便是这些结论性的断语，他也未能做到前后一致。

1967年，曼德尔在《卡尔·马克思经济思想的形成》一书的第7章"《大纲》，或劳动时间和自由时间辩证法"中提到："我们知道，马克思没能完成对资本主义生产方式的所有要素作出总的分析的著作。在马克思写作《大纲》时所提出的原初计划中，在对资本的分析之后，还有对土地所有制、雇佣劳动、国家、对外贸易和世界市场的分析。马克思只完成了著作的六分之一，即使是《资本论》第4卷（《剩余价值理论》），也没有超出这第1册的范围，专家们无休止地讨论：马克思为什么在1866年放弃了原初计划而赞成对资本进行单独的论述，对资本的论述分为四部分：资本的生产过程，资本的流通过程，这些过程的统一，或资本和利润；以及经济理论的批判史。在《大纲》中，确实有许多关于土地所有制、雇佣劳动、对外贸易和世界市场的极其重要的考察，而这些考察在《资本论》四卷中根本看不到"。① 他这里所说的专家们无休止地讨论的观点，只是指格罗斯曼在20年代末所提出的那种观点，曼德尔的这种观点，和吕贝尔以后所加以详细论述的观点相一致。

1976年，曼德尔在为《资本论》第1卷新英译本写的《导言》中，也论及"《资本论》的计划"②。这时他提出了与上述不同的观点。

曼德尔认为，1863年1月，马克思就已决定把地租作为剩余价值总量在统治阶级不同部分之间进行分配的一个因素来加以论述。但是，他那时似乎还坚持要写作单独的《雇佣劳动》册、《地产》册，以及信用、竞争和股份资本等册。马克思还是打算分册论述资产阶级社会的各基本阶级：先是产业资本家，其次是土地所有者，最后是无产阶级，他还是打算把价值、剩余价值和资本的生产问题同资本主义竞争的问题截然分开。

曼德尔进一步认为，如果说最初的"六册计划"是马克思对资本主义生产方式最后分析的必要垫脚石的话，那么，随着对资本主义生产方式分析的进一步发展，它就越来越成为严格而系统地阐述那种生产方式的运动规律的障碍。因此它必须被放弃。现在，《雇佣劳动》册并入《资本论》第1卷，因为离开剩余价值生产，单独论述雇佣劳动问题似乎是不可能的。《土地所有制》册同论利润和利息、竞争和股份资本部分一起，并入了《资本论》第3卷。但是，《资本论》第1卷和第2卷仍然是论述"资本一般"，到第3卷才开始论述"许多资本"问题。同

---

① 曼德尔：《马克思经济思想的形成》（1967年巴黎版）。此处据该书英译文（1971年纽约和伦敦版）第100—101页译出。

② 参看《资本论》第1卷新英译本（1976年伦敦版）《导言》（曼德尔作）第三节《〈资本论〉的计划》。

时，马克思还是打算写作"六册计划"中的后三册，即《国家》、《对外贸易》、《世界市场》和《危机》等册，他把这几册当做《资本论》的"可能的续篇"。

从以上这些简要的论述中可以看到，曼德尔关于"六册计划"到"四册结构"变化的时间、范围及其方法论的看法，和罗兹多尔斯基在《马克思〈资本论〉的形成》一书中所提出的观点几乎完全一致。

三、吕贝尔对《资本论》结构形成的研究[①]

1. 马克思《经济学》"六册计划"及其命运

吕贝尔认为，马克思在1857年首次提出了《经济学》"六册计划"，从这以后，马克思既没有放弃这一计划，也没有对这一计划作什么重大的修改。马克思生前所完成和出版的《资本论》，只是"六册计划"中第一册《资本》中的一部分。因此，《资本论》第1卷以及以后由恩格斯"随意"编辑出版的《资本论》第2卷和第3卷，并不是马克思计划写作的《经济学》著作的全部内容，《资本论》是一本未完成的、不完整的经济学著作。

吕贝尔对《资本论》结构计划形成的研究，主要反映在《马克思〈经济学〉的历史》和《马克思〈经济学〉的计划和方法》两篇文章中，在他所著的《没有神秘的马克思》一书中也略有涉及。

---

① 本节所转述和引述的吕贝尔的观点，凡没注明出处的均见《马克思〈经济学〉的历史》和《马克思〈经济学〉的计划和方法》，载于《吕贝尔论卡尔·马克思》1981年纽约版。

吕贝尔认为，马克思在《政治经济学批判〈导言〉》中，第一次极其详细地阐述了《经济学》著作的计划和次序，马克思依据"从抽象上升到具体"的方法论原则，提出了最初的"五篇结构"。从这"五篇结构"中可以看到，马克思当时的分篇具有两重性："（1）他努力给予在具有资产阶级生产方式特征的社会中发现的经济学范畴和社会结构之间的关系，以辩证的解释；（2）他从一种抽象的模式中，得出对资本主义经济的分析结论；这种抽象的模式好像是在一种理想的真空中起作用，并交替地增加或除去在这模式内外的干扰因素。"吕贝尔认为，"五篇结构"的提出和马克思阅读黑格尔的《逻辑学》是分不开的，《逻辑学》"激励马克思利用黑格尔的方法来论述政治经济学"[①]。因此，在《大纲》中，马克思再次提到"五篇结构"时，已给它"穿上某种黑格尔外衣"。在进一步起草论述"资本"部分的计划时，马克思甚至用了黑格尔所爱好使用的罗马数码和阿拉伯数码来标明他的计划结构。

吕贝尔认为，"五篇结构"是在马克思提出政治经济学方法时同时提出的，"五篇结构"本身是一个逻辑的和辩证的结构。因此，只要马克思不放弃他的政治经济学的方法，他也就不可能放弃这一"五篇结构"，最后，这一计划结构以严格的和确定的次序，混合成两组范畴、每一组中各有三个范畴。这就是马克思在《〈政治经济学批判〉序言》一开始，以黑体字标出的两组范畴。这两组范畴就是"资本、土地所有制、雇佣劳动"和"国家、对外贸易、世界市场"。这显然受了黑格尔辩证法的影响，马克思还明确说明："前三项下，我研究现代资产阶级社会分成的三大阶级的经济生活条件。"这和他在《大纲》中所论述的资本、土地所有制和雇佣劳动，在逻辑上和历史上的"转化"关系的思想是完全一致的。因此，吕贝尔认为，罗兹多尔斯基所提出的"六册

---

① 参看《没有神秘的马克思》（与马拿勒合作）1975年牛津版第142页。

计划"中前三册的结构发生了"变化"的观点，完全忽视了马克思这一方法论的本质。

吕贝尔认为，马克思在1859年出版了《政治经济学批判》第一分册之后，也没有打算"改变"《经济学》计划。1859年10月，马克思还打算在年底完成"第二分册"，即《资本一般》的第三章《资本》。马克思实际上花费了6年多时间，才完成了这一章的第一部分，即《资本论》第1册（即现行的《资本论》第1卷）。

吕贝尔特别提到了马克思在1862年12月28日给库格曼的信，吕贝尔认为，这封信说明，那种认为马克思在写作《1861—1863年经济学手稿》时，《经济学》"六册计划"已经有了"变化"的说法是错误的。这封信告诉我们的是："（1）它同认为'六册计划'变化的说法是相矛盾的；（2）它证明马克思继续按'六册计划'中《资本》册的'三个过程和四篇'① 的计划写作。"

吕贝尔认为，只要读一下《资本论》第1册（卷）和他起草的第3册（卷）手稿中的两段话，就能说明那种认为"六册计划"发生了"变化"，或者认为"六册计划"的前三册发生了"变化"的观点都是错误的了。马克思在《资本论》第1册第18章一开头就指出："工资本身又采取各种各样的形式，这种情况从那些过分注重材料而忽视一切形式区别的经济学教程中是了解不到的。但是，阐述所有这些形式是属于专门研究雇佣劳动的学说的范围，因而不是本书的任务。"② 在《资

---

① "三个过程和四篇"指的是马克思在1858年3—4月间提出的《资本》册计划，马克思这时把《资本》册分为资本一般、竞争、信用和股份资本四篇。其中第一篇《资本一般》第3章《资本》又分作：资本的生产过程、资本的流通过程和两个过程的统一这样"三个过程"。

② 《马克思恩格斯全集》第1版第23卷第594页。

本论》第3册手稿中，马克思又指出："对土地所有权的各种历史形式的分析，不属于本书的范畴。"① 这些都说明，马克思《经济学》"六册计划"以及"六册计划"中前三册的结构仍然没有发生变化。

吕贝尔认为，马克思在《资本论》中对工资和地租问题所作的详细论述，"是为了避免使读者把这些经济范畴，同从社会学观点来看的、由阶级产生的'雇佣劳动和土地所有制'相混淆。《资本论》作为社会学家写的经济学著作来看，它将分析资本家阶级在物质生产过程中的作用；而后两册（《土地所有制》册和《雇佣劳动》册）则要以同样的观点，分别研究土地所有者和雇佣劳动者的作用。尽管马克思没正式说明'六册计划'中后三册的情况，但它们仍然是他在理论上所要涉及的部分。"

在吕贝尔看来，马克思《经济学》"六册计划"根本没有"变化"，马克思没有能按"六册计划"出版他的全部《经济学》著作，并不是由于方法论上的原因，而是因为马克思"采取了灾难性地扩大研究范围"的结果，是因为他把原先论"资本"的"小册子"，扩展成了他自己一生都不可能完成的"几大卷"，一旦马克思发现自己只能完成"六册计划"中的第1册的时候，他当然就不会再提《经济学》的"六册计划"了。

2. 从"六册计划"中的《资本》结构到《资本论》的"四册结构"

为了证明《经济学》的"六册计划"没有发生变化，吕贝尔在《马克思〈经济学〉的历史》一文中，详尽地分析了"六册计划"中的《资本》册的结构和《资本论》"四册结构"之间的关系；说明了《资

---

① 《马克思恩格斯全集》第1版第25卷第693页。

本论》第1册，以至《资本论》全三册都不过是原先《资本》册的开头部分，说明了马克思只完成《资本论》第1册的原因。

吕贝尔把马克思最初提出《资本》结构，到最后形成《资本论》"四册结构"的整个过程，分作以下几个阶段：

作为《经济学》一部分的《资本》 在《大纲》中马克思已经多次提到"六册计划"中第1册《资本》的结构。1958年上半年，马克思在准备分册出版他的《经济学》著作时，又对《资本》册的计划作了明确的说明。

1858年3月11日，马克思在给拉萨尔的信中指出，以"一本独立的小册子"出版的第一分册，包括了《资本》册第一篇《资本一般》的内容，这时，马克思把《资本一般》篇分作：《价值》、《货币》和《资本》三章，其中《资本》章包括"资本的生产过程"，"资本的流通过程"和"两者的统一"这三个过程。吕贝尔强调，马克思这时只打算以"五至六个印张"的"小册子"来论述以后的《资本论》的全部内容；但"第一分册"到底有多少印张，马克思自己也"还很不清楚"。

马克思在1858年4月2日给恩格斯的信，第一次透露了《资本一般》篇中绪论性部分，即第1章和第2章的基本特征。由于生病，马克思没有谈到"第一分册最重要的部分"第3章的内容。但是，马克思在过后不久的《大纲》所写的《七个笔记本的索引》中，提到了第3章《资本》中"资本的生产过程"部分的结构。吕贝尔认为，"这一索引比其他任何材料都能更好地证明，《资本论》只代表了《经济学》的第一部分，只要马克思不放弃他在这之前15年的研究成果和他从这一研究中得出的方法论的原则，他就不可能放弃他的原初的计划"。在这一索引中，马克思在"资本的流通过程"之后没有写什么就中断了，这可能是开始写"索引第二稿"的缘故。

《政治经济学批判》第一分册　马克思在写作"第一分册"时，扩大了他论述的范围。最后他发现，"第一篇《资本一般》很可能一下子就占两册"；马克思承认，"手稿大约可排12印张（三册）……但这几册还一点没有谈到资本。"最后，马克思在"第一分册"中只论述了《商品》和《货币》两章。吕贝尔认为，马克思对他论述的范围所作的这种"灾难性"的扩展，成了他以后不能完成《经济学》著作的重要原因。出版商似乎也没有急于出版"第二分册"，这不仅是因为《政治经济学批判》的销路不好，而且也是因为马克思没有能按合同的日期交稿。

吕贝尔认为，1859年2月，在完成《政治经济学批判》第一分册后，马克思就起草了关于第3章《资本》的具体计划，[①] 在这里，马克思首次清楚地提到"资本一般"三"篇"。在这一计划中，第一篇《资本的生产过程》具体地划分为五个部分，而第二篇和第三篇没作进一步的划分，只是列出了一系列的论题。到1859年10月，马克思已认为他能在年底完成"第二分册"了，但实际上，马克思在写作过程中，不断地把许多计划中没有预见的内容放进来，使马克思花了6年时间，才完成了这一章的第一部分，这就是《资本论》第1册。最后，第3章《资本》扩展成了《资本论》三册，其中第1册几乎包括了800个印刷页。

吕贝尔在这里实际上已指明：《资本论》三册只是原先《资本》册第一篇《资本一般》第3章《资本》的扩展，吕贝尔由此断言，论述范围的扩大，不能证明马克思《经济学》"六册计划"的变化，在结构

[①] 吕贝尔指的是"第三章提纲草稿"［参看《马克思恩格斯全集》第1版第46卷（下）第541—549页］。苏联学者在1974年认为，"第三章提纲草稿"写于1861年夏。

计划上,《资本》部分和《资本论》并不存在着什么实质性的差别。

新的开始 从1861年8月起,马克思又重新开始按原初的计划写作第3章《资本》。在《政治经济学批判》第一分册的两章中,马克思已经增写了三个"历史附论"(关于商品分析的历史,关于货币计量单位的学说,关于流通手段和货币的学说),因此,马克思认为,在论述资本时,也要相应地增写论述剩余价值史的内容。马克思至少花费了3年的时间来研究这一问题。以后,马克思在把第3章《资本》变成《资本论》三册之后,也就打算利用这些材料来写作论述剩余价值理论史的第4册。吕贝尔再次断言,马克思在1861—1863年期间研究表明,"马克思从未改变他的计划,相反,在他发现新的问题和获得新的认识的时候,例如,他在发现绝对地租和固定资本补偿问题时,他总是把计划范围不断地扩大"。

吕贝尔通过对马克思1862年12月28日给库格曼的信的研究,得出了与格罗斯曼完全不同的结论,吕贝尔认为,这封信表明,马克思完全保留了他在1859年所明确提出的"六册计划"。

1865年3月,马克思同汉堡的出版商迈斯纳签订合同,同意在这一年的5月底交出《资本论》两卷手稿。这时的"两卷"包括《资本论》理论部分三册的内容,预计为60印张,一直到这一年的7月底,马克思还坚持认为:"不论我的著作有什么缺点,它们却有一个长处,即它们是一个艺术的整体;但是要达到这一点,只有用我的办法,在它们没有完整地摆在我面前时,不拿去付印。"吕贝尔认为,"这时,马克思显然没有想到只有出版一册的可能性,因为在1865年马克思已经写出了第3册的大部分手稿,并且他还设想在不久的将来完成第4册理论史部分"。

但是,马克想在对《资本论》的最后定稿中,他不是"压缩"而是被迫扩大《资本论》的内容。1866年1月,马克思在身患严重的疾病时，他所能作的工作就是"充实"他已经写出的东西。在这一期间，恩格斯曾建议，"60印张足有厚厚两大卷，你能不能这样安排一下：至少将第1卷先送去付印，第2卷再晚几个月？这样，出版者和读者都会感到满意，并且实际上一点也不会损失时间"。[①] 马克思接受了恩格斯的建议，决定"当第1卷完成，就立即寄给迈斯纳"[②]。

但是，马克思最后不仅没能按期交出头两卷的手稿，甚至连包括前两册内容的第1卷稿子也没能按期交出；马克思实际上只完成了第1册《资本的生产过程》。吕贝尔认为，即使这第一册，"马克思也没有成功地按他在1863年确定的计划来完成"。因为那时候，《资本的生产过程》预计分为十一个部分。吕贝尔指出："如果我们考虑到马克思在1866年身体的虚弱和物质生活上的困难，更不用说他在这一时期在第一国际的战斗活动了，也就会清楚地知道马克思为什么从来没能完成他所想写的东西了。"这是吕贝尔所认为的马克思没能完成他的经济学著作的另一重要原因。

吕贝尔认为，到1866年10月，马克思仍然认为《资本论》第1卷要包括第1册和第2册，但最后出版的《资本论》第1卷只包括第1册，吕贝尔认为："马克思从来没有给第2册以最后确定的形式。"因此，"一旦马克思知道他自己只可能完成包含'原理'的第1册〔指'六册计划'中的第1册——引者〕时，他显然就不会再提《经济学》及其'六册计划'了"。

最后的研究　《资本论》第1卷出版后，马克思一直没有停止对这一卷的修改工作，在德文第2版和法文版中，马克思都作了修改，马克思甚至打算在德文第3版中完全重写一次。吕贝尔认为，第1版出版

---

① 《马克思恩格斯全集》第1版第31卷第179页。
② 《马克思恩格斯全集》第1版第31卷第181页。

后,《资本论》第 2 册仍然还只停留在草稿形式上,离最后完成相差甚远,一方面由于《资本论》第 1 卷的"半失败"的状态,使马克思几乎没有勇气再工作下去;另一方面,马克思继续写作第 2 册和第 3 册还要大量的材料,迫使马克思再花费很多时间,阅读无数的材料。吕贝尔十分强调马克思在寻机觅取各种材料时说的一段话:

"只有抛开互相矛盾的教条,而去观察构成这些教条的隐蔽背景的各种互相矛盾的事实和实际的对抗,才能把政治经济学变成一种实证科学。"① 吕贝尔认为,"这是对马克思'唯物主义'方法论的最精确的描述"。

吕贝尔认为,从马克思的计划和他写作的方法中可以看到,马克思在《资本》册之后,仍然要写作论述土地所有制的第 2 册,但是,他似乎还是决定,要在《资本论》第 3 册的一篇中研究这一问题。在这以后的几年中,马克思一直注意研究农业问题,同时,巴黎公社以后,马克思的注意力一度也集中到国家论题上,而"国家"论题是他"六册计划"中的第 4 册。吕贝尔认为,马克思尽管没详细谈到"六册计划"中的其他几册,但是可以肯定,马克思根本没有改变他早先提出的"六册计划"。

吕贝尔认为,由于马克思酷爱每一种文献资料的这一工作习惯,使他在生命的最后几年中,一直停留在研究和摘录各种引起他兴趣的资料的工作中,这使马克思在这一期间,几乎没再继续写作《资本论》第 2 册和第 3 册。吕贝尔认为,马克思对文献资料的嗜好成性和永不厌倦的摘抄,是他没能完成经济学著作的又一重要原因。

吕贝尔把恩格斯编辑出版《资本论》第 2 卷和第 3 卷过程,单独在题为"作为《资本论》编辑者的恩格斯"中作了叙述。在这一叙述中,

---

① 《马克思恩格斯全集》第 1 版第 32 卷第 170 页。

吕贝尔多次蓄意否定恩格斯在编辑出版《资本论》后两卷中所作出的不可磨灭的功绩。

3. 麦克勒兰对《资本论》结构形成的看法

麦克勒兰在1971年出版了马克思《大纲》的节译本，他在节译本《序言》中，比较集中地谈到了《资本论》结构的形成问题。[①] 麦克勒兰的总的看法和吕贝尔提出的论点几乎完全一致，他只在个别地方作了一些补充。

麦克勒兰特别反驳了格罗斯曼认为马克思在1863年1月改变了"六册计划"的观点。麦克勒兰认为，有两个方面的证据可以说明格罗斯曼的这一说法是错误的。第一，从马克思的通信来看，1858年3月，马克思在给拉萨尔的一封信中，已经指明第一次交付出版的手稿的内容，这就是："（1）价值，（2）货币，（3）资本一般"，而"资本一般"又分为"资本的生产过程，资本的流通过程，两者的统一，或资本和利润、利息"。麦克勒兰认为，"这些部分就是以后的《资本论》三卷，因此，这以后所发生的并不是方法论上的变化，而是规模的变化。当真正开始写六册中的第1册的时候……它就扩展成三卷了。"第二，从《大纲》来看，在《大纲》中包括了一个更进一步的索引，这一索引就是马克思《经济学》第1册的基础。这一索引包括：（1）价值；（2）货币（包括很详细的小标题）；（3）资本，资本进一步分为生产过程和流通过程。[②] 麦克勒兰认为，"这一索引证明，在马克思的心

[①] 以上转述和引述的麦克勒兰的观点，凡没注明出处的，均见《马克思的〈大纲〉》（麦克勒兰译，1981年纽约版）的《序言》。

[②] 参看《马克思恩格斯全集》第1版第46卷（下）第415—418页。

目中，《资本论》的计划早在 1857—1858 年间已经是《经济学》六册中的第 1 册了"。

麦克勒兰还认为，马克思 1859 年 6 月出版的《政治经济学批判》标题就是"第一分册资本，第一篇资本一般"，这说明"马克思在结束《资本一般》之后，在转到论述土地所有权、雇佣劳动等其他各册之前，还打算进一步增加对资本更为特殊的形式，如流通〔原文如此——引者〕、信用和股份资本等等的论述"。以后，马克思又在 1861 年到 1863 年间，继续研究《经济学》的中心问题。而这一时期写的内容以后就作为《资本论》三卷（也包括《剩余价值学说史》的第 4 卷），而这些问题原先都是准备在《资本一般》中论述的，因此，麦克勒兰得出的结论就是：整个《资本论》三卷只包括了马克思在 1857 年就打算写的整个《经济学》计划的第一部分。在《卡尔·马克思的思想》一书中，他还得出这样的结论："1863 年以后，马克思直接从事《资本论》三卷的最后出版工作……《资本论》第 1 卷是完整的，而打算跟在这一卷之后的第 2 卷和第 3 卷，在内容上和形式上都仍然是不完整的；而在这三卷之后，还有其他更多的各卷。"①

四、尼古拉斯对《资本论》结构形成的研究②

1. 从《大纲》中的"六册计划"到《资本论》"四册结构"的变化

尼古拉斯在《大纲》英文全译本的《前言》中，较为详细地阐明

---

① 参看《卡尔·马克思的思想》1980 年伦敦第 2 版第 88 页。
② 本节所转述和引述的尼古拉斯的观点，均见《马克思的〈政治经济学批判大纲〉》，尼古拉斯译，1973 年英国企鹅书社的《导言》。

了《大纲》中"六册计划"和《资本论》"四册结构"之间的关系。

尼古拉斯认为,马克思在《政治经济学批判大纲》手稿的开头部分,就提出了好几个关于他的著作的计划,尼古拉斯把马克思在《导言》中提出的"五篇结构"称做"第一计划"。马克思在《货币章》结束时又提出了"第二计划"。"第二计划"只是略去了第一篇中"一般的抽象的规定"部分,其他四篇的内容和"第一计划"后四篇相同。以后,马克思又提出了两个"更详细的计划"。1858年2月底,在完成《大纲》之前,马克思又提出了"六册计划",尼古拉斯认为,"没有证据表明,马克思曾判定这一计划的逻辑是不完整的"。1859年6月,马克思以《政治经济学批判》为题出版的"第一分册",就是"六册计划"这一册《资本》的开头部分。

但是,马克思从来没有打算用同样的篇幅来写作六册著作。马克思在完成《大纲》的七个笔记本之前,就已经指出:"整个著作将分成六分册,不过我并不准备每一分册都探讨得同样详尽;相反地,在最后三册中,我只打算作一些基本的叙述,而前三册专门阐述基本经济原理,有时可能不免要作详细的解释。"① 尼古拉斯认为,这种"不平衡"成了这一计划"以后进一步发展的要旨"。

马克思在1858年4月2日给恩格斯的一封信中提出,六册中的第1册包括四篇,即《资本一般》、《竞争》、《信用》和《股份资本》。其中第一篇《资本一般》又分为价值、货币和资本三部分。尼古拉斯认为,"《大纲》只是马克思最初计划的整个巨著的六分之一中的四分之一,而《资本论》前三卷的主要方面,只不过是原初打算的《资本》册中四篇的第一篇"。

---

① 《马克思恩格斯全集》第1版第29卷第534页。

尼古拉斯进一步认为，1862年底，马克思已写了一部篇幅巨大的手稿，马克思已打算以《资本论》为题出版他的著作，放弃了早先以一系列分册形式出版《政治经济学批判》的计划。"这样，马克思也就放弃了他在1858年4月给恩格斯信中所提出的《资本》册的计划提纲，即不再把《资本》册划分为（a）资本一般；（b）竞争；（c）信用和（d）股份资本四篇，而决定采用原先在《大纲》的《资本章》中所提出的划分方式，即分为资本的生产过程、资本的流通过程和两者的统一……这样三部分，这三部分别组成《资本论》三卷，另外再增加一个论述剩余价值理论史的第4卷，这实际就放弃了计划中论竞争、信用和股份资本各卷，而这些部分都成了《资本论》三卷中的章和章中的片断。在《大纲》所包含的材料之外，马克思对计划中的竞争、信用和股份资本各卷的研究不见得取得什么重大的进展；因此，马克思放弃《资本》册的'四篇计划'回到《大纲》《资本章》的原初计划上面并不意味着已经积累起来的材料的报废，或者说并不意味着改变已经建立起来的结构"。

由此可见，尼古拉斯认为，《资本论》前三卷理论部分的结构只相当于"六册计划"中第1册《资本》的第一篇《资本一般》；但是，在《资本论》结构中已吸收了《资本》册其他几篇的内容，从而放弃了原先把《资本》册划为四篇的计划。因此，从《大纲》的"六册计划"到《资本论》"四卷计划"所发生的唯一变化，就是以《大纲》《资本章》中的三个过程（资本的生产过程、资本的流通过程、两个过程的统一）代替《资本》册中的"四篇计划"，而原初的"六册计划"在总体上没有发生变化。

2. "六册计划"过渡到《资本论》四册结构书的方法论的基础

尼古拉斯认为,六册计划过渡到《资本论》四册结构是由两个决定因素引起的。第一个决定因素就是"马克思缺乏时间和金钱"。尼古拉斯认为,马克思由于患病,由于不断地受到波拿巴主义代理人的公开诽谤,由于金钱的极其匮乏,并由于参加伦敦的政治活动,使他的研究工作不断受到阻碍,这也就使马克思不可能完成全部"六册计划";甚至也不可能完成第1册《资本》,最后他只能"不均衡"地论述《资本》册中的各个部分。尼古拉斯认为,第二个而且可能是主要的决定因素,就是"寻找正确的阐述方法"的问题,尼古拉斯对这一决定因素作了一些展开的论述。

尼古拉斯认为,马克思在1858年,在《大纲》中的《货币章》重写了两次,在每一次重写中,马克思都作了修改,在最后的形式(即《政治经济学批判》第1章和第2章)中,原先存在的大部分争论的内容不见了,并且除了一两处宽容的评论外,对达里蒙和蒲鲁东主义者直接的批判也没有了,论述资本主义是历史上过渡的生产方式的段落也不见了;所保留下来的只是对李嘉图的严厉的批判;大部分黑格尔的语言还保存着。马克思在一封信中把这种格调称做是"完全科学的……并不违反警章"。尼古拉斯认为,马克思阐述形式上的这一变化,是为了避开当时德国的书报检查制度。

最初,马克思打算在《政治经济学批判》第一分册中包括《资本章》;但后来,马克思改变了这一想法,他在给拉萨尔的一封信中指出:"你将看到,第一篇还不包括主要的一章,即第三章——资本。从政治上考虑,我认为这是适当的,因为真正的战斗正是从第三章开始,我认为一开始就使人感到害怕是不明智的。"① 尼古拉斯认为,"对《政治经济学批判》第一分册出版的反映根本不是害怕,而是死一般的沉寂"。而在这一小册子在美国引起广泛的讨论时,马克思又指出:"我只怕它对当地的工人读者来说写得太带理论性了。"② 1862 年,马克思更直率地认为:"第一分册的阐述方法当然很不通俗"③。而第 3 章《资本》和前两章(《商品》、《货币》)在内容的阐述方式上显然是不同的,尼古拉斯认为,到了论述《资本》这一章,"政治的内容使得它要用一种直接适合工人阶级读者的方法来写"。

但是,马克思还是认为,这同实际的"通俗化"是不同的,因为"使一门科学革命化的科学尝试,从来就不可能真正通俗易懂"。④ 但是,在进一步的写作中,马克思肯定能比《政治经济学批判》第一分册写得更通俗。尼古拉斯认为,"这就使得马克思不是减少材料,而增加大量的研究工作,以把全部论证放在详细的具体的材料基础上",因此,马克思在 1861 年 8 月到 1862 年 7 月重写了《资本》章,并增加了用以写作《资本论》第 4 卷的材料;1863 年到 1865 年,马克思增加了新的材料,除了理论史部分外,他几乎又全部重写了,以后由恩格斯编辑出版的《资本论》第 2 卷和第 3 卷主要就是以这些材料为基础的。1865 年到 1867 年,马克思在《资本论》第 1 卷出版以前,又作了进一步的研究,并再次重写了《资本论》第 1 卷。

马克思本人也多次提到他的这种"通俗化"的成果。马克思在

---

① 《马克思恩格斯全集》第 1 版第 29 卷第 568 页。
② 《马克思恩格斯全集》第 1 版第 29 卷第 604 页。
③ 《马克思恩格斯全集》第 1 版第 30 卷第 637 页。
④ 《马克思恩格斯全集》第 1 版第 30 卷第 209—210 页。

1862 年研究地租理论和再生产图表时就指出："这东西正在变得通俗多了，而方法则不像在第一部分里那样明显。"① 这里的"第一部分"就是指《政治经济学批判》第一分册。1863 年 8 月，马克思又提到，"我觉得这些东西在最后审订中，除了一些不可避免的 G—W 和 W—G 以外，已经变得相当通俗了。"② 正是这种"通俗化"的原因，导致了《资本论》阐述方法的变化，从而导致《资本论》结构计划的部分改变。

因此，尼古拉斯认为，关于《大纲》和《资本论》之间过渡的重要问题并不是这一卷或那一卷，这一章或那一章的问题，即使在《资本论》第 1 卷德文第 1 版和第 2 版之间，章节上也有变化。问题在于论证的内部结构，即整体上的内在逻辑和方法。马克思长期地意识到内部结构和阐述方法之间的辩证法。

尼古拉斯认为，《资本论》的内部结构和《大纲》的内部结构在主要方面是一致的。这种内部结构就是唯物辩证法。它们所不同的只是：在《大纲》中，结构是浮现在表面上，唯物辩证法是可见的，就像建筑中的脚手架一样；而在《资本论》中，为了更形象、更生动、因而也是更符合唯物辩证法的阐述，结构则是内在的，似乎是故意地、有意识地隐蔽起来的，尼古拉斯称之为"整体上已经建立起来的形成了的方法"。

尼古拉斯得出的结论就是："《大纲》和《资本论》第 1 卷具有形式上相反的优点：后者是阐述的方法的典型，前者则是形成这一方法的记录。"《大纲》中的许多内容没有转入《资本论》中，就是由《资本》的阐述的方法所规定的。显然，"六册计划"中《资本论》册"四

---

① 《马克思恩格斯全集》第 1 版第 30 卷第 364 页。
② 《马克思恩格斯全集》第 1 版第 30 卷第 364 页。

篇计划"到《资本论》"四册结构"的过渡,主要地也是由《资本论》所运用的阐述的方法的特点所规定的。

五、沃克雷对《资本论》结构形成的研究①

1. 从马克思"文献上的证据"来研究《资本论》结构的形成

沃克雷在《马克思批判理论的形成》一书中,对马克思《政治经济学批判》的"六册计划"和《资本论》"四册结构"之间的关系作了专门的论述,他的论述如他自己所说的"不是为了争论",而是为了以解释的方式,从马克思"文献上的证据"来说明他对这一问题的理解。

沃克雷认为,马克思在1862年12月提出了《资本论·政治经济学批判》的标题,这一标题成了以后马克思批判理论发展的中心。可以肯定的是,马克思在1859年准备出版《政治经济学批判》第一分册,以及在1862年开始起草《政治经济学批判》续篇的时候,都还打算用"六册计划"来阐述他的批判理论。我们现在所知道的马克思最后一次明确提到"六册计划",是在《〈政治经济学批判〉序言》中;1863年以后,马克思再提到他写的经济学著作时,都称为《资本论》。这就提出了"六册计划"的命运,以及这一计划和《资本论》的关系问题。

在对这一问题的不同解释中,都是以两个不同方面的证据为基础的;一是描述的和文献上的证据,一是分析上的和对原文注释上的证据。沃克雷认为,尽管这两个方面的证据并不是相互独立的,但是"马

---

① 参看《马克思恩格斯全集》第1版第30卷第265页。

克思文献上的年表——这一年表的顺序包括他所进行的研究，和他对研究结论阐述的尝试，以及他从中所形成的论点——构成了对马克思批判理论发展的恰当解释和评价的完整的和必不可少的组成部分。任何脱离文献上的背景来解释马克思思想在理论上的变化的努力，都忽视了这种根本的相互依存关系"。

沃克雷认为，从"文献上的证据"来看，以前对马克思《政治经济学批判》的"六册计划"和《资本论》"四册结构"关系的解释，都不能自圆其说。而沃克雷正是企图从"文献上的证据"出发，研究《资本论》结构的形成问题。

沃克雷认为，从"文献上的证据"来看，马克思在1862年12月28日给库格曼的信中只是说明：《资本论》直接和《政治经济学批判》第一分册相联结，"六册计划"并没有发生变化。同时，值得注意的是，《资本论》这时已取得了突出的地位，而以前《资本》只被看做是"六册计划"的第一部分。还值得注意的是：马克思并没有说明在论述"资本"之后"余下的问题"所具有特殊结构，也没提到除了"六册计划"中第五册《国家》之外的其他各册，这封信表明，"马克思努力要使《资本论》达到自我完善的、包含了'政治经济学原理'和他的整个著作的'精髓'的地位"。

如果说，马克思在以上提及的给库格曼的信中还存在着"某些模糊"和"混乱"的话，那么，他在1863年1月的计划中就对这种混乱作了澄清。沃克雷认为，从马克思这时候所拟订的计划来看，"《资本论》第一部分并不是《政治经济学批判》第一分册对商品和货币分析的直接继续，而是以对这些范畴的重新论述作为批判理论的开端，另外还有一个没有说明详细内容的《导言》"。沃克雷认为，这些都说明马克思这时已开始写作《资本论》了。

沃克雷认为，马克思在1863年1月所提出的《资本论》第三部分的计划出现了结构上的变化。马克思在写作《1861—1863年经济学手稿》的第X笔记本之后，就已经明白，对资本竞争的论述超出了《资本一般》的范围，因而"资本和利润"的论题不可能包括在《资本一般》中。这样，"为了保持《资本论》分析上的前后一致性，马克思必须在《资本论》中提出资本之间竞争的问题。如果排除对这一问题的分析，《资本论》就不成其为'政治经济学原理'了。"因此，对竞争的分析自然成了《资本论》第三部分计划的中心论点。在《资本论》第三部分计划中，马克思还打算对货币资本和商业资本作更广泛的讨论；并打算在对生产价格理论的论述中建立起绝对地租的理论。而且，在对"利润率下降规律"的论述中，还打算提出"危机"问题，而在"六册计划"中，危机问题要在最后一册才能进行考察。

沃克雷从这一"文献上的证据"中所得出的结论就是："从这些计划中可以看到，《资本论》本身的范围是有扩大的趋势，但这一扩大的趋势的最终意义却不清楚。"

研究马克思《资本论》结构形成的另一个重要的"文献上的证据"，就是马克思在1863年8月15日给恩格斯的信。马克思在信中指出："现在我看着这整个庞然大物，而且回想起我曾不得不把一切统统推翻，而历史部分甚至要根据一部分以前根本不知道的材料去加工……"[1] 沃克雷认为，马克思的这一说法表明，为了《资本论》论述形式上的前后一致，就必须对《资本论》的内容作修正。例如，马克思在1862年8月2日给恩格斯的信中已指出，论述地租这一章必须包括在对资本的分析中，这是对生产价格分析在逻辑上的直接的扩展。马

---

[1] 参看《马克思恩格斯全集》第1版第30卷第364页。

克思在 1866 年 2 月 13 日给恩格斯的信则表明，对地租的论述几乎已完成了详细论述地租理论本身的专著。① 因而，对这一论题的详细论述现在似乎属于《资本论》的内容，而不再属于单独论述《土地所有制》册了。马克思在 1868 年再次提到："在第 2 卷〔包括第 2 册和第 3 册在内——引者〕……里面，土地所有权也是所要分析的问题之一。"②

沃克雷认为，"马克思在开始为最后出版而写作《资本论》第 1 卷时，恰当地把对雇佣劳动范畴本质的讨论包括在内了，这和对地租和土地所有制的讨论所作改动一起，表现了同早先预示的方法论上的断裂。"这样，对土地所有制和对雇佣劳动的论述成了《资本论》结构的一部分。

2. 从"六册计划"到《资本论》"四卷计划"变化的可能的解释

沃克雷认为，从"文献上的证据"来看，无论马克思对土地所有制范畴和雇佣劳动范畴说了些什么，它们在《资本论》中的内容仅仅表明，局部的详细阐述只是为了论述过程的前后一致。从马克思在《资本论》第 1 卷和第 3 卷所作的说明来看，③ 马克思还是认为，对这些问题的论述，要在进一步的著作中加以完成，"但是，由此认为，马克思必然按六册计划来完成这些论述，则是一种不合理的断言"。

沃克雷认为，在原初的计划中，《资本》册包括论资本一般、资本之间的竞争、信用和股份资本这四个单独的部分。但在进一步发展中，

---

① 参看《马克思恩格斯全集》第 1 版第 31 卷第 180—181 页。
② 《马克思恩格斯全集》第 1 版第 32 卷第 526 页。
③ 参看《马克思恩格斯全集》第 1 版第 23 卷第 594 页，第 25 卷第 693 页。

资本竞争即对许多资本的分析成了《资本论》的直接的综合的部分。因此,"为了把许多资本直接引入对资本和利润的分析中去的需要,'资本一般'的标题被舍弃了"。

在《资本论》第3卷中,马克思虽然论述了信用制度,但马克思同时也强调:"我们不打算详细分析信用制度和它为自己所创造的工具(信用货币等等)。我们在这里只着重指出为说明资本主义生产方式的特征所必要的少数几点。"沃克雷由此得出结论:"对信用制度内容所作的有限的讨论,是由马克思要求对《资本论》作更广泛的前后一致的分析而引起的。但是,马克思也认为,就他的直接的论述对象来说,没有必要对这一论题作详细的考察。因此,他明确地把这一论题放在《资本论》的计划之外。"在《资本论》第3卷的另一处,马克思又提到对"世界市场"、"危机"等等的充分论述和全面说明"不在本书计划之内,而属对本书一个可能的续篇的内容。尽管如此……几种现象,还是可以在这里概括地考察一下。"①

沃克雷由此得出结论:"马克思在《资本论》中对危机分析的内容实质上意味着,马克思打算使《资本论》成为一个前后一致的并且或多或少是自我完善的总体……《资本论》所达到的自身的前后一致,是以把其他范畴过早地——尽管是简单地——放进著作中去为基础的,马克思自己曾以为他的著作的长处之一,就是这一著作表现为一个总体,是一个'艺术的整体'。"

沃克雷认为,马克思对原初在"六册计划"中所要论述的范畴的重新修改,似乎都和他打算把《资本论》作为他的批判理论的一种自身完备和自我完善的阐述有关。同时,相对于"六册计划"而言,《资本论》

---

① 参看《马克思恩格斯全集》第1版第25卷第126—127页。

显然是不完整的，但是不清楚的正是完整的著作所应该包括的范围。沃克雷得出的结论就是，"由于缺少马克思最后是怎样考虑这一著作的确定的〔文献上的〕证据，所以这是一个没有解决的方法的困难问题"。

沃克雷最后认为，马克思在他生命的最后几年中，在知识的探索上仍然是有生气的。但是，在这一时期，马克思本人生病和他家庭的贫穷，以及他参加第一国际的活动都耗费了他的时间、分散了他的精力；在这一时期，马克思为了努力保证他的著作中所用的资料尽量地新，又阅读了大量的和《资本论》研究对象无直接关联的著作和统计资料。这些都使马克思没能对《资本论》著作以及整个经济学著作的计划，作出进一步的、最后的考虑。但同时，在这一时期，马克思还是极其重视《资本论》的阐述形式的。

在1859年《政治经济学批判》第一分册出版后没引起任何知识上或者政治上的反响时，马克思对他的著作的阐述形式问题就变得敏感了。在《资本论》第1卷一开始，马克思就以在《政治经济学批判》第一分册论述商品和价值的同样的材料，努力改进阐述形式，以同他的读者保持对话，但他的这种"通俗化"工作，并没有产生预期的影响。因此，尽管马克思已经把《资本论》的其他各卷的内容都写出来了，但是合适的阐述风格和形式却难倒了马克思，使马克思没能最后完成《资本论》的后几卷，也没能对他的经济学著作的整个计划结构作出进一步的明确的说明。

《资本一般》和积累理论[*]

〔德〕温弗里德·施瓦茨

1. 积累篇的理论问题

我们把从观念上理解一般价值规律和资本的具体形式之间的发展关系当做我们辩证论述的任务。我们认为,"资本一般"是从资本的最一般的表现到它的完成了的形态之间那些必要的中间环节的总的概念。但是,《资本一般》的辩证结构要求它的经济范畴有一定的次序,而且是这样一种次序:资本的每一个形式规定既是前面所考察的作为它的基础的那些形式规定的继续发展,又转而成为后面那个形式规定的前提。如果按这种辩证的方法去理解,《资本论》第1卷中关于积累过程那一篇的存在就向我们提出了几个问题。

积累就是剩余价值再转化为资本,从而至少是生产过程的更新。但是,第二个生产过程必然和第一个生产过程一样,通过预付货币才能进行,它的前提仍然是第一个生产过程的产品已经转化为货币,也就是说这些货币已经完成了一个流通行为。

"积累的第一个条件,是资本家能够卖掉自己的商品,并把由此得到的绝大部分货币再转化为资本。"[①]

---

[*] 本文选自《马克思恩格斯研究》1993年总第13期。

[①] 《马克思恩格斯全集》第1版第23卷619页。

还有另一个在生产过程更新之前进行的过程。产业资本家绝不可能把在第一个生产过程中创造出的剩余价值——即使他一点儿也不消费——全部用于积累。因为,完全撇开剩余价值在诸资本竞争的平衡作用下的再分配不谈,他首先必须把部分剩余价值以利息、商业利润和地租等等形式缴给其他类别的人。

而这就是说,积累过程只有在资本经历了流通过程并且完成了它的社会分配过程之后才能开始。因此,鉴于这种具体情况,积累过程最早也只能在《资本论》第3卷末尾加以论述,因为,流通和分配是在那里才论述的。

辩证的方法是否因此而原则上不允许在第1卷的范围内就研究积累过程呢?因为,如果资本积累事实上是从"完成了"的资本开始的,那么它不可能在资本的观念上的完成之前加以论述,这正是因为还缺少几个资本积累本身以及理解资本积累赖以为基础的因素。马克思把积累明确地排除在《大纲》之外无疑与上述这种情况有关。在《大纲》中,他只限于阐述从价值到完成的资本的发展,也就是限于阐述"资本一般"。但是,是否由此就可以得出相反的结论,即《资本论》因而也破坏了《大纲》中辩证的方法呢?

对这个问题的回答决不是单一的;确切地说,答案包括两个方面。首先是关于方法论的原则,即一个经济范畴(例如积累)的考察,总是在考察了作为它们本身的规定的前提的那些范畴之后才可能进行。我们看到该原则没有因为积累篇放在第1卷末尾而被破坏。虽然,对积累过程的具体分析事实上不能避开这一点,例如,只有流通过程——在它的作为真正的再生产过程的形式上——才能为积累创造现实条件,即创造追加的生活资料和生产资料。但是,决定性的问题并不在于,是否任何其他的经济过程在时间上都先于积累过程，或者只有这样才可能进行积累，决定性的问题在于，积累过程是否适于在抽象掉这些经济过程的情况下加以论述。马克思固然认为，不论是流通过程还是剩余价值的分配都丝毫不会改变积累过程的实质，兼顾这两个问题甚至会使对积累过程的理解更加复杂化。

"剩余价值的分割和流通的中介运动模糊了积累过程的简单的基本形式。因此，对积累过程的纯粹的分析，就要求我们暂时抛开掩盖它的机构的内部作用的一切现象。"①

如果流通和分配在时间上也发生在生产过程（以原来或扩大的规模）更新之前，而且实际上还可能影响时间和规模，甚至可能影响积累的完成，那么，流通和分配随着第二个生产过程的开始就成为已经完成并正在成为过去的前提条件，而不是本身在这个生产过程中仍然发生作用的因素。就某种方式来看，流通和分配只是积累过程的外部条件和表面上的前提条件，所以，积累过程，就其本身来说，没有流通和分配，它也是可以论述和理解的。

为了对积累过程进行形式分析，我们不妨假定资本的流通过程已经完成，而且物质条件也是现有的。同样我们也可以抽象掉剩余价值的分配：

"剩余价值分为各个不同的部分，丝毫也不会改变它的性质以及使它成为积累要素的那些必要条件。不管资本主义生产者自己握有的或分给别人的剩余价值的比例如何，他总是最先占有剩余价值。"②

---

① 《马克思恩格斯全集》第 1 版第 23 卷第 620 页。
② 《马克思恩格斯全集》第 1 版第 23 卷第 620 页。

"我们在说明积累时假定的情况，也就是积累进行中实际发生的情况。"① 这既是指对流通的抽象，也是指对分配的抽象。

既然承认这两种抽象是合理的，那么，我们就不可以再说，在第 1 卷，也就是在系统论述流通过程和分配过程之前，就论述实际上是继这两个过程之后才开始的积累，这从辩证的意义来说是撇开了必要的中间环节。《资本论》第 7 篇对积累过程进行的分析仍然是较为抽象的分析，这种分析有充分的前提，即前 6 篇②对直接的生产过程进行的分析。对积累过程的考察正是建立在这个基础之上。马克思承认说，尽管如此，通过抽象掉流通和分配而得以把积累过程提前到直接生产过程的范围内论述，这造成了某些内容上的限制："总之，我们……抽象地来考察积累，也就是把积累只看做直接生产过程的一个要素。"③

对于积累篇放在第 1 卷是否有道理的疑问可以从这方面得到回答，即积累过程的几个重要的规定因素是否由于积累篇的位置提前而被忽略了。实际情况是，把先于积累过程进行的流通和分配过程抽象掉，这样一来，在第 1 卷末尾继直接生产过程的分析之后，至少就已经可以论述积累过程的"简单的基本形式"。尽管因此而可以排除在第 1 卷范围内还不能论述积累这一想法，但是，现在又出现了一个问题，即是否还有必要对此进行辩证的研究。这个问题和第一个问题同等重要。

辩证的阐述就是使整个体系中的每一个范畴都由在它之前产生的和紧接其后产生的范畴作中介。每一个经济范畴不但是在它之前产生的、作为它的基础包容在它自身之中的那些经济范畴的进一步发展，而且也

---

① 《马克思恩格斯全集》第 1 版第 23 卷第 620 页。
② 第 6 篇《工资》是例外。
③ 《马克思恩格斯全集》第 1 版第 23 卷第 620 页。

是紧接在它之后产生的那个更具体的范畴的必要前提,这一点是必然的。从积累过程之前的各种形式规定这一个方面来看,积累篇无疑是实现了这个辩证的原则。但是,更成问题的是——我们在结束对"工资"的研究时也碰到了同样的问题——从另一个方面来看,即对于积累过程之后的范畴的阐述来说,积累过程是否一定必不可少。紧接在《积累过程》之后的是《资本的流通过程》,而我们的出发点历来是,流通过程为了确定它本身是资本的流通过程,仅仅假定直接生产过程是剩余价值的生产过程。作为流通过程的基础的生产过程,同时是扩大规模的生产过程的重复,这一点没有谈到。而且毫无疑问,马克思在《大纲》中分析了流通过程,而没有事先论述积累,甚至明确地把它排除在外。

我们特别要指出的是马克思为第1卷所写的就方法论而言极重要的简短结束语,他以此过渡到了第2卷,但遗憾的是,这个结束语只出现在《资本论》第1版中。在那里,紧接着对积累过程的全部研究之后的结束语是:"在最后,我们还要再看一下我们考察积累过程的脉络。"①

我们认为,马克思在这里所说的无非是,就进一步的辩证阐述而言,整个积累篇从结束对剩余价值的分析时起就中断了原来的结构。如果真是这样,那么我们此前对《资本论》中辩证的叙述方式的看法就必须有所改变。这样一来,《资本论》前两卷的内容比整个体系——除了阐述完成了的资本所必需的那些范畴外——还要丰富,也就是说比《资本一般》的内容还要多。

仅仅是这些提示就足以把《资本论》第1卷中积累篇的方法论问

---

① 《资本论》第1卷德文第1版经济科学出版社出版第742页。

题解释清楚。这些提示至少表明，把排除在《大纲》之外的关于积累过程的篇章收进《资本论》的原因值得进一步研究。我们想要说明，马克思是什么时候、在什么情况下决定改变计划的，特别是因为我们希望从答案中得出关于他的方法论的基本思想及其可能发生的变化的有价值的结论，因此，在复述《资本论》第 7 篇的内容要点之后，我们将接着研究积累篇漫长的形成过程。

2. 第七篇的五个主要组成部分

和对《工资》篇一样，我们要在考察积累篇的形成史之前简要地介绍一下它的内容。我们只集中介绍第 7 篇的主要论题。从《资本论》第 2 版起，马克思把全篇分为 5 章：

1. 简单再生产（第 21 章）
2. 剩余价值转化为资本（第 22 章）
3. 资本主义积累的一般规律（第 23 章）
4. 所谓原始积累（第 24 章）
5. 现代殖民理论（第 25 章）

首先我们来说明前三章和后两章在内容上的根本区别。在第 1—3 章中，资本的积累过程是从直接生产过程的重复或者说扩大的意义上加以考察的，而第 4 章的主题是资本主义生产关系的历史形成，即资本家和雇佣工人之间社会关系的历史形成，这一主题在第 5 章中以当时资本主义在英国殖民地的形成为例得到了说明。

不同的版本在分篇上有很大差别，前三章在德文第 1 版中被降格处理，放在以"资本主义的积累"这个共同的总的概念为标题的一节中，而在形式上排在后两章之前。可在此之后，在《资本论》法文版——

尽管它和德文第2版几乎是同时出版的①——中,"原始积累"和"现代殖民理论"被放在单独的最后一篇即第8篇中加以概述。把"原始积累"纳入对资本的论述中比反过来把研究积累过程——就它被假定是生产过程的更新而言—的前三章纳入资本的论述之中更能说明我们的关于《资本一般》的连续性的设想。关于这一点,我们以后再谈。

研究积累过程是从研究**简单再生产**,即生产过程的简单重复开始的。剩余价值通过生产的周期性虽然获得了"来源于资本的收入的形式"②,但是,这种收入还没有被资本家转变成追加资本,它只是被全部消费掉,以致没有剩下用来扩大生产过程的资金。

"如果这种收入只是充当资本家的消费基金,或者说,它周期地获得,也周期地消费掉,那么,在其他条件不变的情况下,这就是简单再生产。虽然简单再生产只是生产过程在原来规模上的重复,但是这种重复或连续性,赋予这个过程以某些新的特征,或者不如说,消除它仅仅作为孤立过程所具有的虚假特征。"③

马克思在这里指出了,积累过程的某些规定不是首先产生于积累本身,即剩余价值的再转化或资本在数量上的增多,而是从生产过程的简

---

① 马克思《资本论》第1卷1969(1873)年巴黎版(约·鲁瓦泽)。参看马克思为法文版写的跋:"不管这个法文版本有怎样的文字上的缺点,它仍然在原本之外有独立的科学价值,甚至对懂德语的读者也有参考价值。"(《马克思恩格斯全集》第1版第23卷第29页)恩格斯于1886年写道:"这个译本,特别是该书的最后一部分,对德文第2版作了相当多的修改和补充。"(同上,第34页)就这方面而言,由恩格斯出版的1887年的英文版也相当于法文版(《资本论》第1卷1954年莫斯科英文版)。此外,现在还流传德文第4版的一个译本(《资本论》第1卷1957年伦敦—纽约版)。

② 《马克思恩格斯全集》第1版第23卷集622页。
③ 《马克思恩格斯全集》第1版第23卷集622页。

单更新得到说明，这种更新不取决于它的规模大小。整个第 21 章都是论述生产过程的不同于它的孤立过程的连续所固有的那些新的规定性，或者说"特征"。

再生产过程的第一个特征：可变资本分解为工人的一个产品。在开始重复生产过程的时候，资本家用来购买劳动力的可变资本根本不是他自己创造的，也不是他为生产过程而从外界获得的，它只可能是工人在前一个生产过程生产出的劳动产品的一部分，这一切是孤立的过程所无法表现出来的。"这就是工人自己不断再生产的产品中不断以工资形式流回到工人手里的那一部分。"①

第二个特征：全部资本转化为无酬劳动。如果资本家连续几年都把每年生产的剩余价值全部消费掉，那么，他总共消费掉的剩余价值量必有一天会相当于原预付资本价值。原有资本虽然始终是那么多，但这些资本的价值"不过只代表他无偿占有的剩余价值的总额。他的原有资本的任何一个价值原子都不复存在了"。② 如果只考察价值，那么生产过程的单纯连续经过一个或长或短的时期以后，必然会使任何资本都转化为积累的资本或资本化的剩余价值。

第三个特征：资本关系的再生产。因为工人通过生产过程并没有比以前更富有，并且为换取生活资料不得不接着这个生产过程之后再次出卖他的劳动力，另一方面，资本家通过生产过程完全补偿了他的预付资本，除此以外，他甚至还得到了一份剩余价值，所以，雇佣工人和资本家在生产过程之后重新对立起来。资本关系的一极是处于与生产资料分离状况的雇佣工人，另一极是仍然占有生产资料的资本家。因此就有了重复生产过程的社会前提。下面这段话指的就是阶级关系："但是，起

---

① 《马克思恩格斯全集》第 1 版第 23 卷第 623 页。
② 《马克思恩格斯全集》第 1 版第 23 卷第 625 页。

初仅仅是起点的东西,后来通过过程的单纯连续,即通过简单再生产,就作为资本主义生产本身的结果而不断重新生产出来,并且永久化了。"①

接下来的第22章比前面的阐述更超越了一步:关于积累过程,不再仅仅考察资本价值通过生产过程的单纯重复简单地保存下来,而且考察资本通过剩余价值的再转化增大的情况。剩余价值不能全部消费掉,而必须为增殖价值预付一部分,也就是说,必须和原有价值一样转化为劳动力和生产资料。把剩余价值转化为追加资本就是资本积累。因此,资本积累是资本主义扩大再生产的形式。追加资本不论是同原有资本一起还是同它分开而独立增殖价值,它都和原有资本一样,必须经历同样的价值增殖过程。在目前叙述的这个阶段上,原有资本和追加资本之间的几个质的区别在于它们的来历。原有资本的来源一直还未认识清楚,但我们非常了解追加资本的形成过程。追加资本无非代表来自第一个生产过程的无酬的他人劳动。而且,如同单纯重复给生产过程刻上了新的印记一样,生产过程如果不被当做原有资本的价值增殖过程,而是被当做追加资本的价值增殖过程来考察,那么生产过程的情形就是另一个样了。

占有规律的转变。资本主义生产过程的本质,即占有他人劳动的过程,在积累中表现得更为清楚。如果生产过程的简单更新把所有预付资本转变为无酬的剩余劳动,那么,商品生产的所有权规律就转变为资本主义占有规律。因为,如果说用完全由资本家——或他的前辈——的个人劳动创造出的预付价值为原有资本的生产过程购买劳动力成为现实,以致商品生产的规律,即用自己的劳动产品换取他人的劳动产品这一规律也没有被破坏,那么,在剩余价值再转化为追加劳动力的情况下,预

---

① 《马克思恩格斯全集》第1版第23卷第626页。

付价值的真正来源就不可再否认了:

"这是资本化了的剩余价值。它一开始就没有一个价值原子不是由别人的无酬劳动产生的。"① 资本家正是用他人劳动创造出的这种预付价值再次占有新的剩余价值,也就是占有无酬劳动。由此,以本身的劳动为基础的商品生产的所有权,通过它"本身的内在的、不可避免的辩证法"转变为自己的对立物。

"现在,对过去无酬劳动的所有权,成为现今以日益扩大的规模占有活的无酬劳动的唯一条件。"② 因此,始终起作用的商品流通的规律,即资本家和工人之间的平等交易,纯粹是为资本家借助他人劳动而不断占有新的他人劳动披上了一层面纱。

决定积累规模的因素。积累的规模不取决于实际生产出的剩余价值,而只取决于没有消费掉的转化为追加资本的那部分剩余价值。

因此,在**剩余价值量**一定的情况下,积累的规模取决于用于个人消费和用于扩大再生产的剩余价值量之间的比例,换句话说:取决于剩余价值分为收入和资本。剩余价值以收入的形式支出得越少,那么就可以积累得越多,反之亦然。大家知道,庸俗经济学家由此而得出结论说,资本积累归根到底只能用资本家的节约和他节制的美德来解释。

另一方面,如果已知追加资本和收入之间的比例,那么从上述论点可以得出这样的结论,即剩余价值的绝对量决定积累的数量大小。因此,有利于增加剩余价值的所有因素,同时也是加强积累过程的因素。

在这一章的第一段,我们对积累过程的现实条件即追加的生产资料和生活资料的物质存在的暂时抽象进行了讨论。实际上,到现在为止,我们只考察了积累的形式方面:应当执行资本职能的追加价值的实现。

---

① 《马克思恩格斯全集》第1版第23卷第638页。
② 《马克思恩格斯全集》第1版第23卷第639页。

但是，同样的过程，它除了现实的和形式的方面以外还有第三个方面：光是追加的资金以及追加的生产资料和生活资料还不能进行扩大的生产过程。为此还需要追加的活的劳动力，这必须用资金购买，或确切地说，用生活资料购买。下一章讨论这个问题，即作为资本主义积累过程的结果和前提的工人人口运动。

第 23 章《资本主义积累的一般规律》进一步使资本的各种经济规定具体化。把剩余价值分为收入和追加资本，这对于迄今为止的对积累过程的分析来说已足够了。此外，追加资本的分割，确切地说，决定由支付的生产资料和劳动力组成追加资本的比率也很重要。因为现在，在应该研究"资本的增长对工人阶级的命运产生的影响"① 时，资本的构成就成了最重要的因素，它对于工人的生活状况和就业状况来说是最重要的因素，原因在于，对劳动力的需求，从而工人出卖了自己的劳动力的可能性，并不取决于资本总量，而完全取决于资本的可变部分。

要弄清积累对工人阶级状况产生的影响，就必须研究资本对劳动力的需求是如何在积累过程进行中发展的。如果资本构成不因积累而改变，那么对劳动力的需求就会随资本的增长而按比例增长。这种情况对工人的生活状况最为有利。但是，这种情况之所以不能维持长久，只是因为单纯扩大的积累很快就达到可能的工人供给的极限。

但是，资本积累绝不局限在人口绝对增长的界限内。相反，马克思指出了积累过程本身如何产生了相对过剩人口，他们对资本来说是产业后备军，资本为顺应它不断变化的价值增殖的需要，会不断利用这个产业后备军。相对过剩人口的原因在于，积累过程通常不是随着对劳动力的需求的相对增长，而是随着它的相对减少而出现的，因为资本的增长过程在一般情况下同时也发展了社会劳动生产力。在第 4 篇就已指出的

---

① 《马克思恩格斯全集》第 1 版第 23 卷第 672 页。

生产力的这种发展或特殊的资本主义生产方式的这种发展，从技术上看，它导致了劳动的客观因素与活劳动相比在数量上的增长，这种增长从价值上看反映了资本有机构成的不断增长。

资本的技术形态的不断改变通过集中，也就是通过许多个已经存在的较小的资本因竞争联合成少数大资本而加速，这种不断改变不断地增加不变资本份额而减少可变资本的份额。

工人状况的决定性结果是，新的资本在技术进一步发展的基础上吸收较少的追加工人，而原有资本在按照新的有机构成进行的周期性的再生产之后，使一部分以前的就业工人游离出来。这两种趋势同时发生作用，所以始终有一定数量的工人是多余的，从而形成相对过剩人口。执行职能的资本通过积累过程变得越多，生产资料的规模越大，以及工人人数越多，那么，技术变革的后果就越大，同时被游离的工人的数量因此也越多。"因此，工人人口本身在生产出资本积累的同时，也以日益扩大的规模生产出使他们自身成为相对过剩人口的手段。这就是资本主义生产方式所特有的人口规律。"①

一方面，相对过剩人口是积累过程的结果，另一方面，它的职能是作为积累过程的前提，或作为一支随时可供支配的产业后备军。因为积累过程不是有规律地，而是循环式上下波动地进行，所以，它需要——尤其在资本突然扩张的时期——一群在短期内可以召回的工人。相对过剩人口形成了这种储备。这表明，资本既调节了对劳动力的需求，也通过生产出相对过剩人口而调节了劳动力的供给："资本在两方面同时起作用。"②

---

① 《马克思恩格斯全集》第 1 版第 23 卷第 692 页。
② 《马克思恩格斯全集》第 1 版第 23 卷第 702 页。

那么，"资本主义积累的一般规律"是什么呢？相对过剩人口各色各样，不是所有这些人都能以同样的方式执行产业后备军的职能。除了潜在的可供生产过程支配的那几类工人——过剩人口的流动的、停滞的和潜在的形式——之外，还有需要救济的赤贫，也就是工人阶级中丧失了出卖自己劳动力的能力并不得不依靠官方救济为生的那部分人。因此，马克思把需要救济的赤贫称为"产业后备军的死荷重"，① 而且他认识到了所有的相对过剩人口的增长和需要救济的赤贫的增长之间的紧密关系，他在说明了在积累过程进行中产业后备军的绝对增长之后，又指出："但是同现役劳动军相比，这种后备军越大，常备的过剩人口也就越多，他们的贫困同他们所受的劳动折磨成反比。最后，工人阶级中贫苦阶层和产业后备军越大，官方认为需要救济的贫民也就越多。这就是资本主义积累的绝对的、一般的规律。像其他一切规律一样，这个规律在实现中也会由于各种各样的情况而有所变化，不过对这些情况的分析不属于这里的范围。"② 特别是最后一句话，它的意义在于合理地分析了马克思所指出的"同资本积累相适应的贫困积累"③ 或所谓的"贫困化理论"。这里不是讨论这个问题的地方，这么提示一下也就够了。

《资本论》第2篇《货币转化为资本》中所拟定的资本主义特殊的阶级关系的存在，在以《所谓原始积累》为标题的第24章中是从它的历史形成过程来叙述的。从资本主义只有在英国才具有的典型形式来看，它的形成一方面以大笔金额积聚到少数人手中为基础，但主要地还是以强行使独立的小生产者与生产资料所有权相分离为基础。生产条件

---

① 《马克思恩格斯全集》第1版第23卷第706页。
② 《马克思恩格斯全集》第1版第23卷第707页。
③ 《马克思恩格斯全集》第1版第23卷第708页。

成了少数几个人手中的私有财产，而生产者变成了无产者。

但是，马克思既不局限于资本主义私有制以前的历史，也不局限于根据现代殖民理论（第25章）来具体说明原始积累，而是在论述原始积累的那一章中附加了关于"资本主义积累的历史趋势"的预言；像资本主义私有制排挤了个人的私有制一样，资本主义私有制本身也将由于过渡到"人民群众的剥夺"这一"自然过程的必然性"而被社会所有制代替。

*　*　*　*　*

我们可以看出，《资本论》第7篇中前后几章是很不一致的，除了前三章和后两章之间的内容上的区别以外，前三章中的论点也截然不同。下面将表明，这些论点中的每一个论点都说明了或多或少地与它相关的另一个形成史，并且按不同的时期收入对资本的论述中，所以，一般说来，有必要讨论把积累篇写进《资本论》的原因。我们把积累篇的5个内容上的主要论点或组成部分归纳如下：

1. 简单再生产的三个特征
2. 剩余价值再转化为资本（包括确定积累规模的因素）
3. 占有规律的转化
4. 资本主义积累的一般规律（包括资本主义的人口规律）
5. 原始积累（包括殖民理论）

虽然，这5个要点与第7篇中的5章的标题不直接一致，但它们都包括在其中。下面将证明我们把第22章分为"再转化"和"转化"，同把原始积累和其实不具备独立系统的意义的殖民理论结合在一起一样，都是有利的。

以下研究的是积累的总的形成过程，同时研究这五个主要组成部分逐个被收进《资本论》第1卷的过程。这个总过程在《大纲》中就已经开始，实际上直到最终决定出版第1卷时才结束，它由各种不同的计划表、提纲草稿和文稿的异文贯穿始终。同时，下面还将说明这样一种观点的局限性，这种观点想把《资本论》的创作前史分为两个不同的、但分别都是一致的计划时期，即1863年之前以"资本一般"为主导的时期和1863年以后放弃"资本一般"这个范畴的时期。确切地说，《资本论》的创作前史是马克思的论述方式逐步完善的一个持续不断的过程。

3. 1857—1858《大纲》的《生产过程》分册的产生

把积累过程篇收入对资本的论述中，这和《资本论》中该篇的前后几章内容一模一样，都不是一次性完成的。积累篇的组成部分大都在不同时期被纳入总的篇章结构中：把积累篇收入的这个过程从《大纲》起草时开始一直延续到1873年《资本论》的法文版，在法文版中原始积累被作为独立的一篇。要想了解各时期收入积累篇的原因，我们就必须考察当时引起计划改变的各种关系。因此，有必要根据涉及后来的积累篇中某个组成部分的计划改变的时间和内容的前后关系，以《大纲》为起点，按写作时间顺序通读一遍《资本论》各个时期的所有手稿和计划表。

马克思在为《资本论》做准备工作时——要么在实际的正文中，要么在单独的计划草稿中——究竟已经把后来的积累篇的哪几个组成部分列入了第1册《生产过程》之中或排除在外，这与《直接生产过程》全册结构的形成紧密相关。因为这直接就是第1篇《资本一般》是否包括积累过程的要素这一总分篇法的问题。所以，我们将把问题扩展开，并且以这种一般的形式提出，即从《大纲》到《资本论》，马克思对第 1 册《生产过程》的分篇法究竟是如何发展的。

由于没有实际研究过程所强调指出的那种对分篇法和结构计划的单独阐述,所以,一份分篇计划总是说明马克思当时对资本的客观发展结构所达到的认识水平;认识本身只有在直接分析认识的对象中发展。事实上,只是当有必要描述资本的内在逻辑时,马克思才对每一单个的范畴归入总关系提出全面的疑问。另一方面,我们清楚地知道,一份详细的计划草稿不可能是整部著作的前提,而只可能是对该范畴的内在联系认识的结果。一旦在分析过程中考虑到需要作进一步的阐述——就真正需要进一步阐述而言——就会产生相应的结构计划。换句话说:计划表等等的起草及其改变与论述的发展阶段紧密相关。

由于是首次尝试从思想上考察即叙述资本的内在发展,因此,我们必须对《大纲》进行评估;迄今为止,这部手稿还没有得到真正系统的研究。我们主要想知道,后来《资本论》的那些组成部分有多少已经包含在只经过"粗略"划分的叙述稍显杂乱的《大纲》中,以及在《大纲》的何处出现过。① 草稿中加了很多评注、插入部分、离题的补充说明。单独考察这样的草稿的详细思路,似乎太多余了。马克思自己在说到草稿时也说它是"杂乱无章"的。但是,如果草稿不仅是研究的过程,而且主要是对叙述方式的探索,也就是研究过程和叙述过程的统一,那么,在思路当中,或者在所论及的问题的顺序方面就不应该随心所欲,不过在探求某个范畴发展的各个中间环节时肯定会有稍稍离题的情况。

因此,下面我们将接着研究《大纲》中有关的那一篇,看看马克

---

① 瓦·图赫舍雷尔《马克思经济理论的形成和发展》(1968 年东柏林版)是个例外,但该书由于作者的突然逝世而只分析了《大纲》的开头部分。

思究竟发现了多少"内在联系"。可以说，马克思在研究过程中所写的各种计划草稿表明他对资本真正的发展关系的认识和了解在不断地提高。

a) 第一篇《资本一般》的第一个计划草稿

就是在"资本一般"的范围内，紧接《大纲》之后又有很多改动之处。不过，《大纲》本身中的分篇法也经过了多次修改。因此，甚至在开始起草时，马克思对《资本一般》的基本结构，即他的三分结构还不十分明确。正如马恩研究院于1936年写道：

"写作这种手稿并不只是对事先深思熟虑的思想的记录。马克思在写作过程中得出结论说，任何新发现都不能仅仅从政治经济学在当时的水平来分析。由此而丰富了马克思特有的经济学观点。"[①]

首先，我们以货币理论以及不变资本和可变资本的区别为例。虽然，马克思10多年来一直都在钻研政治经济学这门科学，但是，当他开始概述他多年来对经济学的研究时，他又碰到了一些新的问题，"……因为多年来作为主要研究对象的一些题目，一旦想最后清算它们，总是又出现新的方面，引起新的考虑。"[②]

显然，马克思着手写《大纲》时没有更多地考虑整部著作的分篇法，只考虑到开始叙述资产阶级经济学体系时必须写《资本》册，因为资本主义生产方式是资产阶级经济学的基础，并且在叙述资本之前必须先分析货币，因为以资本主义生产方式为基础的货币构成资本的直接前提。这是因为，他为了"阐明资本的概念"[③] 而在《货币章》之后着

---

① 《政治经济学批判大纲》1939—1941年莫斯科版第VIII页。
② 《马克思恩格斯全集》第1版第29卷第530页。
③ 《马克思恩格斯全集》第1版第46卷（上）第223页。

重指出了不同于货币的第三种规定的资本的第一种规定：把资本同直接的交换价值和货币区别开来的唯一规定性，就是那种在流通中并通过流通保存自己，并且使自己永存的交换价值的规定性。① 在此之后，他才确定了《资本》册的分篇法。

马克思在下面这个地方扼要地重述了他迄今所作的阐述，不过这次超出了以往的水平。他除了论述价值的自我保存性之外，还进一步论述了价值的增殖特性以及它与劳动的关系。"交换价值按其内容来说，本来是劳动或劳动时间的对象化的一定量；它作为这样的东西，通过流通在自己的客体化进程中达到了作为货币的存在，作为可以捉摸的货币的存在。现在交换价值本身必须重新设定流通的这样一个出发点，这个出发点曾处于流通之外，是流通的前提，从而流通本身对它来说曾表现为一种从外部抓住它并在流通内部使它发生变形的运动，也就是说，现在交换价值本身必须重新设定劳动；但交换价值现在已经不再是简单的等价物或劳动的简单的对象化，而是对象化了的并且独立化了的这样的交换价值：它只是为了更新自己并从自己出发重新开始流通，才把自己提供给劳动……因此，这也不再……是单纯的相等……而是自我增殖。交换价值只有当它得到实现，即增大其价值的时候才能使自己成为交换价值。"②

马克思在真正着手研究劳动的关系之前，就起草了全书的第一个计划表，它更加详细地设计了《资本》册的结构。③（为了说明它的特点，我们把第二个计划草稿也一并之附上。）

---

① 参看《马克思恩格斯全集》第1版第46卷（上）第217页。
② 参看《马克思恩格斯全集》第1版第46卷（上）第217页。
③ 参看《马克思恩格斯全集》第1版第46卷（上）第218页。

第一个计划草稿①

Ⅰ（1）资本的一般概念。

（2）资本的特殊性：流动资本，固定资本（资本作为生活资料，作为原料，作为劳动工具。）

（3）资本作为货币。

Ⅱ（1）**资本的量。积累。**

（2）**用自身计量的资本。利润。利息。资本的价值；**即同作为利息和利润的自身相区别的资本。

第二个计划草稿②

Ⅰ **一般性：**

（1）（a）由货币变成资本

　　　（b）资本和劳动（以**他人劳动**为媒介）。

　　　（c）资本各要素（产品、原料、劳动工具）。

（2）**资本的特殊化：**

　　（a）流动资本、固定资本。资本周转。

（3）**资本的个别性：**

资本和利润。

资本和利息。

资本作为**价值**同作为利息和利润的自身相区别

Ⅱ **特殊性**

（1）资本的积累。

（2）资本的竞争。

---

① 《马克思恩格斯全集》第1版第46卷（上）第219页。
② 《马克思恩格斯全集》第1版第46卷（上）第232—233页。

（3）资本的流通。 　　（a）资本和资本相交换。 　　　　资本和收入相交换。 　　　　资本和价格。 　　（b）资本的竞争。 　　（c）资本的积聚。 Ⅲ 资本作为信用。 Ⅳ 资本作为股份资本 Ⅴ 资本作为货币市场。	（3）资本的积聚（资本的量的差别同时就是质的差别，就是资本的大小和作用的尺度）。 Ⅲ 个别性： 　（1）资本作为信用 　（2）资本作为股份资本 　（3）资本作为货币市场

正如我们所看到的，资本的一般概念在第一个计划表中就已经作为研究的出发点。不过，那时尚未对资本一般的概念作内容上的区分，这一点可以从马克思对一些问题仍不清楚这一情况中推断出来。因此，这个概念实际上就是指资本的第一个简单的规定（在资本的总公式 G—W—G′的意义上），也就是说，是指不同于其他规定的一个特殊规定。同样，第二点"资本的特殊性：流动资本，固定资本等等"，不能像在第二计划表中那样，被作为资本的一般概念的分篇来论述，它是紧接在资本的一般概念之后的独立的一章，流动资本和固定资本是否已经被理解为流通过程的特殊形式——在流通过程中生活资料和原料作为全部流通的资本组成部分不同于作为从价值意义上说只是部分流通的或者说固定的资本组成部分的工具，或者流动资本和固定资本是否只应该从它们在实际的劳动过程中的物质差异来进行分析，都还不明确。对这两点之所以有疑问，是因为在第一个计划中，既没有提到生产过程，也没有提到流通过程。看来马克思想先把所有实际上不同的资本形式都简单地列举出来，这些资本形式相互之间的共同点在于，它们与资本的一般概念

不同，它们正是资本的所有的特殊形式（"特殊性"）。

此外，第一计划草稿与后来的计划的主要区别是，利润和利息没有被安排在第1篇，而是放在第2篇。总的说来，由于第1和第2篇的标题不详，因而划分的标准相当模糊。我们认为，从第一个计划草稿中所列举的特殊性可以得出结论，即从辩证地解释资本的第一个规定来看，马克思那时还没确定资本的一般概念的内容。不过，一旦他进一步地研究了所有资料的内在联系，情况就不一样了。

＊　＊　＊　＊　＊

马克思研究了从简单的交换价值及其流通向资本的过渡，[①] 并且正是由于交换价值为保存自己并使自己增殖必须把活劳动变成再生产自己的手段，[②] 而发现了价值和劳动的关系，就在此后不久，他写下了第一个计划草稿。不过这些没有被写进计划中。显然，马克思还没有弄清资本和劳动的地位。因此，这份计划草稿还不能说明应该通过什么样的中间步骤过渡到第二点"资本的特殊性"。所以，就在这个计划制定之后，他中断了原来的叙述：我们先分析在资本和劳动的关系中包含的各种简单规定，以便找出这些规定的内在联系，以及这些规定的进一步发展的形式跟早先存在的形式之间的内在联系。[③]

马克思在接下来的几页中实际上分析了资本和劳动相交换的前提，并且主要是各种基本规定。马克思着重指出了这种交换关系的两个本质上不同的过程，并作为成果概括如下：

当我们考察资本和劳动的交换时，我们看到，这种交换分解为两个不仅在形式上而且在性质上不同的、甚至是互相对立的过程：

---

① 参看《马克思恩格斯全集》第1版第46卷（上）第219页。
② 参看《马克思恩格斯全集》第1版第46卷（上）第221页。
③ 参看《马克思恩格斯全集》第1版第46卷（上）第222页。

（1）工人拿自己的商品，劳动①，即作为商品同其他一切商品一样也有价格的使用价值，同资本出让给他的一定数额的交换价值，即一定数额的货币相交换。

（2）资本家换来劳动本身，这种劳动是创造价值的活动，是生产劳动；也就是说，资本家换来这样一种生产力，这种生产力使资本得以保存和增殖，从而变成了资本的生产力和再生产力，一种属于资本本身的力。②

对资本和劳动的关系的分析表明，资本的一般概念中所假定的交换价值的倍增只有在资本和劳动的特殊交换的基础上才有可能。在这种交换中"第一个行为是交换，它完全属于普通的流通范畴"。③ 与此相反，第二个行为是"在性质上与交换不同的过程，只是由于滥用字眼，它才会被称为某种交换"。它是"资本占有劳动的特殊过程"。④ 与第一个计划草稿相比，在分析了资本和劳动的交换之后制定的新的计划表中，体现了范畴阐述上的这个进步。

第二个计划草稿中最引人注意的是，资本的一般概念在内容上有了

---

① 马克思在这里提到的是劳动而不是劳动能力。这并不是说，他还没有认识到"作为主体性的劳动"的买卖与为价值增殖而进行的"对象化劳动"的买卖之间所存在的重要区别。在两页之前，马克思根据对非生产劳动和劳役的买卖所作的比较，已说明了这一区别，他在这一篇中着重指出了这种区别："工人要向资本提供的使用价值……并不是物化在产品中的，它根本不存在于工人之外，因此不是现实地存在，而只是在可能性上，作为工人的能力存在。"[《马克思恩格斯全集》第1版第46卷（上）第222页] 所以说，这里是一个疏忽，之所以这种疏忽后面还经常出现，是因为还没有劳动能力这个确切的概念。

② 参看《马克思恩格斯全集》第1版第46卷（上）第231页。

③ 《马克思恩格斯全集》第1版第46卷（上）第232页。

④ 《马克思恩格斯全集》第1版第46卷（上）第232页。

一定的扩展。首先:"由货币变成资本",它表明从货币的第三种规定到资本的,即在循环中保存自己并自我增殖的价值的第一种规定的形式上的过渡,接在它后面的就是"资本和劳动(以他人劳动为媒介)"。因此,这只可能是指刚刚认识到的资本和劳动相交换的两个要素,即伴随劳动能力的货币的流通行为以及直接生产过程本身。虽然,既没有分别列举这两个要素,也没有对作为劳动过程和价值增殖过程,确切地说是作为绝对剩余价值和相对剩余价值的生产过程的第二个行为作更详细的规定。它们之间的这些差别实际上在以后分析生产过程的过程中将会显现出来。但是,分析作为生产过程的"在资本和劳动的交换中的第二个行为"的必要性在这里已显而易见了。换句话说:生产过程篇已包含在第Ⅰ篇第1节(b)"资本和劳动(以他人劳动为媒介)"中,只是没有付诸实现。

与第一个计划草稿相比,第二个重要的改动是,把"生活资料。原料。劳动工具"从第2节("流动资本,固定资本")调至第1节中。资本的物质要素现在应"根据它们和劳动的关系",即根据它们在劳动过程中的职能来考察。由于"生活资料"只进入工人的个人消费,而不进入实际的劳动过程本身,所以把它去掉了。现在替代"生活资料"的是"产品",即资本和劳动的关系的直接物质结果。引人注目的首先是,物质要素脱离了同流动资本和固定资本这两个规定的联系,使这两个概念明确表现出它们作为资本流通过程的特殊形式的意义。实际上第2篇就应当研究"资本流通",由此而最终明确了,它是对后来的流通过程篇的第一次提示。

新计划草稿的第三个重要特征是对"资本和利润"的考察方式。"资本和利润"在这里被收入第1篇,并且从这个计划草稿起构成资本的"一般性"的第三部分,"一般性"是上述三个分篇的总标题。正如第二个计划草稿中所显示的那样,"资本的一般性"的三分结构是:

"1、资本和劳动","2、资本流通","3、在利润上用自身计量的资本"。我们完全有理由从"资本的一般性"的三分结构了解到《资本一般》三篇的原始形式,根据写成的"原稿"来看它们是这样的:"资本的生产过程,资本的流通过程,两者的统一,或资本和利润、利息。"[①] 正是由于第二个计划草稿已如此接近关于《资本一般》的结构的最后确定的观点,所以,马克思在完成《大纲》之前将不再设计新的全面的计划表,而且将把这第二个计划草稿当做整部原稿继续撰写中的主线。我们估计,马克思当时已经意识到必须运用那种特殊的三分结构的叙述方式,这种方式是资本的第一个规定为进一步阐述的需要而提出的。要说明资本的一般规定,即价值在它的循环运动中产生一定的价值增加额,首先必须转入考察资本和劳动的关系,因为,必须先转入对价值的真正形成过程的考察才能够研究为直接的价值增殖过程而增加的循环或流通过程本身。资本只有在这个基础之上才确实是生产和流通的统一,这种统一在一定的时期内产生资本用自身计量的一定的价值增加额(利润)。

该结构计划的第四个改动是"资本和利润等等"的位置变动所引起的直接结果。由此才出现了第1篇和第2篇论题之间的本质差别。第1篇只是概括资本的"一般性"的规定,而第2篇应该只研究与资本的一般性的规定不同的许多资本之间的关系。诸资本的积累、竞争和积聚(!)与第一个计划不同的是,第二个计划不仅应该把竞争和积聚作为论题,而且还应该明确地把和许多资本相关的积累也作为论题。

资本的"一般性"和用"特殊性"这一概念所表示的资本多样性之间的差别表明,《资本》册的总体结构在这个时期已经确定。通过区

[①] 《马克思恩格斯全集》第1版第29卷第534页。

分这些差别，实现想要达到的叙述要求，即在分析资本时首先抽象掉各种派生的规定——这些规定是在完成的资本相互交往中产生的。如果确实要说明在诸资本相互的活动中实现了什么以及在诸资本相互交往中产生了哪些独特规定，那么，在叙述诸资本的相互关系之前，首先必须指明：什么东西对于许多资本中的每一特殊资本来说是共同的———般的——东西。然后，首先被一般规定的资本才可以从它与其他同类的关系方面得到考察，或者，把"资本一般"本身当做特殊的或许多单个资本来考察。不能把从一般性到特殊性的这种过渡唯心地误解为，例如资本本身从它的一般性进入特殊性，即自身"分解"为各种特殊的资本，等等。马克思看到的实际的东西总是由许多特殊资本组成的，而"资本一般"是对这些特殊资本中的每一种资本的抽象，抽象的目的在于确定这些特殊资本中的每一种资本所具有的不取决于它们的相互关系——只从资本本身出发——的那些特性。"过渡到许多资本"指的就是取消这种抽象，以便使资本的真正特殊性能够显现出来。

至于《信用》、《股份资本》和《货币市场》这三篇，它们实际上与当时真正达到的叙述阶段相距甚远，因此，对资本的内在本质的新的认识还不能改变它们在第一个计划草稿中的次序。所以，它们的次序仍保持原样。第二个计划草稿的主要创新，一方面是第1篇中特殊的三分结构，另一方面是第1篇资本的"一般性"与第2篇"许多资本"的区别。

对于我们特殊的提问来说，首先具有重要意义的是，马克思如果顺着资料的内在联系进一步叙述下去，那么《大纲》中的第1篇资本的"一般性"还会得出哪些更详细的规定。我们要问：构成计划表中第1篇（1）的那部分，即"由货币变成资本"、"资本和劳动"和"资本各要素（产品、原料、劳动工具）"是如何形成的？

紧接计划表及其说明之后，在对资本和劳动的关系的分析中又继续研究第一个行为，即劳动能力的，或者像这里经常说的对劳动的支配能力的买和卖。这个行为是简单流通的一个过程。① 这个过程为什么不能使工人致富（因为交换的目的与获得只能"维持他的生命力"② 的劳动工资的目的是一致的），在对这个问题进行的相当长的分析中，着重指出了作为前提，或者说作为"资本和劳动之间的这种交换的必然规律"③ 的生产条件所有权同劳动的分离。

分析劳动能力的买是从它是资本和劳动之间交换的第一个并且是开始的行为着手的。实际运动中，继它之后进行的是实际生产过程。但是，这个过程不仅在时间上是下一个行为，而且在本质上也是整个过程的"第二方面"④，它在整个过程又受作为起点的简单流通过程的支配。因为生产过程应该是社会形式，是资本消费劳动能力这个商品的过程，因而，不能脱离首先占有劳动能力的第一个行为来理解。因此，在辩证的叙述中，必须把劳动能力让渡给资本放在生产过程之前。

但是，"过程的第二方面"或实际生产过程首先只表现在过程的一般形态上，即活劳动把物质生产条件变成产品的过程。"这样，资本的生产过程并不表现为资本的生产过程，而是表现为一般生产过程。"⑤ 因此，生产过程的物质要素——资本存在于其中的使用形态——首先必须根据它们在劳动过程中的职能，也就是根据它们和活劳动的关系来区

---

① 参看《马克思恩格斯全集》第 1 版第 46 卷（上）第 240—255 页。
② 《马克思恩格斯全集》第 1 版第 46 卷（上）第 243 页。
③ 《马克思恩格斯全集》第 1 版第 46 卷（上）第 252 页。
④ "现在我们来看看过程的第二方面。"［《马克思恩格斯全集》第 1 版第 46 卷（上）第 255 页。］
⑤ 《马克思恩格斯全集》第 1 版第 46 卷（上）第 261 页。

分:"资本与劳动不同,只表现在原料和劳动工具的物质规定性上"。①

尽管马克思——正如我们所记得的——在此前几页还为研究"资本各要素"而根据它们和劳动(产品、原料、工具)的关系计划写专门的一篇(1,C),但是,他现在已经叙述了"产品—原料—工具",并指出了一方面原料和工具以及另一方面原料和产品之间的区别:前者构成了劳动过程的前提,后者构成它的结果,因此,在这里还根本不可能叙述产品。此外,因为鉴于这样考察的劳动过程中只涉及各种物质规定(一方面是原料和工具,一方面是活劳动)以及它们的相互关系,这些相互关系在抽象掉它们的每一种经济上的形式规定后,同样适用于所有历史的生产方式,所以,马克思想在当时已拟定的研究"生产一般"的第 1 章中对"劳动对它的物质的关系"② 补充作详细分析。③

在从一般的和物质的方面把资本的生产过程作为一般劳动过程进行研究之后,④ 由此而提出了考察其独特的资本主义形式的任务。现在来考察一下形式规定这方面,看它在生产过程中是如何保存和变化的。⑤

---

① 《马克思恩格斯全集》第 1 版第 46 卷(上)第 261 页。

② 《马克思恩格斯全集》第 1 版第 46 卷(上)第 256 页。

③ 马克思在几页后的一段中间评注中发表了他对"第一篇《关于生产一般》"的结构的看法:"关于生产的一章在客观上以作为结果的产品而结束"。为了过渡到第二篇第一部分关于交换价值一般及其结构,他还作了引人注意的说明:"关于流通的一章从商品开始,商品本身既是使用价值又是交换价值(因而也是与两者不同的价值),流通是两者的统一;但是这个统一是形式上的统一,因此分解成作为单纯消费品的商品(这种消费处于经济关系之外)和作为独立货币的交换价值。"[《马克思恩格斯全集》第 1 版第 46 卷(上)第 281—282 页。]这里已经进一步弄清楚先于"资本"的整个一篇,尤其是弄清了作为出发点的商品。

④ 参看《马克思恩格斯全集》第 1 版第 46 卷(上)第 255—262 页。

⑤ 参看《马克思恩格斯全集》第 1 版第 46 卷(上)第 265 页。

从这种形式来看，资本的生产过程是直接的价值增殖过程，而且它作为这种过程具有各种不同的要素和特征，因而成为后面研究的对象。①

对价值增殖过程的分析是从它的最简单的形式，即从作为前提存在的资本价值的简单保存开始的。② 通过生产过程实现的资本价值的自行保存就是，在过程结束时，物化在产品中的价值和过程开始时已物化在生产条件中的价值相等：

"因此，产品的价值只能＝已物化在生产过程的一定物质要素即原料、劳动工具（……）和劳动本身中的价值总和。"③

价值再现的唯一条件是，真正生产出能够再现价值的产品。"价值自行保存的唯一条件是，生产过程是真正完整的过程，也就是一直进行到生产出产品。"④ 资本形成的真正问题并不在于价值的这种简单保存，而是在于它的增加。但是，马克思在转入对这方面进行研究之前，为了把他在此期间形成的并作了某些改动的有关第一篇分篇法的观点记录下来，他再次中断正在进行的叙述：

"在资本概念的形成中需要阐明的第三个因素，是与劳动对立的原始积累，从而也是与积累对立的无对象的劳动。

第一个因素以由流通产生并以流通为前提的价值为出发点。这是资本的简单概念；是进一步直接规定为资本的货币。第二个因素以作为生产的前提和结果的资本为出发点；第三个因素使资本成为生产和流通的一定的统一体。"⑤

---

① 参看《马克思恩格斯全集》第 1 版第 46 卷（上）第 263—382 页。
② 参看《马克思恩格斯全集》第 1 版第 46 卷（上）第 269—279 页。
③ 参看《马克思恩格斯全集》第 1 版第 46 卷（上）第 273 页。
④ 《马克思恩格斯全集》第 1 版第 46 卷（上）第 273—274 页。
⑤ 《马克思恩格斯全集》第 1 版第 46 卷（上）第 280 页。

把这个草拟计划（它无疑就是这段插入说明）与第二个计划表进行对照才能加以解释。"第一个因素"即从价值到资本的简单概念的过渡，它与马克思当时已经完成的第二个计划草稿中的（1）（a）"由货币变成资本"完全相符。同样，"第二个要素"即"作为生产的前提和结果的资本"，它肯定与（1）（b）"资本（以他人劳动为媒介）"一致。因而只可能是指资本和劳动相交换中的两个行为：购买劳动能力和生产过程，在这期间全面地叙述了第一个行为，并且部分地叙述了第二个行为。劳动能力的买这一资本的第一个行为，实际上是"生产的前提"；并且，由于价值在第二个行为即生产中才真正自行增殖，资本从另一方面来说也才是生产的"结果"。当然，正由于我们在这方面进行研究，所以我们本可以预见在这里关于资本和劳动相交换在分篇上差别较大。事情之所以并不如此，是因为这段插入说明的重点是重新拟定了第3点。第二个计划草稿中（1）（c）"资本各要素（产品。原料。劳动工具）"不再作为独立的概念要素被提及。我们认为，放弃这个概念要素的原因是，该篇的内容有一部分已经包括在对劳动过程的物质方面所进行的分析中，另一部分被列入"关于生产一般"篇。①

马克思通过对资本和劳动相交换的两个行为的研究，确信了这种交换的社会基础对于实际的资本形成的独立意义，从而对于观念上的资本概念形成的独立意义。他用以下这段说明作为研究资本和劳动的关系的开始（在第一个计划表之后）："第一个前提是：一方是资本，另一方是劳动，两者作为独立的形态互相对立"，② 而且，正如我们已经提到

---

① 我们同意图赫舍雷尔的《关于生产一般》篇由于《劳动过程》章而完全成为多余的观点（瓦·图赫舍雷尔：《马克思经济理论的形成和发展》人民出版社1981年版，第282页）。

② 《马克思恩格斯全集》第1版第46卷（上）第222页。

过的。马克思在分析货币和劳动能力相交换的过程中，多次指出了作为这个过程的社会历史基础的"所有权同劳动相分离"，① 在分析中，价值从简单流通的各种形式到资本形态的过渡被分成两个相互不同的过程。货币在简单流通这个行为中占有能创造价值的劳动能力，以便使生产过程成为它自身的价值增殖过程。就这一点而言，资本是"生产和流通的一定的统一体"。② 但是，为了使这一切能够发生，劳动能力的可买性是必要的条件，因而成了劳动者和劳动的物质条件之间的特定社会关系。由此可见，"第三个因素"设定了资本，因为第三个因素不是由资本创造出来的，而是资本的前提，并且使资本和劳动的交换在流通和生产的特定统一的情况下成为可能。

　　生产者同生产资料相分离这种特定的社会关系是资本的始终实际的基础，这样，它就成了资本概念的一个必要因素。尽管如此，作为资本的前提的这种社会关系绝不能从它本身来说明，而只能从历史来说明。这就是历史考察必然开始之点③的其中一点，或者正如一年后所写的，这一点表明，"叙述的辩证形式只有明了自己的界限时才是正确的"。④ 劳动者和他们的生产条件的分离历史过程，必然是为便于理解资本的纯形式的阐述所作的补充。

　　与生产资料和劳动者的分离相一致的是，生产资料集中和积累到少数人手中成为私人财产——只有这样，生产资料才能成为资本，生产资料的所有者才能成为资本家。因此而产生了"原始积累"这一概念。马克思在第二个计划草稿中首次把积累列为第二篇的内容。所以，他作

---

① 《马克思恩格斯全集》第 1 版第 46 卷（上）第 252 页。
② 《马克思恩格斯全集》第 1 版第 46 卷（上）第 280 页。
③ 参看《马克思恩格斯全集》第 1 版第 46 卷（上）第 458 页。
④ 《马克思恩格斯全集》第 1 版第 46 卷（下）第 513—514 页。

了如下界定:"原始积累应当同资本积累区别开;后者以资本为前提,以现存的资本的关系为前提,因而也以资本同劳动、价格(固定资本和流动资本)、利息以及利润的关系为前提。"① 但是,为要变成资本,就要以一定的积累为前提,这种积累已经包含在对象化劳动与活劳动的独立存在中。这种积累是变成资本所必需的,因而已经作为前提,即作为一个因素包含在资本的概念中,"这种积累应当在本质上同已成为资本的资本积累区别开,在后一种积累中,资本必须已经存在。"②

这段说明对于我们的提问有两个方面的意义。一方面我们看到,以《资本的积累过程》为统一标题的《资本论》第7篇中,一个特定的论题范围即原始积累,在写作《大纲》的过程中至少已被归入第1篇《资本一般》。但是,必须承认的是,那个第7篇中的原始积累具有一定的独立的意义(正如我们已经看到的,原始积累在法文版的第1卷中自成一篇)。另一方面,还明确地区分了作为资本前提包含在资本的概念中的原始积累和以已经生成的、完成了的资本为出发点的、作为资本的结果之一的积累。这因而就区分了"资本一般"、资本的辩证的产生史和完成了的资本,这种区分是把真正的积累过程,即剩余价值再转化为资本,排除在资本的一般概念之外了。

现在,我们来考察马克思对价值增殖过程的分析。资本主义的生产过程——资本和劳动关系中的第二个行为——是物质规定和形式规定的统一。与此相应,马克思首先研究了物质方面即包含在资本之中的劳动过程,接着,他进一步分析了形式方面即价值增殖过程。但是,这个价值形成过程至此也只是从作为前提的价值的简单保存,也就是从资本价值的简单再生产这个方面来考察的。然而,因为就资本而言,很明显,

---

① 参看本章的第一节《积累篇的理论问题》。
② 《马克思恩格斯全集》第1版第46卷(上)第281页。

"资本价值的这种简单保存是同资本的概念相矛盾的",① 所以,对资本的分析必须超越这一点而对价值增殖过程进行考察。马克思这时遵从这一逻辑研究了剩余价值,因为"剩余价值总是超过等价物的价值"②。

资本的组成部分原料和工具在生产过程中只是从物质上被改变,但"作为价值,它们是始终不变的",③ 而对象化在第三个组成部分或"劳动价格"中的劳动时间不仅被创造价值的活动再生产出来,而且还被超过了。资本家在这个超过的量中,从工人那里得到比他付给工人的价值还要多的价值,以至于"从资本方面来看","交换"只是一种"表面的"交换。④

"……如果维持工人整个工作日的生存,只需要例如半个工作日,那么,产品的剩余价值就自然产生出来了,因为资本家在〔劳动〕价格中只支付了半个工作日,而在产品中得到的却是整个对象化的工作日;也就是说,没有什么东西同后半个工作日相交换。"⑤

后半个工作日超过了工人的生活需要,因而是强制劳动,尽管——与奴隶制不同——这是"间接的强制劳动"⑥。但是,马克思同时又把强制进行超过直接需要的剩余劳动看做是资本的伟大的历史方面⑦。最

---

① 《马克思恩格斯全集》第 1 版第 46 卷(上)第 277 页。
② 《马克思恩格斯全集》第 1 版第 46 卷(上)第 286 页。
③ 《马克思恩格斯全集》第 1 版第 46 卷(上)第 282 页。这里首次提到不变资本和可变资本之间的区别,在 30 页之后,在对价值转移和价值保存的分析中,这一区别才从理论上得到论证(参看同上,第 322—337 页),这两个名词是在第 366 页上首次出现。
④ 《马克思恩格斯全集》第 1 版第 46 卷(上)第 283 页。
⑤ 参看《马克思恩格斯全集》第 1 版第 46 卷(上)第 286 页。
⑥ 《马克思恩格斯全集》第 1 版第 46 卷(上)第 288 页。
⑦ 《马克思恩格斯全集》第 1 版第 46 卷(上)第 287 页。

终，资本的"历史规定"不仅在于这个方面，而且还在于普遍勤劳的纪律性以及生产力的发展，"……资本的无止境的致富欲望……不断地驱使劳动生产力向前发展"①；资本的这种历史规定即资本的使命，至迟"当资本本身成了这种生产力本身发展的限制时"，②才能被看做是完成了。

马克思在研究资本和劳动相交换的内在逻辑的过程中，进而转向研究价值增殖过程，并且同时再次超越价值的简单保存而研究剩余价值的生产。从这时起，马克思从基本特征出发，分析了剩余价值的来源和一般性质：剩余价值源于延长工作日，使其超过必要劳动时间。（正如我们知道，剩余价值的这个一般形式，在我们把它同由减少必要劳动而产生的相对剩余价值区别开来进行考察时，它就是绝对剩余价值。）

如果说，到此为止在草稿文字叙述的基本结构中还能找出与它们在《资本论》中的最终形式相当一致的地方，那么，从现在开始就出现不一致了。因为具有独特生产方式的绝对剩余价值和相对剩余价值这两种形式现在根本没有置于对资本主义的价值增殖过程进一步进行研究的中心；此前分析到的绝对剩余价值还没有明确地被称做绝对剩余价值。但是，马克思在认识到了剩余劳动的绝对增加和相对增加的差别之后，③仍然没有确信这种差别对于分析资本有非常重大的意义。他不仅没有进一步叙述绝对剩余价值的生产方式即工作日的延长和同时并存的工作日的增加，或确切地说，他很快就转而研究生产力的增加；而且，他也根本没有把考察劳动生产力的发展与分析相对剩余价值联系起来进行，即没有涉及相对剩余价值的特殊的生产方式，例如协作、分工和机器，对

---

① 《马克思恩格斯全集》第1版第46卷（上）第287页。
② 《马克思恩格斯全集》第1版第46卷（上）第287页。
③ 参看《马克思恩格斯全集》第1版第46卷（上）第308页。

这方面的研究，尤其是对机器的研究，是在很后面的一处才补加上的；生产力的发展也没有被理解成是资本本身的能动性，而是明显被看做是只能从它的作用进行考察的"引进来的外在关系"①。但是，这里关键的就是这一点不是从生产力的发展对减少必要劳动和增加剩余劳动的作用进行考察，而是从它对资本价值本身的绝对增加的作用进行考察。事实上，这就是进一步分析中的特殊的而且不断反复的问题。价值增殖过程的整个一篇的主要问题是：如果资本的生产力增加，资本的总价值是否增加？

马克思是如何提出这个独特的问题的？是不是资本价值增加的问题引出了在此尚不可能进行系统考察的资本积累问题呢？确实是这样。但是，我们先不谈提前研究积累的更深层的原因，这些原因无疑与对剩余价值的两种形式的意义，从而实际上是对资本价值增殖的不同的方法和表现形式的内在联系认识不清有关。我们首先来找出研究这个问题的外在原因。对马克思复杂的创作过程的理解表明，他在研究过程中取得了进步，而且这最终也会反映在一个较为明确的设想中，即生产过程篇的内部分篇法是必要的。

马克思在对剩余价值一般性质作了简短考察后，和《大纲》中经常出现的情况一样，他加进了一段关于资产阶级经济学家在相应问题上的错误——关于英国经济学家和重农学派"理解价值的自行增殖，从而理解……剩余价值是困难的"②——的插入部分。他首先为李嘉图辩护说，他是所有经济学家中唯一懂得剩余价值的人。③但是接着就指责他，"诚然，李嘉图自己也常常陷于混乱，因为，他虽然把剩余价值的

---

① 《马克思恩格斯全集》第1版第46卷（上）第321页。
② 参看《马克思恩格斯全集》第1版第46卷（上）第289页。
③ 参看《马克思恩格斯全集》第1版第46卷（上）第289页。

产生看做是资本的前提,但是,他在这个基础上理解价值的增加时,除了认为由于同一产品中包含了更多的物化劳动时间,换句话说,由于生产变得更困难这一点而外,往往困惑不解。"①

首先,我们还是要坚持这个看法。在这个插入部分的末尾,马克思再次回到了李嘉图的"价值的增加"② 上来,但是还没能指出它的错误所在。因此,马克思后来试图通过他的新的剩余价值理论找到正面的答案,这就是,除了通过劳动时间的增加以外,还有价值的有选择的增加。

b) 关于积累的特殊形式的说明

李嘉图在他的论价值和财富的区别的那一篇中指出:

"制造业中100万人的劳动永远会生产出相同的价值,但却不会永远生产出相同的财富。"③

这是因为生产力的增加虽然可以使使用价值的量增加,但却由于劳动的费用未变而使它的总价值也保持不变。

马克思在1851年的摘录笔记中就曾驳斥过这一原理。从李嘉图的原理可以得出结论,即价值只有通过人口的增加才能增加。马克思在那里对这个原理提出反对意见:虽然生产力的提高使商品的价值按照它使商品的数量增加的同样比例而减少;但是,这个结论只有在所有资本的生产效率都以同样程度提高了的情况下才能成立。

"如果同一生产部门及一切其他生产部门的所有资本的生产效率都

---

① 参看《马克思恩格斯全集》第1版第46卷(上)第289页。
② 《马克思恩格斯全集》第1版第46卷(上)第297页。
③ 大·李嘉图:《政治经济学及赋税原理》,北京:商务印书馆1982年版,第232页。

同样地提高了,那么,虽然资本的生产效率提高了,但资本并未增加。"①

与此同时,马克思又认为,这个过程不可能以同样程度进行,而应在具有不同生产率的各方资本的竞争中完成,在竞争中,占有优势的资本获得超额利润。马克思把这种利润,看做是价值增加的源泉:"因为资本生产力的提高总是片面的,就是说,首先,也是价值的增长。"②他还认识到另一个源泉:"其次,因为资本家用同样的资本能够推动更多的工人,他也就使劳动量增加了,例如,他让200万人而不是过去的100万人进行劳动,从而也就增加了价值。"③

但是在摘录笔记中,这一论证没有继续下去。在《大纲》中,马克思又提到了李嘉图的这个问题,显然,他对自己过去采取的解决办法并不满意。事实上,第一个论据的缺陷是很明显的。价值总量不会由于竞争而增加,由于价值是一个平均量,所以,一方面减少的价值量总是相当于另一方面的额外剩余价值。在所有部门中,生产率的短期和暂时的差别得到平衡,并且不可能要求普遍的社会作用。因此,马克思这时集中精力研究第二个论据,为此,他可以运用一系列精确的概念。

假设,工人只靠小麦为生;那么,谷物生产中的生产力提高一倍——例如由于土地肥力提高了一倍——就会使数量不变的生活资料的价值从而单个劳动能力的价值减少一半。其结果是,尽管工人的人数保持不变,但资本,无论它是用于生活资料的生产,还是用于生产资料的生产,它都只需向它的工人支付原来工资的一半。资本在新的生产过程结束时所具有的价值也保持不变,因为,无论是活劳动还是由活劳动转

---

① 《马克思恩格斯全集》第1版第44卷第111页。
② 《马克思恩格斯全集》第1版第44卷第111页。
③ 《马克思恩格斯全集》第1版第44卷第111页。

移的不变资本的价值量,都没有发生变化。相同的资本价值中包含了比以往多的剩余价值这一事实也不能改变这一点;这个更多的剩余价值是这样产生的,即对于相同的产品价值来说只需要减少一半工资额的预付资本。"可见,在这种情况下,价格(……)或资本的交换价值并没有由于生产力提高一倍而增加。"①

但是,马克思当时并不很重视资本通过提高生活资料生产中的生产效率所生产出的相对剩余价值。相反,他要研究的是,资本通过缩短必要劳动时间所节省下来的以及资本可以追加支配的价值或货币。因此,正是这个由于生产力的提高而游离出来的价值量,现在又可以发挥资本的职能了,也就是说,可以为了在新的生产过程中生产出用于追加到原有资本所创造出的价值上去的新价值,而同追加的劳动能力和生产资料相交换。

"但是事实上,绝对价值在这种场合也会增加,因为财富中表现为资本即表现为自行增殖的价值的那一部分增加了。"②

首先,这是马克思剖析李嘉图时论证的核心思想。劳动生产力的提高在这种场合引起了资本价值的绝对增加,因为,由生产力的提高而引起的劳动能力价值的减少,使一部分价值游离出来,它们可以被追加到原有资本上去,并且通过使用追加工人而使创造出来的价值的绝对量增加。

但是,马克思并没有因为这个论断而超越了李嘉图;相反,他完全证实了李嘉图的相同数量的劳动总是生产出相同数量的价值这一原理。作为劳动生产力提高的间接结果,资本价值的绝对增加完全就是李嘉图所指的价值的绝对增加。因为它仅仅归因于工人数量的绝对增加,也就

---

① 《马克思恩格斯全集》第1版第46卷(上)第308页。
② 《马克思恩格斯全集》第1版第46卷(上)第308页。

是活劳动的绝对增加。更多的价值产生于更多的劳动，但这并不就是说，相同的价值是由相同的劳动创造的。李嘉图在此所没有认识到的，很快被马克思认识到了。"经济学家们自己也是承认这一点的，他们后来在考察资本积累时不仅承认使用价值量的积累，而且也承认交换价值量的积累。"①

马克思所写只是积累的一个一般过程，不是剩余价值再转化为资本，不过，他详细地谈了相对剩余价值的资本化。

尽管如此，在这一点上，马克思还是对李嘉图进行了合理的批驳。这就是，追加的工人为了能被并入追加资本必须是现存的，但这不是无条件的。李嘉图在任何地方都没有把追加工人的存在作为问题来谈，没有加以证明，因而表面上把这种存在作为前提。另一方面，他在任何地方都没有把人口的增长作为增加交换价值的一个要素加以论述；甚至在任何地方都没有明确地谈过这个问题。②

马克思在这里没有对李嘉图的论题进行修改或补充。相反，他再次研究了生产率的提高使价值增加这个问题；这次是从另一个方面着手，或者更确切地说，从这个方面着手。也就是说，和李嘉图一样，他现在研究的是在某一个资本——与第一个例子相反，这个资本本身实现了生产率的提高——那里，生产力的提高对资本价值的影响。现在他不是在论述生产率的提高使劳动能力的价值降低而使相对剩余价值提高这个问题。劳动能力的价值仍然保持不变。马克思想了解的是，资本价值在多大程度上受到本身的生产力提高的影响，也就是说，在数量相同的工人可以生产出更多的使用价值量，或数量减少了的工人可以生产出与原来一样多的使用价值量的情况下，资本价值受多大影响。

---

① 《马克思恩格斯全集》第1版第46卷（上）第312页。
② 《马克思恩格斯全集》第1版第46卷（上）第317页。

这个问题首先按照李嘉图的方式来研究，也就是撇开不变资本，以致全部预付资本价值在生产力提高（提高一倍）以前和以后一样，都只是由可变资本组成：

根据上述前提，资本为100，工人为50。连李嘉图也得出的正确结论："〔由于生产力提高一倍〕500资本和25个工人就可以生产出同以前一样多的使用价值；其余的500资本和25个工人会创建一个新企业，也会生产出500的交换价值……总价值或财富仍旧不变。但是，使用价值或财富物质增加了一倍。"①

在生产出的使用价值量不变的情况下，劳动生产力提高一倍，就节省出一半工人和一半的资本（与假设相适应）。被游离出的那一半，或者可以追加在剩下的一半上，或者可以投入到一个新企业中。但是，在任何一种情况下，这两个一半的资本的总的结果是得到和生产率提高一倍以前同样数量的对象化的价值。李嘉图的观点再一次得到了证实。事实上，资本价值的增加或者价值量的增长，似乎只有通过雇佣更多的工人才能实现。

马克思再次对李嘉图进行了批评，指出李嘉图一方面为了说明资本价值的增加而假定工人人口的增长，另一方面又为了说明工人人口的增长而假定交换价值的增加，但是，这两个方面他都没有说明，② 所以至少"在李嘉图的理论中甚至对人口的增长也理解得不正确"③，在这之后，马克思暂时中断对他的上述论题的考察。

---

① 《马克思恩格斯全集》第1版第46卷（上）第317页。
② 顺便提一下，这一批判只是部分正确，因为李嘉图——正如马克思自己不久前所指出的——可以通过积累来彻底说明资本价值的增加。（参看"经济学家们自己也是承认这一点的……"同上，第312页）。
③ 《马克思恩格斯全集》第1版第46卷（上）第321页。

"我们所谈过的始终只是资本的两个要素,活的工作日的两个部分,其中一部分代表工资,另一部分代表利润,即一部分代表必要劳动,另一部分代表剩余劳动。那么,资本的其他两部分,即体现在劳动材料和劳动工具中的那些部分,哪里去了呢?"①

上面这个问题就是:生产价值的工人,除了生产出他的劳动能力以外,难道就不必生产出在生产过程中耗费掉的生产资料的价值吗?这个问题就涉及不变资本和可变资本的区别。早在剩余价值进行首次分析时,②马克思就清楚地认识到,价值的增加只会在投入到工资上的那部分资本上实现,而原料和工具的价值保持不变。但是,这种价值保存是究竟如何实现的,也就是生产资料的价值转换到产品上的方式方法,在那里没有进行研究。

事实上,在生产资料的价值上追加新价值的工人,无需再生产旧价值。他获得预先存在的生产条件的价值正是通过把这些生产条件加工成产品。除了本身的活劳动之外,旧价值的这种保存并不花费工人什么,这是劳动的自然力。③但是,由于劳动被并入了资本,因而它表明为资本的自我保存力④。工人是生产价值的,不是保存价值的;而工人作为使用价值的生产者,他利用作为使用价值的原料和工具,把它们的价值转移到新产品中,由此而同时保存了它们的价值。因此,不需要再生产出旧价值;旧价值并没有丧失,它只是再现在另一种产品中。

"但是,这种保存并不是由于活劳动增大了对象化劳动的量,创造

---

① 《马克思恩格斯全集》第 1 版第 46 卷(上)第 322—323 页。
② 参看《马克思恩格斯全集》第 1 版第 46 卷(上)第 282—288 页。
③ 参看《马克思恩格斯全集》第 1 版第 46 卷(上)第 328 页。
④ 参看《马克思恩格斯全集》第 1 版第 46 卷(上)第 335 页。

了价值,而只是由于活劳动在追加新劳动量时作为活劳动而存在,同劳动材料和劳动工具处于一种由生产过程决定的内在关系之中,也就是说,由于它作为活劳动的质。"①

就马克思的主要论题而言,对于不变资本价值的特性的这些独特的认识,暂时还没有结论。马克思就一个例子重新进行研究,② 这个例子从一开始就使得批驳李嘉图的原理成为不可能。他再一次考察了使生活资料的价值降低,并因而对任何一个资本来说,都使支付给每个劳动能力的价值减少的生产力提高。假定生产力提高一倍,因而工人不需要付出 4 小时必要劳动,而只需要付出 2 小时③。那么,现在只是增加了使用价值呢,还是创造了新的价值呢?④ 马克思提出的这个问题的前一部分是错的,后一部分前面已经作过回答。后一部分之所以说已作过回答,是因为,我们已经看到,降低工资至少游离出了可以购买追加劳动能力的资本,也就是花费在追加的价值生产者身上的资本。马克思对这个问题的认识是:"因此,结果是……生产了更大的交换价值,因为对象化了更多的劳动"。⑤ 问题的前一部分,即是否只是增加了使用价值,之所以提错了,是因为,因劳动能力变得便宜而减少支出与该资本的生产率和使用价值的生产没有任何关系。使用价值没有增加。它们最多是在作为前提的生活资料的生产中增加了。不过,在本篇中,马克思的这类忽视也并不只此一例。经常性的忽视并不只是这部手稿的草稿性质所

---

① 参看《马克思恩格斯全集》第 1 版第 46 卷(上)第 336 页。
② 参看《马克思恩格斯全集》第 1 版第 46 卷(上)第 337—344 页。
③ 参看《马克思恩格斯全集》第 1 版第 46 卷(上)第 339 页。
④ 参看《马克思恩格斯全集》第 1 版第 46 卷(上)第 340 页。
⑤ 参看《马克思恩格斯全集》第 1 版第 46 卷(上)第 342 页。

致，而且还由于，当时对相对剩余价值的本质与特殊性和对绝对剩余价值的特性一样，都没有作过充分的说明。最后，马克思不想再停留在这种非常令人讨厌的计算上了[①]，并且似乎是直接转向曾引起"凯里之流"和"不幸的巴师夏"关心的问题。马克思认为，凯里的观点是，两个资本的利润率之间的差别归因于工人在生产价值中得到的不同份额。与资本家相比，工人得到的越多，那么总资本的利润率就越低，反之亦然。因此，10%的利润率就意味着工人得到了的90%的产品，5%的利润率甚至表示工人得到的生产价值的份额是95%。

毫无疑问，这里把数字比例事实上所反映出的剩余价值率与利润率混为一谈；也就是混淆了只与支付工资的资本有关的剩余价值和与全部资本有关的剩余价值。剩余价值率或——马克思在这里不这么说——从所使用的劳动得到的价值，事实上表明了新价值在工人和资本家之间的分配。对于既定的工作日来说，缩短一个工作日的份额和增加另一个工作日的份额是一回事。

但是，全部资本除了为实际的新价值形成支付在活劳动能力上的部分之外，生产资料的价值，它是资本本身价值生产的前提，并且根本不可以在工人和资本家之间进行分配。和劳动能力的价值不同，材料和工具的价值不需要再创造和再生产出来，它不过是由工人转移到新产品中去，而不改变它们的价值量。不变价值部分的这种转移——马克思在不久前刚刚对此进行过仔细分析，因而在这里与凯里进行的辩论具有一定的根据——除了工人的活劳动本身之外并不花费他什么，因此，工人也不能对这部分价值的分配提出任何要求。但是同样，资本家也不能从生

---

① 参看《马克思恩格斯全集》第1版第46卷（上）第344页。

产资料中获得利润,因为生产资料的价值恰恰是不变的,也就是和购买时一样,并且在经过了生产过程之后没有增加,仍是原来那么多。因此,与剩余价值率不同,利润率不仅受到工人在新价值中得到的份额的限制,而且它作为剩余价值与全部资本的关系,按不变价值在预付资本中占有份额的比例而降低。因此,马克思把对凯里的批判集中在以下两点上:

"但是,实际上问题在于:(1)资本的各组成部分彼此间的比例怎样;(2)用工资,即用对象化在工资中的劳动小时购得的剩余劳动有多少。"①

只有把价值构成和剩余价值率结合起来——马克思后来是这样论述的——才能说明一个既定资本的利润率的情况。

马克思在下面几页②不仅着重指出了剩余价值率和利润率在概念上的区别,而且还用数例——当然很费事——证明了两者运动的可能的相反性:一个资本与另一个资本相比较,它可能有一个较高的剩余价值率,但同时又有一个较低的利润率,反之亦然;这完全取决于不变资本的份额。关于相反的情况,马克思作了如下表述:"如果资本的其他组成部分所占的比例较小,尽管从所使用的劳动得到的价值可能比较小,但全部资本的利润却比较大。"③

马克思在这里没有运用数例,而是从剩余价值率在利润率不变的情况下,从不变资本部分的增加而提高中认识到了资本主义生产的实际趋势,这是由于,马克思在这里第一次把全部资本中"不变"的资本价

---

① 参看《马克思恩格斯全集》第1版第46卷(上)第345页。
② 参看《马克思恩格斯全集》第1版第46卷(上)第342—361页。
③ 参看《马克思恩格斯全集》第1版第46卷(上)第356页。

值的绝对增加和相对增加与生产率的提高联系起来。我们还记得,当马克思考察生产率的提高时,他在批判李嘉图的同时恰恰和李嘉图一样,撇开了不变资本,更撇开了不变资本的相对增加。虽然这里考察的是其他问题,但是,马克思仍然着重指出:

"生产力的提高必然表现为工具价值的增加,表现为工具在投资中所占比重的增加,所以必然要引起材料的增加,因为必须有更多的材料被加工,才能生产出更多的产品。"①

也就是说:一个增加自己的生产力的资本,或者说,一个增加它的工人的生产力的资本,必须有更多的原料和在一般情况下有更多的工具可供工人使用,或者,它可以在生产资料的规模不变的情况下节省出相应数量的工人。因此,对象的生产条件的价值在这两种情况下都提高了,或者,像后面所写的,资本有机构成的提高是生产力提高的表现。正如李嘉图和马克思至此所做的那样,在考察生产力的提高时,只考察可变资本,而忽视不变资本及其运动,这看来越来越成问题。从不变资本的价值因生产力的增加而增加得出了下述结论,即一个生产率提高了的资本具有的利润率可能比一个技术不发达的资本的利润率更小,尽管该资本雇佣相同数量的工人,而且剩余价值率较高。

"因此,一个使用较多机器的较大资本的利润,所以会显得小于一个相对或绝对地使用较多活劳动的较小资本的利润,其原因恰恰在于:活劳动产生的较大的利润分配在总资本上显得较小,因为这个资本所用活劳动同总资本的比例较小。"②

---

① 参看《马克思恩格斯全集》第 1 版第 46 卷(上)第 353—354 页。
② 参看《马克思恩格斯全集》第 1 版第 46 卷(上)第 359—360 页。

关于这方面，马克思这时已经认识到了"利润的周期下降"① 或利润率呈下降趋势的真正原因，因为马克思在一次提示中，把不变资本部分的提高作为利润周期下降的真正原因，以此来反对李嘉图把谷物价格的提高引起工资的上涨作为利润率变动的原因的观点。但是，对这一系列论题的详细考察最后中断了，这个考察一部分被转入"利润项"，一部分被转入"积累项"进行。马克思的理由是："我们在这里首先要阐明的只是剩余价值的性质，这种剩余价值就是由资本推动的超过必要劳动时间之外的绝对的或相对的劳动时间的等价物。"②

马克思用听起来充满信心的英法混合语言重新开始研究他的关于资本价值增加这一主要问题："现在该结束由于生产力提高而产生价值这个问题了。"③ 在开始新的尝试之前，他扼要地重述了他迄今为止的研究结果。

"现在让我们回到我们在前面中断了的论点上来。生产率的提高虽然不会增加交换价值的绝对量，但会增加剩余价值。它所以会增加价值，是因为它把一个新价值作为价值创造出来，就是说创造出一个这样的价值，这个价值不应当简单地作为等价物被交换，而是必须作为价值保存自己；一句话，生产率的提高会创造出更多的货币。问题是：生产率的提高最后是否也会增加交换价值的总额？这一点实质上已经得到了承认，因为李嘉图也承认，随着资本的积累，积蓄会增加，因而已生产出来的交换价值会增加。"④

---

① 《马克思恩格斯全集》第 1 版第 46 卷（上）第 360 页。
② 《马克思恩格斯全集》第 1 版第 46 卷（上）第 360—361 页。
③ 《马克思恩格斯全集》第 1 版第 46 卷（上）第 361 页。
④ 《马克思恩格斯全集》第 1 版第 46 卷（上）第 362 页。

但是价值以积累形式增加，这根本不成问题。而相同数量的活劳动是否每次都实现为相同数量的对象化劳动这一根本问题并没有因此而被涉及。

这个问题在这种情况下才开始解决，即马克思在考察生产力的提高时，多次混淆生产力的提高对劳动能力价值产生的影响和它对劳动能力的数量产生的不同影响①，并且在数例②中不断出现计算错误，尽管如此，他最终还是把目标集中到下述问题上，即一个资本必须在多大程度上增加价值，才能在本身的生产率提高时，还可以雇佣和以前的数量相等的工人。事实上，这个问题是针对每一个提高了本身的生产率的资本提出的。因而，正如我们看到的，我们的主要问题即相同数量的工人和一个增加了的资本价值的关系，只是从反面提出来。

马克思在接下来的考察中，第一次把生产资料——不变资本——的价值写了进去。假定一个资本的生产力提高一倍，那么，在极端情况下的可能性有：或者，该资本家解雇一半工人，并继续让另一半工人生产出原有的使用价值量；这样他节省了一半的工资支出，由此而游离出又可以当做资本使用的追加价值——但是，只有一部分用于购买劳动力，因为，除此以外还必须购买生产资料；或者，他保持相同数量的工人，

---

① 第一个影响与作为前提的生活资料生产中的生产力的提高有关，第二个影响与资本本身的生产力提高有关。农业资本构成包含这两个因素的折中办法，因为，生产率的提高不仅使生产一定量使用价值的工人的相对人数减少，而且同时——也就是在下一个生产周期中——由于谷物价格的降低而使劳动能力的价值降低，这一理论构想适用于农业资本。

② 例如，《马克思恩格斯全集》第1版第46卷（上）第564页第22行的60 + 20 + 20 应是 60 + 20 + 60。

让他们生产出双倍的使用价值量。但他在这种情况下需要追加资本，因为，根据假定，他要买进双倍的原料（他曾撇开工具不谈），其价值并没有因为它本身生产率的提高而降低：

"因此，如果劳动生产力提高一倍，使一笔由原毛和工具构成的60塔勒的资本，只需要用20塔勒的劳动（2个工作日）就能增殖自己的价值，而在以前则需要100（总资本）①，那么，为了维持全部失业的劳动，现在总资本就必须从100增加到160②，或者说，我们现在运用的资本80必须增加一倍。但是，生产力提高一倍的结果，只是形成一个20塔勒的新资本＝以前所使用的劳动时间的1/2。"③

与前面考察的几种情况之间的区别是什么呢？以前我们只看到了可变资本，认为价值只有通过减少劳动能力的价值，也就是通过缩短必要劳动才能游离出来。生产率只有在生活资料的生产中才能提高。使用了便宜的劳动能力的资本对此没有影响（排除农业资本）。资本本身的生产率无需提高——虽然它会增加它的剩余价值，但不会增加它的价值生产。另一方面，如果资本本身的生产率提高，那么只有它的使用价值产品增加了，而除了价值量以外，剩余价值仍然保持不变。这些都是李嘉图的观点。

现在相反，资本家在本身的生产率提高时仍然保持原有数量工人的场合，同样可以以由这些工人直接生产出来的价值和剩余价值量保持不变这一情况为出发点。由于工人的生产力因此提高了一倍，所以他们现在需要双倍于以前的生产资料。因此，资本必须增大——虽然不必增大一倍，因为可变资本部分不必增加，但是增加了追加的不变资本总额，

---

① 即60塔勒的生产资料和40塔勒的工资。
② 因为追加的60塔勒对于生产资料来说是必要的。
③ 《马克思恩格斯全集》第1版第46卷（上）第369页。

这个追加的不变资本是必须为追加的生产资料预付的。① 但是，这个追加资本不是生产率提高的过程中创造出来的。它必须是从外面被带入资本的生产过程（例如，通过剩余价值的再转化），而且，不变资本份额对可变资本份额的比例越高，这个追加资本的规模也就越大。

但是，这个情况正如由于生产率提高一倍而工人数量减少一半那样，不完全取决于追加资本的来源问题。以此为前提，与工人数量相比，资本价值增加了这一事实仍然具有决定性的意义。这两种情况的共同点在于，它们都是资本的生产力提高的表现：

"资本的不变部分（由材料和机器构成）与资本的可变部分相比，即与资本中同活劳动相交换并构成工资基金的那部分相比会增长。"②

在这两种情况下，对象的生产条件的价值份额与总资本相比增加了，不变资本的价值与劳动相比增加了。因此，单个工人转移到产品上的价值额增加了。相同数量工人生产出的产品的价值增加了。"这同时表现为，较少量的劳动推动更多量的资本。"③

---

① 农业资本仍然例外。就是说，在这里可以假设，相同数量的工人在没有追加的生产资料的情况下，仅仅通过自然条件而获得双倍的收成。同样，还可以假定产业资本的例外情况："尽管这个假定例如对农场主来说，在收成增加一倍的时候是完全正确的，或者，对任何工业家来说，在他所利用的部门而不是他自己的部门的生产力提高一倍的时候，这个假定也是正确的；也就是说，如果原毛，其次是谷物（从而工资），最后是工具，它们的价钱都下降50%，那么工业家就会继续像从前一样，首先在原毛上支出40塔勒，不过原毛数量已增加一倍，其次在机器上支出20塔勒，在劳动上支出40塔勒。"[《马克思恩格斯全集》第1版第46卷（上）第367页。]所以说。如果资本所利用的全部生产条件的价值随着它本身的生产率的提高而降低，那么追加资本就不必要了。

② 《马克思恩格斯全集》第1版第46卷（上）第366页。
③ 《马克思恩格斯全集》第1版第46卷（上）第366页。

这样一来，马克思最终——尽管他根本没有更加明确地提到这一点——对李嘉图的相同数量的工人在生产力提高的情况下永远生产出相同的价值量这一原理的作用作了决定性的限制。

对于新价值或价值产品，也就是对于活劳动价值的直接对象化来说，李嘉图的论点可能是正确的——但这只能是在工作日长度不变的前提下（李嘉图从未研究过绝对剩余价值的特殊方法，因而也没有研究过相同数量的工人在工作日延长的情况下生产出比以前更多的价值量这个情况，因此，他的论点具有局限性）并且撇开劳动的复杂程度的普遍不同（在相同时间内，较复杂和较困难的劳动比较简单和较容易的劳动创造出的价值要多）；对于产品价值，也就是对于生产过程结束时的全部产品的价值来说，李嘉图的论点是错误的。

李嘉图的论断只有在下述非实际的前提下才适用于产品价值，即产品价值和价值产品恰好相同，也就是说，全部资本只推动活劳动，不推动对象的生产资料，这些是我们从马克思在这个基础上反驳李嘉图的尝试多次失败上认识到的，并且马克思在《剩余价值理论》中的批判部分也将着重指出这一点："如果预付资本仅仅由可变资本组成，就是说，仅仅由用于这100万人的工资的资本组成，那么，李嘉图就对了。因此，他只有在一种情况下，即在全部资本等于可变资本的情况下才是对的，——在李嘉图的著作中就像在亚·斯密的著作中一样，这个前提贯穿着全部研究，只要他谈的是整个社会的资本；但是，在资本主义生产条件下，无论在哪个生产部门中，尤其在整个社会生产中，这种情况是不存在的。"①

马克思在历经了多次挫折和多次徒劳无获之后才得到了一个解决生产力提高时资本价值增加问题的正确办法。这个办法是他充分了解了不

---

① 《马克思恩格斯全集》第1版第26卷（Ⅱ）第471页。

变价值部分和可变价值部分的区别对于价值增殖的重要性，以及它们在生产力提高后的各种不同变动时，才得到的。在关于材料和工具的价值转移方式的那一段中论述了这一认识，马克思从中认识到了不变资本的特殊性质，并且顺便说明——与此有关的——利润率下降的原因，他从中发现了作为生产力提高的表现的不变资本价值的相对增长。至此，生产力的提高对资本价值增殖的影响才清楚地显示出来。

马克思是在《剩余价值理论》中才揭示了李嘉图的错误的真正根源，这是他自己在《大纲》中就首先要清除的一个错误。这个错误在于，李嘉图错误地将全部年产品都归为当年新追加的劳动，而不考虑上一年的生产资料基金，其价值虽然只是转移到产品上，但依然表现在产品中。马克思认为，这个错误源于亚·斯密的"外在部分"的错误信条，即把商品的价值全部归为可消费的几种收入组成部分——工资、利润、地租，从而把商品的价值全部归为新劳动。①

如果在总资本中只考察可变资本而"忘掉"不变资本，那么，这必然会对整个理论的形成产生重要影响。实际上，李嘉图得出的是错误的利润理论，因为他只把利润和花费在工资上的资本部分联系起来，而没能够除此之外还把它和不变资本部分联系起来。因此，他在利润的标题下不自觉地考察了剩余价值，② 他又是仅仅从相对剩余价值的形式上

---

① 顺便提一下，赫尔穆特·赖希尔特认为斯密的错误的方法论的背景在于，他不能区别"抽象的一般劳动和具体的感性活动"之间的不同。

② "我们在批判李嘉图的时候，应该把自己没有加以区别的东西区别开来。第一是他的剩余价值理论，第二是他的利润理论。"[《马克思恩格斯全集》第1版第26卷（Ⅱ）第187页。] 并参看："他是这样考察问题的：似乎全部资本都直接花费在工资上了。因此，就这一点说，他考察的是剩余价值，而不是利润，因而才可以说他有剩余价值理论。"[《马克思恩格斯全集》第1版第26卷（Ⅱ）第424页。]

认识剩余价值。其次,生产力按资本主义积累过程的程度进一步发展,生产力的发展使它的价值在不变资本的绝对增加和——与可变资本相比——相对增加(有机构成增长)中表现出来,所以,不考察不变资本,也会导致包括错误解释利润率下降在内的错误的积累理论。① 马克思的评论如下:由此可以看出,李嘉图既没能理解积累的本质,也没能理解利润的性质。由于这个原因,马克思在《剩余价值理论》中分析李嘉图的剩余价值理论以及他的积累理论时,两次对100万人的年劳问题进行探讨。② 在批判李嘉图的积累理论时,马克思把全部产品的价值由于不变资本的绝对增加而提高明确地称为积累的一种形式——"资本积累的形式,理解这种形式非常重要"③。他进一步说明:"假定工作日是既定的,这100万人不仅会因劳动生产率不同而生产出极不相同的商品量,而且这个商品量也会由于生产它时花费的不变资本的大小不同,从而由于加到它上面的,由去年劳动、过去劳动创造的价值的大小不同,而具有极不相同的价值。"④

但是,一方面,如果忽视不变资本部分必然导致利润理论和积累理论中的错误,那么另一方面,如果不忽视它,就有可能正确地理解积累和利润。实际上,正如我们已经看到的,马克思在关于李嘉图的插入部分中,还着重指出了剩余价值率和利润率的区别,并且通过对不变资本

---

① 李嘉图认为追加资本全部转化为追加工资。"认为资本积累是收入转化为工资,就是可变资本的积累,这种见解从一开始就是错误的,也就是片面的。这样,对整个积累问题就得出了错误的解释。"[《马克思恩格斯全集》第1版第26卷(Ⅱ)第537页。]

② 参看《马克思恩格斯全集》第1版第26卷(Ⅱ)第470—474、537—544页。

③ 《马克思恩格斯全集》第1版第26卷(Ⅱ)第540页。

④ 《马克思恩格斯全集》第1版第26卷(Ⅱ)第540—541页。

的相对增加是资本主义生产力发展的表现这一认识,不仅找到了利润率下降的原因,而且还写出了他的积累理论的主要部分。同时显而易见,对——被李嘉图否定的——在生产力本身提高的情况下特有的价值增加的论证并不是整个研究的最重要的结果。系统地看,这一系列的问题本来是属于《积累》篇的,因为不变资本的价值要在工人数量不变的情况下增加,它的前提是追加价值,即剩余价值再转化为资本。在《价值增殖过程》篇中对资本的价值增加进行的广泛研究也不是从一开始就计划好的。它是由插入说明中的一个马克思起初尚不知道正确答案的附带问题引起的。总而言之,对于进一步的叙述来说,重要的不是对价值增加本身的提问及其回答,重要的是,马克思为了解决这个问题而不得不对生产力的发展和资本的价值增殖之间的关系进行的广泛研究。

归根结底,这些努力的主要结果是了解了不变资本,主要是了解了它在生产力发展过程中的运动,即"生产力的提高会改变资本各组成部分之间的比例"。[①] 这不仅因此而提供了批驳李嘉图的利润理论和积累理论的前提——这些前提在很后面的分析中才起作用,而且同时,搞清楚生产力的提高和资本价值增殖之间的关系,有助于对资本价值增殖过程获得新的认识,就像他在继续第一次对剩余价值的分析时必须对此进行叙述那样。

在插入部分的结尾清楚说明的是生产力的提高对资本价值增殖的两种不同影响。生产力提高的一个方面是,它的价值表现反映在不变资本的份额增加上,这一点同以利润率和积累过程的形式表现出来的价值增殖有关,但并不直接涉及剩余价值,另一方面是随着(相对)剩余价值相应的增加——它又与资本有机构成的提高没有直接关系——劳动能力的价值降低。马克思在插入部分中经常把生产力发展所产生的这两

[①] 《马克思恩格斯全集》第 1 版第 46 卷(上)第 372 页。

种不同作用混为一谈。在抽入部分中,他分析的重点无疑就是研究生产率的提高对不变资本的运动所产生的后果。但是,通过在插入部分结尾对生产力提高的明确分辨,生产力提高对剩余价值的直接影响的差别也清楚了,并因此明确了生产力发展对于剩余价值生产的实际意义。对资本主义生产力发展的形式的全面分析揭示了生产率的增长和剩余价值增加之间的关系,正因为如此,这种分析是《价值增殖过程》篇最后确定的叙述形式的一个重要的预备阶级——《价值增殖过程》篇划分为对绝对剩余价值生产的分析和对相对剩余价值生产的分析。就这方面而言,寻求对李嘉图的正确的回答也是对经济学范畴之间相互的内在联系进行研究的外在形式。

但是,还没到这一步。为了分析价值增殖过程,马克思很重视对绝对剩余价值和相对剩余价值加以区别,这表现在对绝对剩余价值和相对剩余价值的特殊生产方式的考察中,如果确实是这样,那么,这种重要性在这个插入部分的结尾还不可能很大。当马克思作了长达6页的进一步分析之后立即转入分析流通过程时,情况就会不同了。① 延长工作日使它超过正常工作日,这甚至还没有被认为是绝对剩余价值的生产方法。因为"强制地把工作日延长到超过其自然界限"② 这一办法——《资本论》中《工作日》章的主题——暂且"属于工资那一章"。首先,只考虑"同时并存的工作日的增加"作为增加剩余价值的唯一方法。③ "同时并存的工作日的增加"虽然还没有被明确地作为绝对剩余价值的特殊生产方法来分析,但是,必须说明,对它进行研究这一事实是对绝

---

① 分析价值增殖过程的还有:参看《马克思恩格斯全集》第1版第46卷(上),第373—382页。
② 《马克思恩格斯全集》第1版第46卷(上)第378页。
③ 《马克思恩格斯全集》第1版第46卷(上)第378页。

对剩余价值正在获得进一步认识的标志。因此，我们将在后面进一步看到它的考察方式。

但是，相对剩余价值的特殊生产方法，即以协作、劳动分工和使用机器的形式发展社会劳动生产力，在对价值增殖过程的第一次分析结束时，至少也稍稍提到了。因为，在向必要劳动量和"劳动的某种共同性"即"劳动的社会性质"的发展阶段之间的关系进军之后，马克思明确地写道：关于这一点，以后再回头来谈。①

马克思后来在研究固定资本时进一步考察了机器，而且不仅仅局限于从流通过程的角度，还从它对价值生产和剩余价值生产的作用这个方面进行了考察。② 但是，在结束对"资本一般"的阐述之后，也就是在推断出资本和利润的直接的关系之后，才最终，也就是在所谓"关于剩余价值的一般原理的概述"③ 中明确地从概念上区别了剩余价值的两种形式。正像马克思把对机器的论述放到相对剩余价值的生产中去可以使人猜测到的那样，他现在对剩余价值两种形式的区别及其对分析资本主义生产过程的意义有了清晰概念。事实上，这已经写在第二个计划草稿中。

现在我们再回到马克思将用于暂时结束对价值增殖过程的分析的那个问题上来。该问题所涉及的是，资本的价值增殖通过增加同时并存的工作日而增强，它后来以《剩余价值率和剩余价值量》为标题出现在

---

① 参看《马克思恩格斯全集》第 1 版第 46 卷（上）第 378—382 页。

② 参看："相反，只有在机器使工人能够把自己的更大部分时间用来替资本劳动，把自己的更大部分时间当做不属于自己的时间，用更长的时间来替别人劳动的情况下，资本才采用机器。"[《马克思恩格斯全集》第 1 版第 46 卷（下）第 214 页。]

③ 《马克思恩格斯全集》第 1 版第 46 卷（下）286—292 页。

《资本论》中。① 这个论题——正如后来的1861—1863年经济学手稿将要说明的——对于说明把《积累》篇收入《资本论》第1卷是很重要的。

"资本越是能同时与更多的工作日进行交换,即用对象化劳动同活劳动相交换,资本同时增殖的价值就越大。在生产力发展的一定阶段上(这种阶段是不断变化的,但这不会使事情本身有任何改变),资本只有在一个工作日之外,同时使用另外一个工作日,从空间方面增加更多的同时并存的工作日,才能超越一个人的活的工作日所形成的自然界限。"②

我们回忆一下:正如马克思所指出的,雇佣追加工人是李嘉图所承认的增加价值或剩余价值的唯一手段。马克思在论价值增加的插入部分中就曾指责说,李嘉图假定存在追加的工人人口毫无疑问是既定的,他在自己的理论中并没有理解人口的增长。③ 现在,当他自己涉及到这个问题时——与批驳李嘉图无关——他试图在论述增加同时并存的工作日时把追加人口的产生问题写进去。

回答的重点并不是证明,因为资本想尽量多地创造剩余价值,所以它的趋势是要尽量多地创造劳动④和增加劳动人口⑤;也不是证明,资本因此而"要求"人口绝对增加,或者说,至少"要求"雇佣工人增加。这只是过程的一个方面。而且现在,马克思也很少关心资本必须用以雇佣新工人的追加价值的值得重视的来源。也就是说,马克思认为,

---

① 《马克思恩格斯全集》第1版第23卷第336—345页。
② 参看《马克思恩格斯全集》第1版第46卷(上)第379页。
③ 参看《马克思恩格斯全集》第1版第46卷(上)第321页。
④ 参看《马克思恩格斯全集》第1版第46卷(上)第378页。
⑤ 参看《马克思恩格斯全集》第1版第46卷(上)第380页。

追加价值不是由积累，即剩余价值再转化为资本所形成的，而是由劳动能力价值在生产力提高的基础上降低而形成的价值游离机制——这是他在批驳李嘉图的理论时发现的——创造的：

"因此，资本要求人口增加，而且减少必要劳动的过程本身使资本有可能使用新的必要劳动（从而剩余劳动）。（这就是说，随着必要劳动时间的减少，或者随着活的劳动能力的生产所需要的时间的相对减少，工人的生产变得便宜起来，用同一时间可以生产出更多的工人……）"①

这种解答似乎很利落，而且提供了在不考虑积累的情况下（这里暂不考虑）考察追加雇佣问题的可能性，然而积累过程和货币源泉对于追加雇佣的作用就变小了。

当然，这里的问题取决于追加人口本身的存在，而很少取决于为追加雇佣所提供的追加的资本价值。与李嘉图相反，马克思准备从资本主义价值增殖过程本身的内在规律出发来说明这个问题。原因在于，追加人口并不一定只由绝对增长的工人组成，它也可以从游离出来的工人组成的后备人口，即过剩人口中获得，这是马克思人口理论的核心。也就是说，相对过剩的失业工人人口始终作为资本要同时增加绝对剩余价值和相对剩余价值这一欲望的必然结果而存在。

这就是说，一方面，资本要尽可能地使用更多的同时并存的工作日，或使人的劳动无限增加②。但是，资本要提高自身生产力这一规律所起的作用与此相反，不过这和工人人数对总资本的比例是一致的。总资本的绝对量最终决定，工人人数是否会并且在多大程度上从相对减少成为绝对减少，也就是说，是否有并且有多少工人被游离出来。

---

① 参看《马克思恩格斯全集》第1版第46卷（上）第379页。
② 参看《马克思恩格斯全集》第1版第46卷（上）第378—379页。

"另一方面，资本的趋势，像以前考察单个工作日时一样，现在涉及许多同时并存的必要工作日时（这些工作日只就价值来考察时，可以看做一个工作日），也是要把必要工作日数减少到最低限度，即把尽可能多的工作日数变成不必要的，并且，像以前考察单个工作日时资本的趋势是减少必要劳动小时一样，现在资本的趋势也是要减少必要工作日数对全部对象化劳动时间的比例。"①

工人被雇佣的状况受资本的这两个相反趋势的共同作用的影响。

"因此，资本的趋势是要尽量多地创造劳动；资本的趋势也是要把必要劳动减少到最低限度。因此，资本的趋势也是：既增加劳动人口，又把劳动人口的一部分不断地变成过剩人口，即在资本能够利用他们之前先把他们变成无用的人口。"②

马克思在这里已经阐述了他的人口理论的基本特征，他后来在《资本论》的《积累》篇中详细阐明了这个理论。无论是工人人口的绝对增加还是过剩人口的形成，以及他们作为工业后备军的职能，马克思都可以用剩余价值生产的矛盾规律进行解释。在《资本论》中，将用随着独特的资本主义生产方式的发展即机器的发展而出现的资本有机构成的提高来解释积累过程中或多或少地出现的工人的不断游离，这实际上就是阐述绝对剩余价值生产和相对剩余价值生产之间的矛盾的独特性。《大纲》中进行的分析所处的一般层次是由于暂时撇开了机器的发展并排除了积累。尽管如此，正如马克思自己所说的，他现在已基本发现了人口规律和雇佣规律。

---

① 参看《马克思恩格斯全集》第 1 版第 46 卷（上）第 380 页。

② 参看《马克思恩格斯全集》第 1 版第 46 卷（上）第 378 页。并参看："由此，资本的趋势也是：既增加劳动人口，又不断减少劳动人口的必要部分（资本不断地把劳动人口的一部分重新变为后备军）。"（同上，第 380 页。）

"因此，这里已经包含着现代人口理论虽然还不理解，但是已经作为矛盾表述出来的全部矛盾。"①

c）剩余资本循环的特殊性

尽管马克思在第280页［《马克思恩格斯全集》第46卷（上）］上已经把原始积累作为资本一般概念的第三个因素提出来，但是，他在叙述了直接的价值增殖过程即叙述了第二个因素在购买劳动能力之后的第二个行为后，仍没有论及原始积累。相反，马克思直接叙述了产品为了进入流通而从生产过程中出来的途径。现在，他没有按照前面的引述，而是把流通说成是"使资本成为资本的那个过程的第三个方面"②。要了解《生产过程》篇的形成，我们首先必须了解生产过程到流通过程的过渡以及流通过程本身，③ 之所以要这样做，是因为马克思在分析流通过程很快将要回到生产过程这个问题上来。

马克思在证明资本进入流通这一过渡时所采用的这种形式是独一无二的。资本必然要离开直接的价值增殖领域，正是因为资本不是在生产过程中增殖价值的。"我们仔细地考察就会发现，资本的价值增殖过程——货币只有通过价值增殖过程才变成资本——同时表现为资本的价

---

① 《马克思恩格斯全集》第1版第46卷（上）第380页。马克思在关于"资本理论"的插入部分中发现了马尔萨斯的人口理论之后，他在一段插入说明［《马克思恩格斯全集》第1版第46卷（下）第109—111页］中更加详细地解释了相对过剩人口的存在，包括它作为工业后备军的职能。["剩余资本需要失业的（至少是相对失业的）那部分人口，即相对的过剩人口，这样，它的增长才随时可以找到后备人口。"]［《马克思恩格斯全集》第1版第46卷（下）第111页。]

② 《马克思恩格斯全集》第1版第46卷（上）第384页。

③ 参看《马克思恩格斯全集》第1版第46卷（上）第383—442页。

值丧失过程，表现为资本丧失货币资格。"①

无论是在劳动条件或活劳动形式上，还是在产品的形式上，资本都只是作为使用价值而存在；与此相反，资本价值只是在观念上作为价格而存在，但不是作为价值本身而存在②。但是，价值的直接存在是货币。因此，真正的价值增殖包括观念上的货币转化为真正的货币，即出卖生产出来的商品。因此，"如果说资本通过生产过程作为价值和新价值被再生产出来，那么，它同时也是表现为非价值，表现为还要通过交换才能实现为价值的东西被再生产出来。"③

马克思认为，当商品转化为货币使资本重新取得了它的独立和十足的形态时，它才使资本成为资本；这不是因为剩余价值因此而得到实现，而是因为货币是适合于价值的存在形式。现在我们来看看马克思对资本过渡到流通过程的说明。

但是，下面要研究的与《资本论》第2卷中的研究对象没有什么关系，即与货币资本、生产资本和商品资本这三种形式的总循环，也就是概括为生产和流通的统一的资本周转没有关系。这是因为我们暂时——同马克思提出的理由一样——"还没有谈到资本作为流动资本的规定，我们还在一方面研究流通，另一方面研究资本，也就是说，我们还把生产看做流通的前提，或产生流通的根据。"④

我们研究的既不是总循环，也不是作为总循环的一个阶段的真正的流通领域，而只是真正的流通运动，看它是如何与生产过程直接连结起来；而且只是从与现实的生产过程中资本的价值丧失相对立的价值增殖

---

① 参看《马克思恩格斯全集》第1版第46卷（上）第384页。
② 参看《马克思恩格斯全集》第1版第46卷（上）第384页。
③ 参看《马克思恩格斯全集》第1版第46卷（上）第385页。
④ 参看《马克思恩格斯全集》第1版第46卷（上）第398页。

这个方面来进行研究。

生产过程中所创造出的观念上的价值只能在交换中实现。马克思认为这一点是重要的，它证明，交换即商品转化为货币，虽然对于资本的价值实现来说是必要的，但资本的价值实现并没有必然性。这里，在考察资本的一般概念时，"重要的是：资本并不直接是生产和价值增殖的这种统一，而只是和各种条件联结在一起的过程，而且正如过程表明的那样，是和外部条件联结在一起的过程，"① 这个过程可能会失败，这不仅是由于商品和货币实际上有互不相干并且独立的存在，即由于资本的商品性，而且也由于必须实现剩余价值，即由于商品的资本性。

因此，马克思研究了生产过剩、以低于价值的价格出售、价格下跌以及销售危机等问题。在这些研究中，马克思甚至还探讨了生产过程中创造出的追加价值是否能够在流通过程中找到等价物这一根本问题；或者说，他探讨了普鲁东的关于工人在某种产品价值高于工资的时候是否有能力购买它的问题。罗兹多尔斯基称整个第2篇是"关于价值实现问题的插入说明"。② 在该篇中出现了初步的再生产模式，通过这个再生产模式应当获得证据，证明各资本家彼此之间进行的交换原则上足以实现剩余产品的价值。（"从上面的叙述中可以清楚地看到，剩余价值在这里是在各资本家彼此之间进行的交换中实现的。"③）正如马克思在最后中断所有这些讨论时说的，对资本价值增殖可能遇到的困难的分析固然不属于这里考察的范围。"关于这一切实际发生时的运动，只有在考察了现实的资本即竞争等等之后，在考察了实际的现实条件之后，才能

---

① 参看《马克思恩格斯全集》第1版第46卷（上）第390页。
② 罗兹多尔斯基：《马克思〈资本论〉产生史》1968年法兰克福版。
③ 《马克思恩格斯全集》第1版第46卷（上）第436页。

加以考察。"①

因此，我们只得先不考虑这些：在我们这个研究阶段只能提出一般规定性，即作为生产和价值增殖（从价值实现意义上说）的统一的资本并不直接是这种统一本身。总之，对于进一步分析来说，从论述价值实现的困难的那个插入部分中不会得出更多的结果，因为在我们这个叙述阶段上还没有更多可说明的东西。

因此，我们可以从资本实现价值增殖出发，马克思也是这样从价值实现问题转到这个问题上来的："当产品重新被投入流通，并作为商品而同货币相交换时，资本的价值增殖，包含了它的新价值。我们现在考察的只是资本一般，在这个研究阶段上，这第三个过程②的实际困难只是作为可能性而存在③，因而也作为可能性被扬弃。"④

正如马克思在这里所说的，由于他在考察"资本一般"时可以假定这个运动的正常过程，所以他得出了一个多少有一些出人意外的结论，即他在这个考察中实际上根本无需在商品转化为货币上，因而在整个"第三个因素"上浪费时间。所以，因此，产品现在假定又转化为货币了⑤这个简要的论断暂时结束了这个论题。

马克思在探寻进一步的叙述进程的开端时又一次中断了原来的叙述。现在，在他可以假定商品转化为货币的过程已经完成之后，他本来

---

① 《马克思恩格斯全集》第 1 版第 46 卷（上）第 442 页。

② 第一个过程是购买劳动能力，第二个过程是现实的生产过程。现实运动中紧接在其后的是实现过程。

③ 例如，由于这种原因。马克思在考察价值增殖的困难时，只是想"分析最初包含在资本关系本身中的生产过剩的萌芽"。[《马克思恩格斯全集》第 1 版第 46 卷（上）第 403 页]。

④ 《马克思恩格斯全集》第 1 版第 46 卷（上）第 442 页。

⑤ 《马克思恩格斯全集》第 1 版第 46 卷（上）第 442 页。

是可以继续考察货币所具有的"已经实现的资本"这种"规定"。但是，他又写道："货币的这种新规定，或者说得更确切些，作为货币的资本的这种新规定，我们将在以后再来考察。"① 另一方面，他没有完全依照这个计划，而是立即开始叙述货币的三种规定，叙述它们如何存在于与单纯的货币不同的作为资本形式的货币上。正如他所着重指出的，特别要考察的是货币的第二个规定，即货币作为商品固定中介的流通手段，资本的货币形式在这一规定中表现出了资本的过程性，但是与单纯的货币不同，它必须使特定的使用价值即原料、工具和活劳动能力进入流通。"资本在这一规定中是流动资本，这一点以后再谈。"②

因此，接下去要研究的既不应当是作为已经实现的商品资本的货币资本，也不是紧接其后的资本循环的阶段，即货币的第二种规定所具有的从货币资本到生产过程各个因素的新的形式转化。显然，后者一般说来应当在考察流动资本即以不同的职能形式进行循环的资本时才加以考察。③ 马克思真正打算继续考察的那个点不仅在商品的价值实现之后，而且也在货币重新花费在生产因素上之后。

但是，资本作为流通手段规定上的货币，其结果是以已设定的资本为起点的生产行为的开始，这一点是我们在研究其他问题之前首先要在

---

① 《马克思恩格斯全集》第1版第46卷（上）第443页。
② 《马克思恩格斯全集》第1版第46卷（上）第443页。马克思同样将在《资本论》第2卷中确定货币资本的概念，即它是产业资本循环过程中一定的职能阶段。货币职能只有开始执行产业资本的生产职能或进行直接的价值增殖过程，才会成为资本职能。
③ 这里的论述以及以下各页［参看《马克思恩格斯全集》第1版第46卷（下）］的说明清楚地表明，问题涉及的是这个意义上的流动资本，而不是与固定资本相对立的流动资本。

这里考察的。①

资本第二次循环中的生产过程与先前的第一个生产过程不同。第一个生产过程被当做是现实的价值增殖过程，或者是把作为前提的价值第一次真正转化为资本的过程。与此相反，第二个生产过程是以已"设定"的资本为起点；它包含在已"生成"的资本的循环中。在分析两者之间的差异的同时，现在应该继续研究流通过程。马克思在这个研究中集中考察了第一个生产过程中产生的剩余价值作为追加资本的循环。

"当资本在这种形式上第二次出现时，问题都清楚了，而当资本第一次出现时，即它表现为从价值的规定过渡到资本的规定的货币时，这些问题还根本不清楚。……当资本第一次出现时，它的前提条件本身好像是从外部由流通中来的，对资本的形成来说表现为外在的前提条件，因而不是由资本的内在本质产生的，也不能用资本的内在本质加以解释。这些外在的前提条件现在成了资本本身运动的要素，因此资本本身预先要求这些条件成为它自身的要素——不论这些条件在历史上是如何形成的。"②

如果我们考察一下以重新转化为资本的剩余价值即与原有资本不同的剩余资本为出发点的生产过程，就会得出下述结论："作为异己的、外在的权力，并且作为在不以活劳动能力本身为转移的一定条件下消费和利用活劳动能力的权力来同活劳动能力相对立的一切要素，现在表现为活劳动能力自身的产品和结果。"③

追加资本来源于过去的生产过程所创造出的剩余价值，因而完全是活劳动的产品，或者说，是剩余劳动的产品。这不仅适用于追加的可变

---

① 参看《马克思恩格斯全集》第1版第46卷（上）第443—444页。
② 参看《马克思恩格斯全集》第1版第46卷（上）第446页。
③ 参看《马克思恩格斯全集》第1版第46卷（上）第447页。

资本，而且也适用于追加的不变资本。

"因此，这个价值为了重新增殖，即为了变为资本而必须采取的特殊形态——一方面作为原料和工具，另一方面作为生产行为期间劳动的生活资料——同样只是剩余劳动本身的特殊形式。"①

追加资本从流通中带给工人的不是并非由他们自己创造的价值，因此，在第二个生产过程开始时，资本本身无非就是工人自己的产品，这是在第一个生产行为中不可能意识到的。另一方面，并没有因为把资本作为劳动的结果而排除了与劳动相对立的资本的实际的独立性和异己性。相反，只会使这一点表现得更清楚，即工人在让渡了自己的劳动能力之后，把他自己的产品作为统治他的权力生产出来。"但是，如果说资本因此表现为劳动的产品，那么劳动的产品也表现为资本……表现为统治、支配活劳动的对象化劳动。"②

劳动始终生产作为同它相对立的独立的存在和他人的现实性③的它自己的产品。因此，如果与第一个生产过程不同，剩余资本的生产过程揭示了预付资本就是劳动的产品，那么，这个生产过程的另一个特殊性立刻就表现出来。虽然工人和生产条件之间的社会分离关系是使资本主义的生产过程能够进行的前提；而且它至今都被看做是资本和劳动相交换的外部预先确定的基础。但是，我们刚才已经看到，对象的劳动条件——尽管它们是劳动本身的产品——在第一个生产过程之后重新作为资本而与工人相对立，因此而得出结论，即因为工人本身除了用于生活资料的货币外一无所有，所以，工人和他们的劳动条件之间的那种无产阶级的关系仍然存在。但是区别在于，资本在此期间不再是外在的前提

---

① 参看《马克思恩格斯全集》第1版第46卷（上）第447页。
② 参看《马克思恩格斯全集》第1版第46卷（上）第450页。
③ 参看《马克思恩格斯全集》第1版第46卷（上）第451页。

条件，而是作为生产过程的结果从生产过程中创造出来的前提条件。这是因为，工人自己创造了作为资本而同他相对立的生产资料和生活资料。"财产同劳动之间，活劳动能力同它的实现条件之间……的这种绝对的分离……上述这种分裂，现在同样也表现为劳动本身的产品，表现为劳动本身的要素的对象化，客体化。"①

至此，劳动产品，或者说剩余劳动的产品再次表现为资本，说明了下面两点：

1. 在第一个生产过程中，价值的来源是无关紧要的，与此相反，可以看到：在剩余资本的生产过程开始时以对象的劳动条件的形式与工人相对立的、并且作为劳动能力的价值预付出去的对象化劳动，是工人本身活动的结果。

2. 工人生产出资本，自己却作为雇佣工人再次离开过程，这样，工人就再生产出资本家和工人之间的社会关系。在第一个行为中被假定为资本主义生产的基本条件（是在原始积累中历史地形成的）的东西，在第二个生产行为开始时又作为第一个生产行为的结果出现，并且通过剩余价值以不断增大的规模转化为追加资本而被再生产出来，形成越来越鲜明的对照。②

鉴别这两点并不难。这涉及《资本论》的积累篇中的"简单再生产的三个特殊性"③ 中的两个。第一点与第一个特殊性相符，即可变资本转化为工人的一个产品，第二点与第三个特殊性相符，即资本关系的再生产。这里只缺少了第二个特殊性，即总资本转化为再次资本化了的剩余价值。

---

① 参看《马克思恩格斯全集》第 1 版第 46 卷（上）第 448 页。
② 参看《马克思恩格斯全集》第 1 版第 46 卷（上）第 452 页。
③ 参看《马克思恩格斯全集》第 1 版第 23 卷第 21 章。

正如我们从《资本论》中了解到的,资本关系的再生产固然已经随着生产过程的简单重复产生,并且,正如马克思在这里唯一提出论证的那样,它不以超出生产过程的简单重复以外的剩余价值再转化为剩余资本为前提。同样,可变资本在简单再生产中就被证明是由工人创造的劳动基金。当然,马克思在这里也考虑到了这种情况,正像他在这里烦琐描述原有资本那样,他同最初的非剩余资本相比较,从而指出,在资本的第二个循环中,"……同必要劳动相交换的那一部分资本是由这种劳动本身再生产出来的,也就是说,它不再是从流通中归于劳动的,而是劳动本身的产品"。①

在这里就可以发现关于资本论的积累过程篇的这些组成部分,起初一定令人吃惊。是的,马克思对重复进行的生产过程的分析甚至还发现了资本的另一个特性,它以后将构成积累篇的一个不可缺少的组成部分。与"三个特殊性"相反,这个特性是在剩余资本的循环过程中才真正出现,并且,它与这三个特殊性的其他区别不是在第二个生产过程开始时而是在结束时才出现。马克思在这方面所考察的第三点是"占有规律的转变"。

但是,马克思这样做是合乎逻辑的。这是因为,那一点在一定程度上涉及刚研究的那些关系的反面。正如从劳动的角度来考察,资本表现为本身劳动的产品,但却是他人的权力,相反,从资本家的角度来考察,资本则表现为他人劳动的产品,但却是自身的权力。尽管如此,占有规律的转变并不仅仅是从另一个方面表明同一个过程。资本家不仅向工人预付工人自己的对象化劳动、这在第二个生产行为开始时就已经清楚了,而且他还用这种他人劳动再次占有他人劳动,这在第二个生产行为结束时才可能出现,这是重复进行的生产过程的又一个阶段,只有当

---

① 参看《马克思恩格斯全集》第 1 版第 46 卷(上)第 452 页。

我们把它也列为考察对象时,"资本的真正的性质"才表现出来。

"现在我们设想,剩余资本又投入生产过程,又在交换中实现了它的剩余价值,并在第三次生产过程开始时又作为新的剩余资本出现。这个剩余资本 II 的前提和剩余资本 I 的前提不同。"①

虽然,最初的剩余资本从它的内容来看也只是他的无酬劳动。但是,资本家们占有它的条件却是由资本家从某处弄来的预付价值。第二个剩余资本完全是剩余资本 I 的结果,并且从这个方面来说,它也是他人劳动转化为资本的结果。"对他人劳动的过去的占有,现在表现为对他人劳动的新占有的简单条件"。② 到了这一步,以建立在自己的劳动基础上的"每一个人对自己产品的所有权为前提"的、至今还未曾在哪儿受到形式上破坏的等价物交换的规律被打破了。③

"可见,交换的关系完全不存在了,或者说,成了纯粹的假象。其次,所有权最初是以自己的劳动为基础的。现在所有权表现为占有他人劳动的权利,表现为劳动不能占有它自己的产品。"④

不难断定,上述三点总的说来与《资本论》中论述积累过程的第七篇的开头部分相符合。也就是前面所说的积累篇的前两个组成部分。⑤ 罗兹多尔斯基称《大纲》中的这一节是第 21 章和第 22 章第 1 节

---

① 参看《马克思恩格斯全集》第 1 版第 46 卷(上)第 453 页。
② 参看《马克思恩格斯全集》第 1 版第 46 卷(上)第 454 页。
③ 参看《马克思恩格斯全集》第 1 版第 46 卷(上)第 454 页。
④ 《马克思恩格斯全集》第 1 版第 46 卷(上)第 455 页。顺便提一下,对于范畴的次序来说,必然得出结论:表现为用他人劳动占有他人劳动的"占有规律的转变",只能在"预付资本转化为劳动的产品"之后考察。这不仅因为为了理解这个转变而必须考察第二个循环的下一个阶段,而且还因为这个转变的基础是,使第二个生产过程得以进行的预付资本被看做是他人劳动的产品。
⑤ 参看这一章的第 2 节。

的"最初蓝本"是正确的。他同时还指出了手稿和《资本论》的区别,他认为区别首先在于"在《资本论》中,问题首先是从'简单再生产'的角度,然后再从'扩大再生产'的角度来研究的,而手稿中只有后一种考察方式。"①

事实上,马克思在《大纲》中集中论述了剩余资本的循环,这说明了他为什么没有明确论述《资本论》所包括的关于总资本通过简单生产的不断过程而转化为资本化的剩余价值的原因。由于有再转化了的剩余价值,总资本即不变资本和可变资本立即转化为劳动的结果,而在简单再生产过程中,不变资本价值则与可变资本不同,可能在好几个周期内都作为预付出现。只有在经历了好几个循环之后,所有资本最终才成为积累资本。所有资本在剩余价值还没有真正转化为追加资本的情况下就转化为再转化了的剩余价值,② 对这种独特的转化,马克思没有在

---

① 罗兹多尔斯基:《马克思〈资本论〉产生史》1968年法兰克福版。
② 马克思第一次把总资本转化为他人劳动的两种可能联系起来来看的地方是可以确定的。在第2个经济学手稿中,或者说,在《剩余价值理论》第3卷中与一篇没有署名的小册子的辩论中(小册子企图在李嘉图的理论基础上代表工业无产阶级的立场),首先提到的只是追加资本的分解:"只有在进行这种积累时才能看出,所有的一切,不论是收入还是可变资本和不变资本,都是被占有的别人劳动,不论是工人赖以工作的劳动条件还是工人用自己的劳动换得的等价物,都是资本家不付等价物而得到的工人劳动。"但是,他接下来又写道:"甚至在原始积累的条件下也是这样。假定我从工资中节约500镑。那么,这500镑实际上所代表的不是单纯的积累劳动,而是和资本家的'积累劳动'不同的、我自己的、由我自己和为我积累的劳动。我把它转化为资本,购买原料等等和雇用工人。假定利润是20%即每年100镑。在五年中(……),我以收入的形式把我的资本'吃掉'。到第六年我的这500镑资本本身就代表不付等价物而占有的别人劳动了。"[《马克思恩格斯全集》第1版第26卷(Ⅰ)第275页]

《大纲》中进行考察，这是因为，他直接在论述剩余资本的同时研究了可变资本价值和不变资本价值变为他人劳动的结果的这种转化。

另一方面，罗兹多尔斯基的意见并不完全正确，因为，正如我们已经看到的，马克思在《大纲》中论述"最初的非剩余资本"时也提到了可变资本分解为工人的产品。但是，对于我们来说，另一观点也就是下述事实更重要，即在《大纲》中超出了原订计划中的对原始积累的考察（正文中甚至在它之前，尽管不属于第1篇《资本一般》的系统），而分析了《资本论》第7篇的另一个题目。我们马上就来谈谈把这一点安排在《流通过程》篇的独特做法。但是，让我们再看看叙述的进程。

当预付资本分解为劳动的结果时，以及当占有规律转变时，很明显，资本不必为了更新生产过程、甚至也不必为扩大再生产而从外界获取新的预付资本，因为延续和扩大生产过程的条件本身已经在生产过程中创造出来了。结果表明，资本家在资本关系的再生产中始终都能在市场上找到自由的劳动能力。资本的所有基本的存在条件，"这些前提，最初表现为资本生成的条件，因而还不能从资本作为资本的活动中产生；现在，它们是资本自身实现的结果，是由资本造成的现实的结果，它们不是资本产生的条件，而是资本存在的结果"。[①] 资本主义生产过程本身不断地新生产出以它为前提的条件，并且总是以扩大的规模进行生产，这就是经常被引用的体现了马克思叙述方式的特征的下面这段说明的根据："因此，要揭示资产阶级经济的规律，无须描述生产关系的真实历史。"[②]

---

① 《马克思恩格斯全集》第1版第46卷（上）第457页。
② 《马克思恩格斯全集》第1版第46卷（上）第458页。

另一方面，尽管历史上曾经形成的资本不断地新创造出它最初的存在条件，但是，这种最初的关系的历史形成是以资本的存在为前提的，并且正如马克思已经指出的，它因而构成了资本概念的一个必要因素。这一联系引导了马克思从论述资本在重复它的生产过程时所具有的特征到考察原始积累。

另一方面，"对我们来说更为重要的是，我们的方法表明必然包含历史考察之点，也就是说，表明仅仅作为生产过程的历史形式的资产阶级经济，包含着超越自己的、对早先的历史生产方式加以说明之点"。①

由于这个原因，《大纲》中接下来的那一节应该从工人和对象的劳动条件（原始的共同财产、农奴等等）统一的不同历史形式的解体这个方面，叙述资本关系的形成或原始积累以前的过程②。资本的原始形成是工人和生产资料之间历史分离过程的结果，这个过程使货币财富"一方面能买到劳动的客观条件，另一方面也能用货币从已经自由的工人那里换到活劳动本身。"③

这一篇对于我们来说重要的不是它的内容，而是下述事实，即在《大纲》中，马克思在已经把流通过程说成是"第三个因素"并且开始研究之后，还论述了继"货币转化为资本"和"资本和劳动相交换"

---

① 《马克思恩格斯全集》第 1 版第 46 卷（上）第 458 页。
② 《马克思恩格斯全集》第 1 版第 46 卷（上）第 470 页。
③ 《马克思恩格斯全集》第 1 版第 46 卷（上）第 510 页。这里不是评价《大纲》中重要的内容的地方。它从第一次发表以来就已经引起很多讨论，并且由于它追溯到原始社会的历史跨度，它尤其是对于马克思主义的历史学家来说，越来越成为论争的材料，例如，对关于亚洲的生产方式是否具有一个独立的社会经济形式的意义这一有争论的问题进行论争的材料。

之后被称为第三个因素的"原始积累"①。但是,他在结束了叙述资本历史的那一章之后就转向了流通过程,与以前不同,他现在把流通过程理解成经过流通和生产阶段的循环过程。

我们已经看到,资本的真正本性只有在循环结束时才表现出来。

"我们现在要考察的是资本循环本身,或者说,资本周转。初看起来,生产处于流通的彼岸,而流通处于生产的彼岸。资本的循环——作为资本流通的流通——包括两个要素。"②

因此,有关后来的《资本论》第1卷的题目范围基本结束了。马克思在此之后所作的考察,例如关于剩余价值的一般原理的概述或"资本理论",全都与前面出现过的系统论述有关。

* * * * *

如果我们现在断言,马克思在《大纲》中,也就是在最初意义上的"资本一般"无可争议的那个时候,就已经系统地叙述了后来的积累过程篇的几个基本组成部分(即第21和24章以及第22章第1节的内容),那么我们另一方面就不能忽视下述事实,即马克思不是在研究生产过程时,而是在研究流通过程时发现上述要点的——原始积累除外。我们回忆一下,马克思当时想考察的是"以已设定的资本为起点的生产行为的开始",因为它是剩余资本循环的开始阶段。这就是研究资本在重复出现时的特殊的动机。可是,研究的动机与其实际的结果完全不一致。

因此,严格地讲,马克思分析的决不是流通过程的开始阶段——例

---

① 参看《马克思恩格斯全集》第1版第46卷(上)第280页的插入部分。
② 参看《马克思恩格斯全集》第1版第46卷(下)第5页。

如表现为货币资本的剩余价值形式上转换为生产资本的组成部分或作为资本循环的一定阶段的生产过程，而是考察了作为生产过程的第二个生产过程。因为这些新的规定——生产过程在这些新规定中表现为以剩余资本为起点的生产行为——决不是由追加资本的流通形式产生的，而仅仅是由追加资本从先前的生产过程中获得的内容——对象化的他人劳动——产生的。从流通过程的角度出发，那么，就必须对第二个生产过程及其开始阶段作另一番考察。这是因为，剩余价值是对象化的他人劳动，尤其它不是作为已经增殖的价值，而只是重新作为为了在生产过程中自行增殖价值而转化成劳动过程的因素的货币，就这方面而言，剩余价值作为处于流通中的追加资本根本就不会开始再转化为资本。但是，对第二个生产行为的分析是分析它与作为生产过程的第一个生产过程有多大区别，也就是说，它有多少其他的基础。

就这方面而言，马克思在《大纲》中起初不把生产过程范围内的论题作为生产过程来研究可能是正确的。但是重要的是，他是把这些论题作为生产过程去研究的。最后，他甚至通过对那个论题范围作内在的进一步考察，重又回到早在计划之中的"原始积累"这个问题上来，他曾为了便于叙述从生产过程直接过渡到直接的流通领域而推迟了对"原始积累"的分析。之所以这样，是因为这两个论题范围之间有着内在联系。因为，如果首先考察了生产过程的简单重复如何把它现存的前提转化为由它自己创造的结果，那么最终就会搞清楚，这些前提最初是如何实现的。

现在还不能确定马克思自己是从什么时候起开始认识到，那些要点不属于流通过程篇，而还是属于生产过程篇。一直到"手稿"的结尾都没有任何关于第1篇《资本一般》的分篇法的计划表和详细说明。当然，我们根本就不依靠这些。因为这表明，马克思在至今已为人熟悉的那两个计划草稿中已经在形式上对这种情况作了考虑,这两个计划草稿是他在结束《大纲》和开始写第二部经济学手稿期间拟写的。

(原载《从〈原始草稿〉到〈资本论〉
——马克思主要著作的结构史》)

(夏静译 卢晓萍校)

马克思计划撰写的经济学著作内容探索

《资本论》和马克思经济学"六册计划"中的专门学说(上)*

〔苏〕A. M. 科甘

1. 导 论

马克思在自己主要著作《资本论》第 1 卷的序言中指出:"本书研究的是资本主义生产方式以及和它相适应的生产关系和交换关系"。① 《资本论》各册的标题表明,他将在分析资本的基本结构的范围内来研究资本主义的生产关系。马克思这本书的最终目的是"揭示现代(即资本主义——科甘注)社会的经济运动规律……"② 因此对资本基本结构的研究是服从于对资本主义经济运动规律的揭示的。

资本基本结构的科学反映便是剩余价值理论,这个理论在《资本论》一书中得到了深入而全面的研究。恩格斯强调指出,"马克思的整本书(指《资本论》第 1 册——科甘注)都是以剩余价值为中心的……"③ 恩格斯有关第 1 册的话也完全适用于整部《资本论》。例如,马克思在描述第 3 册的主要内容时指出:"在第 3 册中,我们将要说到

---

* 本文选自《马克思恩格斯研究》1991 年总第 6 期。
① 《马克思恩格斯全集》第 1 版第 23 卷第 8 页。
② 《马克思恩格斯全集》第 1 版第 23 卷第 11 页。
③ 《马克思恩格斯全集》第 1 版第 20 卷第 231 页。

剩余价值转化为它的各种不同的形式和彼此分离的组成部分"。①

列宁对剩余价值理论在《资本论》中所占地位的评价也具有重要意义。他的著作《卡尔·马克思》在简要地剖析《资本论》第 1 卷（第Ⅱ—Ⅶ篇）、第 2 卷和第 3 卷内容的那一部分中就有一个小标题《剩余价值》。这一部分指出，《资本论》中对资本主义生产关系的分析就是从剩余价值角度来进行的。例如，在谈到工人阶级为争取缩短工作日而进行的斗争和在资本主义条件下提高劳动生产率的三个基本历史阶段问题在《资本论》中所占的地位时，列宁指出，在那里这些问题也可以看做是剩余价值理论的组成部分。②

列宁是从辩证逻辑的观点来研究《资本论》的，这种观点要求能够弄清"在目前这个时候，在目前的具体条件下"问题提法的方向。③他认为，对剩余价值的分析就是《资本论》中关于资本主义生产关系问题提法的方向。正是在这个意义上，他称剩余价值理论为"马克思经济理论的基石"。④

《资本论》在探讨剩余价值理论的过程中，对竞争、信用、股份资本、土地所有制、雇佣劳动、国家、对外贸易和世界市场等问题进行了研究。马克思研究剩余价值的重要特点之一就表现在这里。⑤

同时，在马克思的主要著作中，特别是在《资本论》第 3 卷中有

---

① 《马克思恩格斯全集》第 1 版第 32 卷第 70—71 页。
② 参看《列宁选集》第 1 版第 2 卷第 592 页。
③ 参看《列宁选集》第 1 版第 4 卷第 454 页。
④ 参看《列宁选集》第 1 版第 2 卷第 444 页。
⑤ 恩格斯在《资本论》第 2 卷的序言中强调指出，马克思同自己的前人不同，他把剩余价值看做是这样一个事实：它"必定要使全部经济学发生革命，并且把理解全部资本主义生产的钥匙交给那个知道怎样使用它的人。根据这种事实，他研究了全部既有的经济范畴……"（《马克思恩格斯全集》第 1 版第 24 卷第 21 页）。

许多提示,说明从竞争、信用等经济范畴抽象掉了一些方面,这些方面同资本的基本结构没有直接关系,而是属于专门分析这些经济范畴的学说的内容。在研究《资本论》是否从剩余价值角度考察了竞争、信用等,或是否也研究了它们的相对独立于剩余价值的运动的问题时,应当特别注意马克思的这些提示。本书作者发现了下述50余处这样的提示:

资本的竞争:

《资本论》第1卷——《马克思恩格斯全集》第1版第23卷第351—352、600、601页。

《资本论》第3卷——《马克思恩格斯全集》第1版第25卷第124、125—126、219—220、262、347、861、939页。

《资本论》第4卷——《马克思恩格斯全集》第1版第26卷(Ⅱ)第553、562—563、609—610页;第26卷(Ⅲ)第52—53、344—345、392页。

信用:

《资本论》第2卷——《马克思恩格斯全集》第1版第24卷第98、128—130、136—137、281、287—288、292、346、357—358、385、537—538、565页。

《资本论》第3卷——《马克思恩格斯全集》第1版第25卷第125—126、401、412、450、454、575页。

《资本论》第4卷——《马克思恩格斯全集》第1版第26卷(Ⅱ)第562、609页,第26卷(Ⅲ)第52—53页。

股份资本:

《资本论》第3卷——《马克思恩格斯全集》第1版第25卷第267页。

土地所有制：

《资本论》第 1 卷——《马克思恩格斯全集》第 1 版第 23 卷第 790—791 页。

《资本论》第 3 卷——《马克思恩格斯全集》第 1 版第 25 卷第 693、694、698、928、896 页。

《资本论》第 4 卷——《马克思恩格斯全集》第 1 版第 26 卷（Ⅱ）第 23、36、300 页；第 26 卷（Ⅲ）第 440 页。

雇佣劳动：

《资本论》第 1 卷——《马克思恩格斯全集》第 1 版第 23 卷第 594 页。

《资本论》第 3 卷——《马克思恩格斯全集》第 1 版第 25 卷第 159—160 页。

国家：

《资本论》第 4 卷——《马克思恩格斯全集》第 1 版第 26 卷（Ⅱ）第 525 页。

对外贸易：

《资本论》第 1 卷——《马克思恩格斯全集》第 1 版第 23 卷第 637 页脚注（21a）。

《资本论》第 2 卷——《马克思恩格斯全集》第 1 版第 24 卷第 528 页。

《资本论》第 4 卷——《马克思恩格斯全集》第 1 版第 26 卷（Ⅰ）第 22 页；第 26 卷（Ⅱ）第 545 页；第 26 卷（Ⅲ）第 269 页。

世界市场：

《资本论》第 3 卷——《马克思恩格斯全集》第 1 版第 25 卷第 126—127、412、408 页。

马克思在《资本论》中抽象掉的那些现象，早在 1843—1858 年他就进行了研究,当时他在分析资本主义经济的多样性时,就已揭示了各种经济范畴的内在联系。① 1858年以后,马克思不断地搜集了大量有关资本主义经济的具体资料,并继续研究这些现象。对于我们来说,特别是在分析"六册计划"同《资本论》的联系时,至关重要的是要弄清马克思为什么要在自己的主要著作中把些现象抽象掉。不言而喻,任何解释都只能是假设。

让我们回过头来研究一下马克思在《资本论》中是如何研究竞争、信用、股份资本、土地所有制、雇佣劳动、国家、对外贸易、世界市场的。

2. 竞争、信用、股份资本

"竞争"

《资本论》许多章均涉及竞争问题。然而对于弄清马克思研究这一范畴的方法来说,第3卷第10章具有特别重要的意义(这一章是《一般利润率通过竞争而平均化。市场价格和市场价值。超额利润》),因为在这一章中,竞争问题研究得比其他章更为充分。

马克思指出,在自由竞争的资本主义条件下,剩余价值在各个部类的资本家之间进行再分配,因此利润率被平均化为一般利润率。由此而产生了一个"困难的问题":"……利润到一般利润率的这种平均化是怎样进行的,因为这种平均化显然是结果,而不可能是起点。"② 在第

---

① 这种研究在一系列手稿中,首先是在1857—1858年手稿中得到了表述,马克思的这些手稿不是为了发表,而是为了自己弄清问题写的(参看《马克思恩格斯全集》第1版第13卷第7页)。

② 《马克思恩格斯全集》第1版第25卷第195页。

10 章中，竞争被认为是回答上述问题所必须研究的。

由于利润的实体即剩余价值是价值的一部分，所以利润同价值形成有着有机联系。这里所分析的正是这种联系。在资本主义条件下，每种商品都具有许多个别价值，因为生产它们的企业彼此之间首先在生产的技术条件方面是不同的。马克思揭示了部门内部竞争在形成同一个市场价值中的作用："竞争首先是在一个部门内实现的，是使商品的各种不同的个别价值形成一个相同的市场价值和市场价格"。[①] 他分析了在绝对的无限制的竞争条件下市场价值形成的三种情况。第一种情况：大部分商品是在中等生产条件下生产出来的，而优等企业和劣等企业的商品只是由数量不大而且相互持平的商品量构成，在这种情况下，价值倾向于中等企业商品的个别价值。第二种情况：大部分商品由劣等企业生产出来，市场价值倾向于劣等企业生产的商品的个别价值。第三种情况：大部分商品由优等企业生产出来，市场价值倾向于优等企业生产的商品的个别价值。这样一来，在无限制的自由竞争条件下的所有这三种情况下，市场价值的大小就取决于个别价值的平均。

对于理想的自由竞争条件（需求符合供给）来说，也就是说对于符合资本内在属性的条件来说，市场价值形成的这三种情况是典型的现象。但是，大家都知道，无限制的自由竞争是不存在的。在资本主义发展的任何阶段，竞争或多或少总是受到垄断企业的限制的，这就自然会导致周期性的、相对稳定的对某种商品的需求同这种商品的供给不相适应的情况。在竞争受限制的情况下，竞争陷入同资本内在属性相矛盾的境地，它相对的独立运动也就表现出来了。

在第 10 章中，马克思把供求互不协调条件下的竞争的特点抽象掉了。对于马克思理论的进一步发展来说，他的下面这一段话更为重要，

---

① 《马克思恩格斯全集》第 1 版第 25 卷第 201 页。

其中涉及到价值形成的条件问题:"……如果这个量过小(即供不应求——科甘注),市场价值就总是由最坏条件下生产的商品来调节,如果这个量过大(指供大于求——科甘注),市场价值就总是由最好条件下生产的商品来调节,因而市场价值是由两端中的一端来规定的,尽管单纯就不同条件下生产的各个量的比例来看必然会得到另外的结果。"①因此,在产品不足的条件下,劣等企业产品的个别价值总是调节着市场价值。但是在这里,如果大多数产品是在优等或中等企业生产出来。那么平均社会劳动花费(这里指劳动过程本身因素的平均)就低于占调节地位的劣等企业的产品的个别价值,因而也就不再决定市场价值了。这样一来,在上述马克思所说的情况下,在供应有限(这里指的是稳定的限制)的条件下,市场价值的形成将不同于不存在这种限制的条件下的形成的可能性就出现了。正如马克思在地租理论中所指出的,在竞争同对土地这一经营对象的垄断相结合的条件下实现的正是这种可能性:在所有描绘级差地租形成的表格和例子中,市场价值均取决于劣等企业(这里指处在劣等土地上的企业)产品的个别价值,虽然这些企业生产的只是少量的部门产品,也就是说,它们的产品的个别价值已不再是部门的平均量。例如,在马克思所研究的一种级差地租形成的条件中,即在第几种情况下,劣等企业生产全部产品的 16.2%,而优等企业则生产 42.2% 的产品,但是市场价值却取决于劣等企业产品的个别价值。②

因此,在《资本论》中,实质上得出了两种衡量价值量的社会必要劳动时间的定义:在分析无限制的自由竞争的条件时,它被定义为平均量,而在分析受垄断组织限制的竞争条件时,它又被定义为最大限度的、倾向于只生产少量产品的劣等企业的个别劳动时间的量。

---

① 《马克思恩格斯全集》第 1 版第 25 卷第 207 页。
② 参看《马克思恩格斯全集》第 1 版第 26 卷(Ⅱ)第 287—288 页。

如果把全部注意力都集中到劣等企业生产绝大部分产品的自由竞争情景下，这两个定义之间的差别就最大限度地被隐藏起来了，因为在这种情景下，劣等企业的劳动耗费决定着价值量。这里所说的是和在对作为经营对象的土地实行限制竞争自由的垄断条件下价值量定义有关的引人注目的共同性。但是这种共性是形式上的，因为差别大多是隐藏起来的：在竞争无限自由的情况下，劣等企业的劳动耗费决定价值量，因为它们是平均耗费，表现了创造商品的直接劳动过程的社会意义；而在对作为经营对象的土地实行垄断的情况下，劣等企业（土地）的劳动耗费虽然也决定价值量，但是却不是平均耗费。

认为像下面这样来解释价值量的两种不同定义似乎是合乎逻辑的。在绝对自由竞争条件下，加工工业中价值量由平均劳动耗费来决定；而在农业和采掘工业中，对作为经营对象的土地实行垄断，即在条件大为不同的情况下，价值却是由劣等企业的个别劳动耗费来决定的。但是，我们认为这种解释是片面的、简单化的：它只限于认定数量上的差别。但众所周知，数量上的差别如果是稳定的、合乎规律的，那么在它们背后就隐藏性质的差别。同样，有根据认为，《资本论》中所包含的两种不同的价值量定义也同马克思所提出的在受垄断限制的竞争条件下发生价值的质变（变形）的问题一样。

大家知道，价值是历史上一定的劳动形式。这种形式的本质就是平均化关系①（关于这一点，不妨让我们回忆一下马克思有关作为一般等价物的商品是价值关系的等价表现的原理）。只要根据普遍承认的有关范畴的量的特征和质的特征相统一的方法论原理，上述在价值量定义上

---

① 参看《马克思恩格斯全集》第 1 版第 13 卷第 20 页；第 23 卷第 62—65、89—91 页；第 26 卷（Ⅰ）第 88、296—297 页；第 47 卷第 255 页；第 48 卷第 360 页；第 49 卷第 161—162、170 页。

的差别显然就证明了：在竞争受到垄断限制的条件下不同种类劳动的平均化是不同于绝对自由竞争条件下的平均化的。假设，生产 100 单位的工业商品 A 和生产 100 单位的农业商品 B 花费了同样多的平均劳动 200 小时（在我们的例子中，中等企业生产大多数产品，因而这 200 小时就是倾向于中等企业劳动时间的社会必要劳动时间）。如果 100 单位的商品 A 同 100 单位的商品 B 相交换，那么这种交换可以算做等价的：因为在这些商品上凝聚了等量的平均劳动，因而具有同等的社会价值（200 小时）。但是我们知道，农业商品 B 的交换比例是由市场价值调节的，市场价值又是由位于贫瘠土地上的企业的劳动耗费决定的，即使这些企业生产的只是该部门的少量产品。假设，在我们的例子中，花费在贫瘠土地上的劳动比花费在中等土地上的劳动多 50%。那么另外一种交换比例，即 100 单位的商品 B 同 150 单位的商品 A 相交换同样是合理的，这种交换关系也是等价的，因为它是由市场价值决定的。① 于是我们有根据认为，这里所说的是等量劳动的两种合理表现，而差别是与竞争条件有关的：在这些条件发生变化时，价值的种范畴范围内的质的差别便暴露出来了。②

在理解价值定义上的差别，理解与竞争条件（无限竞争自由和垄断限制下的竞争自由）有关的差别时必须注意下面一点。创造价值的抽象劳动是体现在商品中的全部社会劳动体系的一部分，这一部分劳动同其他部分处于平等地位。因而社会总劳动某一部分的地位和社会含义的稳定变化会影响这一部分劳动同其他部分的等价关系，也即会影响抽象劳动。社会总劳动中每一部分的地位不仅由体现在商品中的劳动过程（劳动技能、劳动强度、技术设施综合起来计算的劳动时间）来决定，而且

---

① 参看《马克思恩格斯全集》第 1 版第 25 卷第 744—745 页。
② 价值的种范畴表达了价值所有变形所固有的共同的东西。

也由部门间的联系来决定。如果以这些出发前提作为依据，那么有关由于对土地这一经营对象的垄断的作用，受部门间相互联系所制约的农业劳动的社会含义要高出直接由劳动过程决定的劳动的社会含义的假设就变得合理了，这种差别所表现的正是马克思在《资本论》第3卷第10章中写的两种互不相同的价值量定义。

无论是在这一章，还是在《资本论》的其他章节中，马克思都没有考察上面所谈到的价值定义的质的差别，尽管它具有重大意义，尤其是对于后面分析级差地租具有重大意义。显然，可以这样来解释：价值的与竞争本身的运动有关的特征，会使制定剩余理论复杂化，因此这个问题应在有关竞争的专门学说中再去研究。然而，在第10章中提出了这个学说的一个最重要的问题，这个问题正是价值及其变体的种概念的相互联系问题。① 马克思写道："任何一个资产阶级经济范畴……要成为实际的东西，都不能不通过自由竞争"。② 因此，十分自然的是，在有关竞争的专门学说中，劳动价值理论应当得到进一步的发展。

马克思在第10章中指出，资本从一个部门转入另一部门，导致一般利润率的形成，自然也导致生产价格的形成，这种转移是通过竞争来进行的。该章中对部门之间竞争的研究也仅限于这一原理（用一段文字表达），以及列举一些影响资本转移的因素。③ 在完成这件事以后，马克思指出，"关于这个问题的进一步说明（指各部门为争取有利可图的

---

① 作者在《马克思〈资本论〉中的价值问题（进一步研究的出发点）》、《马克思生产价格理论的若干问题》（分别见苏联《经济科学》杂志1974年第11期和1975年第5期）、《资本主义制度下价值的活动问题》（见《苏联科学院通报》1977年第5期）等文章中就这些问题作了分析。

② 《马克思恩格斯全集》第1版第46卷（下）第160页。

③ 参看《马克思恩格斯全集》第1版第25卷第218—219页。

资本的投入而进行竞争问题——科甘注）属于专门研究竞争的范围"。[1]

一般地说，马克思在自己的主要著作中研究了无限自由竞争的条件，因为这些条件恰恰适合于资本。而对各种各样的竞争的分析，以及当代十分现实的问题，即竞争和垄断的辩证（矛盾的）统一问题，[2] 在研讨有关竞争的专门学说时，就被提到首位。在这方面，马克思在《资本论》第 3 卷第 45 章中有关垄断价格分析的那一段话可以作为典范；他说："这种垄断价格既不是由商品的生产价格决定，也不是由商品的价值决定，而是由购买者的需要和支付能力决定。对垄断价格的考察属于竞争学说的范围，在那里，将研究市场价格的现实运动。"[3] 在马克思这段话中，特别耐人寻味的是有关在竞争学说中有必要继续进行价格形成的理论探讨，继续研究市场价格的实际运动。让我们来试析几个与市场价格的现实运动有关的、属于竞争学说的问题吧。

众所周知，资本的周期循环，对于不同商品的价格的运动有着不同的作用。由此而产生了在资本周期内不同商品的价格运动的特点问题。这些问题早在马克思写作《资本论》时便已存在，这一点可由 1846—1873 年期间英国的生铁（生产资料）和棉织品（消费品）的价格运动来证实。这个期间包括三个周期（1847—1857 年，1857—1866 年，1866—1873 年），在这 27 年当中，同棉织品的价格相比较而言，生铁

---

[1] 《马克思恩格斯全集》第 1 版第 25 卷第 219 页。

[2] "在实际生活中，我们不仅可以找到竞争、垄断和它们的对抗，而且可以找到它们的合题，这个合题并不是公式，而是运动。垄断产生着竞争，竞争产生着垄断。"（《马克思恩格斯全集》第 1 版第 4 卷第 178 页）"绝对的竞争自由是任何时候、任何地方都未曾有过的。"（《列宁全集》第 2 版第 4 卷第 107 页）

[3] 《马克思恩格斯全集》第 1 版第 25 卷第 861 页。

的价格周期性波动相当大。① 显然，对上述问题的分析属于有关竞争的专门学说的范围，因此，马克思在《资本论》中未加探讨。

在《资本论》第3卷第10章中，马克思写道："如果市场价值发生了变化，总商品量得以出售的条件也就会发生变化。如果市场价值降低了，社会需要（在这里总是指有支付能力的需要）平均说来就会扩大，并且在一定限度内能够吸收较大量的商品。如果市场价值提高了，商品的社会需要就会缩减，就只能吸收较小的商品量。"② 在这里马克思所谈到的商品，是指"生产部门相同、种类相同、质量也接近相同的商品"。③ 马克思没有直截了当地指出他提出上述原理时对什么东西做了抽象，进一步研究的途径应当是什么样的。但在上下文中包含着对这些问题的答案。马克思注意到下面的事实：社会需要"在这里总是指有支付能力的需要"，社会需要的变化"在一定限度内"受到市场价值的升降的影响。

社会需要不仅仅归结为支付能力，它还有赖于诸如文化水平，民族习惯等等社会因素，还取决于一系列的社会生理因素，这些因素决定人对消费品的一定品种以及这些品种内的每种消费品的一定质量的需要。这些因素影响到商品的需求和实现。例如，如果土豆的市场价值和价格跌落，其顾客的支付能力自然就增强了，但是也只有在顾客前一时期限制对这种商品的消费，也即由于受上述因素的制约，他们对这一商品的需求没有得到充分满足的时候，对土豆的需求及土豆的销售才能扩大。而如果在土豆的市场价值和价格降低之前对土豆的需要已经全部满足，

---

① 参看 A. 门德尔松《经济危机的理论和历史》第2卷，1959年莫斯科版第556页。

② 《马克思恩格斯全集》第1版第25卷第202页。

③ 《马克思恩格斯全集》第1版第25卷第201页。

那么增长后的支付能力所引起的就不是土豆的销售的增长,而是其他种类的商品(例如油脂、肉或鞋子、服装)的销售的增长(这些商品的需求原先只是部分得到满足,但其价值也可能没有变化)。同时,由于像土豆、油脂和肉类这些商品在一定的范围内可以互相取代,所以由于土豆的市场价值和价格下降而引起的支付能力的增长,也能引起油脂和肉类的销售和需求的增长,而对土豆的需求,土豆的销售反而会缩减。自然,所有这一切都会对价格有相应的影响。由此可知,在一定的支付能力下,需求取决于各种不同的使用价值在何种程度上满足着社会需要。同时这种依赖性甚至可以产生一个乍看起来是反常的结果:商品的市场价值和价格降低到头来会导致对它的需求的缩减。

但是在我们上面研究的原理中,像在整部《资本论》中一样,马克思把商品的使用价值对需求弹性的影响抽象掉了。结果,在这些原理与资本主义市场的具体过程之间就不仅存在统一,而且存在矛盾。例如,从马克思的原理中可以得出,土豆的市场价值的跌落可以导致对它的需求的增长,但这一原理又同在土豆的市场价值下降之前对这种商品的需求已经得到充分满足的时候的实际情况相矛盾。这种矛盾说明,有必要超出《资本论》范围去分析需求弹性。为了找到矛盾运动的规律,即为了弄清理论的中介环节,应当考察商品的使用价值如何影响需求弹性。这种考察同资本的一般分析,同资本内部属性的研究无关,而是属于研究竞争的专门学说的范围。在这一研究过程中,应当分析研究决定社会经济需要的诸多因素(包括同支付能力没有直接关系的因素)的相互关系和变动。这样一来,在有关竞争的学说中,就应当专门考察像社会经济需要这样的主要范畴。

在研究剩余价值一般存在条件——竞争的无限自由的条件时,马克思的出发点是:第一,社会必要劳动时间——价值尺度——归结为在中等技能、强度和技术设备下的劳动时间,这个劳动时间是一个平均量;

第二，需求对社会必要劳动时间的影响只是间接的。例如通过优等企业、中等企业、劣等企业之间的相互比例（例如，在生产不足的情况下，劣等企业的比重可能增加）。

而在考察受垄断限制的竞争条件下的剩余价值（《资本论》第3卷第6篇）时，马克思表达了商品总量的社会使用价值，因而也就是需求对社会必要劳动时间——价值尺度——的直接作用的思想。① 值得注意的是，这一重要思想是马克思在有关地租的那一篇的《导论》中表达出来的。在谈到研究地租时应予避免的主要错误时，马克思指出，认为说明了剩余价值和利润存在的一般条件似乎自然而然就可以揭示地租的秘密的想法是荒谬的。在那一章的上下文中，他也确认在社会使用价值（社会需要）和社会必要劳动时间之间存在直接联系，同时认为必要劳动时间"在这里包含着另一种意义"。② 正如已经指出的那样，在第3卷第6篇中我们所研究的所有有关级差地租的表中，马克思据以出发的是，在受垄断限制的竞争条件下，社会必要劳动时间的形成同自由竞争条件下的形成不一样：劣等企业生产的部分产品为数不多，但它们的个别劳动时间却是社会必要劳动时间。③

社会必要劳动时间的两种定义之间以及价值的两种定义之间的差别在《资本论》第3卷第39章中表现得最为明显，在那一章中，马克思在分析第一个表时，涉及了"虚假的社会价值"范畴。在这一表中假设开垦四块土地，在其中每块土地上支出同样多的资本——50先令，

---

① 参看《马克思恩格斯全集》第1版第25卷第722—724页。
② 《马克思恩格斯全集》第1版第25卷第717页。
③ 正如马克思所指出的，在自由竞争条件下，价值尺度——社会必要劳动时间——只有在劣等企业生产绝大部分某种产品，即在这种劳动时间变为部门平均劳动时间时才倾向于它们的个别劳动时间。

平均利润10先令。① 马克思写道："关于级差地租，一般应当指出：市场价值始终超过产品总量的总生产价格。例如，拿第Ⅰ表来说，总产量10夸特会卖到600先令，因为市场价格是由A（生产总产量的1/10的劣等土地——科甘注）的生产价格决定的，每夸特等于60先令。但实际的生产价格是……10夸特（作为平均价格，它取决于所有四块土地产品的个别价格——科甘注）的实际生产价格是240先令；但它们要按600先令的价格出售，贵250%。实际平均价格是每夸特24先令，但市场价格是60先令，也贵250%。

这是由在资本主义生产方式基础上通过竞争而实现的市场价值所决定的；这种决定产生了一个虚假的社会价值。这种情况是由市场价值规律造成的。土地产品也受这个规律支配……"②

在马克思的例子中所说的市场价值超出生产价格与农业中低下的资本有机构成无关，而是与只生产为数不多的部门产品的劣等土地调节作用有关。如果说，像马克思在《剩余价值理论》中所做的那样，把对这种情形的分析搬到采掘业上，依据采掘业中的资本有机构成接近于平均构成的话，那么，在马克思例子中的价值由于取决于平均劳动时间，它将同生产价格相符，一个商品单位等于24先令，而商品总量则等于240先令。相应来说，600先令的市场价值和由平均劳动时间来决定的价值——马克思称之为虚假的社会价值——之间的差额就等于360先令。

虚假的社会价值明确显示了在受垄断限制的竞争条件下形成的价值与在竞争无限自由的条件下形成的价值之间存在的量的差别，也就是说，虚假的社会价值本身是个非常重要的经济范畴，虽然如此，马克思

---

① 参看《马克思恩格斯全集》第1版第25卷第734页。
② 《马克思恩格斯全集》第1版第25卷第744—745页。

却只有一次提到它。① 虚假的社会价值这个术语本身也是引人注目的。马克思用这个术语所表示的是农业和采掘业工人用劳动创造的、而为土地所有者攫取的级差地租的价值实体。由此可见，马克思一方面把它视为现实的，真正的价值现象（级差地租的全部理论以此为基础）；另一方面又称它为虚假的社会价值。我们认为，这种双重的角度产生于马克思的抽象体系。马克思在自己的主要著作中分析了在不受限制的自由竞争条件下的资本主义的生产方式，在上述条件下，级差地租的价值实体，从而连地租本身都不可能存在。术语"虚假的社会价值"反映了这一点。产生这个术语的原因不在于它所描述的对象的自身特点，而是在于《资本论》的具体内容，因为在这部著作中，对价值的研究主要是在不受限制的自由竞争条件下进行的。这个术语是把受垄断限制的竞争条件下的价值的特殊性抽象掉的一种独特形式：特殊性得到了确认，同时又不需要在《资本论》中对其进行专门分析（虚假的社会价值）。把术语"虚假的社会价值"，和它所描述的对象——级差地租的价值实体（即现实的，真正的价值）联系在一起，这本身实际上就意味着问题的提出：在不受限制的自由竞争条件下只能成为虚假的社会价值的东西，在受垄断限制的竞争条件下就成为现实的、真正的社会价值。显然，在对第二种情况下的价值作专门分析时，表述级差地租价值实体的术语应作相应的改动。完全有理由认为，在级差地租理论中，马克思给价值量下了新的定义，说明了作为虚假的社会价值的地租实体的性质，这样，马克思不仅为自己创造了用劳动价值理论来解释级差地租的基础，而且提出了受垄断限制的竞争条件下的价值本身（它的质和量的特征）的特殊性问题。

---

① 马克思关于虚假的社会价值的说明的基本内容，涉及的是该价值消失的条件，即向共产主义过渡的条件。（参看《马克思恩格斯全集》第1版第25卷第745页）

在前面我们已经注意到，关于地租的部分被纳入《资本论》所研究的剩余价值理论之中，这自有它的好处，但却造成了方法论上的一些难题：超出了上述理论的基本抽象之一的范围。马克思究竟如何解决这些难题的呢？在指出了受垄断限制的竞争条件下的社会必要劳动时间——价值尺度——不同于在竞争无限自由条件下的社会必要劳动时间之后，马克思没有专门考察受垄断影响的社会必要劳动时间的特殊性。这样，马克思就在《资本论》中撇开了必须经过翔实的研究才能解决的问题，而这样的研究是与《资本论》的抽象——竞争的无限自由的条件——不相容的。对这个问题的分析首先属于竞争的专门学说，同时，我们在以后的第6节中将要说明，它对于了解现代资本主义经济具有现实意义。

此外，通过上述分析，我们有理由认为，在《资本论》中实际上存在着两种不同的垄断价格。第一种是受垄断影响而不断地偏离价值的价格。这种价格的特点是垄断不改变价值本身——价格运动的规律。第二种是价格围绕着受垄断影响而发生变化的价值上下波动，垄断改变价值（它的形成与自由竞争条件下的情况不同），从而也影响价格。马克思只是附带提到垄断价格，而且也只是谈到了第一种形式的价格，并且在谈到与价值的变化无关的价格的变化时，使用了"垄断价格"这个术语。我们认为，这种方法是由上面提到的《资本论》的抽象之一决定的。现实的情况是：垄断组织对价格的影响所及，不是个别的部门，而是每个资本主义国家的整个经济和整个资本主义的世界市场。对于分析现实的情况来说，要把《资本论》中提出的第二种形式的垄断价格问题，这种价格的价值实体问题提到首位。这个问题属于竞争的专门学说。为了解决这个问题，需要从竞争返回到最初的范畴，返回到价值理论，本书第1章谈到了这一点。

在《资本论》第1卷第18章（《计时工资》）中，谈到劳动价格的降低（工资与劳动力消耗量的关系）时，马克思指出："但是这种对异常的即超过社会平均水平的无酬劳动量的支配权，很快就会成为资本家本身之间的竞争手段。商品价格的一部分是由劳动价格构成的。劳动价格的无酬部分不需要计算在商品价格内。它可以赠送给商品购买者。这是竞争促成的第一步。竞争迫使完成的第二步是，至少把延长工作日而产生的异常的剩余价值的一部分也不包括在商品的出售价格中。异常低廉的商品出售价格就是以这样的方式形成的，最初是偶然的，以后就逐渐固定下来，并且从此成为劳动时间过长而工资极低的不变基础，而原先它却是这些情况所造成的结果。我们只是指出这一运动，因为分析竞争不是这里要做的事情。不过我们还是可以听一下资本家本人的自白。"① 然后马克思引证了英国资本家的证词，这些证词实质上证实了马克思提出的论断，其中提出了与竞争的专门学说有关的重要问题（低廉的工资，竞争和商品的价格的相互依存），并指出了解决这个问题的途径。

在《资本论》第3卷第14章中，在说明工资被压低到劳动力的价值以下是阻碍利润率下降趋势的因素时，马克思强调："在这里，这种情况只是作为经验的事实提出，因为它和其他许多似乎应该在这里提到的情况一样，实际上同资本的一般分析无关，而**属于不是本书所要考察的竞争的研究范围。**②"（黑体字是我加的。——科甘）在关于竞争的专门学说中考察工资被压低到劳动力的价值以下（这是政治经济学的一个非常重要的问题），这一点证明了该学说的重大的理论的和实际的意义。

在第3卷第18章中，在考察商业资本和商品资本（它靠商业资本周转）的相互关系时，马克思指出："但是，随着资本主义生产方式的

---

① 《马克思恩格斯全集》第1版第23卷第600—601页。
② 《马克思恩格斯全集》第1版第25卷第262页。

进展，随着商人资本越来越容易挤进零售商业，随着投机的发展，随着游离资本的过剩，不执行职能或半执行职能的商人资本会增加。——这是一个要在'资本竞争'的范围内论述的观点。"① 这个论断中也提出了一个理论问题，对它的详细剖析超出了《资本论》研究的范围，而属于竞争的专门学说。

在《资本论》第3卷的最后一篇即第7篇中马克思写道："在描述生产关系的物化和生产关系对生产当事人的独立化时，我们没有谈到，这些联系由于世界市场，世界市场行情，市场价格的变动，信用的期限，工商业的周期，繁荣和危机的交替，会按怎样的方式对生产当事人表现为不可抗拒的、自发地统治着他们的自然规律，并且作为盲目的必然性对他们发生作用。我们没有谈到这些问题，是**因为竞争的实际运动不在我们的研究计划之内，我们只需要把资本主义生产方式的内部组织，在它的可说是理想的平均形式中表现出来。**"② （黑体字是我加的。——科甘）马克思在这段论述中不仅讲清了竞争的专门学说的问题的范围，而且揭示了这门学说对于批判由表面现象引起的对资本主义经济的看法所具有的重要意义。

"信用"

在《资本论》第1、2卷中马克思对信用的分析只限于个别的评论，不过在第2卷中对信用的分析多于第1卷。让我们来考察一下马克思在第2卷中分析信用的方法。

一方面，他不止一次地强调了信用对于资本流通、对于全部社会资本的再生产的重要性，特别是他指出了，没有信用制度资本主义生产就不可能达到19世纪中叶那样的规模（没有信用制度资本主义生产会受

---

① 《马克思恩格斯全集》第1版第25卷第347页。
② 《马克思恩格斯全集》第1版第25卷第939页。

到贵金属生产的规模的限制)。① 而在另一方面,在第 2 卷中,马克思对许多问题的分析从总体上说来却又是把信用体系的作用机制抽象掉了。② 例如,他在理论上认为,社会资本的再生产完全依靠贵金属货币的流通,也就是说,他在抽象过程中舍弃了信用货币。③ 而谈到信用时,他的注意力全部集中在这个范畴对资本流通的影响,并不具体谈信用制度本身的运行机制。

对信用考察得最充分的是第 3 卷第 5 篇。该篇的研究对象是利润分为利息和企业主收入,生息资本。第 5 篇第 21 至 24 章中,马克思以对生息资本实质的分析为基础,说明了借贷利息的特点及它与利润的区别。上述几章的全部材料和对资本的基本构成及剩余价值理论的研究有机地联系在一起。在第 5 篇后面的几章(第 25 至 35 章),马克思在继续研究借贷资本的同时,详细分析了作为借贷资本运动形式的信用制度。这些章节的特点是,不仅继续对剩余价值理论作了考察,而且还研究了应属于在信用的专门学说中研究的信用。

我们来分析一下第 30 至 32 章。在这几章里(恩格斯为它们加了共同的标题《货币资本和现实资本》)马克思对借贷资本和现实资本的积累进行了比较分析。他指出,借贷资本的积累归根结底决定于现实资本的积累,连产业周期过程中这两类资本在运动中的对立最终也是决定于现实资本的运动。要证明借贷资本是现实的工业资本中独立出来的一部分,作这样的分析是必要的。正因为如此,马克思把它放到了剩余价值

---

① 参看《马克思恩格斯全集》第 1 版第 24 卷第 384 页。

② 参看《马克思恩格斯全集》第 1 版第 24 卷第 97—98、128—129、136—137、280—281、287—288、292、346—347、357—358、385—386、537—538、564—565 页。

③ 参看《马克思恩格斯全集》第 1 版第 24 卷第 537—538 页。

理论中。一些资产阶级经济学家（普莱斯）在考察信用资本的积累时不顾再生产和劳动的条件，得出了资本借助于信用而获得无限增长的特性的错误结论。因此，上述分析对于研究剩余价值理论就更为重要。①

但是借贷资本的积累问题还有另外一个方面。问题是，"在没有任何现实积累的时候，借贷资本的积累"可以通过信用制度本身"而实现"。② 问题的这一方面不属于剩余价值理论的范畴，它属于信用的专门学说。但在第 30 至 32 章中对借贷资本也从这一方面进行了考察。

为了理解为什么连关于信用的专门学说的一些问题也包括在《资本论》第 3 卷第 5 篇中，必须考虑到恩格斯指出的该篇的以下特点。第 5 篇的第 21 至 24 章写得最完整，这几章直接分析了与剩余价值理论有机地联系在一起的本篇的一些问题（利润分为利息和企业主收入，生息资本的本质）。第 5 篇中研究信用制度的那几章，尤其是第 30 至 35 章最不完整。比如，夹在第 3 和第 32 章间的部分材料成了题为《混乱》的一长篇东西。在这里马克思分析了资本家和资产阶级经济理论家在"关于货币市场上什么是货币，什么是资本这个问题上"③ 暴露出来的混乱。按恩格斯的说法，这一长篇东西"都是议会关于 1847 年④和 1857 年危机的报告的摘录。在这些摘录中，汇集了二十三个企业主和经济学著作家的证词，特别是关于货币和资本、金的流出、过度投机等等的证词，并且有些地方加了简短而诙谐的评注"。⑤ 接在第 32 章后面的"又

---

① 参看《马克思恩格斯全集》第 1 版第 25 卷第 445 页。
② 《马克思恩格斯全集》第 1 版第 25 卷第 561 页。
③ 《马克思恩格斯全集》第 1 版第 25 卷第 10 页。
④ 此处《马克思恩格斯全集》俄文版为 1847 年，中文版为 1848 年。——译者。
⑤ 《马克思恩格斯全集》第 1 版第 25 卷第 9 页。

是一批议会报告的摘录,谈到各种各样和这一篇有关的问题,其中夹杂着作者或长或短的评语",① 恩格斯把所有这些从《混乱》起的没有整理好的资料编成了第 33 至 35 章。恩格斯在谈到第 5 篇时指出,"这一篇不但没有现成的草稿,甚至没有可以提供轮廓,以便加以充实的纲要,只不过是开了一个头,不少地方只是一堆未经整理的笔记、评述和摘录的资料。"②

由此可以得出结论,为了作好出版的准备,必须对第 25 章至 35 章的资料作实质性的修改。

马克思未能整理好第 5 篇以交付印刷,这项工作由恩格斯完成了。起初他至少作了三次尝试,以便"使这一篇至少可以接近于作者原来打算写成的那个样子"。③ 但恩格斯不得不放弃这些尝试,因为这样做需要研究浩瀚的关于信用的文献,而"最后搞成的东西,就不会是马克思的著作了"。④

应该沿着什么样的思路来加工第 5 篇,以便使这一篇成为马克思原来打算写成的那个样子呢?对这个问题的回答包含在马克思的说明里。

第 5 篇第 22 章一开头马克思就强调:"这一章研究的对象,和所有要在以后说明的信用现象一样,不能在这里详细探讨。贷出者和借入者之间的竞争以及货币市场上由此造成的短暂变动,都不属于我们考察的范围。要说明利息率在产业周期中通过的循环,必须先说明产业周期本身,但这种说明同样不能在这里进行。世界市场上利息率或大或小的、近似的平均化,也不能在这里说明。**我们要在这里研究的,只是生息资**

---

① 《马克思恩格斯全集》第 1 版第 25 卷第 10 页。
② 《马克思恩格斯全集》第 1 版第 25 卷第 8—9 页。
③ 《马克思恩格斯全集》第 1 版第 25 卷第 9 页。
④ 《马克思恩格斯全集》第 1 版第 25 卷第 9 页。

本的独立形态和利息从利润中独立出来的过程"。① （黑体字是我加的。——科甘）由此可见，之所以要在第5篇中考察信用，只是因为它是说明生息资本的独立形态和利息从利润中独立出来的过程所必须的，马克思并不打算在《资本论》中对信用运动本身做专门研究。

马克思说，他不打算在第5篇里对信用制度和信用货币进行详细的分析，在这里他将只考察为一般分析资本所必须的为数不多的几个问题，这些话值得重视。他写道："在这里，我们只研究商业信用和银行信用。这种信用的发展和公共信用的发展之间的联系，不属于我们考察的范围"。② 马克思用这些话开始了第25章，即对信用制度的研究，这就使得我们有理由认为，在最终修改第25章至第35章时，第33章（《信用制度下的流通手段》）资料的大部甚至全部都不应放在《资本论》内。

还是在第25章，在简短地（2页）说明了包括银行在内的信用机构的性质之后，马克思就指出："对我们的目的来说，我们不需要更详细地考察各种特殊的信用机构和银行本身的各种特殊形式"。③ 众所周知，银行的一个基本职能是汇票的贴现。马克思直截了当地指出，贴现应当在信用学说中研究。④

在评述马克思分析信用的方法时，卢森贝在他那本《〈资本论〉注释》中写道："这个'巨大的社会机器'（信用。——科甘注）在本篇（第5篇。——科甘注）中得到考察，但本篇全部研究的中心和轴心是

---

① 《马克思恩格斯全集》第1版第25卷第401页。
② 《马克思恩格斯全集》第1版第25卷第450页。
③ 《马克思恩格斯全集》第1版第25卷第454—455页。
④ "……支付也可以是资本流通过程所需要的行为。贴现。对这种情况的考察属于信用学说。"（《马克思恩格斯全集》第1版第47卷第31页）

利润分解为利息，企业主收入和生息资本。但马克思对商人资本和借贷资本都作了评价，'因为这对于分析资本的基本构成是必须的'：对于借贷资本也是按照它对于分析资本的基本构成所需要的程度来加以研究。"①

可见，在最终修改第 25 至 35 章并为第 5 篇勾画基本轮廓时，就需要把那些和资本的基本结构没有直接关系，而和相对独立于剩余价值的信用的运动直接有关的资料移到研究信用的专门著作中去。

如果恩格斯这样做了，那么《资本论》的读者就不可能读到马克思的许多论点，而恩格斯又必须用这些论点重新写出关于信用的专著。其结果将不会是马克思的书了。另外，《资本论》第 3 卷的出版也将会被耽误。② 但恩格斯不容许发生这一切。

从上面所说可以得出结论：（1）恩格斯不准备对第 25 至 35 章的资料作这种根本性的加工，而在这几章里只谈对资本作一般分析所必须的几个问题，以便符合马克思的意图。（2）第 25 至 35 章中与资本的基本结构无直接关系的资料被保留了下来，恩格斯自己指出了在第 5 篇的最终修改方面他的校订与马克思的意图之间存在的分歧。

但是这些资料毕竟出现在马克思《资本论》第 3 卷的手稿里，这究竟是什么原因呢？原因在于，对第 5 篇基本问题的研究（利润分为利息和企业主收入，生息资本）需要了解信用制度的一切方面，其中也包括了解与信用的专门学说有关的材料。而阐述第 5 篇中的这些基本问题，需要概括的只是那些与它们直接有关的东西，其他资料则应予以舍弃。因为正如恩格斯所说的，第 5 篇手稿的特点是：手稿只是开了一个头，不少地方只是一堆未经整理的笔记、评述和摘录，所以，这个手稿

---

① 卢森贝：《〈资本论〉注释》，1933 年俄文版第 2 册第 76 页。
② 在此提醒一下，《资本论》第 3 卷是恩格斯逝世前不到一年出版的。

中不仅有对第5篇基本问题的阐述，而且有对它们的研究以及许多原始资料。① 因此，这份手稿收进了属于信用的专门学说的那些资料，即在最后修改时不应该进入《资本论》的资料，也就十分自然了。这个结论还可以通过马克思的信件而得到佐证。例如，第5篇中有许多马克思评注过的1857年和1858年英国国会关于银行的报告片断。恩格斯基本上就是用这些资料编写了第33至35章，和其他章相比，这几章对信用谈得更多些。马克思在1865年8月19日（第5篇手稿的完成阶段）给恩格斯的信中写到了他对这些英国国会报告的打算："1857年和1858年国会关于银行事务等等的报告，不久以前我不得不再翻一翻，这些报告荒谬的程度，你真是一点也想象不到……对所有这些宝贝东西**我只能在以后的一部著作中来进行批判**"。② （黑体字是我加的。——科甘）可以推测，马克思所说的继《资本论》之后的书是一本关于信用的书。③ 同时，第5篇草稿中有与分析资本的基本结构无直接关系的资料，这个事实本身并不能证明马克思打算在定稿时把这些资料包括在《资本论》中。

上面已经提到，马克思把《资本论》第3卷的手稿分为7章，恩格斯在整理手稿准备出版时，把7章改为7篇（每一章相当于一篇），又把7篇分为52章，并为每章冠以标题。恩格斯这样分的目的是为了更

---

① 正如本书第3章中已经指出的那样，只是在1862年后马克思才决定在他的主要著作中详细研究作为资本特殊形式的生息资本问题。和其他各篇相比，第5篇最不完整，很明显，其基本原因就在于此。

② 《马克思恩格斯全集》第1版第31卷第150—151页。

③ 恩格斯在《资本论》第3卷的序言中指出，他整理好的准备付印的第5篇手稿与马克思的想法有些不同，他指的很可能就是马克思对1857年和1858年国会报告的打算。

好地阐述《资本论》第3卷草稿中的全部资料。可见：（1）把第5篇分成几章不完全说明马克思在《资本论》第3卷草稿定稿方面的意图；（2）一些关于信用的专门学说的问题独立成章（例如，第34章《通货原理和1844年英国的银行立法》），这个事实不能成为马克思打算在定稿时把这些问题纳入《资本论》的证明。

考察信用关系在《资本论》中的研究程度，还应当考虑到下面的情况。尽管《资本论》第3卷第5篇的草稿里有与信用的专门学说有关的资料，但草稿远非包罗这门学说的一切问题。属于这门学说的还有手稿中没有研究的这样一些问题，如：贷出者和借入者之间的竞争以及货币市场上由此造成的短暂变动；商业信用、银行信用与国家信用的联系；由地租和工资组成的货币资本的积累；（不动产）抵押贷款；消费信用；包括世界市场上利息率平均化在内的国际信用；信用机构的特殊形式；不同的信用形式造成的不同利息率；银行的各种业务对资本主义再生产的影响；银行的清偿能力；与借贷资本的运动无直接关系的银行的职能，如信托业。

谈到第5篇草稿中没有涉及的信用方面的问题时，指出下面的事实是有意思的。1856年马克思写道，法国银行的"Credit Mobilier是现代最不寻常的经济现象之一，应当最认真地加以研究。没有这种研究就既不可能判明法兰西帝国的前途，也不可能理解在整个欧洲出现的普遍的社会震荡的症状"。① 在1856年为《纽约论坛报》撰写的一系列文章中，马克思深刻分析了该银行的活动，但他却并没有把这些资料列入《资本论》第3卷第5篇。

有一些马克思相当重视的信用问题并未在《资本论》中加以分析，这一点能从下面的事实得到证明。在《路易·波拿巴的雾月十八日》

---

① 《马克思恩格斯全集》第1版第12卷第26页。

一书中，马克思写道："……全部现代金融业，全部银行业，都是和国家信贷极为密切地联系在一起的……有一部分银行资本必然要投入容易兑现的国家有息证券。银行存款，即交给银行并由银行在商人和工业家之间分配的资本，有一部分是从国家债权人的红利中得来的。"① 而在《资本论》中，马克思没有具体地谈商业信用和银行信用与国家信贷间的联系。②

大量的关于信用关系的问题在《资本论》第3卷第5篇内没有谈到，这也是《资本论》之后关于信用的专门学说将会得到深入研究的重要证明。恩格斯指出，以《资本论》为基础进一步创造性地研究信用的机会是很多的。他曾建议施米特在《资本论》第3卷问世后再结束他的关于信用和货币市场的著作，他写道："在这本书里，您可以看到关于这一问题的许多新的东西和更多尚待解决的东西；可见，随着新问题的解决，又会出现新的问题。"③

"股份资本"

在《资本论》中没有任何一篇，也没有任何一章是以分析股份资本为基本内容的。但在第3卷第14章中有不长的一段话，其中股份资本的增加是作为阻碍利润率下降的原因之一来研究的。马克思只用了半页的篇幅分析股份资本的增加，他强调说："关于这一点，我们暂时不能进行深入的研究"。④ 在以后的几章里对该问题未作更详细的分析。仅1863年至1867年期间在英国就成立了4062个股份公司，其资本总

---

① 《马克思恩格斯全集》第1版第8卷第199页。
② 参看《马克思恩格斯全集》第1版第25卷第450页。
③ 《马克思恩格斯全集》第1版第38卷第123页。
④ 《马克思恩格斯全集》第1版第25卷第267页。

额为690.9百万英镑。① 这个事实说明，对于马克思来说，研究股份资本的条件是很好的。

在第3卷第27章中，为了更充分地揭示信用在资本主义生产中的作用，马克思用专门的一节（第3节）仔细研究了股份资本对资本主义经济的影响，并强调指出三点：（1）股份资本使得生产规模惊人地扩大，并出现了个别资本不可能建立的企业。（2）股份公司——"这是作为私人财产的资本在资本主义生产方式本身范围内的扬弃"。②（3）在股份公司内执行职能的资本家转化为单纯的经理，而资本所有者则转化成单纯的所有者，即单纯的货币资本家，这就使股份公司的全部利润只是以利息的形式来获得。马克思把股份公司的这种特点说成是向社会主义所有制过渡的前提之一。③ 接着他又指出了经济上重要的事实：因为利润在这里纯粹采取利息的形式，所以甚至在股息和借贷利息相等时，股份企业仍然可以存在，这是阻止一般利润率下降的原因之一。

在顺便作出的评论中，马克思也谈到了股份资本问题。例如，在第1卷第23章（《资本主义积累的一般规律》）中，谈到资本的集中是资本积累的一种因素时，马克思指出，"资本的这种集中……的规律，不可能在这里加以阐述。简单地提一些事实就够了。"④ 与此同时，他谈到了股份资本对资本集中过程的影响，但并未对股份资本作特别的

---

① B. 柯罗特柯夫：《外国货币流通和信用论文集》，1947年莫斯科版，第112页。
② 《马克思恩格斯全集》第1版第25卷第493页。
③ 参看《马克思恩格斯全集》第1版第25卷第493—494页。
④ 《马克思恩格斯全集》第1版第23卷第686页。

研究。①

《1857—1858年经济学手稿》中有一节谈到划分类别的方法论原则，马克思在那里指出："股票又分成几大类。首先是货币机构本身的股票：银行股票；股份银行的股票；交通工具的股票（铁路股票最重要；运河股票；轮船公司股票；电报局股票；公共马车公司股票）；一般工业企业的股票（矿业股票最重要）。其次是公用事业企业股票（煤气公司股票，自来水公司股票）。各式各样的企业的股票，千差万别……最后，作为全体的保证，有各种保险公司的股票"。② 而在《资本论》中，马克思却没有仔细考察各种股票的特点。股份资本的相对独立于剩余价值的运动表现在这种特点中，因此，应当在关于股份资本的专门学说中研究这些问题。各种股票是互相联系着的。例如，假如铁路公司的股票行情下跌，那么，这些股票的持有者就把它们卖掉，并用所得的钱去购买行情上涨的股票，比方说，购买矿业股票。对各种股票之间相互联系的分析也属于研究股份资本的专门学说。众所周知，股票的买卖在证券交易所进行。在《资本论》中马克思只是顺便地，而且是极概括地谈到了证券交易所。③ 对它的全面研究则属于研究股份资本的专门学说的范围。

这门学说还包括这样一些问题，如：在竞争中股份资本相对于个人资本的优势；组织股份公司的方法；已支付的股份资本和储备的股份资本；股份公司的自有资本和借入资本。

马克思发表在《纽约论坛报》上的文章④以及他的信件表明，他非

---

① 参看《马克思恩格斯全集》第1版第23卷第688—689页。
② 《马克思恩格斯全集》第1版第46卷（上）第238页。
③ 参看《马克思恩格斯全集》第1版第25卷第497、541页。
④ 参看《马克思恩格斯全集》第1版第12卷第23—40、54—76、80—89页。

常熟悉股份公司的业务，注意观察它们的发展。这使得我们有理由认为，股份资本的专门学说中的许多问题已被马克思解决了。

马克思指出，股份资本"再生产出了一种新的金融贵族，一种新的寄生虫，——发起人、创业人和徒有其名的董事；并在创立公司、发行股票和进行股票交易方面再生产出了一整套投机和欺诈活动"。① 关于股份资本的专门学说应该揭示这一整套活动的特点。大家都知道，其中的关键是创业利润；它产生于股息高于借贷利息之时。这种情况在19世纪中叶就有过。但马克思在《资本论》中没有具体谈创业利润。而在股份资本的专门学说中它却应占据首要地位。

3. 土地所有制

在《资本论》的许多章节中都有些关于资本主义土地所有制的论述，在第1卷第24章（《所谓原始积累》）和第4卷《剩余价值理论》第8至14章中都对资本主义土地所有制作了较详细的考察。但是，对土地所有制作最全面的分析则是在《资本论》第3卷第6篇《超额利润转化为地租》中。

马克思在《资本论》第1卷第24章考察资本主义农业的形成过程时强调指出："我们在这里不谈农业革命的纯经济原因。我们只来研究一下它的暴力手段。"② 这就是说，他撇开了对资本主义农业形成过程

---

① 《马克思恩格斯全集》第1版第25卷第496页。
② 《马克思恩格斯全集》第1版第23卷第791页。

的最重要方面的考察。① 马克思究竟为什么采取这种方法呢？资产阶级政治经济学在原始积累的问题上认为"从来就是田园诗占统治地位。正义和'劳动'自古以来就是唯一的致富手段……"。② 这种"田园诗"被资产阶级广泛地用来证明资本原始积累的合理性。因此，在深入研究剩余价值理论时揭示这些谰言的全部欺骗性并指出，剩余价值生产的出发点之一，就是对直接生产者、小私有者进行暴力的、血腥的剥夺，这在当时无论是从科学的角度还是从政治的角度来看都显得非常重要。只有考察形成资本主义农业的"暴力手段"，才能最令人信服地最明确地做到这一点。对资本主义农业形成的"经济原因"（其中包括在市场的影响下发生的农民分化的特征）的分析，不论是与剩余价值转化为资本（第1卷第7篇的论题）还是与对那些试图从原始积累来证明资本主义剥削的合理性的资产阶级辩护士的批判都没有直接的联系。显然，在这一章中因此没有作这样的分析。③

马克思在《剩余价值理论》中说明自己研究地租的方法时写道："因为这里只是把地租的一般规律作为我的价值理论和费用价格（生产价格——科甘注）理论的例证来发挥，只有到我专门考察土地所有权时我才详细论述地租，所以我撇开了一切使问题复杂化的情况。"④ 这样，在《剩余价值理论》中，地租只是价值和生产价格差额的例证，并且

---

① "……暴力仅仅是手段，相反地，经济利益是目的。目的比用来达到目的的手段要基础性得多。在历史上，关系的经济方面也比政治方面同样基础性得多。"（《马克思恩格斯全集》第1版第20卷第175页。）

② 《马克思恩格斯全集》第1版第23卷第782页。

③ 应当把一般的和特殊的"农业革命的经济原因"加以区别：前者以商品经济的矛盾为前提，而后者是由农业中生产关系的特殊性而产生的。马克思在《资本论》第1卷第1篇中揭示了前者，而在第1篇和第24章中都将后者抽象掉了。

④ 《马克思恩格斯全集》第1版第26卷（Ⅱ）第300页。

马克思在《剩余价值理论》中，把地租的所有这样一些因素，即在分析这个差额时出现的使问题复杂化的情况都抽象掉了。① 从上述马克思的论点可以得出：对土地所有制的专门考察超出了《剩余价值理论》的范围。

资本主义土地所有制也不是《资本论》第 3 卷第 6 篇中专门研究的对象。第 6 篇的主要任务是，继续分析在第 3 卷第 2 篇就已开始考察的超额利润，揭示在对作为经济客体的土地的垄断和私有权对土地的垄断的影响下所发生的超额利润的各种变形。② 所以可以说，在第 6 篇中是从超额利润转化为地租的角度来考察土地所有制的。因此，马克思在第 3 卷第 6 篇开头的说明值得注意："对土地所有权的各种历史形式的分析，不属于本书的范围。**我们只是在资本所产生的剩余价值的一部分归土地所有者所有的范围内，研究土地所有权问题。**"③ 马克思指出的这一点，说明了《资本论》第 3 卷和 1861—1863 年手稿中对土地所有权研究的基本观点是一致的。④

马克思在阐明自己在第 6 篇中分析土地所有制所采用的方法的原因和实质时强调指出"考察一下现代的土地所有权形式，对我们来说是必要的，因为这里的任务总的来说是考察资本投入农业而产生的一定的生产关系和交换关系。不考察这一点，对资本的分析就是不完全的。因

---

① 在第 2 章中就可以看出的这种研究方法反映在马克思 1863 年 1 月写成的科学的计划之中。

② 在《资本论》第 3 卷第 10 章的最后两段中论证在第 3 卷第 6 篇中采用这种方法研究地租的必要性（参看《马克思恩格斯全集》第 1 版第 25 卷第 222 页）。

③ 《马克思恩格斯全集》第 1 版第 25 卷第 693 页。

④ "因为我们在这里考察土地所有权只是由于理解土地所有权是理解资本的先决条件，所以我们也就不去详细叙述琼斯的论证。"[《马克思恩格斯全集》第 26 卷（Ⅲ）第 440 页]

此，我们的研究，仅限于真正的农业上的投资，即人们赖以生活的主要植物性产品的生产上的投资。我们可以只说小麦，因为小麦是现代资本主义发达的各国人民的主要食物（或者，不说农业，而说采矿业，因为规律是一样的）。"① 接着，马克思在谈到亚·斯密在对其他农业部门（经济作物、畜牧业等等）获得的地租的研究上的巨大功绩时指出："如果我们能够想起某些限制或补充，那也属于土地所有权的独立研究的范围，而不属于这里的范围。因此，凡是和用来生产小麦的土地无关的土地所有权，我们就不专门谈论，而只是为了举例子才有时涉及到。"② 因此，马克思划清了对资本主义土地所有制研究的两个基本方针。

第一个方针是把资本主义的土地所有制作为保证超额利润转化为地租的必要条件来加以研究。在这个研究过程中不断揭示对农业和采掘工业都共同的超额利润转化为地租的规律。马克思在《资本论》第3卷第6篇中就进行了这样的研究。虽然，这第一个研究方针的特点是，主要研究的对象不是土地所有制，而是资本，但这种研究方针对于科学地认识土地所有制也具有决定性意义。由于土地所有制在经济上是以地租得到实现的，所以，科学地反映对采掘业和农业都共同的超额利润转化为地租的规律，就揭示了资本主义制度下资本主义土地所有制最本质的特征。

第二个方针是对土地所有制进行独立的考察，这是马克思放在《资本论》范围之外进行的。这第二个方针与第一个方针的区别首先在于，资本主义土地所有制是这里研究的主要对象，并且被看做是质上独特的、具体的整体，看做是多样的统一。而这也是对土地所有制专门学说

---

① 《马克思恩格斯全集》第1版第25卷第694页。
② 《马克思恩格斯全集》第1版第25卷第694—695页。

的深入研究。在这个学说中应当继续研究地租,并且首先应当分析地租的这样一些方面,即在深入研究剩余价值理论时使问题复杂化的那些情况。

在关于土地所有制的专门学说中应当把注意力主要放在绝对地租上,因为"土地所有权的恰当表现,是绝对地租,而不是级差地租"。① 绝对地租是实现土地私有权的经济形式,它不取决于土地的肥力和位置,也不取决于资本在同一块土地上的追加投入。众所周知,在农业技术落后于工业的情况下,价值规律以及剩余价值规律所起的作用,会导致产生农业商品的社会价值超过其生产价格的余额。土地所有制在限制资本从工业部门转入农业部门时,就使这个余额转化为绝对地租。

但是,土地私有权在经济上得到实现,不仅是通过占有农业商品的社会价值超过其生产价格的余额,而且还通过由土地所有者占有租地农场主的部分平均利润,占有农业工人的部分正常工资,以及占有农业商品的垄断价格和价值之间的差额。因为所有这些因素都不取决于土壤肥力的差别等等,所以,它们表现为绝对地租的来源。② 这些来源十分普遍。由于一系列原因,农业工人的工资,同工业工人的工资相比,在很大程度上偏低于他们的劳动力的价值。租地农场主,特别是小租地农场主和中等租地农场主把自己的资本投入其他生产部门的可能性非常有限,这就使土地所有者能够靠租地农场主的部分平均利润而获得地租。最后是农产品的垄断价格。恩格斯在给马克思的信中写道:"自从英国成为粮食和牲畜的输入国时起,甚至更早一些,人口密度已成为确定地

---

① 《马克思恩格斯全集》第 1 版第 26 卷(Ⅱ)第 375 页。

② 比如,马克思在谈到垄断价格时说,"绝对地租的先决条件或者是产品价值超过它的生产价格以上的已经实现了的余额,或者是超过产品价值的垄断价格"。(《马克思恩格斯全集》第 1 版第 25 卷第 907 页)

租额和地租增长额的因素之一,而完全不以整个投入英国土地的劳动为转移。"① 恩格斯用下面的例子来说明这一情况。土地所有者特拉福德家得到的地租,由于对农业商品的需求增长(从而农业商品的价格提高)在 80 年间提高了 5 倍。②

让我们来看看在《资本论》中究竟是从哪个角度来考察绝对地租的。《资本论》方法论的中心环节就是根据价值规律来阐明剩余价值及其转化形式。因此,马克思在《资本论》中分析绝对地租时,把揭示绝对地租与价值规律和剩余价值规律的作用的联系作为自己的任务。直接以上述规律发生作用为前提的绝对地租的唯一来源,就是因农业中资本有机构成较低而产生的农产品的社会价值超过其生产价格的余额。此外,在绝对地租的这个来源中,价值和生产价格之间的差别表现得极为明显。这就是马克思所以在《资本论》中把全部注意力放在这个来源的研究上的原因。这样处理问题的方法对于批判资产阶级政治经济学也是必要的。譬如,李嘉图认为,在发达的资本主义中,商品被按照它们的社会价值出售,也就是说,李嘉图把社会价值和生产价格混为一谈了。这个错误的论点导致他在论证价值理论时不得不否认绝对地租,从而陷入与已有的统计资料的矛盾之中,并且认为可能存在实际上并不存在的条件(其中包括不存在土地所有权)。此外,还有一些经济学家们(詹·布坎南和托·霍普金斯),他们虽承认绝对地租的存在,但认为只有垄断价格才是绝对地租的来源,因而忽视了绝对地租与社会价值的联系。在这样的情况下,为了批判资产阶级政治经济学,就必须证明,绝对地租是在价值规律的基础上形成的。马克思写道:"我必须从理论上证明的唯一的一点,是绝对地租在不违反价值规律的情况下的可能

---

① 《马克思恩格斯全集》第 1 版第 32 卷第 381 页。
② 参看《马克思恩格斯全集》第 1 版第 32 卷第 380—381 页。

性。这是从重农学派起直到现在的理论论战的中心点。"① 马克思从这样的角度去解决绝对地租问题，完成了经济科学中的发现。

马克思在《资本论》中对分析绝对地租所采取的方法，在很大程度上揭示了他关于地租本身的下述观点："当然，租地农场主为了获得经营土地的许可而以租金形式支付给土地所有者的一切，实际上都表现为地租。这种贡赋不论是由什么组成部分构成，不论是由什么来源产生，都和真正的地租有一个共同点：对一块土地的垄断权，使所谓土地所有者能够去征收贡赋，课取租税。这种贡赋和真正的地租有一个共同点：它决定土地价格，如上所述土地价格无非是出租土地的资本化的收入。"② 由此可见，马克思把"真正的地租"同实际上存在的地租区别开了。

马克思所说的真正的地租指的是由价值规律和剩余价值规律的作用直接制约的地租，从而它表现为在资本主义生产方式基础上实现土地所有权的特殊经济形式。马克思在《资本论》中研究的正是真正的地租。实际上，同租金相似的地租不仅包括农业商品的社会价值超过其生产价格的余额，而且包括农业工人工资的扣除，租地农场主的平均利润的扣除以及农业商品的垄断价格超过其价值的余额。绝对地租的这些来源与价值规律和剩余价值规律没有直接的联系。它们出现在现象的表面，从而使人立刻就注意到它们，这说明绝对地租的统计资料也是这样得来的。其结果是真正的绝对地租的存在被掩盖了。

马克思在分析真正的绝对地租时撇开了这些来源。比如，他在谈到这些来源时着重指出："这一切可能的情况在这里是绝对无关紧要的。"③

---

① 《马克思恩格斯全集》第 1 版第 30 卷第 276 页。
② 《马克思恩格斯全集》第 1 版第 25 卷第 704—705 页。
③ 《马克思恩格斯全集》第 1 版第 26 卷（Ⅱ）第 23 页。

马克思在理论上是以只是资本主义生产方式本质上所固有的这些经济关系的存在为出发点的。采取这样的处理问题的方法,《资本论》中所使用的绝对地租概念本身一般是指"真正的绝对地租"。因而,在《资本论》中绝对地租的其他来源,被作为某种对地租来说是异己的东西而例外地提及。然而,在这种场合,只有在深入研究剩余价值理论的阶段才会涉及"异己性"。①

在研究《资本论》中的地租问题时还有如下情况值得注意。虽然土地所有权在绝对地租的形成中起着决定性的作用,是绝对地租的原因,而农产品的社会价值超过它们的生产价格的余额仅仅表现为地租的来源之一。尽管如此,马克思的主要注意力并没有放在分析原因上,而是放在分析这个来源上。不但如此,他还直截了当地谈到,如果农业中的资本有机构成达到了平均水平,绝对地租便消失了。②

显然,所以采用这样的方法,原因在于对绝对地租的分析是剩余价值理论环节中的一环。在《资本论》第3卷第6篇以前的从抽象上升到具体(第2篇)的各阶段之一上,马克思指出,在资本有机构成低的

---

① 在《资本论》第3卷中,马克思关于绝对地租的这些来源的论述的大部分放在第6篇开头马克思称做《导论》的那一章中,这不是偶然的。这些论述的目的就是为研究真正的地租阐明必要的前提。

② 马克思在《剩余价值理论》中写道:"……如果在耕作比较集约化的情况下,在农业中确立的各生产要素之间的比例,就是工业中的平均比例,而不只是接近于这个比例,那么,最贫瘠的土地的地租就会完全消失,比较肥沃的土地的地租,也会纯粹归结为土地的级差。绝对地租就会消失。"[《马克思恩格斯全集》第1版第26卷(Ⅱ)第109页]马克思在《资本论》第3卷关于绝对地租的一章中指出:"因此,这个假定,对我们这里所研究的并且只有在这个假定下才会出现的地租形式来说,是足够了。在这个假定不成立的地方,和这个假定相适应的地租形式也就不会成立。"(《马克思恩格斯全集》第1版第25卷第857页)

那些部门，社会价值超过生产价格，这样就产生超额利润的来源。而在这里，使马克思感兴趣的问题是，随着这个超额利润——它的来源是农产品的社会价值超过它们的生产价格的余额——而产生的是什么。对土地所有制所以作相应的考察，只是因为有必要阐明这个超额利润所以独立出来并转化为绝对地租的原因。用这种方法分析地租（从来源到原因）时，如果上述余额消失，那么，地租也就消失了。关于这一点，马克思就曾直截了当地谈到过，但只是在严格规定的意义上说的（作为剩余价值转化形式的绝对地租消失，而剩余价值是在这样的条件下，即当工资等于劳动力的价值，工业商品的价格在生产价格上下波动，而农业商品的价格在社会价值上下波动时形成的）。

马克思在《资本论》中分析绝对地租时没有把土地所有权作为绝对地租的原因提到首位来加以研究，但是这全然不意味着在从其他角度分析绝对地租时不应这么做。

如果说在剩余价值理论的范围内研究土地所有制属于这个理论的任务，那么，在关于土地所有制的专门学说中土地所有制就成为研究的主要对象。而在这个专门学说的范围内分析绝对地租时应把主要注意力放在作为绝对地租的原因的土地所有权上，应放在由土地所有权直接产生的绝对地租的各种来源上（农业工人工资的扣除，租地农场主的平均利润的扣除）。马克思认为这样的研究具有重要的意义。他说："为了科学地分析地租，即土地所有权在资本主义生产方式基础上的独立的特有的经济形式，摆脱一切使地租歪曲和混杂的附属物（在《资本论》中就是这么做的。——科甘注），纯粹地考察地租，是很重要的；另一方面，为了理解土地所有权的实际影响，甚至为了从理论上了解同地租概念和性质相矛盾但仍然表现为地租的存在方式的大量事实，认识造成这种理论混乱的因素，也是同样重要的。"①

绝对地租的各种来源都是土地所有制专门学说的对象，它的每一个来源就是一个复杂的综合的问题。例如，为了揭示农场主的平均利润的扣除这一绝对地租的来源，必须研究那些妨碍资本主义农场主从农业中抽出资本的困难。因此，提示一下马克思的下述看法是适当的："李嘉图关于地租的论述，受到各方面（西斯蒙第等人）的指责，说他忽略了使用许多固定资本的租地农场主抽出资本的困难，等等。（1815—1830年英国的历史充分地证明了这一点。）不管这种指责如何正确，它根本没有涉及理论，完全没有触动理论，因为这里谈的只不过是经济规律发生作用的快慢程度问题。"② 显然，马克思说的从农业中抽出资本的困难没有涉及理论，指的不是一般经济学理论，而是剩余价值理论。要知道，从理论上分析超额利润转化为地租的经济规律以什么速度发生作用，对于揭示资本主义经济中进行的那些具体过程是十分重要的。因为从农业中抽出资本的困难是由这个生产部门的特点所产生的，因而只决定着超额利润转化为地租的一般规律的变更，所以对这些困难的分析属于土地所有制的专门学说。

在土地所有制专门学说的范围内还应当在理论上深入研究这样一些同绝对地租有联系的问题，例如：土地私有权同资本主义的土地经营相分离的矛盾的过程；农业中资本有机构成变化的特点；农业工人的经济状况的特点。

众所周知，农业工人工资的扣除，租地农场主的平均利润的扣除，对工农业中资本有机构成的拉平过程所引起的绝对地租减少的倾向起着

---

① 《马克思恩格斯全集》第1版第25卷第704页。
② 《马克思恩格斯全集》第1版第26卷（Ⅱ）第428—429页。

阻碍的作用。① 所以土地所有制专门学说的使命就是揭示绝对地租的复杂而矛盾的动态。

分清绝对地租研究的两个基本方面，在当今的条件下具有重要的意义。第二次世界大战之后，在一些发达的资本主义国家中农业技术装备比工业中的技术装备增长得更快。其结果是绝对地租的一个来源，如农产品的社会价值超过生产价格的余额实质上减少了，也就是说，出现了马克思早在100年前就已预见的情况。② 在19世纪和20世纪前半叶（在这一时期农业中资本的有机构成大大低于国民经济的平均水平），人们在解决资本主义条件下是否存在绝对地租这个问题时甚至可能注意不到绝对地租的这些来源——马克思根据方法论的思考，他不在《资本论》范围内分析这些来源而是放在土地所有制学说中。在20世纪后半叶，当人们解决该问题时必然应该考虑到这些来源。照我们的看法，现在把《资本论》中关于消灭绝对地租的条件的论点加以绝对化，会促使产生如下的错误概念：20世纪后半叶，农业技术的进步本身会导致发达资本主义国家中绝对地租的消失。

此外，要利用《资本论》作为解决现代资本主义条件下绝对地租问题的理论基础，仅援引马克思关于绝对地租的来源除了农业商品的社会价值超过生产价格的余额外，还有其他来源的论述，这是不够的。还必须把这些论述看做是在土地所有制的专门学说中进一步研究绝对地租时的出发点。这样的方法使人有可能理解，马克思所认为的如果农业资本有机构成达到了平均水平，绝对地租就会消失这一断然论断，是由研

---

① 随着土地私有权将失去以绝对地租形式占有农产品的社会价值超过生产价格余额的可能性，土地私有权将日益强烈地力图通过占有农业工人的一部分工资和租地农场主的一部分平均利润来实现自己。

② 《马克思恩格斯全集》第1版第26卷（Ⅱ）第116页。

究阶段的抽象所决定的。用这样的方法可以揭示马克思关于绝对地租的其他来源的论点的重大原则性意义，以及促使马克思所以只是顺便论及这些来源的方法论上的原因。

《资本论》中对绝对地租的分析得出了这样的结论：在资本主义条件下保存私有权时，绝对地租的消失具有抽象理论上的可能性。这个可能性是由下述情况决定的：第一，资本主义所特有的绝对地租的来源（农产品的社会价值超过生产价格的余额）有可能消失，第二、绝对地租的其他来源对资本主义来说并不是必然有的，它们在一定的条件下也有可能消失。

但是，为了弄清楚绝对地租消失的抽象理论上的可能性在何种程度上得以实现，以及一般说来它是否能得到充分的实现，为了解决当今发达的资本主义国家中是否存在绝对地租的问题，不仅必须分析《资本论》中研究过的绝对地租的那个来源，而且必须分析马克思放在土地所有制专门学说中考察的绝对地租的那些来源。而且正是第二个方面在目前尤为重要。而这不仅是因为马克思在《资本论》中所抽象掉的绝对地租的那些来源在现在更具有重大意义。这第二个方面是从抽象上升到具体的继续，从而使人有可能研究地租关系的全部多种多样性，这是科学地解决在当今发达的资本主义国家中是否存在绝对地租这个具体问题的必要条件。

当然，关于土地所有制的专门学说不只局限于那些直接与绝对地租有联系的问题。它还包括级差地租的问题。

马克思在《资本论》第3卷第6篇开头一章中写道："如果系统地论述土地所有权（这不在我们的计划以内），土地所有者收入的这个部分（投入土地的资本的利息。——科甘注）是应该详加说明的。在这里，稍微谈一谈就够了。"① 接着，马克思作了一些初步的论述。在其中指出，投入土地的资本的利息是超出级差地租本身范围以外的级差地租关系要素，从而也说明了为什么在《资本论》中没有专门分析投入土地的资本的利息。此外，在同一章中揭示了这个问题的意义："把真正地租的变动完全撇开不说，这（投入土地的资本利息的增长。——科甘注）就是随着经济发展的进程，土地所有者日益富裕，他们的地租不断上涨，他们土地的货币价值不断增大的秘密之一。……但这同时是合理农业的最大障碍之一。"② 所以，马克思把级差地租的极为重要的表现不放在《资本论》范围内，而放在土地所有制专门学说中加以分析。

马克思在《资本论》第3卷第39章《级差地租的第一形式（级差地租Ⅰ）》的开头发表的初步看法中援引了李嘉图的如下论点："凡是使同一土地或新地上所得产品的差额缩小的事物，都有减低地租的趋势；凡是扩大这种差额的，必然产生相反的结果，都有提高地租的趋势。"③ 马克思在指出李嘉图这个论点的正确性时写道，在使同一土地或新地上所得产品的差额缩小或扩大的原因中，"不仅包括一般的原因（肥力和位置），而且也包括……赋税的分担，看这种分担是否均等，如果像英国那样不是由中央集中征税，而且是征收土地税，不是征收地租税，那么，这种分担就总是不均等的……"④ 可是马克思在《资本论》中却撇开了这个原因，就像撇开了使问题复杂化的情况一样。对这个原因的分析属于土地所有制的专门学说。

在《剩余价值理论》中，马克思强调指出，在专门考察土地所有

---

① 《马克思恩格斯全集》第1版第25卷第698—699页。
② 《马克思恩格斯全集》第1版第25卷第699—700页。
③ 《马克思恩格斯全集》第1版第25卷第732页。
④ 《马克思恩格斯全集》第1版第25卷第732页。

制时,地租理论应得到进一步的阐明,其中他指出了深入研究下述问题的必要性,例如:同一生产领域的不同部门所提供的地租的相互关系,彼此不同但可以互相转化的各生产领域——例如从农业中抽出土地用于建筑房屋、工厂等等——所提供的地租的相互关系。① 上述两个问题中的第二个问题在当前具有特别现实意义。一方面,在 20 世纪后半叶,随着发达资本主义国家中农业集约化,用于农业生产的土地面积周期性地缩小。另一方面,工业的飞速发展和城市的增加,导致绝大部分土地面积被用于工业建筑和城市建筑。在独立研究土地所有制的过程中也应当考察各个不同的农业部门中的地租的特点,因为在各部门的特点中表现出土地所有权的变动,而这种变动与作为剩余价值的转化形式的地租的形式的一般规律是没有直接关系的。

马克思把许多有关资本主义农业形成的问题也放在《资本论》的范围之外加以专门的研究。"这个形式(产品地租。——科甘注)也会使各个直接生产者的经济状况出现更大的差别。至少,这样的可能性已经存在,并且,这些直接生产者获得再去直接剥削别人劳动的手段的可能性也已经存在。但这不是我们在这里要涉及的问题,因为我们在这里研究的是产品地租的纯粹形式。总的说来,我们在这里不可能深入研究使不同地租形式能够结合和混杂在一起的无穷无尽的不同的组合。"② 采用这个方法并不是偶然的,在第 47 章中,马克思之所以考察资本主义地租的产生,是因为它对于阐明资本主义地租与封建地租相比在质上

---

① 《马克思恩格斯全集》第 1 版第 26 卷(Ⅱ)第 300 页。
② 《马克思恩格斯全集》第 1 版第 25 卷第 896—897 页。

的特殊性是必要的。① 他相应地抽象掉了许多使问题复杂化的情况。其实，资本主义农业形成的不断增长的可能性的实现正是同这样一些情况相联系的：即农场土地的数量，土地的肥力和位置，劳动力的数量和熟练程度，牲畜的数量和质量等等。这些因素以极为多样的和矛盾的方式相互发生作用，这又导致资本主义农业形成的形式极为多样化。所有这些都是土地所有制专门学说研究的对象。

列宁在他的著作《关于农业中资本主义发展规律的新材料》中写道："请回忆一下马克思的《资本论》吧。你们会看到，这部著作举出了资本出现在历史舞台上时所遇到的各种各样的土地所有权形式：封建的、克兰的、公社的（我们再加上原始强占的）、国家的等等。资本使所有这些不同的土地所有权形式服从于自己，而且按照自己的面貌改造它们。但是为了了解和评价这个过程，并且用统计方法加以表现，就必须善于根据这个过程的不同形式而改变问题的提法和研究方法。"② 因此，列宁指出了对土地所有制各不同形式的资本主义改造的特点进行研究的必要性。那么试问，马克思既然注意到了土地所有制形式的非常多种多样，为什么在《资本论》中却没有专门考察这个问题呢？显然，问题在于土地所有制各种不同形式的资本主义改造的特点，基本上是由一种土地所有制形式与另一种土地所有制形式的差别所决定的。而在这些差别中恰好表现出相对地不以剩余价值为转移的土地所有权的变动。

马克思在《资本论》中仅仅最概括地，以级差地租的角度论及在农业中大经济排挤小经济的特征。他没有专门研究经济单位的技术装

---

① 在这一章开头的一节中，马克思指出，资本主义地租和封建地租的那些根本区别被现象的表面掩盖了，某些资产阶级经济学家，确定虚假的表面现象，却否定资本主义地租的质上的特殊性。

② 《列宁全集》第2版第27卷第193页。

备、肥料的使用、牲畜的数量和质量等等对这个排挤过程所起的相互矛盾的作用，没有专门分析农业的特点，而由于这些特点，所以在农业部门中大经济排挤小经济比在工业部门中进行得缓慢，抽象掉了大经济和小经济之间竞争斗争的特殊性。所以采取这样的方法的原因显然在于，所有这些因素都是在研究作为剩余价值的转化形式的地租时使问题复杂化的情况，所以它们属于土地所有制的专门学说。

农业中的雇佣劳动也具有很大的特殊性。① 例如，许多农业工人都有份地。但是，马克思在《资本论》中没有考察农业中雇佣劳动的这种特征，因为它同剩余价值没有直接的关系（不论工人有没有份地，剩余价值都将由工人创造出来并被转化为地租）。许多农业工人拥有小田庄，这种情况造成了一种小农经济的数量增加及其稳定性增长的表面现象。其结果是资本主义日益进步的发展被掩盖了，使人产生一种错觉，似乎农业走的是非资本主义道路。因此，在关于土地所有制的专门学说的范围内深入分析农业中雇佣劳动的这种特征，是十分重要的。②

众所周知，在《资本论》中只有关于资本主义中土地国有化的个别论述，而没有涉及超出剩余价值理论范围之外的那些方面，例如：土地国有化对合理管理农业的影响；对消灭封建主义残余（其中包括耕地

---

① "农业中商品生产的增长和雇佣劳动的发展，其形式不同于工业，因此，在这里应用马克思的理论可能使人觉得不正确。但是必须知道农业是以怎样的形式变成资本主义农业的。为此，首先要弄清楚两个现象。一、商业性农业是怎样发展的？和二、工人阶级是怎样形成的？"（《列宁全集》第 2 版第 7 卷第 93 页）

② 爱·大卫在断定马克思没有专门研究农业的特殊性时作了这样的说明：马克思或许是没有注意到这种特殊性，或许是把它作为某种与《资本论》中论述过的理论相矛盾的东西而忽视了（参看爱·大卫《社会主义和农业》1906 年版第 120—121 页）。由此可见，不了解马克思的方法论是爱·大卫的修正主义的认识论的原因之一。

交错现象）的影响；对将来农村中的社会主义改造的影响。① 按照六册计划的逻辑，这些问题列入关于土地所有制的专门学说的对象。

19世纪后半叶，俄国为研究农业关系提供了丰富的材料。马克思在1870年前掌握了俄语并开始根据原著研究俄国的农业关系。②《马克思恩格斯文库》第11、12和13卷明显地表明，马克思在收集有关这些关系的材料时做了多么巨大的工作。60—70年代俄国农村生活的一切极重要的方面都使他感兴趣。

正如恩格斯在《资本论》第3卷的序言中所指出的，马克思打算根据这些材料重新改写地租这一篇，但是没有来得及实现这个计划。③然而，这些材料的广泛性和多方面性，使人有理由认为，它们不仅能够用来重新整理地租这一篇，而且能够利用来专门研究土地所有制。

恩格斯认为，凭借《资本论》，根据俄国的材料来专门研究资本主义的土地所有制，具有非常重要的意义。他说："……对于俄国社会民主党人来说，最必要的是认真着手研究俄国的土地问题……这个研究领域，通过对大量材料的阐明，可以得出实质上崭新的结果，而这些结果对于土地所有制形式和土地使用形式的历史，对于经济学理论尤其是关于级差地租的学说的运用——检验——来说都是极为重要的。"④ 恩格

---

① 发表在《国际通报》（1872年）上的文章《土地国有化》中，马克思对这个问题作了专门考察，还涉及该问题与剩余价值没有直接联系的那些方面（例如土地国有化对合理经营农业的影响）。但是，很自然，马克思在这个篇幅不大的报刊文章中没有详细一些研究土地国有化。

② 他收集的材料，单是俄国统计学方面的书籍就有两个多立方米（参看《马克思恩格斯全集》第1版第36卷第47页）。

③ 《马克思恩格斯全集》第1版第25卷第10—11页。

④ A.甲沃金：《"合法马克思主义"的黎明》，载于《马克思主义编年史》1927年版第4卷，第90页。

斯委托格·普列汉诺夫"转达一个友好的建议：主要是着手研究那些名副其实的他的科学著作，特别是土地问题的科学著作，但是不要以论战的形式，而是切实地研究问题"。①格·普列汉诺夫写作了一些令人感兴趣的关于俄国土地关系的著作，但他没有对它们进行专门的、全面的研究。这个任务是列宁解决的。

土地问题是俄国资产阶级革命的根本问题，因而它决定了这场革命的民族特点。②因此，列宁很自然地非常重视这个问题。他依据《资本论》并利用了关于俄国以及其他国家的土地关系的材料，创造性地发展了马克思主义的土地理论，尤其是发展了土地所有制的专门学说。列宁关于土地问题的著作，揭示了土地所有制专门学说中这个大问题在理论上和实践上的重要性，本书只是从这个角度来考察列宁的这些著作的。

在列宁的一系列著作，特别是《俄国资本主义的发展》中，专门并且详细地研究了农民的分化。列宁深入研究了按农民经济的资本主义发展的主要特征，对农民经济进行分类的科学的方法论，并在此基础上揭示了农民分化的内容和形式。分门别类的和综合的统计表使他有可能深入研究已经完全形成的经济类型以及尚只是在拟议中的经济类型。我们已经指出，马克思曾注意到农民经济的经济实力，把它看做农民经济的资本主义演进的重要条件，但他并没有研究这个问题。而列宁则从资本主义发展的角度专门研究了农民经济的经济实力。他写道："……这里我们不应当按农户人口的多少和劳动力的多少来分类，而必须按农户的经济实力（播种面积，役畜和奶牛的头数等等）来分类，因为小农业的资本主义演进的全部实质，就是在宗法式团体内部形成并加剧财产

---

① A.甲沃金：《"合法马克思主义"的黎明》，载于《马克思主义编年史》1927年版第4卷，第95页。

② 《列宁全集》第2版第16卷第387—388页。

上的不平等，进而由单纯的不平等转变为资本主义的关系。"①

对土地所有制的各种不同形式（村社的、劳役的、美国西部原始侵夺的和南部原先的奴隶主的土地所有制）的资本主义改造的特征所作的分析，——在列宁关于土地问题的著作中占有重要地位。列宁指出了地主的土地占有、耕地交错现象、赎金支付、放高利贷以及其他封建主义的残余如何阻碍机器技术的运用，如何推迟市场的发展，延缓农民的分化等等，从而妨碍农业的资本主义演进。他论证了这样的论点：从事劳动的农村，受封建主义残余之害更甚于受资本主义发展之害。在列宁关于土地问题的著作中专门并详细地考察了农村中雇佣劳动的特点以及大农经济排挤小农经济的过程。列宁专门分析了这一过程对下述因素的依从性，譬如改进工具和机器、增加工具和机器的使用、向最好的耕作制度过渡、使用雇佣劳动和牲畜的数量和质量等等。他揭示了这些因素之间矛盾的相互关系。例如他指出，在大规模生产中役畜数量的减少可能是经济加强的间接标志，因为役畜数量的减少是因使用农业机械而引起的，而在没有使用农业机械的小规模生产中，役畜数量的减少是衰落的标志。列宁还证明，划分大经济和小经济的标准取决于生产的专业化。鉴于这一点，列宁着重指出，"……形成商业性农业的形式确实是独特的，因此就要用特殊的方法去研究。"② 所以他深入研究了这些特殊的方法。

列宁非常重视研究经济作物生产中和畜牧业中的资本主义关系的特征，而马克思在《资本论》中把它抽象掉了。例如，列宁指出，在畜牧业发达的地区，全年内对劳动力的需求较为均匀，冬季失业现象较少，年劳动报酬有时很有均匀性。他证明了经济作物的生产和畜牧业产

---

① 《列宁全集》第 2 版第 17 卷第 70 页。
② 《列宁全集》第 2 版第 17 卷第 106—107 页。

品的生产主要是在大规模的资本主义经济中进行的,从而促使农产品加工企业的兴起。他还揭示了这些企业对农业的资本主义发展的意义。

在列宁的这些著作中专门而又详细地考察了资本主义制度下的土地国有化,其中包括下面这几方面问题,如土地国有化对土地利用,对阶级斗争,对农村将来的社会主义改造的影响。

列宁不仅根据垄断资本主义以前的资本主义的材料,而且根据帝国主义时期的经济资料,研究了相对地不以剩余价值为转移的农业的资本主义发展趋势。显而易见,这种研究方法是由以下情况决定的:第一,在帝国主义时期,土地所有权的一些相对地不以剩余价值为转移的趋势达到了最发达的形式,从而显得比在垄断前资本主义时期更充分得多。第二,列宁在1910年指出,"社会统计,特别是经济统计,最近二三十年来作出了巨大的成绩。有许多问题,而且是涉及现代国家的经济制度和涉及这种制度的发展的最根本问题,过去都是根据一般的估计和粗略的资料来解决的,现在如果不考虑按某一确定的提纲收集并经统计专家综合的关于某一国家的所有地区的大量资料,对这些问题就无从进行比较认真的研究。尤其是对争论最多的农业经济问题,更加需要根据准确的大量资料作出回答,何况在欧洲各国和美国,对全国所有农场作定期统计,已经愈来愈习以为常。"[①]

列宁在根据20世纪初美国最新的(当时的)统计资料所写的著作《关于农业中资本主义发展规律的新材料》中全面地揭示资本主义经济的一般规律性的实质,也就是揭示大经济排挤小经济的实质时,得出了如下结论:在农业的集约化程度迅速地日益提高的情况下"资本主义农业发展的主要路线就是:小经济(就土地面积来说仍然是小经济)变成大经济(就生产规模、畜牧业发展、使用肥料数量、采用机器增多等

---

① 《列宁全集》第2版第19卷第315页。

等来说是大经济)。"① 列宁还指出了这个排挤过程是以什么形式进行的："……大生产排挤小生产的方式是，土地面积较'小'但是生产率、集约化程度和资本主义化水平较高的农场，排挤土地面积较'大'但是生产率、集约化程度和资本主义化水平较低的农场。"② 列宁的这些论点在深入研究农业的一般资本主义规律性方面对马克思的土地理论作出了很重要的发展，并且揭露了资产阶级经济学家观点的破产，他们引用小经济（就面积而言）数量增长的资料而否认农业中资本主义的日益发展。

在列宁的各著作中没有指出，他在深入研究土地所有制的专门学说问题时对自己提出了实现马克思在1857—1859年期间拟定的经济学研究计划的任务。深入研究这个大问题的必要性，首先是由科学地领导革命运动的任务所决定的。为了解决19世纪末至20世纪初的革命运动所面临的许多问题，必须不仅搞清楚与剩余价值有直接联系的土地所有制发展的趋势，而且要搞清楚相对地不以剩余价值为转移的土地所有制发展的趋势。列宁有关土地问题的著作证实，六册计划的基本方法论思想的正确性，按照这一思想，应当从两个主要方面来考察土地所有制。

（原载《卡·马克思的创作活动》1983年莫斯科思想出版社）
（李光林、朱邦芳、卢晓萍 译　张钟朴、沈渊 校）

---

① 《列宁全集》第2版第27卷第204页。
② 《列宁全集》第2版第27卷第212页。

《资本论》和马克思经济学"六册计划"中的专门学说(下)

〔苏〕A. M. 科甘

4. 雇佣劳动

马克思在《资本论》第 1 卷第 18 章中指出,"工资本身又采取各种各样的形式……但是,**阐述所有这些形式是属于专门研究雇佣劳动的学说的范围,因而不是本书的任务。不过,这里要简单地说明一下两种占统治地位的基本形式**。"[①](黑体字是本文作者加的——编者注)尽管对资本主义制度下雇佣劳动的剥削的分析,以一条红线贯穿着整个《资本论》,特别是贯穿着它的第 1 卷,但是,按马克思的说法,专门研究雇佣劳动还不是《资本论》的任务。"六册计划"的根本的方法论思想,解决了这貌似的矛盾。在《资本论》中,雇佣劳动是作为剩余价值的唯一源泉来加以研究的,从而揭示了它最深刻的本质,它对资本的普遍的依赖性。但雇佣劳动也具有相对地不以剩余价值为转移的运动,这种运动是专门研究雇佣劳动的对象。现在就来揭示雇佣劳动专门学说的某些问题,而马克思在《资本论》中把这些问题抽象掉了。

首先,我们把注意力放在工人阶级的结构上。工人阶级是统一的整体,然而在这种统一体的范围内也有一定的特殊。因为工人被剥夺了生

---

* 本文选自《马克思恩格斯研究》1991 年总第 7 期。
① 《马克思恩格斯全集》第 1 版第 23 卷第 594 页。

产资料，把自己的劳动力出售给资本家，并受他们的剥削，所以他们是统一的。造成工人阶级内部的特殊的，主要是由于工人的各种不同集团，在资本主义的分工体系中占有不同的地位，相应地就有了利益上的差别。最大的工人阶级队伍，就是工厂工人，采矿工业工人，运输工人，流通领域的工人。这些队伍中的每一个队伍又具有其复杂的结构，是各种不同部门、不同企业、不同职业、不同专业的工人的统一体。社会分工的发展，促使工人阶级内部的部门的和职业的日益特殊化，其中之一，表现在工资、劳动强度等的差异上。马克思在《资本论》中分析雇佣劳动时，特别注意的是使无产阶级的各种不同队伍转化为统一的阶级的那种共同的东西，而只是顺便提到了造成工人阶级内部的特殊化的那些因素。① 这里继续假定，不仅一个平均劳动力的价值不变，而且一个资本家所使用的工人已经化为平均的工人。② 工人阶级内部的各种各样的特殊化表现，与剩余价值并无直接的联系，所以在深入研究剩余价值理论时，这些表现就表现为使问题复杂化的情况。

在工人阶级每一个队伍的特征中，表现出相对地独立于剩余价值的雇佣劳动的运动，因此，这些特征的研究属于雇佣劳动的专门理论。在该理论范围内，也应揭示工人阶级各不同队伍的矛盾的相互关系（使这些队伍接近并使它们转化为统一的阶级的各部分的那些因素，以及使工人阶级各队伍分离的那些因素）。因此，工人阶级的结构，这是一个属于雇佣劳动的专门理论的问题。共产党人在领导无产阶级的阶级斗争时，力求做到整个阶级的利益在工人运动中起决定性作用，因而为了达

---

① 马克思在考察价值增长过程时在《1861—1863 年手稿》中指出，"不同工作日所得到的不同的、较高或较低的工资，在不同劳动部门中不同的工资分配，不涉及资本和雇佣劳动之间的一般关系。"（《马克思恩格斯全集》第 1 版第 47 卷第 87 页）。

② 《马克思恩格斯全集》第 1 版第 23 卷第 337 页。

到领导的成功，必须熟悉整个阶级利益和狭隘的职业利益的相互关系的经济机制。揭示这个机制是雇佣劳动专门理论的任务。

当前争论的问题之一，就是非物质生产中的雇佣劳动的问题。马克思在《资本论》中研究物质生产中资本主义的经济关系时，抽象掉了这些关系在非物质生产中的特点（他只是在例外的情况下才涉及这种特点）。① 马克思所以采取这样的态度，是由一系列原因决定的。第一，物质生产在人类社会生活中具有决定性意义，而物质生产中的经济关系在很大程度上决定着非物质生产中的经济关系。马克思一再强调指出，只有在研究了物质生产以后，才能在非物质生产的研究中取得成就。② 第二，在19世纪中叶，资本主义关系在非物质生产中是稀罕现象。"资本主义生产在这个领域中（非物质生产——科甘注）的所有这些表现，同整个生产比起来是微不足道的，因此可以完全置之不理"。③ 第三，用恩格斯的话来说，整个《资本论》是围绕着剩余价值转的，剩余价值更明显地表现在物质生产中。

马克思抽象掉非物质生产中的经济关系，他在《资本论》中没有专门考察在这一领域中雇佣劳动的特点。马克思顺便说的话的含义是以一定的上下文为前提的，根据上下文，他在一些场合把教师称做"工人"，把作家称做"无产者"，而从他所说的别的话中似乎可以得出，为资本家当雇工的教师和作家不能归入无产阶级。在深入研究关于雇佣劳动的专门理论时，把非物质生产的特点抽象掉已经不是必要的了。在这一理论范围内，非物质生产中雇佣劳动的特点应该得到全面的理论反

---

① 注意，马克思在《剩余价值理论》中涉及非物质生产，基本上是为了批判资产阶级经济学家。
② 《马克思恩格斯全集》第1版第26卷（Ⅰ）第295—296页。
③ 《马克思恩格斯全集》第1版第26卷（Ⅰ）第443页。

映，并相应地应解决这样一个问题：资本主义的非物质生产的雇佣劳动者究竟是不是工人阶级的队伍。

列宁写道，"如果'纯粹的'无产阶级没有被介于无产者和半无产者之间……为数众多的形形色色的中间类型所包围，那么资本主义便不成其为资本主义了"。① 在《资本论》中，马克思没有考察这些中间类型，在关于雇佣劳动的专门理论中，这些中间类型成了研究的对象。

众所周知，资本主义社会中无产阶级的状况是由它的阶级斗争决定的。马克思在《资本论》中揭示了剩余价值生产同无产阶级的阶级斗争，首先是争取缩短工作日的斗争的有机联系。马克思在研究争取缩短工作日的斗争时，不仅全面地揭示绝对剩余价值的动态，而且揭示了阶级斗争在直接调节着剥削的资本主义经济规律的发挥职能的机制中的地位。同时，马克思在《资本论》中抽象掉了无产阶级阶级斗争的一系列重要方面。例如，他把资本主义积累的一般规律作为工人阶级贫困化的规律来揭示其内容时，其中写道："像其他一切规律一样，这个规律在实现中也会由于各种各样的情况而有所变化，不过对这些情况的分析不属于这里的范围"。② 改变资本主义积累一般规律的最重要情况，就是无产阶级反对贫困化的阶级斗争。但马克思在《资本论》中没有考察，资本主义积累的一般规律由于无产阶级的阶级斗争，它的作用是怎样在变化的。现在就来谈谈我们的看法吧，它在某种程度上使人有可能理解马克思所以采取这样的方法处理问题的原因。

大家知道，资本主义积累一般规律的表现之一，就是工资下降到劳动力价值以下。而无产阶级的阶级斗争对工资发生相反的影响。但马克思在深入研究剩余价值理论时，是以工资与劳动力的价值相等为出发点

---

① 《列宁全集》第2版第39卷第54页。
② 《马克思恩格斯全集》第1版第23卷第707页。

的，可见，阶级斗争对工资的影响当时是复杂的情况。[①] 无产阶级进行的阶级斗争是非常复杂的过程。在这一过程中，许多因素矛盾地互相影响着：全阶级的利益，狭隘的职业的利益，经济行情等等。把无产阶级的阶级斗争作为对资本主义积累一般规律起着反作用的最重要的情况来加以研究，这属于雇佣劳动的专门理论。

在无产阶级争取改善自己的经济状况的阶级斗争中，工会占有重要地位。工会运动受阶级斗争一般规律的制约，但同时在这些一般规律范围内又有它相对的独立性。我们只指出工会问题的某些方面，即表现出这种独立性的那些方面：各种生产部门的特点和工人不同职业的特点对工会的影响，其中包括工会运动的分散倾向的经济基础，农业工人经济状况的特点以及与此特点相联系的他们的职业组织的困难性，资本主义企业的工程技术工作人员和职员的经济状况的特点，以及他们与工会的关系；工会斗争的各种不同形式和经济行情。马克思非常重视工会运动，并对它，特别是对英国的工会进行了细心的研究。在《资本论》中对工会的直接研究归结为：关于工会在争取缩短工作日的斗争中的作用的简明见解（在注释中提供了这种见解），揭露资产阶级的辩护士对工会的攻击，以及评述资产阶级针对工会的立法。[②] 马克思认为对工会综合问题的政治经济学分析，是属于雇佣劳动的专门理论的。

使资本主义积累的一般规律的作用发生变化，而在《资本论》没有加以考察的各种情况之一，就是靠剥削不发达国家，特别是殖民地所

---

① 自爱·伯恩斯坦开始的修正主义者都总是把上述方法论的方法说成是马克思低估了无产阶级的阶级斗争，而他们又利用这个论题，以便在引证阶级斗争的成果时，宣告马克思主义的资本主义积累理论是错误的。

② 参看《马克思恩格斯全集》第 1 版第 23 卷第 281—282、702—703、807—810 页。

获得的超额利润来收买部分工人。在 19 世纪中叶，这种情况在英国表现得最为强烈，所以马克思对此是非常了解的。在雇佣劳动的专门理论范围内研究无产阶级的状况时，上述情况应加以全面的研究。列宁对在殖民地获得的超额利润被用来收买工人贵族这一情况所作的分析，是对深入研究雇佣劳动专门理论的非常重要的贡献。

资本主义政治经济学的重要问题之一，就是有专门技能的劳动力的特点的问题。马克思在《资本论》中对有专门技能的劳动力作了一般的论述，同时指出，"……对于价值的增殖过程来说，资本家占有的劳动是简单的、社会平均劳动，还是较复杂的、比重较高的劳动，是毫无关系的"。① 因此，马克思在《资本论》中把注意力集中在简单劳动力上，而没有专门研究有专门技能的劳动力的特点。②

有专门技能的劳动力的特点这个问题与工人阶级的状况是有机联系的。对工人有切身利害关系的是：不降低他们的技能水平；正确地确定决定着技能水平的各种因素（文化程度、本专业的工龄、对本工种的固有天赋、体质上的耐力等等）的相矛盾的相互联系；在规定工资时，要考虑到有专门技能的劳动力的再生产上必须有更高的花费。决定劳动力技能水平的各因素的相矛盾的相互联系，这是雇佣劳动相对独立性的表现。因而，有专门技能的劳动力的特点这个问题，应在雇佣劳动的专门理论中加以深入研究。

马克思在《资本论》中指出，在资本主义制度下，技术进步采取提高资本有机构成的形式，这必然产生相反的倾向，即工人失掉专门技

---

① 《马克思恩格斯全集》第 1 版第 23 卷第 223 页。

② 马克思在《资本论》中，为了论证在深入研究剩余价值时把有专门技能的劳动力简化为简单劳动力的合理性，对他来说，显然有必要对有专门技能的劳动力的特点作一般的论述。

能和提高专门技能。这两种倾向以一定的并且非常复杂的方式彼此互相作用，其结果就引起了工人阶级职业专门技能组成的改变。雇佣劳动之隶属于资本，在失掉专门技能这一在19世纪中叶占优势地位的倾向中表现得最为充分。因此，很自然，马克思在《资本论》中正是考察这种倾向，而抽象掉了相反的倾向。

在专门技能的提高的倾向中，相应地也在工人个性的全面发展[1]的倾向中，雇佣劳动对资本的独立性表现得最为充分。因此，在雇佣劳动的专门理论中，对这种倾向的分析被提到了首要地位。在这一理论范围内，无产阶级失掉专门技能和提高专门技能这两种倾向是作为对立的统一来加以考察的。

《资本论》中关于工资的论点的具体化也属于雇佣劳动的专门理论。在《资本论》第1卷第15章中考察了劳动力价格与剩余价值的相互关系。这种分析的目的在于，表明劳动力的价格的改变是怎样影响剩余价值的，也就是说，对马克思来说，主要的不是劳动力价格的动态，而是剩余价值的动态。持这样的观点来研究劳动力的价格，也就决定了马克思所采取的抽象。他在理论上的出发点是，补偿劳动力耗费的生活资料的量是一个不变的量，变化的只是这个量的价值，[2] "……商品是按照它的价值出售的……劳动力的价格有时可能比它的价值高，但从不比它的价值低"[3]（这种情况对资本主义来说并非是典型的。——科甘注）。这样一种处理问题的方法使马克思有可能始终贯彻着一条分析剩余价值的基本路线（剩余价值的生产是以价值规律为基础不断地实现的），而且有可能表明，即使在对资本相对不利的条件下，剩余价值也

---

[1] 参看《马克思恩格斯全集》第1版第46卷（上）第287页。
[2] 《马克思恩格斯全集》第1版第23卷第567页。
[3] 《马克思恩格斯全集》第1版第23卷第567页。

会不断地创造出来并不断地增长。

马克思在考察劳动力价格与剩余价值之间的相互关系时认为，工作日的长短和劳动强度是不变的，而劳动生产率是在不断变化的，他阐明了下述规律："……剩余价值的增加或减少始终是劳动力价值相应的减少或增加的结果，而绝不是这种减少或增加的原因"。① 马克思在论证这一规律时指出，剩余价值的多少不直接取决于劳动力价值的多少，而取决于它的价格的多少。相应地，劳动力价格偏离它的价值，影响着剩余价值的量。因此，马克思研究了下述情况。劳动力最初的价值及相应地劳动力的价格为 3 先令，必要劳动时间为 6 小时，剩余价值为 3 先令，剩余时间为 6 小时。如果在这些条件下，劳动生产率提高一倍，那么，在原先的工作日划分的情况下，劳动力价格和剩余价值仍然不变，但将表现为加倍数量的使用价值。而劳动力价值则减少一半，即是 1 先令 6 便士。"如果劳动力的价格下降，但没有下降到由劳动力的新价值所决定的最低界限，即 1 先令 6 便士，而是下降到 2 先令 10 便士，2 先令 6 便士等等，那么这个下降了的价格也还是代表一个增加了的生活资料量。可见，在劳动生产力提高时，劳动力的价格能够不断下降，而工人的生活资料量（实际工资——科甘注）同时不断增加"。② 所以，马克思在揭示劳动力价格和剩余价值的关系时还揭示了实际工资变化的规律性之一。

在他所考察的假定的例子中，只有当劳动力的价格（名义工资）高于劳动力的价值时，劳动生产率的提高才会导致实际工资的增加。如果劳动力的价格减少到它的已经减少了的价值的水平，那么，实际工资将仍然不变，而如果劳动力价格下降到它的价值以下，那么，实际工资

---

① 《马克思恩格斯全集》第 1 版第 23 卷第 570 页。
② 《马克思恩格斯全集》第 1 版第 23 卷第 571 页。

将减少。

资本主义的现实条件本质上不同于马克思在《资本论》第 1 卷第 15 章中作为理论出发点的那些理想的条件。第一，劳动力价值的动态不仅决定于劳动生产率的变化，而且决定于相当地补偿劳动力耗费的生活资料量的变化（马克思在《资本论》第 1 卷第 4 章中指出了这一点），因为生活资料量在现实资本主义经济中有不断增长的趋势。这一趋势是由一系列因素产生的，其中包括劳动生产率的提高（劳动生产率的提高要求提高工人的专门技能，而为了再生产更为熟练的劳动力，就必需数量更多的生活资料）和劳动强度的提高。第二，在资本主义的现实情况下，劳动力的价格可能同它的价值相等，也可能低于它的价值。那么在这种情况下，劳动生产率的提高究竟怎样影响实际工资呢？马克思在《资本论》中没有研究这个问题。这个问题属于雇佣劳动的专门理论。

实际工资是表明工人阶级状况的最重要的标志之一，是激烈的阶级斗争的对象。而深入研究雇佣劳动专门理论将使人有可能充分揭示实际工资的变化趋势，这就证明了这一理论的重大意义。

在雇佣劳动专门理论范围内，必需考察与劳动力这种商品相联系的各种问题。马克思在《资本论》中把注意力主要放在证明这一特殊商品是剩余价值的唯一源泉上，并且把劳动力作为商品所具有的一些特点，即与解决主要问题无直接联系的那些特点，置于他的主要著作范围之外，而归入雇佣劳动专门理论中。但马克思为这些问题的研究提供了重要的出发点。

这些出发点之一就是下述论点："凡是价值要被表现的商品，都是一定量的使用物品，如 15 舍费耳小麦、100 磅咖啡等等。这一定量的商品包含着一定量的人类劳动。因而，价值形式不只是要表现价值，而且要表现一定量的价值,即价值量"。① 因此,先是要准确地确定商品的使用价值数量,然后才表现它的价值量。这个论点也适用于劳动力这个特殊商品。要以货币形式表现劳动力的全部价值量,首先就得准确地确定劳动力的耗费量。然后必须搞清楚能保证这种耗费得到相当的补偿的生活资料的品种和数量。② 这些生活资料的价格又将以货币形式表现劳动力的全部价值量。

在《资本论》中,马克思以工作日的长短和在单位时间内的产量来测定劳动力的耗费。这些指标在资本主义实践中也是被广泛推行的。劳动时间是工人消耗一定量生命力的持续时间的指标。单位时间内的工作量是劳动力所产生的效率的指标。但这些指标丝毫也不能说是耗费的劳动力的绝对量。它们只表示劳动力耗费的变化:较长的时间,较大的效率就是较多的劳动力耗费。但是,关于劳动力耗费的变化,始终绝不能按工作日的长短和单位时间内的产出来加以判断。因为:A)在较短的时间内可以耗费掉较多量的劳动力(高强度劳动),B)单位时间内的较大产量可能不仅是劳动力耗费增加的结果(更多的高强度劳动),而且是实行技术改良、更好的劳动组织的结果,C)劳动力的耗费量取决于卫生条件(在较好的卫生条件下,持续时间较长的劳动和单位时间内较高的产量,需要肌肉、神经、脑筋的消耗比之在最坏条件下的消耗要少)。

劳动力耗费测度的非常不准确性,这并不妨碍对剩余价值理论的深入研究。③ 在雇佣劳动专门理论范围内研究工资时,劳动力耗费测度的

---

① 《马克思恩格斯全集》第 1 版第 23 卷第 67 页。

② "劳动力的价值可以归结为一定生活资料的价值。"(《马克思恩格斯全集》第 1 版第 23 卷第 195 页)

③ 劳动力耗费的不准确测度,使劳动力不能得到相当的补偿,但马克思在深入研究剩余价值理论时把劳动力得不到相当的补偿抽象掉了。

准确性就成为必要了。既然劳动力发挥职能的过程中,"耗费人的一定量的肌肉、神经、脑等等",① 那么,为了更准确地测度劳动力的耗费,就应该利用自然科学。所以马克思在《资本论》的一个注中直接指出了这一点,援引了学者格罗夫的著作:"人在 24 小时内所耗费的劳动量,可以从研究人体内部的化学变化来大致确定,因为物质的转化形式能表明动力已经消耗的情况。"②

在弄清了耗费的劳动力的量以后,必须确定使劳动力得到相当补偿的生活资料的量。工人与资本家之间的价值关系要求劳动力的全部耗费必须通过把用工资购买的生活资料消费掉而得到补偿。劳动力耗费的补偿,这是很复杂的过程。对劳动力的耗费和相当的补偿的不论多少准确的测度,只有通过专门的自然科学的研究和社会的研究才能实现。

劳动力的这种特点对它的价值和价格具有最直接的关系。在决定劳动力的价值量时必须从马克思的下述论点出发:"劳动力的所有者今天进行了劳动,他应当明天也能够在同样的精力和健康条件下重复同样的过程。"③ 保存在工人机体内的营养物消耗在劳动力的再生产上,会导致机体的损坏,过早地丧失劳动能力。在这种情况下,正如马克思指出的,会发生劳动力的价格低于它的价值。但要想对偏离程度的多少有个概念,就得借助于自然科学的研究,弄清楚消耗了多少劳动力,从而需要多少生活资料来使它得到相当的补偿。

工人所深切关心的是按价值出售自己的商品,也就是说,准确测度自己劳动力的耗费及相当地补偿这些耗费掉的生活资料。马克思指出,"他(工人——科甘注)给自己添加生活资料,是为了维持自己劳动力

---

① 《马克思恩格斯全集》第 1 版第 23 卷第 194 页。
② 《马克思恩格斯全集》第 1 版第 23 卷第 575 页脚注 14。
③ 《马克思恩格斯全集》第 1 版第 23 卷第 194 页。

的运转，正像给蒸汽机添煤加水，给机轮上油一样"。① 从这种类推法可得出结论：资本家要非常准确地计算出生产过程所必需的煤、水、润滑油的消耗量，工人也应当非常准确地计算能保证他的劳动力再生产的生活资料的数量。工人对准确测度自己劳动力的耗费及它的相当补偿的关切，不仅不亚于，而且更甚于资本家对准确核算消耗掉的生产资料的关切。马克思写道："劳动这一商品与其他商品相比有很大的缺点。对资本家来说，同工人竞争，只是利润问题，对工人来说，则是生存问题"。② 不能多少正确地测度劳动力的耗费及其相当的补偿的工人，他的状况可以比作这样的商品所有者的状况：这个商品所有者不准确知道他出售了多少数量的商品，也不知道在该商品的生产上消费了多少，而他所知道的只是出售商品所获得的货币额。

关于准确测度劳动力的耗费及其相当的补偿这个问题，与研究工资下降到劳动力的价值以下有关。而马克思在理论上的出发点是，工资与劳动力的价值相等，③ 因此，对这个问题他没有专门加以考察。能说明问题的是，马克思是在《资本论》的注释中唯一指出必须借助自然科学来测度劳动力的耗费的。同时应着重指出，这个注释与下述论点有关："随着工作日的延长，劳动力的价格尽管名义上不变，甚至有所提高，还是可能降到它的价值以下。我们记得，劳动力的日价值是根据劳动力的正常的平均持续时间或工人的正常的寿命来计算的，并且是根据

---

① 《马克思恩格斯全集》第1版第23卷第194页。
② 《马克思恩格斯全集》第1版第6卷第643页。
③ "此外，例如在决定劳动力的价值时，我的出发点是，劳动力的价值真正被偿付，而实际上这种情形并不存在。谢夫莱先生在'资本主义等等'中认为，这是'慷慨行为'或诸如此类等等。但这仅仅是科学研究中的一个必要方法……"（《马克思恩格斯全集》第1版第19卷第402页）。

从生命物质到运动的相应的、正常的、适合人体性质的转化来计算的"。① 因此，马克思正是在他根据工资下降到它的价值以下的情况，也就是说，根据在《资本论》中没有专门加以考察的情况来确定劳动力的价值量时，他才指出必须借助自然科学来测度劳动力的耗费。

在政治经济学上全面地论证这件事，即为了测度劳动力的耗费及其相当的补偿，必须利用自然科学的研究，这属于雇佣劳动的专门理论。马克思在1880年深入研究作出的《工人调查表》，对弄清楚马克思在专门研究雇佣劳动时测度劳动力的耗费所持的观点具有重大意义。这调查表包括101个问题，而其目的在于搜集关于法国无产阶级状况的材料。在《社会主义评论》杂志编辑部为发表该《调查表》写的按语中，无疑表达了马克思的观点。其中说道："那就应该愿意准确而清楚地了解工人阶级这个未来正是属于它的阶级进行工作和活动的条件"。② 例如，在《调查表》中有这样一个问题："谈谈你所从事的那部分生产过程，不仅从技术方面，而且从它所引起的肌肉和神经的紧张程度以及对工人健康的一般影响的观点来谈"。③

马克思生前是否存在借助自然科学来准确测度劳动力的耗费及其相当的补偿的实际的可能性呢，现在是否也存在这样的可能性呢？众所周知，工人在劳动过程中所花费的精力的消耗量可以通过测度人的机体发出的热量（人的新陈代谢的量热学）来确定。这样的测度直到1898年才初次进行。测度劳动力耗费的更准确而实际上更方便的方法是气体交

---

① 《马克思恩格斯全集》第1版第23卷第575页。
② 《马克思恩格斯全集》第1版第19卷第633页注154。
③ 《马克思恩格斯全集》第1版第19卷第251页。

换法（非直接的量热学），这种方法在 20 世纪就已普遍使用了。① 疲乏是劳动力耗费的重要标志。疲乏的过程与动力消耗的增长有密切的联系，但同时又具有相对的独立性。例如，在动力消耗量不大的情况下，也可能出现很大的疲乏。在过去 100 年内，在对疲乏的研究方面迈进了很大的一步。② 营养科学的发展，为准确确定劳动力耗费的相当补偿所必需的食品的种类和数量创造了广泛的可能性。现在已为从事各种不同工种的工人详细制定了各种科学的营养标准。劳动活动的生理学是许多自然科学研究的对象。但是专门的科学，劳动生理学综合地研究这个复杂的问题，这门科学在马克思去世后，在 20 世纪初就已产生了。现今这门科学正在特别急剧地发展着，从而为无产阶级的利益而利用这门科学创造了非常有利的条件。

但是要以广泛的规模对劳动力的耗费及其相当的补偿进行测度，仅有相应的自然科学的高水平的发展还是不够的。这还需要一定的社会政治条件，这些条件在现在比在马克思生前更有利得多。在过去，无产阶级的阶级斗争加强了，现在工会掌握着重要的物质资料，可以加以利用来在企业中进行自然科学的研究。

以上所述可得出如下的结论：马克思为工人阶级的利益而利用自然科学的思想，是雇佣劳动专门理论的出发点之一，在 19 世纪中叶实际上是不可能实现的。而在今天，已为实现这一思想创造了必然的可能性，而且这些可能性还将逐年增长。

---

① 最近几年来无线电电子学的急剧发展，和由此而来的量热学的改进，以及人工同位素的应用，为提高工人劳动力耗费测度的准确性创造了新的可能性。

② 疲乏程度的测度，可以借助于对机体的各不同体系机能状况的研究。现在随着无线电电子学的发展，为不断研究生理机能在劳动过程中，其中包括在最复杂的条件下，甚至也包括在宇宙中的状况，真正创造了无穷的可能性。

同时也产生了下述问题：相当地补偿劳动力耗费的生活资料，其价格是否是与工资一样以货币形式表示劳动力价值的独立标志呢？当工资下降到劳动力价值以下时，它以货币形式表示的不是全部劳动力的价值量，而只是其某一部分。工人没有以工资形式获得的这部分劳动力的价值成了利润，并以利润作为它的货币表现。而相当地补偿劳动力耗费的生活资料，其价格就是以货币形式表示劳动力的全部价值量的一致标志。

马克思在《资本论》中没有指出，必须用与工资不同的另一种货币标志，即相当地补偿劳动力耗费的生活资料的价格那样的货币标志，来表示劳动力的价值量，其原因可能如下：当劳动力的价值同价格相等时（马克思在《资本论》中正是以此作为理论上的出发点的），工资也就以货币形式表示劳动力的全部价值量，也就是说，工资在数量上与相当地补偿劳动力耗费的生活资料的价格这种标志是一致的。当工资持久地偏离劳动力的价值时，这个标志就表现为独立的，不同于工资的劳动力的价值表现。因为上述标志与剩余价值理论的深入研究并无直接的联系，而与工人阶级状况的专门研究相联系，所以有理由认为，在理论上论证和研究这种标志，属于雇佣劳动的专门理论。

理解这个标志的意义时，必须注意马克思的下述论点："……工人主要关心的是他所得到的东西，即工资的名义数额，而不是他所给予的东西，即劳动的量！"①

马克思关于工人对名义工资的态度的论述，也适用于工人对实际工资的态度。② 如果名义工资，特别是实际工资随着劳动力的耗费的减少而下降了，那么，工人就会认为这是他的状况的恶化。例如，当工作日

---

① 《马克思恩格斯全集》第 1 版第 23 卷第 596 页注 33。
② 工人所以关心名义工资，只是因为它使工人有可能获得一定的生活资料。

的缩短导致他们的工资下降时,他们就会感到不满,因而对此进行斗争。而如果名义工资,特别是实际工资提高了,但这种增长没有能补偿日益增加的劳动的耗费,那么,工人就可能形成一种错觉,似乎他们的状况改善了,虽然在这种场合工人的状况实际上是恶化了。

只有揭示了使增长了的劳动力耗费得到相当补偿的生活资料的价格,才能向工人表明,名义工资和实际工资的增长在多大程度上补偿了已增加的劳动力耗费,从而帮助他们正确地估计自己的状况。从无产阶级阶级斗争的观点来说,这一点很重要。①

同名义工资和实际工资的提高结合在一起的劳动力耗费的增长成为最广泛的普遍现象,不是在垄断资本主义以前的资本主义时期,而是在帝国主义条件下出现的。因此,在现在,像相当地补偿劳动力耗费的生活资料的价格这样的标志,就具有特别重要的意义。而属于雇佣劳动专门理论的这个标志的理论根据,也相应地日益具有特殊的现实意义。

马克思在1847年所写的单篇文章《工资》,其内容与他的讲稿《雇佣劳动与资本》相衔接,它对揭示雇佣劳动的专门理论问题来说,具有重大意义。这篇文章是论述工资的巨著的提纲性草稿。在《工资》中提出的一系列问题,在《资本论》中作了全面的考察并得到了解决(生产资本的各组成部分,资本有机构成的提高及其对工资的影响等等)。此外,在该篇文章所包含的问题中,有些问题在《资本论》中没有专门加以考察。这些问题有:(1)劳动力作为商品所具有的特点,

---

① 资产阶级广泛利用这样一个事实,即工人认为其有决定性意义的事情是工资的多少,而不是他所耗费的劳动力的量多少。在资本主义下,特别是在资本主义的合理化条件下,刺激机制在很大程度上就是以此为根据的。资产阶级在意识形态的斗争中也在利用上述情况。

这种特点使工人在市场上的情况恶化,①（2）因时尚的变化和一年四季的更替而引起的工资的波动,（3）工人之间的竞争:（A）侨民的竞争,（B）未婚工人对已婚工人的优越性,（C）农业工人与城市工人之间的竞争,（4）赋税对工人阶级状况的影响,（5）储蓄银行和工人阶级的状况。②雇佣劳动的所有这些表现,是作为对剩余价值的某种间接的东西出现的。因此,对它们的分析属于雇佣劳动的专门理论。

5. 国家，对外贸易，世界市场

国家。在《资本论》中没有任何一篇或任何一章是专门研究资产阶级国家的经济作用的。马克思是在论述下述剩余价值理论问题时才涉及这个论题的：1）工作日长度；2）机器和大工业；3）原始积累；4）再生产和社会资本的流通；5）现实资本与虚拟资本之间的差别。

在研究第一个问题时，马克思考察了国家是如何规定工作日长度的（关于工作日长度的工厂法），在分析第二个问题时，考察了关于工人保健和培养的工厂法，在研究第三个问题时，考察了国家在剥夺农民方面所起的积极作用，国家对被剥夺者采取的强制手段，国家贸易政策，

---

① 对这个问题，马克思作了如下的阐述:"但是，这种市场价格规律对劳动这一商品比对其他商品的影响更加厉害，因为工人不能把自己的商品储藏在仓库里，只能出卖自己的生命活动，否则，就要因失去生活资料而死亡。劳动这一出卖的商品不同于其他商品的地方，特别在于:它具有暂时的性质，不能把它蓄积起来，它的供应不能像其他产品那样容易增加或减少。"（《马克思恩格斯全集》第1版第6卷第637—638页）

② 参看《马克思恩格斯全集》第1版第6卷第638—639、643—644、646—647、657—659页。

殖民地政策和赋税政策的作用，以及国债在资本原始积累中的作用。①

在分析第四个问题时，马克思指出，部分剩余价值被国家所占有，以及再生产受阻时，国家会丧失部分收入。他还注意到这样的情况：那些利用雇佣劳动力的国营企业的资本也会进入社会资本。② 在研究第五个问题时，马克思一再指出，国债和国家有价证券，这是与现实资本根本不同的虚拟资本。马克思以国家有价证券为例指出，在资本主义下，任何收入都会资本化。他指出，国家有价证券是贪得无厌的投机的对象，而它们的流通会助长一种错觉，似乎它们就是现实资本。马克思以零星的评注的形式对国债和国家有价证券作了这样的评述。③

因此，在《资本论》中，对国家的研究只限于对深入研究剩余价值理论所需要的范围内。那么，马克思到底把哪些与资产阶级国家的经济活动相联系的问题置于《资本论》范围以外呢？让我们注意一下这样的一些问题。

马克思指出，国家本身是作为资本家出现的，他在《资本论》中没有研究国家所有制的特点，国营企业的种类及它们在国家财政中的作用。对国家所有制之所以必须进行专门的研究，不仅是由它的特殊性所决定的，而且也因为国家所有制，正如恩格斯指出的，是由资本主义生产向社会主义生产过渡的客观前提之一。④ 所以，如果说马克思在《资

---

① 参看《马克思恩格斯全集》第 1 版第 23 卷第 245—271、300—302、307—335、527—550、801—810、818—829 页。

② 参看《马克思恩格斯全集》第 1 版第 24 卷 469—470、511—512、112—113 页。

③ 参看《马克思恩格斯全集》第 1 版第 25 卷第 445—446、446—447、453—454、461、518—519、526、527—532、539—540 页。

④ 参看《马克思恩格斯全集》第 1 版第 20 卷第 303 页。

本论》中没有专门研究国家所有制，那么，很显然是因为在那里国家所有制表现为日益复杂的情况。而在国家学说中，这个问题则是许多关键性的问题之一。

在《资本论》第3卷中，马克思注意到"它（指股份公司——译者）在一定部门中造成了垄断，因而要求国家的干涉"。① 各股份公司，垄断组织与国家结合的趋势，促进了生产的社会化，也就是说，创造了社会主义革命的客观前提。很自然地产生这样一个问题，即为什么马克思仅仅指出确实存在着如此重要的趋势，而没有专门加以研究呢？显然，其原因之一在于：各股份公司，各垄断组织与国家之间的各种各样的关系是国家学说的对象。当马克思写作《资本论》时，上述趋势还处于萌芽阶段，这就在本质上限制了研究这个问题的可能性。这一趋势在20世纪帝国主义时期就已充分发展，成为决定性的资本主义趋势之一。列宁根据20世纪初帝国主义经济的材料，曾对这一趋势进行过研究。列宁揭示了上述趋势的一般的资本主义内容，首先是它与资本的积聚和集中的联系，以及所表现的帝国主义形式，从而丰富了资本主义的一般理论和帝国主义理论。

在《资本论》中，马克思论证了这样的论点：法归根到底是由生产关系决定的，同时又反作用于生产关系。马克思为了分析剩余价值理论的一系列问题，只是顺便考察了这些现象的相互依赖性。其实它们的相互依赖性也是作为研究的独立对象出现的。法规不是彼此孤立的，而是有内在联系的，它们是具有独特结构的体系。因此，在关于国家的专门学说的范围内，应当揭示资本主义生产关系对法律结构的作用。显然，马克思在进行这一分析时，曾在《导言》（1857年）中提出并应当解决这样一个问题："……困难之点是：生产关系作为法的关系怎样进

---

① 《马克思恩格斯全集》第1版第25卷第496页。

入了不平衡的发展。例如罗马私法……同现代生产的关系"。①

在《资本论》中也没有考察国家信用（公债的种类和形式，公债的管理），国家预算，国家需求的特点等等。上面已经指出，国家信用应在信用的专门学说中加以考察。但这并不排斥也可在关于国家的专门学说中研究这个问题。在信用学说中，应着重于阐明国家信用对商业信用和银行信用的影响，因为商业信用和银行信用是研究的主要对象。而在国家学说中，应着重于阐明国家信用在国家预算中的作用，公债的种类及其偿还的方式等等。

国家的经济作用的重要杠杆之一就是赋税。马克思把赋税表现为货币贡赋，并强调指出，赋税是资本原始积累的极其重要的因素，然而他却没有分析这样一些问题，如赋税的分类和各种赋税的特点（直接税，间接税），课税对资本主义财产积聚的作用，赋税对资本主义再生产的影响。显然，这些问题是关于国家的专门学说的对象。

众所周知，现代的公司都把赋税算入生产费用，因而影响着价格。把两种生产费用区分开，这有助于从理论上理解这种现象。狭义的生产费用（马克思在《资本论》中作了考察）：它们首先表示剩余价值转化为利润的客观过程，利润对资本家的开支的依存性。广义的生产费用首先表示利润对资本家开支的反作用，因而，作为利润一部分的赋税也算入这些费用中。赋税与价格形成的关系是关于竞争和国家的专门学说的对象，在研究这个问题时，竞争学说和国家学说会互相充实丰富起来。

对外贸易。在《资本论》中没有任何一篇和任何一章是专门分析对外贸易的。马克思在《资本论》中，基本上是在进行深入研究剩余价值理论的下述三个问题时考察对外贸易的：利润率下降趋势的规律，资本主义生产所需的货币金属的保障，资本的原始积累。

---

① 《马克思恩格斯全集》第1版第46卷（上）第47—48页。

马克思在深入研究第一个问题时，把对外贸易作为对一般利润率的下降起阻碍作用的原因之一来加以分析，并论证了下述两个论点：(1) 对外贸易使不变资本和可变资本的要素变得便宜，从而阻碍一般利润率的下降；(2) 投在对外贸易、特别是殖民地贸易上的资本会带来较高的一般利润率，这也会阻碍一般利润率的下降。① 马克思在提出第二个论点时指出，关于投在对外贸易上的资本的较高的利润率对一般利润率的影响这个问题，"由于它的特殊性，本来不属于我们研究的范围……"。② 显然，这个问题属于对外贸易学说。

值得注意的是，马克思只是顺便（评述萨伊对李嘉图著作的译文注释时）说出了非常重要的论点：由于对外贸易对价值规律发生变化的影响，"比较富有的国家剥削比较贫穷的国家，甚至当后者……从交换中得到好处的时候……"③，显然，专门分析这个问题，也属于对外贸易的学说。

在研究对资本主义生产所需的货币金属的保障时，马克思顺便简短地断言，对外贸易提供一国所需的货币金属。④ 同时他指出，为了把充分提供一国所需的货币金属这个问题"表现得最简单，最清楚，就必须假定金银的生产是在本国进行的……"⑤ 显然，这是《资本论》中所以没有以货币金属来专门详细考察对外贸易特点的原因之一。对该问题的研究属于对外贸易的学说。

---

① 参看《马克思恩格斯全集》第 1 版第 25 卷第 263—267 页。
② 《马克思恩格斯全集》第 1 版第 25 卷第 264 页。
③ 《马克思恩格斯全集》第 1 版第 26 卷（Ⅲ）第 112 页。
④ 参看《马克思恩格斯全集》第 1 版第 24 卷第 92、357—358、360—362、373—374、381—382、384、385 页。
⑤ 《马克思恩格斯全集》第 1 版第 24 卷第 361—362、528—529 页。

马克思在分析资本的原始积累时，在一些顺便说出的意见中指出，保护关税政策在此过程中所起的重大作用。但是他没有考察保护关税政策体制的职能机制，这种机制是对外贸易学说的研究对象。

马克思在《资本论》中，对研究对外贸易所采取的方法，最充分地表现在下述这段话中："资本主义生产离开对外贸易是根本不行的。但是，假定正常的年再生产规模已定，那也就是假定，对外贸易仅仅是以使用形式或实物形式不同的物品来替换本国的物品，而不影响价值关系，也就是不影响生产资料和消费资料这两个部类互相交换的价值关系，同样也不影响每一部类的产品价值所能分解成的不变资本、可变资本和剩余价值的关系。**因而，在分析年再生产的产品价值时，把对外贸易引进来，只能把问题搅乱，而对问题本身和问题的解决不会提供任何新的因素。因此，我们把它完全撇开……**"①（黑体字是本文作者加的——编者注）

对外贸易对资本主义再生产发生重大影响，这与深入研究社会产品的实现的抽象理论没有关系。对这种影响的研究属于对外贸易的专门学说。这种研究会使《资本论》第2卷中深入研究的抽象的实现理论具体化，从而为更充分地揭示资本主义再生产过程的规律性提供可能性。对外贸易的专门学说又包括这样一些问题，如：国与国之间的不等价交换，自由贸易和保护关税政策的相互关系，对外贸易对资本积累的影响，②工业国和农业国的对外贸易结构。

---

① 《马克思恩格斯全集》第1版第24卷第528—529页。
② 在《剩余价值理论》中，马克思在考察理·琼斯的观点时顺便指出："当然，对外贸易——通过增加使用价值的多样化和商品量——也是积累过程中的重要因素"。[《马克思恩格斯全集》第1版第26卷（Ⅲ）第492页]。在马克思这段话中提出了对外贸易专门学说的一个重要问题。

世界市场。在《资本论》中对世界市场的考察,是以顺便提示的形式进行的。提出这些提示是为了分析这样一些问题,如资本的原始积累①以及价值规律在世界市场上的表现②。

马克思在分析资本的原始积累时指出,自15世纪末逐渐形成的世界市场对资本原始积累发生巨大影响,在这里他没有涉及世界市场的特点。他在分析剩余价值理论的其他问题(工场手工业的劳动分工,工资的国民差异,流通时间,储备等等)时,对世界市场也采取了类似的态度。

让我们较详细地谈谈马克思对价值规律在世界市场上的作用这个问题所采取的态度。在《资本论》第1卷第3章中有不大的一节"世界货币",在这一节中,马克思揭示了产生世界货币的客观必然性,并指出,"世界货币执行一般支付手段的职能、一般购买手段的职能和一般财富的绝对社会化身的职能……"③ 在第1卷第20章中,马克思在考察工资的国民差异时顺便指出,价值规律在其国际上的应用中不断发生相当大的变化:在世界市场上国民的中等劳动强度和劳动生产率形成标准尺度,"……它的计量单位是世界劳动的平均单位",因此,"不同国家在同一劳动时间内所生产的同种商品的不同量,有不同的国际价值,从而表现为不同的价格,即表现为按各自的国际价值而不同的

---

① 参看《马克思恩格斯全集》第1版第23卷第784页注189、第817—818页;第25卷第371—372页。

② 参看《马克思恩格斯全集》第1版第23卷第144、162—165页,第25卷第126—127、355—356、357—358页,第26卷(Ⅱ)第481页,第26卷(Ⅲ)第111—112、278—279页。

③ 《马克思恩格斯全集》第1版第23卷第164页。

货币额"。① 在世界市场上价值规律的作用机制（国际价值的形成机制）特别复杂，所以是专门研究的对象。但是在深入研究剩余价值理论时，这种机制表现为日益复杂的情况，所以在《资本论》中没有专门加以考察。

对于弄清马克思对研究世界市场上价值规律的作用所采取的态度来说，《资本论》第3卷第6章是很重要的，在这一章中分析了原料价格（其中包括世界原料的价格）的变动对利润率的影响。马克思写道："我们在这一章中研究的各种现象要得到充分阐明，必须以信用制度和世界市场上的竞争为前提，因为一般来说，世界市场是资本主义生产方式的基础和生活条件。但资本主义生产的这些比较具体的形式，只有在理解了资本的一般性质（资本一般——作者）以后，才能得到全面的说明；不过这样的说明不在本书计划之内，而属于本书一个可能的续篇的内容。尽管如此，标题（《价格变动的影响》——作者）中提到的几种现象，还是可以在这里概括地考察一下。首先，它们互相之间有联系；其次，它们同利润率和利润量有联系，它们造成了一种假象，**似乎不仅利润率，而且利润量（它实际上和剩余价值量是同一个东西）的增减都是不以剩余价值量或剩余价值率的运动为转移的，仅仅由于这个原因，就必须对它们进行简略的考察**"②（黑体字是本文作者加的——编者注）。因而在这一章中，把注意力放在世界市场上因信用和竞争而引起的价格的变动上。但是对价格变动的分析，只是为了更深刻地揭示利润量和利润率取决于剩余价值，也就是说，是从为深入研究剩余价值理论所需要的角度来揭示这个问题的，可见，所考察的远非世界价格变动的全部问题，因而也就没有研究有用矿物产地的有限对世界价格的影

---

① 《马克思恩格斯全集》第1版第23卷第614页。
② 《马克思恩格斯全集》第1版第25卷第126—127页。

响。这个在现代如此迫切的问题，属于世界市场的专门学说。

马克思在《资本论》第3卷第35章中考察汇兑率时顺便指出下述情况："1英镑的汇兑率平价，对巴黎为25法郎20生丁……只要对巴黎的汇兑率超过25法郎20生丁，它就会相应地有利于对法国欠债的英国人，或有利于购买法国商品的人。在这两种情况下，英国人都可以用较少的英镑来达到自己的目的。对那些遥远的不易获得贵金属的国家来说，如果汇票短缺，不够应付汇回英国的汇款，那么，自然的结果就是提高各种通常向英国输出的产品的价格，因为对这些用来代替汇票送往英国的产品，产生了更大的需求。"[①] 在这种论点中提出了兑换率对市场价格的影响这个问题。分析这个在现代特别迫切的问题的非常复杂性和矛盾性，属于世界市场的专门学说。属于该学说的，还有一系列其他的重要问题：国际商品价值的形成，世界市场上竞争的特殊性，[②] 世界市场行情。世界市场上价格形成的特点，世界市场对利息率规定的影响（马克思在《资本论》第3卷第22章中指出了这个问题[③]）；世界市场的发展诸阶段，各不同资本主义国家间的劳动分工（列宁在他对帕尔乌斯的著作《世界市场和农业危机》的书评中指出了后两个问题[④]）。

应该把世界市场学说中资本输出这样的问题单独区分出来。马克思在《资本论》中一再指出资本输出与积累、与利润率下降趋势、与世

---

① 《马克思恩格斯全集》第1版第25卷第669页。

② 马克思在《1857—1858年手稿》中指出，"关于各国之间的竞争所产生的影响，属于国际交换那一篇"。[《马克思恩格斯全集》第1版第46卷（下）第23页]

③ 参看《马克思恩格斯全集》第1版第25卷第412页。

④ 《列宁全集》第2版第4卷第55—56页。

界货币（其中包括与汇兑率）的联系，①但没有专门考察这个问题。如果说，在垄断前资本主义的情况下，形成世界市场的国际的经济联系，基本上归结为对外贸易，因而资本输出不起决定性的作用，那么，在帝国主义情况下，资本输出就日益成为国际经济联系的最重要的形式之一。因而在现代，资本输出是世界市场学说的一个关键性问题。同时，强调指出下面一点也很重要：用垄断资本主义的材料分析这个问题具有特殊性：资本输出与金融资本的联系已经提到了首要地位。

6. 一些方法论问题

在《资本论》中，对竞争，信用，股份资本，土地所有制，雇佣劳动，国家，对外贸易，世界市场作了不同程度的考察。这主要是由于它们是从剩余价值的角度加以研究的。剩余价值理论有它自己的研究逻辑，即它从抽象上升到具体的各个阶段。对一些经济范畴（竞争，信用，土地所有制，雇佣劳动）的研究在很大程度上是为了深入研究剩余价值理论，因而在《资本论》中对它们都作了较为充分的考察。而对另一些经济范畴（股份资本，国家，对外贸易，世界市场）的研究与深入研究剩余价值理论的联系少得多，所以，在《资本论》中对它们没有作充分的研究，并且马克思往往局限于对它们作个别简短的说明。很显然，收入《资本论》中的只是马克思当时所拥有的关于这些经济范畴的一小部分材料。

在《资本论》中，对这些经济范畴的全部研究主要不是由马克思的愿望，不是由主观因素决定的，而是由剩余价值理论的研究对象及其

---

① 参看《马克思恩格斯全集》第1版第23卷第670—671、838页；第25卷第285、286、355、512—513、513—514、657—658、661—662、665—668页。

科学的方法论决定的,也就是由客观因素决定的。马克思在《资本论》中详细分析了与深入研究剩余价值理论相关的许多甚至是无关重要的细节,而没有考察与这个理论没有直接联系的某些重要的资本主义经济现象。例如,在《资本论》第1卷《资本主义积累的一般规律》这一章中,马克思详细分析了使农业雇佣工人联合起来的、只在英国的某些郡推行的帮伙制度,① 而像创业利润这样一个重要的问题,在《资本论》中却完全没有考察。这个例子清楚表明,在《资本论》中对任何问题进行分析的充分程度,基本上不取决于问题的独立的理论意义,而是取决于它同研究资本的基本结构、同深入研究剩余价值理论是否有直接的关系。

这样就产生了一个问题:马克思所指出的他抽象掉了一系列范畴的非常重要的表现,这是否与《资本论》第3卷的标题《资本主义生产的总过程》相称呢?

如果认为,这个标题表明马克思打算在《资本论》第3卷中完成资本主义的一般理论,留在该卷以外的只是些无关重要的细节,那么,对所提出的问题就应当给予否定的回答。然而,第3卷的标题绝不证明马克思打算在这一卷中完成资本主义的一般理论。马克思写过:"我们在本卷中将要阐明的资本的各种形式,同资本在社会表面上,在各种资本的互相作用中,在竞争中,以及在生产当事人自己的通常意识中所表现出来的形式,是一步一步地接近了"。② 在考察马克思的这一论点时应当注意到,从马克思的方法论观点来看,接近现象的具体形式是一个无穷无尽的过程,过程的每一个阶段都是以发现一些新的规律和提出一

---

① 参看《马克思恩格斯全集》第1版第23卷第759—764页。
② 《马克思恩格斯全集》第1版第25卷第30页。

些新的概念为前提的。①

马克思在《资本论》第3卷的标题中说明这一卷研究的是资本主义生产的总过程时，他指的是研究一定的而且是最重要的方面，即"……资本运动过程作为整体考察时所产生的各种具体形式"。② 而作为整体的资本的运动就是资本的生产过程和流通过程的辩证统一。因此，在第3卷中应当揭示《资本论》第1卷和第2卷中研究的资本的生产过程和流通过程的辩证统一（复杂的、矛盾的交互作用），揭示由这种统一而产生的作为自行增殖的价值，即作为剩余价值的资本的各种形态变化。

马克思把他的研究服从于发现资产阶级社会运动的经济规律并相应地考察观念上的平均的资本，所以他在《资本论》第1卷和第2卷中揭示了作为自行增殖的价值即作为剩余价值的资本的生产过程和流通过程的最本质的特征，③ 因而很自然在第3卷中分析了作为整体考察的资本所发生各种形态变化的最本质的特征。这个研究并不排除抽象掉竞争、信用等等的运动，而相反地必须以抽象掉竞争、信用等等的运动作为前提，因为它们的运动对于剩余价值来说具有某种独立性。马克思彻底地进行这种抽象的能力，使他有可能在《资本论》中获得了卓越的科学成果，决定了他的巨著具有整体性和完整性。

在《资本论》第3卷中，马克思强调指出："经济关系的完成形态，那种在表面上、在这种关系的现实存在中，从而在这种关系的承担

---

① "一般概念、规律等等的无限总和才提供完全的具体事物。"（《列宁全集》第2版第55卷第239页）。
② 《马克思恩格斯全集》第1版第25卷第29页。
③ 例如，马克思在考察剩余价值的生产时撇开了工资低于劳动能力的价值，在分析剩余价值的流通时撇开了信用货币对这个过程的影响。

者和代理人试图说明这种关系时所持有的观念中出现的完成形态,是和这种关系的内在的、本质的、但是隐蔽着的基本内容以及与之相适应的概念大不相同的,并且事实上是颠倒的和相反的。"① 马克思的这段表述使人认识到,在《资本论》中阐发的论点和资本主义经济的现实过程之间既有统一又有矛盾。这些矛盾的运动必定在理论上反映在作为继《资本论》之后从抽象上升到具体的各阶段的关于竞争、信用等等的专门学说中。把《资本论》中的论点绝对化,认识不到马克思主义的一般资本主义理论进一步发展的途径,上述的矛盾看来就无法解决。

马克思在《资本论》中抽象掉与剩余价值没有直接联系的竞争、信用等等的运动时,他当然明白,他的资产阶级对手会把实际资本主义的现实的多样性与《资本论》的观点相对比,以图推翻剩余价值理论。然而,资产阶级攻击的可能性不可能迫使马克思放弃运用科学的抽象法。对于这一点,我们可以提一下马克思和恩格斯通信中的一段话。恩格斯在1867年6月26日给马克思的信中指出了工厂主和庸俗经济学家在阅读《资本论》时可能产生的一个反对意见,虽然是论据软弱无力的反对意见,并且对马克思没有预防这种反对意见表示惊讶。② 马克思在回信中强调说:"如果我想把所有这一类怀疑都预先打消,那我就会损害整个辩证的阐述方法。相反地,这种方法有一种好处,它可以到处给那些家伙设下陷阱,迫使他们过早地暴露出他们的愚蠢。"③

围绕《资本论》进行的思想意识斗争证明,资产阶级的攻击落入了马克思的方法论为他们布下的"陷阱"。资产阶级的评论家证明他们是没有能力看到《资本论》中进一步由抽象上升到具体的出发点的,

---

① 《马克思恩格斯全集》第 1 版第 25 卷第 232—233 页。
② 参看《马克思恩格斯全集》第 1 版第 31 卷第 316 页。
③ 《马克思恩格斯全集》第 1 版第 31 卷第 318 页。

因而他们把这部著作的观点绝对化了。资产阶级经济学家把马克思在他主要著作中抽象掉的那些过程提到首位,把这些过程同《资本论》的绝对化了的观点相对照,并将注意力都集中在他们自己造成的经济现实与马克思理论之间的"无法解决的矛盾"上。要同这种批判进行斗争,必须先在资本主义经济的具体的多样性与《资本论》的观点之间找到理论上的中间环节。进一步发展马克思主义理论,深入研究关于竞争、信用等等的专门学说,这就是对资产阶级批判最好的回答。

此外,不能不考虑到这样的可能性,即已落入所设"陷阱"的资产阶级经济学家将马克思主义者也引入陷阱……这种反常的情况可能在这样的条件下形成:如果马克思主义者不去研究马克思所抽象掉的资本主义一般过程,而是根据资产阶级对这些过程所作的分析,例如,财富的稀缺对价格运动的影响,从而得出反马克思主义的结论。

马克思在《资本论》正文中提出某个论点时远不总是表明他抽象掉了什么。① 这种叙述方法是合乎规律的。凡是涉及必须加以抽象掉的现象的说明,都表明那里没有进行实证叙述。当然,在《资本论》这样复杂而又逻辑严整的著作中,这一类的说明应当少到最低限度,马克思就是这么做的。因此,揭示专门学说的问题不能只限于援引《资本论》中相应的引文,而是要深入到马克思创作实验的复杂过程中去。这个过程包括例如以下几个方面。第一,把资本主义的经济现象同它们在《资本论》中的理论反映相对比。第二,揭示反映该现象的论点同其他论点的联系,同《资本论》有关章、篇、卷乃至整个《资本论》的基

---

① 《资本论》第 3 卷论述的一个观点就是明显的例子:商品市场价值的降低导致有支付能力的需求增长,并且相应导致商品的实际增长,而商品市场价值的提高则导致相反的结果。在叙述这个观点时,马克思抽象掉对社会历史因素和社会生物因素的综合需求发生的影响,但他在正文中没有说明这个抽象。

本任务的联系，这样就有可能弄清马克思是从哪一方面分析这一现象的。所有这一切又使人有可能分析《资本论》中所没有考察过的问题，从而是专门学说的研究对象。对剩余价值理论来说并无意义的东西，可能对专门学说，以及对整个资本主义一般理论具有极为重要的意义。

读者在研究《资本论》时自然会将主要注意力集中于理解那些在其中得到详细研究的问题上，而可能不重视附带作出的评述。其实，在这些评述中涉及专门学说的一些重要问题。"六册计划"最主要的方法论思想使人认识到，马克思的个别评述的附带性质绝不可能总是这些评述的科学意义的判据，对这些评述应当给予很大注意力，因为它们可能是深入研究专门学说，首先是研究这些专门学说的一般理论问题的出发点。

列宁写过："他们忘记了，如果不先解决总的问题就去着手解决局部性问题，那么随时随地都必然会不自觉地'碰上'这些总的问题。"① 在研究现代资本主义经济时不可避免会"碰上"总的资本主义理论中属于某个专门学说的尚未得到解决的问题。我们就来详细谈谈其中的一个问题。

在现代资本主义条件下，由于受垄断的影响，价格随劳动生产率的提高而提高。而我们知道，劳动生产率的提高导致社会价值的降低。② 如果随着劳动生产率的提高出现的只是单位产品价值的降低，而基本上是垄断对价格的影响引起价格提高，③ 那么，正如科学院院士瓦尔加指

---

① 《列宁全集》第 2 版第 15 卷第 366 页。

② 参看《马克思恩格斯全集》第 1 版第 23 卷第 52—54、58—60、355—357 页；第 47 卷第 275—276 页；第 48 卷第 22、29—30 页。

③ 通过垄断暂时降低自己的产品的价格（垄断低价格），这是后来提高价格的手段。

出的:"即使是保存金本位制,价格总额事实上……高于价值总额"。瓦尔加指出的情况之所以显得反常,是由于用一元论的方法分析现代资本主义的价格的缘故。作为一元论方法的出发前提的论点就是,只有在价格和价值相一致的范围内才会出现价格偏离价值,甚至在偏离最大的情况下,劳动所创造的商品的价格的每一部分,最终结果都应具有价值实体。但是,由于个别商品的价格和价值不一致,只有价格总额和价值总额相等才直接表示价格形成的基本规律性而价格总额超过价值总额则表现为价值理论原理的悖论。

在马克思表达价格总额和价值总额相等的论点中,首先具有的基本内容是:价格的每一部分都具有价值实体,但同时又具有引人注意的形式。也就是确认两个量的相等(还没有人对这两个量作过比较,很可能是因为作这种比较对于资本主义经济的实用研究来说没有重要意义)。将上面提到的等式的第二个方面(形式方面)提到首位,这是经济学文献中没有把注意力集中于瓦尔加关于价格总额高于价值总额的思想的反常性上的原因之一。

上述瓦尔加的思想反映了在《资本论》中没有加以分析的价格形成中的情况。在研究这种在20世纪下半叶产生的情况时不能把价格总额同价值总额的相等作为某种不言而喻的东西来加以考察,而是需要加以论证的(在生产价格理论中,对这种相等是相应于自由竞争的资本主义来加以论证的)。相应地,现代垄断高价格的价值实体在原则上成了资本主义一般理论的重要问题。我们知道,科学的问题被作为对象的矛盾来论述(我们提示一下关于剩余价值的问题,马克思把剩余价值作为资本的总公式的矛盾来论述)。在垄断统治之下的价格的价值实体问题也可以作为矛盾来论述:一方面价格总额高于价值总额,而另一方面这两个总额应当相等。

这个问题的提法本身导致以下假设:在受垄断限制的竞争的条件

下，除了价值是以反比例取决于劳动生产率以外，还有另一种趋势在起着作用，即劳动生产率不断提高的情况下的价值的增长（这两种现象的互相排斥的相互关系从方法论来看是完全可能的）。

但是，假设的第二部分是否不意味着认为价值不以社会劳动，而是以某种其他的东西作为自己的来源，也就是说，假设的第二部分是否没有脱离劳动价值理论。在回答这个问题时我们将注意力转向以下方面。马克思在级差地租理论（劳动价值理论的具体化之一）中认为，在分摊在产品单位上的中等部门工作时间减少时，价值有可能增长。这种可能性是在达到级差地租的最高限度，也就是说，受垄断限制的竞争的关系的特殊性得到充分表现时实现的。这种情况归结为：播种面积的扩大是通过这样的途径产生的，即同时转入既耕种较贫瘠的土地，又耕种较肥沃的土地，而后者生产额外谷物的大部分，相应地整个部门的劳动生产率提高了，从而分摊在产品单位上的中等部门工作时间的耗费下降了，而价值量增长了，因为在最坏（调节性的）土地的产品单位上的工作时间的耗费增加了，在这种情况中，在受垄断限制的竞争的条件下价值的特殊性得到了最充分的实现。如果在剩余价值理论范围内，应该把这种情况，即个别性，日益复杂化的情况抽象掉，那么，在关于竞争的专门学说中，应该把这种情况提到首位，因为竞争对剩余价值的一定的独立性最充分地表现在这种情况中。马克思是因为深入研究剩余价值理论而抽象掉了价值形成的这种情况。马克思在《资本论》中把全部注意力放在劳动生产率与价值之间的对无限制的自由竞争条件来说是典型性的反依赖关系上。当研究的是现代资本主义，因而注意的中心是在受垄断限制的竞争的条件下的价值动态时，关于尽管劳动生产率不断提高，但价值可能增长这个问题，应该专门加以分析。

为了揭示这种可能性，必须返回到商品。在价值实体本身中，即在抽象劳动中应该显示出在劳动生产率不断提高时，价值增长的客观可能性。因为质的变化隐藏在稳定的,合乎规律的量的变化后面,所以就有必要在价值实体中即抽象劳动中揭示在受垄断限制的竞争情况下产生价值的特殊变化的客观可能性,而异常的(对自由竞争条件而言)动态是价值的特殊变化所固有的:在劳动生产率不断提高时的增长。

已经指出,受垄断限制的竞争是关于竞争的专门学说的对象。因此,研究上述的价值变化属于这专门学说。此外,对它的研究要求返回到价值理论(参看本章第2节)。

马克思的"六册计划"的方法论使有可能正确地着手研究一般资本主义理论的尚未解决的,同时又迫切的问题。这种方法论首先可以归结为这样一种观点:这些问题只有在对相应的专门学说作为整体,在它的特殊的逻辑范围内加以深入研究时,才能得到全面的研究;其次,有助于回答这样的问题:某一问题是属于《资本论》范围以外的各专门学说中的哪一种学说,以及它在一般资本主义理论体系中占何等地位。此外,产生一个问题:为什么马克思没有来得及深入研究关于竞争、信用等等的专门学说。要回答这个问题,必须考察一下马克思所以长期从事于剩余价值理论研究工作的主要原因。

(原载《卡·马克思的创作活动》1983年莫斯科思想出版社版)

(卢晓萍 译　沈渊 校)

关于《土地所有制》册的几点看法*

〔民主德国〕吉塞拉·温克勒

众所周知,马克思在 1858 年为阐述资产阶级经济学体系而拟定结构计划时并没有打算将土地所有制问题收入《资本》册中,在论述资本时应该把作为特殊经济关系的土地所有权假定等于零。① 从做这种假定起到把地租理论收入《资本论》为止的道路,是同马克思突破"资本一般"的范畴紧密联系在一起的。

必须看到,马克思在这一时期虽然已经从实质上阐述了他的级差地租理论,但仍然面临着揭示绝对地租的任务。马克思从他对价值和生产价格的新的科学认识出发,在 1861—1863 年手稿中揭示了绝对地租,从而又向完善地租理论迈出了重要的一步。这就使他在 1862 年重新思考结构计划中的地租问题及其在结构计划中的地位。如果说,1862 年 6 月马克思还告诉恩格斯说他弄清了地租理论,但是一点也不想把它放到《资本论》中去。那么到了 1862 年 8 月他却放弃了这一想法。② 即便如此,地租理论在《资本论》中的地位和作用问题也还没有明确。在 1861—1863 年手稿的历史考证部分中整理地租问题,首先使马克思有可能不必把地租理论收入《资本论》的结构中而单独加以阐述。

---

* 本文选自《马克思恩格斯研究》1990 年总第 3 期。
① 《马克思恩格斯全集》第 1 版第 30 卷第 265、276 页。
② 《马克思恩格斯全集》第 1 版第 30 卷第 251 页。

马克思从剖析"资本一般"出发，在《资本论》第3卷中考察资本的再生产过程时也考察了剩余价值的特殊表现形式。平均利润和生产价格的阐述为论述资本主义土地所有制的实质创造了前提。资本主义土地所有权不仅将超额利润据为己有，而且直接参加剩余价值的分配。这一点确定了地租理论在《资本论》第3卷中的地位和作用。这已不可能仅仅是关于价值和生产价格之间的区别说明了，我们所看到的《资本论》第3卷中论述地租理论的第6篇与马克思1863—1865年手稿是一致的，只是有少数改动，也就是恩格斯作的补充。或者说他根据马克思后来的手稿作的补充。这一情况对于考察整个土地所有制学说和地租理论很有意义。因为马克思完成了1863—1865年手稿之后，这方面的大量工作已经顺利结束。《马克思恩格斯全集》原文版的出版将使我们有可能研究内容广泛的摘录、笔记和旁注，这一研究必将为理论说明和论述打开一个广阔的天地。

在第3卷中，马克思对地租作了一般原理性的论述，并且阐述了地租的两种形式即级差地租和绝对地租。当时马克思正处在资本主义农业具有典型土地所有权关系的阶段。这就没有迫使马克思去研究不同历史时期和不同国家的土地所有权关系的各种形式。马克思自己写道：对土地所有权的各种历史形式的分析，不属于第3卷的范围。①

关于级差地租和绝对地租的专门问题，如地租的趋势、地租的来源或构成，是属于对地租的专门论述范围的，应包括在论述土地所有制的专册中。马克思和恩格斯为整理俄国的资料而做的说明中凡是与第3卷有关而不涉及土地所有权专门学说的部分，可能只收入到该卷第47章"资本主义地租的产生"中了。我们同科甘的看法一致，即认为大量的专门资料没有包括在资本册中，只有在对土地所有制的专门论述中才能

---

① 《马克思恩格斯全集》第1版第25卷第693页。

找到它们的位置。① 马克思把《资本主义地租的产生》收入《资本论》，从而使他暂时有可能在其中以较少的篇幅研究不同历史时期和不同国家的土地所有权关系的各种具体形式。如果把所有关于土地所有制的专门问题都收入《资本论》，那么既超出了《资本论》的范围，又离开了资本册的抽象阶段。在1865年完成《资本论》第3卷手稿之后，马克思在给恩格斯的信中关于地租篇写道：这一篇按现在的结构看十分庞大，单独这一部分就构成一本书。他同时强调，手稿的篇幅如此庞大，除他之外，任何人都不能编撰出版。② 这说明，恩格斯后来必定做了大量的工作，才使这些手稿明白易懂。然而这也证明，马克思曾打算修改这一篇，当然也会把它加以缩减。

1863—1865年的经济学手稿包含着对整个马克思地租理论的最初的系统论述，论述是按地租在资本的再生产过程中的次序进行的。该手稿论述了资本主义土地所有权的实质，并且制定完成了地租理论。当然，指出如下一点也很重要，即这部手稿可以用新的观点加以补充。

于是就产生了这样的问题，把地租理论收进资本册之后，土地所有制专册还应论述哪些问题。还有哪些其他问题属于土地所有制学说呢？当然，不能因为提出这样的问题而把资本册之外的问题看做是"次要的"。

马克思对土地所有制的研究，无论是在50年代和60年代初进行的研究，还是他始于60年代中期的广泛的研究，都远远超出了论述资本主义地租的实质所必要的范围。《伦敦笔记》的出版是人们挖掘土地所有制问题的原始资料的重要一步。通过对这些原始资料的研究，人们看到了马克思研究土地所有制问题的广度。

---

① A. M. 科甘:《卡尔·马克思的创作室》，1983年莫斯科版，第95页。
② 《马克思恩格斯全集》第1版第31卷第181页。

马克思在《资本论》中论述了资本主义生产方式的实质，包括作为资本主义土地所有权的表现的资本主义地租的实质。在此之后，开始在从抽象上升到具体地考察资产阶级社会体系的范围内，在一个特殊的领域，在一个具体的阶段上，钻研土地所有制学说。他研究资本主义经济规律在一个特殊部门即在农业中所发生的作用。土地所有制学说进一步导致对资产阶级社会中三个阶级生活条件的研究，从而在论述整个资产阶级社会体系的道路上又前进了一步。同时，可以把土地所有制学说看做是以《资本》册为基础的这一整个体系的一个完整的整体。它是资本理论在专门的土地所有制问题上的进一步发展和具体化，在土地所有制学说中，应当研究资本主义土地所有权关系的具体条件和联系。然而，资本主义在农业中发生作用的方式和方法，也使这个学说涉及超出土地所有制册范围之外，并与以后几册论述的问题有关系的问题。

在此，应当从所涉及的众多问题中列举出以下各点：

——从资本过渡到土地所有制和雇佣劳动；
——农业劳动的专门问题；
——农业中的特殊剥削形式；
——土地所有权和农民同国家的关系；
——土地国有化；
——各种赋税，作为唯一租税地租；
——农业改革，农业立法，地产拆分，大农业；
——农产品价格；
——殖民化问题；
——对农业发展的国际影响；
——自由贸易，保护关税；
——农业的进出口等等。

这并不是说，所有这些问题都属于土地所有制这一册中。通过专门的研究便能知道，它们是否能够或必须在土地所有制这一册中加以论述，或者它们是否还需要其他中间环节，从而只能在后面某一册中进行论述。

马克思对资本主义土地所有制的研究包括它的形成、发展和克服问题。在土地所有制学说中，农业中的资本主义是作为现存的事实，按照土地所有权关系的多种形式来研究的。与此有关的广泛问题在土地所有制学说中都必然占有位置。

此外，当然还包括农业中资本主义形成的总题目，如从资本过渡到土地所有权和雇佣劳动，农业的特殊性和农业中资本主义发展的不同道路。再者还包括不同地区和不同历史时期土地所有权形式的多样性和由此产生的土地所有权关系的多样性，以及把农业生产力的发展、科技进步的发展对农业所发生的作用的考察，生态学问题、所谓土地收益递减规律的分析等等包括在内的那些问题。

农业中资本主义规律发生作用的特点构成另一个重点。它的内容是：例如农业中的竞争和垄断问题。

毫无疑问，有关资本主义土地所有权关系扬弃的问题在土地所有制学说中必须占特殊的位置。这一类问题包括：研究在不同的历史发展水平上和特殊的土地所有权形式下资本主义土地所有权关系的扬弃；土地问题本身的解决；农民在革命过程中的作用；农民同工人阶级和其他阶级及阶层的关系，以及对共产主义所有制问题的说明。

这方面只能大体提出几个问题。

为了进一步弄清《土地所有制》册的资料根据，应当简要地考察以下三个问题，在这方面《伦敦笔记》占有显要地位。这些笔记使人能够看到马克思早在50年代初就已开始的土地所有制研究和农业研究的广度和范围。因此，这些笔记构成1857—1858年初步形成的结构计划中《土地所有制》册的重要材料基础，而这个结构计划在以后的研究中又得到了补充和扩大。

马克思在1851年初就已经论述了他自己关于级差地租的认识。他认为，广泛地收集材料和专门研究农业科学，以便使它的观点具有科学性，同时继续进行方法论研究，是很必要的。自从开始探讨农业问题以来，马克思一直把农业生产力发展的可能性问题置于中心地位，从而为自己反驳所谓土地收益递减规律打下理论基础。马克思对农业发展可能性的探寻体现在他的所有关于农业的摘录笔记中。

因此，他在《伦敦笔记》中开始加紧研究农业科学的最新知识。这种研究始终是在同恩格斯频繁交换意见的过程中进行的，并不断得到补充。① 对农业的种种研究表明马克思在努力揭示自然科学研究、农业科学水平和社会过程之间的联系。在人工的土地肥力和自然的土地肥力以及它们的相互关系方面，马克思得到了大量新的认识。这些笔记包括关于在农业中有可能通过"挖沟、施肥和深耕"来改良土壤和提高收成的摘录，以及包括植物生产和动物生产的关系问题。② 马克思先是在第 VIII 笔记本中研究这些问题，后来在第 XII、XIII、XIV 笔记本中又重新回过头来研究这些问题。结果，第 XII 和 XIII 笔记本所包含的几乎全是农业问题和人口理论问题。第 XII 和 XIII 笔记本中对尤·李比希的著作《有机化学在农业和生理学中的应用》所作的摘录，第 XIII 和 XIV 笔记本中对约翰斯顿关于土壤学、植物营养和农业化学等著作的摘录，构成这些问题的重点。在这些笔记本中，马克思还收集了多种有关生态学的资料，如保持自然环境、自然界中的各种循环等等。

无论是杰出的科学家如李比希和约翰斯顿的著作，还是从事实践活

---

① 《马克思恩格斯全集》第1版第27卷第175—180页。
② 见马克思的《伦敦笔记》第 VIII 本，对摩尔顿著作的摘录。

动的农学家东巴尔的著作,都证明了马克思关于农业发展可能性的认识是正确的,证明了马克思的乐观的基本态度是正确的。① 马克思认为,进一步在农业中使用技术和有效地利用技术也是可能的。

农业生产的特殊性、农业对整个国民经济和影响农业发展水平的那些因素的作用等问题也是十分有意义的。因此,马克思记录了安德森关于整个社会对农业发展负有责任的论述。② 这方面的论述对于克服由资本主义造成的城乡对立具有重要意义。

马克思摘录的著作之浩繁表明,马克思为进一步阐明他的经济理论而进行地租及土地所有权问题的研究是多么广泛。他后来在写作《资本论》第3卷并进一步研究农业问题时,又回过头来从事这项研究。马克思在60年代、70年代和80年代,为进行地租研究需要了解当时农业科学的实况,他曾向肖莱马和恩格斯等人索取最新的农业科学文献。③ 马克思对农业化学、地质学和植物生理学进行了深入的研究。

对《土地所有制》这册进行研究,这是一个卓越的可行方法,可以充分利用马克思当时不再能发表的关于土地所有权历史所进行的广泛研究。

50年代初,马克思在伦敦时就已开始利用各种各样的原始资料。例如,在第 VII 笔记本等中就有从琼斯论述资本主义地租的产生这部著作中所作的许多摘录。④ 马克思后来在 1863—1865 年手稿的《资本主义地租的产生》这一章中,曾叙述了从劳动地租经过产品地租和货币地

---

① 见马克思的《伦敦笔记》第 XII 本,对东巴尔和李比希著作的摘录,第 XIII 本,对约翰斯顿和李比希著作的摘录。
② 见马克思的《伦敦笔记》第 XII 本,对安德森著作的摘录。
③ 《马克思恩格斯全集》第 1 版第 31 卷第 181 页。
④ 见马克思的《伦敦笔记》第 VIII 本,对琼斯著作的摘录。

租到资本主义地租的发展。此外，这些摘录还包含着对世界各不同地区的土地所有权的各种特殊形式的广泛论述，而在上述1863—1865年手稿中却没有提到这些形式。

马克思这位后来的土地所有制的历史学家，在这些笔记中，在这一领域中迈出了最初的几步。此外，他还研究了印度、俄国、波兰、希腊、法国、爱尔兰、德国、波斯和土耳其的土地所有制。《伦敦笔记》中关于印度和殖民问题所作的摘录也无疑是属于土地所有制发展研究这个主题范围的。由于种种不同的原因，马克思从60年代中期起又重新回过头来研究这些问题。一方面，这些问题本身从他的经济理论上得到阐明，另一方面，又加上了一些从解决政治的时事问题得出的原因而促进了他的阐明，这同时就导致了他在考察这个难题时视野扩大了。自60年代开始以来在俄国和美国发生的剧烈变化，对广泛地重新研究土地所有制问题来说，具有特别重要的意义。

恩格斯后来在给左尔格的一封信中表示，如果不是需要重新研究土地所有制的话，《资本论》第3卷本来早就发表了。① 由于在国际工人运动中进行工作获得新的启示，马克思必须重新同拉萨尔、普鲁东、俄国的民意党人的支持者的理论观点进行辩论。当时迫切地要求回答这样一些问题：如国际工人联合会同小农及农业工人的关系问题，工人阶级同农民的联盟问题，或者探索使土地所有制转变为公社所有制应采取什么方法的问题。②

对当时的西欧来说，农业已有所发展，但是在那些并不存在典型的土地所有权关系的世界其他地区，在俄国和美国，在60年代初广泛的变化之后发生了什么情况呢？

---

① 《马克思恩格斯全集》第1版第36卷第47页。
② 《马克思恩格斯全集》第1版第18卷第64—67页。

马克思和恩格斯的广大的俄国友人对马克思研究俄国所需的原始资料给予了支援,特别是在1868年以后,可供使用的资料的范围更加广泛了。从马克思有关俄国文献的藏书种类和数量上（其中一部分马克思是从原文研究的）可以清楚地看出有关俄国的研究范围有多广。[1]

马克思特别感兴趣的是,例如,有关俄国革命形势发展的原始资料,人口发展的统计材料以及关于俄国土地所有权的大量文献。那些评语及各种著作的摘录证明,马克思对一般情况下的俄国农村公社及其特殊形式和特点抱有很大兴趣。他为此而专心研究那些原始资料,以便了解在废除农奴制以后农村中农民分化和阶级斗争加剧过程中农村公社所发生的变化。已经发表的马克思的原始资料给人一种印象:马克思的这一研究是广泛而深入的。

恩格斯一再表示,在他所认识的人中,再没有一个人能比马克思更熟悉俄国的内外关系了。因此,俄国的朋友们不仅将必需的文献供给马克思使用,而且非常重视他对俄国的评价。他们迫切要求马克思解答他们所非常关切的问题:俄国在未来革命中的作用和俄国农村公社的命运。特别是,马克思致查苏利奇的复信草稿,表明他对俄国情况钻研得如何深。该草稿包含着对原始公社所以会解体的原因,对农民公社发展的可能性、俄国农村公社的优点和特点及其与无产阶级革命的关系等问题的深入探讨。[2] 俄国资本主义的进一步发展及其对农村公社的影响,使恩格斯有可能在80年代继续遵循马克思作出的开端,并以已经开始的资本主义的发展来论证农村公社解体的必然性。[3]

马克思1881年底至1882年写的《关于俄国1861年的改革和改革

---

[1] 参见《马克思恩格斯俄文藏书》1979年莫斯科版。
[2] 《马克思恩格斯全集》第1版第19卷第430—441页。
[3] 《马克思恩格斯全集》第1版第19卷第351—369页。

后的发展的札记》，在有关俄国的大量笔记和札记中具有一种特殊的性质，这是对各种笔记本和札记的第一次有系统地利用。①

关于土地所有制的全部研究从一开始就使人清楚地看到，对马克思来说，这不简单地是要表达农业中资本主义的形成所采取的多种多样的形式和道路，而且是要找到并确定在非常具体的条件下能起作用的一定的发展路线，在只涉及土地所有权本质的资本册中要做到这一步是不可能的。

60年代至80年代引起注意的问题，即废除和消灭资本主义土地所有制并建立在一个新的更高阶段上的土地所有制这两个问题，要求马克思对公社所有制各种形式的形成、发展和解体，以及相应的影响因素进行深入的分析。在这一方面，马克思还在50年代初就已打下了坚实的基础。尽管60年代中叶起研究的重点是部分地存在着尚未满足的需求的俄国和美国。但不应忽视，马克思和恩格斯同时都在研究其他各不同国家和地区的土地所有权关系。

正是对土地所有制的研究证明，马克思最初从欧洲的状况出发，也在地域上不断地扩大他的科学研究领域，并密切注视着资本向全世界的推进。对土地所有制的进一步研究，他的经济理论的发展，以及解决当前政治问题的需要，扩大了马克思研究问题的范围。马克思从实际情况得出结论：剩余价值理论证明了他的社会形态理论的正确性。这就使他在研究土地所有制时又回到了他在《共产党宣言》中已经部分地得出的启示上。② 从他的经济理论出发，自60年代中叶起，他着手清理某些问题，并对《共产党宣言》及其他以前的著作中发表的见解进一步加以发展并使之具体化。

---

① 《马克思恩格斯全集》第1版第19卷第453页。
② 《马克思恩格斯全集》第1版第4卷第465页。

许多问题和疑难问题日益要求重新加以考察并作出解答。属于这方面的问题有：

——《共产党宣言》中包含着在无产阶级革命后要发展农业这样的基本见解。但农民阶级在无产阶级革命后的前途如何？

——农民在无产阶级革命中起着什么作用？（农民阶级的分化性）

——什么是工人阶级同农民联盟的基础？

——怎样才能克服城乡之间的差别？

——怎样解决土地问题？

——小农和中农对资本和对大地所有权的态度如何？

从发表的著作，从许多通信和札记中可以看出，马克思和恩格斯在他们的著作中用很大的篇幅来回答这些问题。

这些问题及问题提法表明，论述土地所有制的专册超出了政治经济学的范围。对马克思有关农业问题的遗著进行深入的研究，也将有可能对现实的农业问题和疑难问题及其解决办法进行有成效的讨论。

对吉塞拉·温克勒博士关于马克思计划写的《土地所有制》册的观点的一点看法

〔民主德国〕京特·鲁道夫

我对吉·温克勒的论述很感兴趣，并且受益匪浅。它一方面涉及所介绍的材料，另一方面又涉及这样一种问题的提法，即在马克思已决定在《资本论》第3卷中论述地租问题，从而也论述土地所有制的某些问题之后，还剩下什么问题。这位报告人让人认识到，通过这重新安排之后，还剩下各种各样问题，并且在这里特别提示人们去阅读马克思专门研究俄国土地所有制发展所写的手稿。加上这些有关俄国土地所有制的研究，例如，我所完全同意的温克勒的论证，就会冲破《资本论》的考察范围。作为还剩下的东西，也还提到和考察到了其他一些较大和较小的手稿部分，特别有关土地所有制问题的一些提法。所有这一切对我来说都是很富有启发性的和新鲜的。然而我觉得有些重要问题仍然没有解决。报告人在为这计划要写的《土地所有制》册作追述尝试时，只局限于提到过的（也有未提到过的）遗著手稿，尽管这些手稿是重要的和实质性的，但它们只可能具有准备的性质。而且报告人在作追述的解释时，没有把《资本论》第3卷中特别作出的提示，即"土地所有权的独立研究"① 这一点考虑进去。因此，我觉得报告人的追述轮廓似乎有点失之过窄和不明确。马克思在《资本论》第3卷第6篇中还曾提示"对土地所有权的各种历史形式的分析"② 这样的概念。这些纲领性的提示无论如何应属于《土地所有制》专册的论述范围。马克思还在《哥达纲领批判》中发表过一个重要见解："地产的垄断甚至是资本垄断的基础"。③ 依据马克思以上的这些纲领性的提示，我认为：必须把土地所有制的理论和发展史看做是马克思计划写的《土地所有制》册的主要内容，可以说是与马克思在3卷《资本论》中所提供的东西，即资本理论及发展史相对称的。这样的《土地所有制》册无疑也必须在这样的意义上突出古代的、封建的以及资本主义的土地所有权对可以流动的资本所有权的内在的遗传关系。正是在这种意义上，马克思本人在《巴黎笔记》中把土地所有权称为"没有完成的资本"，而把资本称

---

① 《马克思恩格斯全集》第1版第25卷第694页。
② 《马克思恩格斯全集》第1版第25卷第693页。
③ 《马克思恩格斯全集》第1版第19卷第18页。

为完成的回到自身的私有财产。[①] 按照这样的说法，土地所有权和资本所有权似乎不再是剥削者私有财产的两种截然不同的土地形式，因为这两种土地形式充其量不过是纯粹时间次序上以某种方式互相交替或在外表上互相排斥的形式，而是所有权或生产过程的一个整体发展过程的客观现实形态，虽然这个发展过程具有多样性和矛盾性。因此，这未写成的《土地所有制》册在《资本》册的前后左右似乎并不是互不相干和毫无联系的，而是为这"资本"册奠定基础，提出根据的，因为它将使发生在资本主义以前并且是土地所有权占统治地位的各种社会形态成为社会经济概念，尽管这方面的个别研究取得了成果，但它仍然是我们所面临的一项任务，因而无疑不是可有可无的。

（原载民主德国马丁·路德大学《马克思恩格斯研究文集》第20辑）

（沈渊、卢晓萍 译　张钟朴 校）

[①] 《马克思恩格斯全集》第1版第42卷第110页。

关于《雇佣劳动》册的几点思考[*]

〔民主德国〕玛里昂·齐默尔曼

马克思最迟在 1857 年 8 月写《政治经济学批判大纲》中的《导言》时，就已打算写一本关于雇佣劳动理论的专册。这一计划对研究者来说具有特别的吸引力，因为在这册书中马克思将从完全独特的角度对政治经济学的理论和方法论进行阐述，书中不仅反映马克思的雇佣劳动学说，而且反映他的全部学说。

但是，对工资学说内容的研究，同时是以资本理论及其阐述为出发点的。就像在 1867 年出版的《资本论》第 1 卷和第 2 卷、第 3 卷的手稿中那样，这是应进一步加以说明的。问题在于，随着《工资》篇被收进《资本论》，雇佣劳动这个论题是否已阐述完结了呢。

在《资本论》中，对雇佣劳动和工资在许多方面进行了论述。最重要的是，解释资本不能离开雇佣劳动，反过来说也一样；要解释资本和雇佣劳动之间的矛盾不仅需要阐述资本的一般概念，而且需要阐述雇佣劳动的一般概念。这也就是说，如果要对资本进行一般分析。就必须同时对雇佣劳动进行一般分析。

在第 1 册中，对资本进行逻辑和历史的阐述，也要求对雇佣劳动进行逻辑和历史的阐述，它来源于《资本》中的本质特征。这已表明，马克思必须放弃雇佣劳动产生的特殊形式，并且从各个国家的不同的历

---

[*] 本文选自《马克思恩格斯研究》1990 年总第 3 期。

史"曲折"中把它抽象出来。但是,毫无疑问,为了创立完整的工资体系,就必须说明雇佣劳动产生的各种特殊性。

在俄国,农奴制和雇佣劳动在个人身上结合在一起,农奴同时又是无产者;后来,在日本,由于国际孤立状况而产生了雇佣劳动,外国资本对其发生了重大影响;在中国,最初的工业无产阶级是在军工企业中形成的,他们是与土地有牢固联系的产业工人;在拉丁美洲,种植园的工人和产业工人是法律上非自由的人——这些特殊情况还可以列举下去。所有这些特殊情况都应当加以研究。而且不能简单地把它们看做是历史的事例和具体的资料,而是要按照它们的来龙去脉进一步发展理论。因此,这不仅是《工资》册的一个专门问题,而且同时也是资本理论的进一步展开。

马克思在1850—1853年写《伦敦笔记》时研究了有关这个问题的内容广泛的材料。对此,只要看看以下几个笔记本就可知道:摘录欧洲原始积累问题的第 XIV 笔记本;摘录印度殖民地剥削的第 XVI—XXIII 笔记本;摘录北美资本主义关系形成及其工资制度特征的第 XIV 笔记本。马克思在1854年加强报刊政论活动时期,对俄国、西班牙和巴尔干半岛国家的历史和文化作了进一步研究。这也可以看出是同一般政治经济学的形成和工资理论的形成联系在一起的。

在《资本论》第1卷中,马克思把工资作为劳动力的价值或价格的转化形式来进行分析,并且分析了工资的两种基本形式——计件工资和计时工资。这样他就把以前对价值的阐述和对价值与剩余价值关系的阐述具体化了。他抽掉了某些更具体的工资形式,抽掉了流通领域和分配领域的影响,抽掉了工资的变动。在第2卷中,马克思回过头来对工资作说明,并通过分析工资在商品循环中的作用和可变资本在资本循环中的作用,使这种说明更加充实了。在这里,马克思也抽掉了一些具体的影响,如价格形成、货币、对外贸易。后来在第3卷中,马克思指出了在资本家和庸俗经济学的通常的认识中对现象和本质的歪曲所产生的结果。最后,在《剩余价值理论》中,马克思说明了在阐述剩余价值理论范围内需要说明的工资理论。

我们认为,这种从一种内容进到另一种内容的过程,正如列宁所说的,从一些简单的规定性开始,然后通过较具体的规定性使自己丰富起来,并带着一切收获物而使自己更加有内容,这不仅是《资本论》各卷的特征,而且也是6册书的整个结构的特征。①

工资理论必须研究已经展开的东西,从另外的角度重新进行考察,为此就要回到根据或基础上去。② 这样,比如说,这个专门学说就必须重新研究和说明作为工资基础的劳动力的价值定义。

对于价值规定性,马克思曾提出了一些基本标准。但是这些标准中的任何一个都必定是进行抽象的结果。那么,什么叫必要生活资料的平均范围呢?③ 马克思在《资本论》中没有作进一步阐述。他从假定劳动力价值是个固定的量出发,这个假定对于分析问题无疑是必需的,因为"劳动能力的价值和这个劳动能力所创造的价值之间的差额,同我们假定劳动能力的价值是大是小毫无关系"。④ 重农学派同样是从这个假定出发的,对此马克思在谈理论史时已作了高度评价。但是,重农学派通过对自然界的考察既没有完全理解价值概念,也没有涉及历史的发展过程和历史的变化。重农学派忽视了它们,而马克思只是在《资本论》中抽掉了它们。在1861—1863年手稿中,马克思指出,如果对同一个国家资产阶级时期的不同阶段进行比较,那么劳动价值的水平是有时增

---

① 参看《列宁全集》第1版第38卷第249—250页。
② 参看黑格尔《逻辑学》。
③ 参看《马克思恩格斯全集》第1版第23卷第302页。
④ 《马克思恩格斯全集》第1版第26卷第1册第19页。

长有时下降的。劳动需求水平的这种变动就属于工资学说。①

回答了什么是日常生活资料这个问题，决不表明就没有其他问题了。什么是需求？什么是奢侈？什么东西属于自然必需品？这些问题都是马克思提出过，列宁考虑过，直至今天不仅在资本主义政治经济学中，而且在社会主义政治经济学中还在讨论的问题。在《政治经济学批判大纲》中，马克思逐渐产生了写《工资》专册的设想，而这时劳动力商品的价值这个定义本身还在形成中，马克思当时写道："关于需要体系和劳动体系这些问题应当放在什么地方讨论？在研究的过程中就会知道。"②

马克思除了考虑这里感兴趣的结构问题外，在这方面同时还说明了文化学理论问题。这些问题直接产生于经济学，而且反映出马克思对整个资产阶级社会的总的看法。他除了考察劳动、价值、主体、享受、财富、需求、个体等这些范畴的经济内容外，还考察了文化学理论方面，这一点在《政治经济学批判大纲》中表现得比后来的《资本论》更为强烈。他的具体的社会分析包含着这些文化要素，而且正如卡勒③所说的，与过去的和同时代的资产阶级历史哲学观点相比，达到了质上崭新的理论高度。

在伯恩斯坦看来，工资问题不是单纯的经济问题。而是一个社会问题。④ 我们在这里把它理解为政治经济学问题。如果我们研究一下马克

---

① 参看《马克思恩格斯全集》第1版第47卷第44页。
② 《马克思恩格斯全集》第1版第46卷（下）第20页。
③ 参看 W. 卡勒：《〈政治经济学批判大纲〉中马克思的文化学设想：现实人文主义的一个纲领》，载于《德国哲学杂志》1984年第10期第899—907页。
④ 参看爱德华·伯恩斯坦：《社会主义的理论和历史》，载于《爱德华·伯恩斯坦论文》1904年柏林版第1部分第71页。

思的全部遗产，包括至今未发表的有关工资理论观点的摘录，那么，就会很清楚地看到，马克思曾对营养方式和雇佣工人消费的商品的结构作过很详细的研究，而这些是许多国家几百年来存在的情况，这样马克思就涉及了各国人民的生活方式和文化。《马克思恩格斯全集》原文版中新发表的《居利希摘录笔记》①证明了这一点。《伦敦笔记》中包含的材料和1863年写的补充笔记本 B. 和 F.②中对各种各样文化历史问题的研究，随着《马克思恩格斯全集》原文版各卷的出版都将发表出来。这些内容会说明马克思专门研究的动机。

"日常生活资料"这种表述仅仅是核心、本质，不是问题论述的最终结束，这个问题需要专门学说加以阐述。

这个专门学说也要研究雇佣工人再生产的条件，这些条件超越了由工资满足物质需求的范围，而在这方面《资本论》中谈的始终只是一些基本原理。自由时间、家庭、国家、社会消费对作为资本再生产必要前提的工人的再生产过程究竟会有什么影响呢？这听起来好像是颇有现实意义的问题。这些问题也曾是上个世纪马克思、恩格斯和工人运动进行争论的问题，尽管这些问题在19世纪表现得不同于20世纪。非常了解工人联合会各种章程的马克思也关心工人的自由时间如何安排，正如大国民团结工会的杂志《开拓者》中所说的，工人在业余自由时间里，离开小啤酒店之后达到"相互劝慰，合理的享受和休息"，③从中得到

---

① 参看古斯达夫·居利希：《关于现代主要商业国家的商业、工业和农业的历史叙述》，载于《马克思恩格斯全集》原文版第 4 部分第 6 卷第 467—468、504、518 及以下几页。

② 《马克思恩格斯全集》第 1 版第 30 卷第 346 页。

③ 麦克斯·英里斯：《1815—1848 年从科勒到宪章主义者。摘自同时代人的材料》，1954 年柏林版第 76 页。

好处的不仅仅是工人。工人争取到了至少在法律上保证10小时的工作日,但是在外延方面和内含方面对工人的剥削越来越繁重地交织在一起,这样,"可供支配的自由时间"这个论题也从再生产理论的角度提了出来。

我们还没有谈到马克思生前所发生的社会活动。关于社会保险的第一次争论在德国是在80年代俾斯麦时期进行的,在法国出现于两个世纪交替之时,在美国1930年整个国家实行了保险。但是,马克思和恩格斯确实与某些保险措施的制定者们进行过争论。这些保险措施包括在职老年人患病时的社会保险、伤残时的社会保险、领取养老金和对死者家属抚养方面的社会保险。① 这些制定者例如萨克森矿工联合会中的某些人,他们的条文要求资本和劳动之间存在某种和谐,这当然是荒谬的。但是,尽管这些条款可能会取消雇佣工人的所有社会优势和通常的行动,但这里毕竟是雇佣劳动在丧失劳动能力时得到社会保险的一种萌芽,这些也必然促进马克思对价值理论进行研究。

单是劳动力商品价值的定义就已表明,对这个问题进行详细论述该是何等复杂,何况在这里更细的方面还根本没有提到。因此,马克思曾多次指出,必须研究简单劳动、复杂劳动、熟练劳动和非熟练劳动的不同的生产费用,并曾多次指出与此相联系的劳动力商品价值上存在差别。② 进一步从理论上分析劳动力商品价值是《工资》册内容的一个方面,另一个方面是理论上所假定的价值和工资在量上相等同这件事在实践中是如何实现的。自《伦敦笔记》开始,马克思更加强了对工会在贯彻客观经济规律方面的作用的研究。在《伦敦笔记》第 IX 和 XI 笔记本中,马克思详细摘录了关于罢工的作用、组织结构、罢工的结果等材

---

① 参看《马克思恩格斯全集》第 1 版第 16 卷第 385—392 页。
② 参看《马克思恩格斯全集》第 1 版第 47 卷第 86—87 页。

料。1867年以后,他还在继续研究这些问题。从他写的各提纲和手稿中可以看出,工资的变动、工人阶级进行实际经济斗争的影响及其组织结构,都是工资学说研究的对象。①

马克思在《资本论》中不得不抽掉的另一个课题,是非生产的雇佣劳动问题,它们不直接产生于资本的再生产过程,包括各种非生产性的职能在内。

《资本论》中论述商业工人的章节都是严格地集中于资本分析所直接要求的这种劳动的经济特征上,而与此相联系的关于这部分工人阶级在意识形态上的态度、对形势的看法、举止标准等这些结论在这里并没有阐述。

马克思曾想专门写那种不属于生产劳动的雇佣劳动,这可以从1861—1863年和1863—1865年手稿中看出来。马克思在这里非常细致地区分了这种雇佣劳动的不同形式之间的差别,从而对它们进行了进一步的考察。首先,他区分了与资本相交换的雇佣劳动和与收入相交换的雇佣劳动。商业工人属于前一种雇佣劳动,正如马克思所说,商业工人是形式上的雇佣工人,他们与生产性的雇佣工人有许多相似之处。但是有一个关键性的区别,那就是:商业工人不是剩余价值的生产者,而是剩余价值的实现者。②

马克思把与收入相交换的雇佣劳动又分为两种,一部分是那些根据国家任务建设作为资本必要前提的基本设施(道路修筑)③ 的人,另一部分是从事私人服务的人(从厨师到娼妓)和从事社会服务的人(从

---

① 《1850—1853年伦敦笔记》第 IX 和 XI 笔记本发表在《马克思恩格斯全集》原文版第4部分第9卷上。

② 参看《马克思恩格斯全集》第1版第48卷第425—426页。

③ 参看《马克思恩格斯全集》第1版第46卷(下)第25页。

国家官员到国王）。①

因此，雇佣劳动的概念在这里超出了工人中靠工资生活的阶级的范围，它还包括各种不同的社会阶层和阶级。

可见，马克思认为，靠国家赋税维持生活的工人，尽管和任何其他工人一样也是自由的雇佣工，但在经济上处于另外的关系中。②

那么，如果要在专门学说中进行阐述，这些工人处于怎样的关系中呢。关于厨师，马克思是这样说的："在每一种劳动中，竞争随后都会造成这样的结果：工人必须把全部时间都用来工作，从而形成剩余劳动时间……对工人自己来说——同其他的雇佣工人相比较——这是剩余劳动。"③

这种服务的价值如何确定，在这些情况下工资水平如何计算，这些都属于分析工资规律的范围。④

在马克思那个时代，从事服务行业、靠工资生活的那部分人在数量上还很少。但是他们已经给这位真正的科学家提供了足够的材料，使他能以特别的形式对此进行深入研究，以便说明创造剩余价值的这种雇佣劳动的特点。马克思在《资本》册中最初计划写的《雇佣劳动与资本》这一部分中，除了研究其他问题外，还准备探讨与资本相交换的生产劳动的总的特征，这种概括应该成为各种雇佣劳动进行比较的出发点。⑤

---

① 参看《马克思恩格斯全集》第 1 版第 49 卷第 103 页。
② 参看《马克思恩格斯全集》第 1 版第 46 卷（下）第 25 页。
③ 《马克思恩格斯全集》第 1 版第 46 卷（下）第 26 页。
④ 《马克思恩格斯全集》第 1 版第 48 卷第 56 页。
⑤ 参看《马克思恩格斯全集》第 1 版第 46 卷（下）第 545 页，第 48 卷 346—347 页，第 47 卷第 152、179 页。

否定雇佣劳动的特点,并不仅仅是马克思那个时代资产阶级辩护士的目的。例如布拉弗曼①就写道,生产劳动和非生产劳动、服务性劳动之间不存在根本的差别。他得出这种结论的办法是:扩宽服务业的概念,把商业劳动也计算在内。他认为,与19世纪相比,在服务业领域就业的人数增加为9倍。他并且指出,工资差别和教育差别再也分不清了。但这最后一点,马克思已经概略地谈过了。②

在《资本论》第三个草稿中,我们可以看到马克思对布拉弗曼所说的这个在政治上有很大影响的流行观点所作的反驳。马克思写道:"随着资本主义生产的发展,所有的服务都转化为雇佣劳动,所有服务的执行者都转化为雇佣工人,从而都具有这种与生产工人相同的性质,这种现象之所以会引起两者的混同,特别是因为,这是资本主义生产所特有的和资本主义生产本身所造成的现象。另一方面,这种现象为辩护论者提供了借口,把生产工人——因为他是雇佣工人——转化为单纯用自己的服务(即自己的作为使用价值的劳动)与货币相交换的工人。"③

非生产劳动的经济规定性,对同资本处于另外关系中的雇佣劳动的分析,都必须考虑从整体上理解的雇佣劳动,这涉及工人阶级的结构问题,涉及工人阶级和知识分子的关系。由于脑力劳动越来越不被看得那么神圣,由于脑力劳动同资本的社会结合,这种关系也发生了变化。这是葛兰西④直接以马克思为出发点所致力研究的一个课题。这涉及分析就业团体中比如非熟练工人和熟练工人之间,一般工作人员和政府官员

---

① 参看亨利·布拉弗曼:《现代生产过程中的劳动》,1977年法兰克福和纽约版第278—315页。
② 参看《马克思恩格斯全集》第1版第48卷第430—431页。
③ 《马克思恩格斯全集》第1版第49卷第103页。
④ 安东尼奥·葛兰西:《论政治、历史和文化》,1980年莱比锡版。

之间在社会学上的差别。这包括同一些错误论断的争论，如有人说什么，雇佣工人由于同政府官员的生活方式相接近而资产化了。马克思和恩格斯曾接触过这个论题。今天马克思主义文化学学者卡斯帕尔·马泽在他的社会学研究中提出并驳斥了上述这种论断。① 根据马克思的说明，非生产劳动这个论题范围在这里所说的意义上不仅可归入《雇佣劳动》专册，也可以归入《国家》专册。当然，国家官员、国家公务员、管理人员是归入国家学说的。但可以非常肯定地说，这两册书中的任何一册都不可能包括全部内容。在从抽象上升到具体的过程中，随着材料的具体化，在分析特殊问题时进行抽象就变得更困难了。反映具体关系和深入现象世界的范畴有时是相互重叠的，并且是密切结合在一起的，以致真正的问题会按照它们的体系产生出来。例如，知识分子无产阶级化不仅是一个经济过程，而且还需要把知识分子作为上层建筑的要素来分析，需要分析这个"意识形态阶层"② 的特点。

属于这个专门学说的理论，不仅是从马克思具体指出属于第3专册的提示中推论出来的，而且也是从材料本身，从辩证法所得出的结论中得出来的。在这里我们仅再提出一点。

《剩余价值理论》最初是想作为各篇的附论来写的，后来才设想为《资本论》的第4卷。根据这种情况，我们可以并非臆断地指出，工资学说也必定应包括有关雇佣劳动的各种理论这样一个部分。据我所知，关于这一点马克思没有作过什么提示，但是这种文献史的考察其意义是不言自明的。逻辑和历史的考察方式不可能排除理论史的考察。这里应包括从配第开始直到庸俗经济学为止的工资理论发展情况，马克思自

---

① 卡斯帕尔·马泽：《雇佣工人空余时间的生活方式。经验材料和理论分析》（马克思主义研究所，法兰克福和美因兹1984年《情报资料》第38期）。

② 《马克思恩格斯全集》第1版第26卷第2册第314页。

1844年巴黎笔记以来的研究表明，他很敏感地抓住了这个理论，特别是抓住了各资产阶级经济学家在这个问题上的细微差别。这一文献史材料的论述将反映德国哲学家、空想社会主义者、李嘉图社会主义者直到拉萨尔、布朗基的著作中关于争取全部劳动收益的历史。这种论述甚至包括工资理论对制定具体的党纲，制定工人阶级的战略和策略的非马克思主义解释。

从哲学、政治经济学和科学社会主义的观点对雇佣劳动进行的不可分割的分析，也就是说，统一的马克思主义的分析，在这一册中将有很精辟的表述。即使没有上述研究看来也可以得出这些概括，也能得出如下评价：对工资体系整体上的理解必定要涉及一系列单个的社会科学学科。我认为这一点适用于所有5个专门学说。

资本对广义的靠工资生活的人的再生产和生活方式的全部影响（在一般的资本分析中，这种影响只能从本质上简单地加以概述）将成为较具体的学说的研究对象。

（原载民主德国马丁·路德大学《马克思恩格斯研究文集》第20辑）

（章丽莉 译 张钟朴 校）

论马克思计划撰写的《雇佣劳动》册中对劳动和教育关系的表述*

〔德〕乌韦·绍尔曼

在马克思的全部经济学著作中,关于年轻一代的劳动和教育之间的关系的论述占很大篇幅。① 这一事实要求一般的马克思恩格斯研究特别是政治经济学为整理这一遗产作出自己的贡献,而这方面的工作迄今为止主要是教育学在做。此外,在全球人类问题尖锐化、科技革命及其专业系统化的完成以及年轻一代要为解决与此有关的任务而作准备这样一个时期,新的社会发展过程也要求对马克思提出新的问题。

例如为实现人道主义的价值而进行的斗争就是一个类似的中心问题。这一斗争超出了广大马克思主义者的队伍,而在广度和多样性方面包括具有不同世界观的政治团体和社会团体。这在 15 年或 20 年前还是不可思议的。目前,一般人的价值在群众的思想和行动中的意义客观上日益增长,这就要求共产党深化他们对社会主义的人道主义的理解,同时在研究当前所有问题时始终精确地确定普遍人性与阶级性的关系。只有在这一基础上才能够有目的地把具有不同政见和世界观的力量聚集在一起,在进一步建设社会主义社会中具体实现人道主义的理想。

---

　* 本文选自《马克思恩格斯研究》1993 年总第 15 期。
　① 关于这方面的论述,可参看《卡尔·马克思和弗里德里希·恩格斯论教育学和教学政策》两卷本文集(1976 年柏林版),不过这一文集还远远没有收全有关内容。

我认为，从这一角度来研究马克思关于劳动和教育的关系的观点可能具有双重意义：一方面，这涉及这样一个基本问题，即应当如何引导青少年特别是工人阶级的后代在各个具体历史条件下解决已经成熟的社会任务和问题，怎样才能利用社会生产过程这一教育途径。另一方面，在马克思研究劳动和教育的关系的方式后面隐藏着马克思人道主义构想的广阔的方法论前提。因为马克思从未完整地、明确地论述过如何为资本主义剥削关系下的工人阶级并通过他们实现人道主义价值，所以，我们在论述一些派生的问题时不得不求助于他的方法论，并由此对他的人道主义构想进行概括。

不考虑到这一点，对马克思关于劳动和教育的辩证法的观点的研究就是不全面的，结果也会是不准确的。例如，玛里昂·齐默尔曼研究了在马克思的经济学主要著作的六册结构计划中关于《雇佣劳动》那一册，其中研究了劳动和教育的关系在马克思打算写的关于雇佣劳动那一册中的作用和地位。① 这些研究虽然是值得称赞的，但复述马克思对这一问题的意图的措词却很令人怀疑。玛里昂·齐默尔曼笼统地否定了资本主义下的童工，而且想让马克思为此尽力。在这一点上，她的观点——从人道主义论争的角度来看——是很有代表性的。她甚至在马克思那里找到了一个确凿的历史证明，从而更加突出了论题的复杂性：当时，由于儿童从事生产活动对成长中的劳动力以及成年劳动力的非人性的影响（参看马克思在《资本论》中的令人震惊的描述），社会各界——从资产阶级慈善家、知识分子代表人物和教会代表人物直至有组织的工人运动——提出了大量禁止童工的要求。几十年来，实行这样一个禁令一直

---

① 参看玛里昂·齐默尔曼的 B 级博士论文《〈雇佣劳动〉一册的形成过程。论对马克思经济学主要著作中六册结构计划的研究》，1987 年哈雷版第 87—89、108、132、134—135、186 页。

是资本主义各国工会斗争的一个基本组成部分。甚至今天，这一要求在许多地方仍是工人运动的一个日常任务。因此，这些事实似乎同意那些出于人道主义的基本观点、今天原则上仍还批判资本统治下的童工的人的意见。

然而，这不仅与马克思主义教育学中对这一问题的相对统一的观点相矛盾，而且也与马克思自身对这一问题的论述相矛盾。马克思在他对哥达纲领的批注中分析了禁止童工的要求。他的第一个反对意见是："这里绝对必须指出年龄界限"①。他的第二个反对意见是："普遍禁止童工是和大工业的存在不相容的，所以这是空洞的虔诚的愿望。"② 大家知道，马克思对这一禁令的第三个反对意见更进了一步，他把——如果可能的话——实行这一禁令的特点描述为"'反动的'，因为在按照各种年龄严格调节劳动时间并采取其他保护儿童的预防措施的条件下，**生产劳动和教育的早期结合是改造现代社会的最强有力的手段之一。**"③

是什么原因使马克思反对自己队伍中的代表们，认为禁止童工是反动的，甚至把劳动和教育的结合看做是改造资本主义社会的"最强有力的手段之一"，尽管他已认识到资本主义生产过程使成长中的一代的个性产生剧烈变形？马克思一方面高度评价儿童和青少年结合于资本主义生产过程的作用，另一方面又同时把这一结合称做"儿童血液变成资本"或"暗地谋杀儿童"来限制这一作用，这二者之间的联系何在？④由此对马克思的人道主义构想可以得出哪些普遍性结论？如何解释这样一个事实，即马克思认为，成年的工人一代在资本主义中进行革命的自

---

① 《马克思恩格斯全集》第 1 版第 19 卷第 34 页。
② 《马克思恩格斯全集》第 1 版第 19 卷第 35 页。
③ 《马克思恩格斯全集》第 1 版第 19 卷第 35 页。
④ 参看《马克思恩格斯全集》历史考证版第 II 部分第 5 卷第 213、327 页。

我教育的主要场所是革命实践——在资本主义生产过程之外,在阶级斗争之中,而对工人后代的教育来说,劳动和智育的结合是决定性的?

在来自教育学的关于马克思的劳动和智育的观点的大量著作中,这些问题大多至今仍未提出来。在此考虑造成这一缺陷的各种可能的原因,超出了本文的要求和范围,而且我认为,单纯地用"纯教育学"来研究马克思对这一问题的考虑,客观上显然受到限制,因此,这是一个重要的科学问题。提出的问题在下文中也不必作全面的答复,因为在其他地方可能已经对此作了更详细的表述。① 然而,在回答各种错误的解释时仍要再次强调几个观点,我认为,从这些观点中可以更精确地推断出马克思在《雇佣劳动》这一册以及计划中的其他各册书中可能的更加综合性地论述劳动和教育的方式。

第一,对理解马克思的有关的意图来说,在这里重要的还有下列方法论前提:如区分劳动的物质内容和社会的形式规定性,这是更精确地分析劳动过程和价值增殖过程对劳动力(成年劳动力与青少年劳动力)的影响的基础,研究和叙述这一矛盾的作用所需要的抽象方法;历史的考察方法,这一方法在这种情况下不仅要考虑到工业中童工的已经形成的状态,而且也要考虑到正在显示出来的发展前景等等。看来,这一点在提到过的错误解释中在两方面被忽视了。一是人们没有理解马克思的研究方法,马克思在《资本论》中论述了妇女劳动和儿童劳动纳入剥

---

① 参看乌韦·绍尔曼的博士论文:《论卡尔·马克思的劳动和个性的观点——在〈资本论〉中的成熟的表述及其在1841—1858年的发展过程》,1984年哈雷版第22、52—57、164—177页。另外也可参看本文作者的《马克思观点中"革命实践"这个概念和劳动和教育的关系》,载于《"恩斯特·台尔曼"陆军军官学院论丛》1985年第34辑第91—101页。也可参看埃克哈特·绍尔曼《革命教育和革命运动》1985年柏林版第151—162、291—309页。

削过程这一可憎形式后把这一形式抽象掉,以便通过社会生产(与以教育为中介相结合)来清楚地说明妇女的真正解放和超越家务的未来教育的"萌芽"。这也正是马克思的天才之处。这样,他可以指出,不是大工业劳动本身,而恰恰是以生产资料私有制为基础的资本主义的赚钱和竞争的特殊社会条件阻止了那些"萌芽"的发展,因此,必须成为阶级斗争的主要对象。马克思总是通过抽象掉不同事物、现象和过程的社会的形式规定性来说明它们的合理的内核,即它们的历史必然性和未来的高度发展,从而确定建设社会主义和共产主义各方面的重要起点。作为例子,在此要提到的只是马克思对机器、科学在社会再生产过程中的作用或生产过程的管理的众所周知的"双重"评价。卡尔·马克思的"教育学遗产"在我们的社会中实现也归因于对马克思关于"劳动和教育"结合这一论述的普遍有效性的重视,这是对马克思主义者进行极其切中要害的善意的"批判"的原因,这一"批判"认为,他们是童工的捍卫者。

玛里昂·齐默尔曼也是如此,她没有考虑到资本主义这一方面。这样,她暴露了另一个方法论上的基本缺陷。她描述了奴役关系对个性发展的压制,这样,她原则上就遵循了一个非辩证的"要么什么都有,要么什么都无"的观点,要么使个性变形,要么形成个性——这样一种对立在经典作家那里还从未得到证实过。即使玛里昂·齐默尔曼认为,"资本主义生产方式的经济学也创造出新的需求和享受……也创造了新的能力和文化需求",① 她也无法证实这一点。其实,马克思在1844年已经注意到资本关系中工人个性的形成和变形的平行性和互相矛盾的作用,他在《1844年经济学哲学手稿》中谈到工人时写道:"他们那由于

---

① 玛里昂·齐默尔曼:《〈雇佣劳动〉一册的形成过程论对马克思经济学主要著作中六册结构计划的研究》,1987年哈雷版第98页。

劳动而变得结实的形象向我们放射出人类崇高精神之光。"① 年轻的恩格斯在他的《英国工人阶级状况》一书中也已经作出类似的判断。他是这样来描述英国矿工长达五个月的罢工的："被剥削者以值得我们极力称颂的毅力、勇敢、觉悟和理智进行的斗争……这样一个4万人的群众斗争，需要多么高度的真正人类的文化、热忱和坚强的意志呵！……在1840年……还把这些人描写成极其粗野的和毫无道德的人。"② 这就是说，这些工人——大多数甚至从幼年起——经受了资本统治下的劳动"那种严酷的但是能把人锻炼成钢铁的教育"③，因此，在那里，他们不仅能够服从首先是原先的变形过程，而且还必须在这种形式下经历在发展个性的某些品质方面那种次生的并最终扬弃这一内部对抗的过程。

第二，在马克思和恩格斯那里，劳动和教育的结合这一问题纳入工人阶级实现其历史使命的自我能力这一广泛的、相对独立的构想中。这也就是说，广大的年轻一代特别是工人阶级的后代的教育只有联系整个工人阶级的教育和自我教育来考察。这一自我教育的核心是逐步地、越来越自觉地利用和发展工人阶级在政治机构和阶级斗争中、在资本主义生产过程中大多自发形成的、对个性来说意义重大的集体的潜力。在这一点上，马克思是从上述工人个性的形成和变形这一辩证法出发的。除工业化劳动对个性有部分极端破坏性的作用之外，还有如下一些客观上起积极作用的因素：如工人的纪律性，这是由于工人纳入机器体系的客观过程、由于经济压力，特别是以计件工资和工人之间的竞争来实现劳动力的自我推动和自我约束而造成的；④ 具备一系列的实践技能和受过

---

① 《马克思恩格斯全集》第1版第42卷第140页。
② 《马克思恩格斯全集》第1版第2卷第540页。
③ 《马克思恩格斯全集》第1版第2卷第45页。
④ 参看《马克思恩格斯全集》第1版第23卷第464—465页。

一定程度的教育，这是与具体的、不断再生产的、随着资本积累而变化的劳动内容相适应的教育；① 工人的某种程度的可支配性和灵活性，这是由于资本转移、资本积累和危机周期等以及工人与工人从一个劳动过程排挤出来并再次纳入另一劳动过程相适应而造成的；一定程度的集体精神和团结，这主要是由大工业中劳动的直接协作的特点，由阶级特定的再生产的方式以及由对共同的阶级地位的日益提高的认识来决定的；随着多种多样的劳动内容、传统、状况等而变化的、但仍日趋提高的文化水平，它是与劳动力再生产中能力越来越有生产效率、数量和质量客观上不断提高和教育水平日益提高等联系在一起的。然而，只要大部分这些潜力只是在生产过程中才发展成工人的真正品质，那么，这些潜力也还是完全符合资本家的利益，因为它们使资本家的劳动过程和价值增殖过程更加流畅，从而使资本家更加有利可图。因此，资本家不仅试图通过宗教、教育事业、大众媒介等来影响劳动者，其中包括年轻一代，而且他也或多或少有意识地把生产过程当做他的教育场所，所以，上一世纪的工厂立法中的教育条款并不只是在剥削童工方面对资本作一定的限制，正如马克思在《资本论》中所强调的，这些条款也迫使工场实行"划一性、规则性、秩序和节约"②，按照尤尔的观点，这对现代化工厂来说恰恰是十分重要的，实行这一点也带来相应的经济效果。③

从所有这一切可以得出，工人的教育或自我教育，即他们战胜资本主义生产方式的能力，最初不必在资本主义生产过程中，而是在这一过程之外通过他们积极投入反对资产阶级及其国家的经济上特别是政治上的阶级斗争而开始的。同时，工人政党当然可以并且必须以工人群众在

---

① 参看《马克思恩格斯全集》第1版第23卷第533—535页。
② 《马克思恩格斯全集》第1版第23卷第549页。
③ 参看《马克思恩格斯全集》第1版第23卷第465、524页。

资本主义生产过程中获得的品质和能力为起点。列宁后来越来越认识到，政治上的阶级斗争首先是革命激发了无产阶级大众的创造性，① 组织才能、求知欲、觉悟、纪律等品质并不是天生的，而只是"在资本主义大生产的物质条件中"历史地成长起来的。②

第三，马克思把"生产劳动和智育的早期结合"看做是改造资本主义社会的"最强有力的手段之一"，我认为，在这后面包含着这样的信念：年轻一代若不直接参加生产过程就不能具备工人阶级的革命品质。在实行相应的教育条款和保护儿童的必要的预防措施时应尽最大可能地保证，首先是使生产劳动的促进个性、促进集体的因素发挥作用，从而使年轻人逐步提高到老一代工人在极其不利的劳动条件、生活条件和发展条件下几乎不能达到的水平。

从这一点可以得出，成年的工人一代的教育的主要场所即阶级斗争和工人后代教育的主要场所即社会生产（与智育相结合的社会生产）之间的区别只是表面上的区别。归根到底，问题在于青少年作为生产者首先要获得劳动的那样一些对个性意义重大的能力，这些能力是成年工人基于他们的"劳动那种严酷的但是能把人锻炼成钢铁的教育"，已或多或少地具备了的。当然，青少年也只有站在与资本作斗争的工人一边才能真正革命地发挥这些能力。同时，坚持不懈地争取不断地改善年轻一代的劳动条件和学习条件必须成为这一斗争的一个坚固的组成部分。这样，劳动和智育的那些起促进作用的能力就能越来越强大地发挥出来，一切阻碍个性发展的东西就能大大地受到遏制。只有这样，才能解释马克思的如下观点：在指出工人组织要加强其教育政策上的斗争的同时又反对禁止童工。

---

① 参看《列宁全集》第 2 版第 33 卷第 205 页。
② 参看《列宁全集》第 2 版第 37 卷第 16 页。

第四,与这一观点相对立的是这样一个事实,即如上所述,发达资本主义国家的工人运动大多已争得了在法律上禁止使用童工这一点,但在其他国家为此的斗争仍在进行。这一历史发展是在马克思去世之后才出现的,在马克思计划中的关于《雇佣劳动》一册中这方面几乎不可能得到论述。这就提出这样一个问题:马克思的反对剥削条件下禁止童工的态度在今天是否仍有现实意义?是什么原因使马克思主义理论与当今实践在这一问题上存在着表面上的矛盾?

首先,马克思自己在论述大工业征服新的产业部门时指出了这一问题。他强调指出:"年龄最小的儿童被排挤了……新的机器工人完全是少女和年轻妇女。她们靠机械的力量消灭了男工在较重的劳动中的独霸地位,并且把大批老年妇女和未成熟儿童从较轻的劳动中赶走。"① 从中可以引出两个结论:一方面,马克思指出了两种趋势,即把年幼的儿童排挤出生产以及由于采用新技术和新工艺把年龄大的儿童和青少年结合进来。另一方面,他指出了生产工具的发展水平和掌握这些工具至少应具备的体力和脑力上的必要前提之间的因果关系。(因此,后来,在涉及禁止童工时,马克思也总是一再强调要精确地确定年龄界限。) 既然这种联系已是前提,那么要进一步问的就是,近90年中生产力的巨大发展和与此相联系的简单平均劳动的水平的提高是否如经常所说的那样,是把童工从工业化大生产中排挤出去的真正原因?

当然,今天对儿童从事机器劳动的年龄界限的规定必须比马克思时代更严。但即使在今天,出发点也应当是:工业生产和农业生产的机械化和自动化的过程在广度上对劳动内容的变化仍然产生着非常不同的影响。在这里,我们当然认为劳动的创造性内容、技能较高的劳动的增长

---

① 《马克思恩格斯全集》第 1 版第 23 卷第 517 页。

是一种平均趋势。① 这一方面限制了儿童和青少年被纳入持续运行的现代化的劳动过程，另一方面从中或许也为他们提供了这样的机会：除了一些简单的机械活动和手工活动外，在有相应的指导、监督和预防措施的条件下，用新技术来迎接真正的、高智力的和有特色的挑战，并以此为他们今后的职业做准备并提出依据。此外，最近，由于教育、职业准备和劳动市场政策等原因，这一认识促使越来越多的资产阶级教育学家和教育理论家等等重新提出使学生进行生产劳动和受到综合技术教育的要求。② 同时，撇开科技革命远未广泛起作用并且在较长一段时间内旧技术和旧工艺仍与新技术和新工艺并存这一点，科技革命暂时也仍伴有职业未经专门训练的趋势。属于这一方面的有例如简单的装料工作和修理、机械的手工劳动和检验工作等等。因此，对今天的资本家来说，让儿童和青少年从事这些活动范围的生产并以这种方式克服过于专业化这一经常出现的问题，降低劳动力价格，从经济上来说，是很合算的。所以，撇开其他的劳动力储备以及像学生灵活性和可支配性差这些影响因素，不管是在当时还是在今天，在资本主义生产过程的不同劳动的等级中仍有足够的地方用上他们。

---

① 参看索尼娅·扬纳茨：《以资本主义方式运用微电子学对联邦德国贸易与银行业中雇佣工人的就业与培训的影响》，载于《今日资本主义中的科学技术的进步、工人阶级和工会》，德国统一社会党中央委员会社会科学院理论资料与文献，B组第48册，1985年柏林版第22、28—29、117—121页。也可参看霍斯特·法伊特：《序言性报告》，同上。第40—41页。

② 参看冈特·格罗特：《劳动学说、教育政策和教育学之间的专业教学法》，1977年克龙贝格版。格罗特：《卡尔·马克思著作中的教育范畴》，1978年路特汉特、新维德和柏林版。格哈德·辛默尔曼：《劳动和普遍教育。劳动学说中的"劳动方向"是什么?》，载于教育学杂志《劳动—教育—失业》第19期附刊上，1985年魏因海姆和巴塞尔版。

然而，随着资本主义过渡到帝国主义阶段，并进一步过渡到国家垄断资本主义，高度发达的资本主义国家中的垄断资本越来越放弃使用童工，在工业中心尤其如此，而在社会生产的非工业部门（如农业、手工业生产和服务行业等等）使用童工的现象减少并不多。这样，垄断资本一方面对工人运动的迫切要求作出让步，同时以此缓和由儿童劳动对儿童和成年人造成的消极后果而潜在地隐藏的潜在的社会矛盾。另一方面，资产阶级及其国家等以这一方式来显示其自己已经提高的影响能力和这样一种新的灵活性，这种灵活性通过其他途径使劳动力商品的价值降低到它的平均数以下或至少降低到与产品价值成比例的程度。属于这一方面的有进一步采用科学技术，以提高相对剩余价值，进一步加强对主要是技能较高的劳动的剥削；充分利用工业后备军、客籍工人和借调工人，以压低工资；通过垄断价格、货币价值政策、津贴和税收政策等等来改变剩余价值和必要产品的分配；殖民地政策；把生产转移到低工资国家，等等。这迎合了资本主义国家中极大多数工会首先共同为保证或提高劳动力价值而斗争这一至今仍有影响的自我意识。[①] 因此，童工不仅因为它对年轻一代产生非人道的影响，而且也因为它具有不断损害全体工人的生活状况的趋势而被断然拒绝。所以，例如在联邦德国，甚至在工会代表中也有人反对上述新的资产阶级教育学或慈善教育学重新采用义务生产劳动的企图。从资本统治下的童工中感受到的日常的消极体验，看来经过多代工人已经保留在人们的意识中，而且因现在继续存在的种种原因如此根深蒂固，并同资产阶级轻视体力劳动而强调脑力劳动这些因素交织在一起，以致马克思对这种"未来教育的萌芽"的预见在这里还未能得到理解。此外，不可低估的是：由国家有组织地重新

---

① 参看集体创作组编写的《马克思的工会理论。导言》1976年西柏林版第7、46—47页。

实施对所有学生起教育作用的生产劳动的办法,首先要求有巨大的社会费用,然而,由于还有种种完全不同的优先要干的事情,在今天几乎不可能指望资本主义国家或垄断资本提供这种费用。所有这一切指出了这些国家中共产党和其他民主党派在制定与宣传有关它们的教育政策的纲领时的一个任务。这就要对马克思未能具体预知的历史过程借助马克思主义方法论从教育政策的角度来进行新的思考,并在考虑到国际工人运动的经验、当前的可能性和未来对今天教育的要求,通过相应的构想使经典作家的普遍有效的认识具体化。

第五,马克思和恩格斯关于劳动和教育的结合的观点不仅对工人阶级战胜资本主义社会制度的斗争意义重大,它们也是工人阶级理解"未来教育"的方法论基础。上述的"未来教育的萌芽"这一表述包含了马克思这样一个信念:劳动和教育的统一只有在共产主义社会形态中才能广泛地实现,而实现这种统一同时也可以是始终不断地体现社会主义优越性以及克服仍由发展决定的限制的一个重要因素。其基础主要是这样一个事实:对整个社会来说,社会生产的快速发展已成为社会革命实践的主要场所,这样,年轻一代参加生产过程对他们的教育、对社会发展也就更有意。生产的目的是越来越好地满足人的物质需要和精神文化需要,其中也包括人的个性的发展,这个目的原则上与社会教育的目的相一致。全社会规模的生产的有计划性是生产的经济要求与生产者发展个性的要求相符合的前提。工人阶级是社会主义社会的领导力量,它自身能动员整个社会的所有可能性,来对年轻一代进行教育从而保证社会本身的长期发展。因此,恩格斯也谈到了一个"以共产主义方式建立起来的有教养的社会"。①

这些基础同时决定了使社会有可能通过劳动和教育的结合,还在共

---

① 《马克思恩格斯全集》第 1 版第 32 卷第 21 页。

产主义社会形态的低级阶段就为成熟的共产主义创造一定前提。经典作家的这个想法,我认为,在文献中很少引起注意。"迫使人们奴隶般地服从分工的情形……从而脑力劳动与体力劳动的对立"①,也就是说,片面的、创造性少并且部分地还有害于健康的劳动,受限制的"disposable time"(可自由支配的时间),满足劳动者的受劳动量客观限制的需要等等仍属于这一低级阶段,而且取决于已有的生产力发展水平。马克思列宁主义的经典作家完全意识到从中得出的全面体现个性的界限,并得出结论认为,这一旧的人道主义的人性观只有在共产主义的高级的成熟阶段才能全面实现。②但一种劳动和教育的科学结合仍然能够使对所有人、特别是对儿童和青少年的这些限制相对化。马克思对此所作的建议,可以概括为以下五点:

一、直接地、时间上有明确规定地参加社会生产过程,同时有计划地变换各种有酬劳动和其他"活动方式",它们首先与儿童和青少年的年龄、结构和能力相适应,其次与他们的脑力、体力和性格的进一步发展的要求相符合,最后,与社会已有的可能性相符合。

二、通过采用新技术和新工艺,渐进地改变劳动内容和劳动条件。

三、在学校范围内有系统地进行自然科学、语言和文学等"智力"教育。

四、进行综合技术的培训,有步骤地为劳动过程中逐渐提高的要求作准备。

五、通过体操等进行"体力教育"(恩格斯在这里仍把"军事教育"算在内)。

在文献中,对第二至五点的看法都是一致的,只有马克思要求年轻

---

① 《马克思恩格斯全集》第 1 版第 19 卷第 22—23 页。
② 参看《马克思恩格斯全集》第 1 版第 19 卷第 22 页。

一代直接并定期地与工人一起参加社会生产过程这一观点,我认为是被教育界的一些作家误解了,他们认为马克思的这一要求在实行综合技术培训时在一定程度上已经实现了。我在其他地方已经批判过隐藏在这一观点之后的削弱生产劳动的客观作用的看法以及与此有关的夸大综合技术培训的作用的观点,并试图明确说明,这样恰恰把马克思的教育理论的关键问题理解错了。① 尽管如此,我还是要再次明确指出这一与马克思不同的见解。

总而言之,对儿童与青少年的社会团体实行现实的人道主义,从马克思主义的角度来看,既不意味着使他们避免日常生活的艰辛、劳累和社会义务等,也不意味着使他们避开基本的社会问题。相反,他们逐步进入社会生活的中心范围,如进入生产,进入政治生活,也就是说,参与解决已经成熟的社会任务,这才是马克思人道主义设想的前提。这样,年轻一代才能在获得必要的知识和技能的同时,掌握特殊的社会(阶级)规范、行为方式和习俗,积累深刻的社会经验。这一切对社会进步起作用的前提是保证工人阶级对这一掌握过程的相应影响。年轻一代并不能单独创造掌握过程所必需的社会条件和个人条件。在这种情况下,他们总是依赖于上一代。② 在具有工农及其国家的政权的社会主义制度下,在有一种科学的教育构想的前提下,对儿童和青少年进行未来教育的社会条件原则上已经具备了。在资本主义条件下,工人阶级的影响取决于两个主要阶级的力量对比,这一对比反映在特别是对工人阶级后代的阶级性的教育状况上。这一范围的人道主义意味着:第一,

---

① 参看乌韦·绍尔曼:《论卡尔·马克思的劳动和个性观点》,引文出处同上,第167—173页。绍尔曼:《马克思观点中"革命实践"这个概念和劳动和教育的关系》引文出处同上,第99、100页。

② 参看《马克思恩格斯全集》第1版第3卷第43、50—51页。

工人阶级自身首先要对社会生活所有领域获得更大的影响，为其自身争得更多的活动余地，并与一切可能的同盟者合作；第二，工人阶级并没有笼统地否定诸如大工业中妇女劳动和儿童劳动这种由资本产生的发展而造成的非人性的弊端，而是千方百计地试图使处于萌芽状态的、促进个性发展以及工人阶级进一步形成"自为阶级"即对资产阶级进行斗争的阶级的潜力得到发挥。达到这一点的第一个步骤是实现相应的劳动条件、生活条件和学习条件；第三，如果要使改变现状和自我改变的辩证法对成长的一代起作用，那么，正在成长的一代必须在革命实践中积极地共同担负起通过民主运动来逐步改变社会关系、从而改变教育条件这一任务。

（原载德国马丁·路德大学《马克思恩格斯研究文集》第 23 辑）

（裘挹红 译　马兵 校）

《资本论》第 3 卷对于探讨马克思计划写的《国家》册的内容有什么启示？*

〔民主德国〕贡特·维林

马克思在《资本论》第 3 卷开头强调说，这一卷的目的在于，"揭示和说明资本运动过程作为整体考察时所产生的各种具体形式"。① 在研究资本的结构、变化和发展，研究资本丰富的特征、资本执行职能的一般规律和特殊规律时，马克思不断遇到经济的主观方面，这方面包括财政政策、经济立法和社会立法在内的经济政策。因此，马克思在《资本论》第 3 卷中列举了移民法②、济贫法③、工厂立法④、银行法和货币法⑤、谷物法⑥和土地法⑦，并就经济政策的实例举例说明了主观方面和客观方面。经济政策的阶级制约性写得清楚，而且还谈到资产阶级在理论上对经济的理解是如何决定它对政府行为的理解的。

经济思维意义上的经济意识也属于经济的主观方面。在这方面，马

---

* 本文选自《马克思恩格斯研究》1992 年总第 9 期。
① 《马克思恩格斯全集》第 1 版第 25 卷第 29 页。
② 参看《马克思恩格斯全集》第 1 版第 25 卷第 151、154 页。
③ 参看《马克思恩格斯全集》第 1 版第 25 卷第 151 页。
④ 参看《马克思恩格斯全集》第 1 版第 25 卷第 103—113 页。
⑤ 参看《马克思恩格斯全集》第 1 版第 25 卷第 619—639 页。
⑥ 参看《马克思恩格斯全集》第 1 版第 25 卷第 707 页。
⑦ 参看《马克思恩格斯全集》第 1 版第 25 卷第 706 页。并参看 B. B. 拉帕耶娃：《马克思〈资本论〉中法的问题》，1982 年莫斯科版，第 103 页。

克思谈到了由资本的各种形态造成的"生产当事人自己的通常意识"①。经济的主观方面归根到底决定于它的客观方面,即决定于社会生活的主要物质基础。马克思阐明,"物质生活的生产方式制约着整个社会生活、政治生活和经济生活的过程。"② 马克思清楚地知道,资产阶级经济制度只有在客观方面和主观方面统一的情况下才能得到适当的反映。生产关系是通过人们的主观行动表现出来的。同时,它作为生产力的社会形式客观上决定于生产力的发展水平和性质。

国家的经济政策作为国家使用经济权利和非经济权利的结果,是上层建筑的组成部分,因而和上层建筑的其他组成部分(刑法、艺术等等)具有共同点。③ 但具有重大意义的是,从社会经济形态发挥职能的方式这方面来说,国家的经济政策是作为经济制度的一个构成要素出现的,经济制度显然比经济基础更为广泛,因此,就此特性而言,国家的经济政策也是政治经济学的对象。

恩格斯在回顾和马克思几十年的合作时着重指出,国家权力、立法和统治阶级自身的愿望对实现经济可能性具有重要意义,所有这一切最终是受社会生活的物质基础制约的:

"并不是只有经济状况才是原因,才是积极的,而其余一切都不过是消极的结果。这是在归根到底不断为自己开辟道路的经济必然性的基础上的互相作用。例如,国家就是通过保护关税、贸易自由、好的或者坏的财政制度发生作用的。甚至德国庸人们那种致命的疲惫和软弱,——导源于1648—1830年时期德国经济的可怜状况,最初表现于

---

① 《马克思恩格斯全集》第1版第25卷第30页。
② 《马克思恩格斯全集》第1版第13卷第8页。
③ 参看 B. C. 扬瓦列夫:《经济和社会主义国家》,1984年莫斯科版,第14页。

虔诚主义，而后表现于多愁善感和对诸侯贵族的奴颜婢膝，也不是没有对经济起过作用"。① 显然，阐述国家对经济的反作用是马克思批判资产阶级经济制度时所计划写的《国家》册的内容。他在1859年说过："我考察资产阶级经济制度是按照以下的次序：资本、土地所有制、雇佣劳动；国家、对外贸易、世界市场。"② 可见，对国家的研究应在分析资本、雇佣劳动和土地所有制之外和之后进行。马克思明确地提示说："资产阶级社会在国家形式上的概括。就它本身来考察。'非生产'阶级。税。国债。公共信用。人口。殖民地。向外国移民。"③

马克思分析资本关系所应用的方法原理具有一般方法论的意义，它是在经济整体的各个不同的抽象阶段上把资本关系加以具体化作为前提的。列宁就此问题写道："虽说马克思没有遗留下'逻辑'（大写字母的），但他遗留下《资本论》的逻辑。"④ 马克思告诉我们，商品生产的劳动二重性在他的经济理论中具有重大意义，它是"理解政治经济学的枢纽"。⑤ 对资本主义生产方式这一"事实的全部理解的基础"⑥ 在于分析商品生产者的劳动及其一般物质规定性和经济形式规定性。人类劳动是人类生活的基本条件这一事实是一切经济关系的最简单和最一般的基础。如果商品生产关系条件下的劳动表明有二重性，那么一切经济现象和过程都因此具有二重性。这个结构上的主要规律性也反映在马克思的资本主义生产指挥具有二重性的学说中。分工生产的物质方面包括生

---

① 《马克思恩格斯全集》第1版第39卷第199页。
② 《马克思恩格斯全集》第1版第13卷第7页。
③ 《马克思恩格斯全集》第1版第46卷（上）第46页。
④ 《列宁全集》第2版第55卷第290页。
⑤ 《马克思恩格斯全集》第1版第23卷第55页。
⑥ 《马克思恩格斯全集》第1版第31卷第331页。

产者在集中的指挥、监督和中介作用下实行协作。但是，资本和劳动之间的社会关系同时存在着利益对抗。生产过程作为消费劳动力的过程的正常进行需要一种必不可少的暴力和统治关系。"这完全同在专制国家中一样，在那里，政府的监督劳动和全面干涉包括两方面：既包括执行由一切社会的性质产生的各种公共事务，又包括由政府同人民大众相对立而产生的各种特殊职能。"① 马克思运用这种历史类比法着重指出，生产过程的参加者即资本家和工人根本不是以独立和平等的个人相互对待。他们之间的契约作为资本主义生产关系的形式上的表现，转化成了一幅自由和自愿的漫画。马克思得出的结论是："既然这种统治和奴役的关系成为前提，那么，雇佣工人被迫生产他自己的工资，并且在这个工资之外再生产监督工资，作为对统治和监督他而花费的劳动的补偿……"② 现在我们从为个别资本家的企业主收入而进行的生产转到某一个国家的经济上来。那么，国家范围内的监督和指挥劳动的本质也应从它们的二重性来分析，也就是必须研究和阐述它们自身的内涵和它们的社会形式。在此情况下，马克思关于生产方式和立法之间相互关系的基本要素的思想是具有意义的。历史形成的生产关系通过立法在总体上得到巩固。马克思不仅让我们注意到立法对经济的依赖性，而且还注意到立法对生产的反作用。因为"这种规则和秩序本身，对任何要摆脱单纯的偶然性或任意性而取得社会的固定性和独立性的生产方式来说，是一个必不可少的要素"③。在一种已有的生产方式中产生出来的并在再生产中得到巩固的社会关系，它的某一稳固的形式可以由法律加以认定。此外，马克思指出了立法过程和历史传统、道德和文化传统的联系。在

---

① 《马克思恩格斯全集》第 1 版第 25 卷第 432 页。
② 《马克思恩格斯全集》第 1 版第 25 卷第 434 页。
③ 《马克思恩格斯全集》第 1 版第 25 卷第 894 页。

马克思关于监督和指挥劳动的学说中,客观方面和主观方面相互渗透。该学说是阐述集中和组织在社会范围内的国家经济活动的创造性职能的方法论和理论上的出发点。马克思和恩格斯在《德意志意识形态》中说,"国家是属于统治阶级的各个人借以实现其共同利益的形式",① 这一论断在《资本论》第 3 卷中得到了专门的论证和发展。

在《资本论》第 3 卷中,马克思在他写的《一般的例证:1861—1865 年的棉业危机》中谈到了工人失业急剧上升的情况。根据 1863 年的公共工程法,地方当局得到国家为公共工程提供的贷款。马克思列举了"实施的工程,主要是挖下水道,修筑道路,铺砌街道,修建自来水厂的蓄水池等等"。② 国家的财政投入公开支持资本家获取利润。马克思写道,"第一,他们以特别低廉的利息获得了资金,来改善他们的乌烟瘴气的无人过问的城市;第二,他们付给工人的工资,比正常工资率低得多。"③ 但这里重要的是进一步说明了,哪些社会主义联系通过国家作用而在资本主义经济中发生作用。对进一步研究资本主义国家的经济作用来说,重要的问题在于,国家为了缓和社会紧张气氛,是如何采取预防措施保护特别重要行业的工人免于陷入极端贫困的危险,或者,国家对"一方面分配关系,因而与之相适应的生产关系的一定的历史形式,和另一方面生产力,生产能力及其要素的发展,这二者之间的矛盾和对立……"④ 是如何作出反应的。大机器时代,随着生产社会化,国民经济中有些为资本增殖服务的部门的作用加强了。这就是必须由资本创造和维持它们共同使用的物质性和非物质性的一般生产条件的那些部

---

① 《马克思恩格斯全集》第 1 版第 3 卷第 70 页。
② 《马克思恩格斯全集》第 1 版第 25 卷第 151 页。
③ 《马克思恩格斯全集》第 1 版第 25 卷第 152 页。
④ 《马克思恩格斯全集》第 1 版第 25 卷第 999 页。

门。例如，属于这一类的有交通事业、城市建设、水和能源供应、疾病防治和教育设施。包括经济过程在内的社会发展过程不可能再仅仅直接根据个别资本狭隘的利润需求来进行调节。这就产生了使用资本的国家形式的发展趋势，因为资本不再满足于历史上已有的一般生产条件。国家作为总资本的保证人干预分配关系，从而改变了国民收入的价值运动。这就是再生产过程使用价值的结果。关于在不同的发展时期中央预算和地方预算的膨胀问题的专门研究、关于预算和银行业之间的联系问题、关于国家作为商品市场上的买主问题、关于国家作为借贷资本家问题、关于有价证券的买主和发行人问题等的专门研究，进一步说，对于因预算而出现的货币和货币资本运动的实际范围和经济作用的研究，都会表明有哪些社会解决形式在一个具体历史的积累阶段发展起来，以便也能够从物质上去实现资本家的交换过程。而在这方面，我们有兴趣了解《国家》册中的研究和论述过程。

很显然，国家用征收赋税使经济主体感到它的存在。最终"概括"资产阶级社会的所有国家职能和国家机器表明了一个（经济）共性：它们采用赋税手段。在《资本论》第3卷中，赋税表现为剩余价值的派生形式、同资本利息和地租并列，[1] 或者表现为资本家的"非生产费用"[2] 的国家税和地方税的形式，以及表现为教会什一税[3]的形式。联系到马克思关于"以对最必要的生活资料的课税为轴心的现代财政制度"[4] 的说明来看，《国家》册的任务是，在赋税问题上要说明，国家财政作用的基础是一个在全社会再分配所有收入和利润的纷繁复杂的

---

[1] 参看《马克思恩格斯全集》第 1 版第 25 卷第 58 页。
[2] 参看《马克思恩格斯全集》第 1 版第 25 卷第 93 页。
[3] 参看《马克思恩格斯全集》第 1 版第 25 卷第 888 页。
[4] 《马克思恩格斯全集》第 1 版第 23 卷第 824—825 页。

制度。

马克思在《资本论》第3卷第10章"顺便"向我们说明,"……不同阶级的互相关系和它们各自的经济地位……第一是由全部剩余价值和工资的比率决定的,第二是由剩余价值所分成的不同部分(利润、利息、地租、赋税等等)的比率决定的。"① 利润(企业主收入和利息)、工资和地租决定着"三大社会阶级"②的经济地位。赋税对"非生产"阶级的经济状况具有决定性作用,"非生产"阶级(如政治家、一切法学家、警察、士兵)因为个人利益的冲突和民族利益的冲突"成为必要,或自己使自己成为必要"。③ 收入形式分为私人收入和国家收入两个组成部分。赋税的一部分成了"非生产"阶级的收入。

但是,这还不足以说明"非生产"阶级的经济特征和经济主权。让我们运用类比的方法,并且可以回忆一下马克思在分析庸俗政治经济学三位一体的公式时所提供的土地所有权的经济作用规定性的标准:"不过,土地所有者在资本主义生产过程中起作用,不仅因为他会对资本施加压力……而且特别因为土地所有者表现为最重要的生产条件之一的人格化。"④ "非生产"阶级把生产条件人格化为"资产阶级国家",它是"资产阶级社会为了维护资本主义生产方式的共同的外部条件使之不受工人和个别资本家的侵犯而建立的组织"。⑤ 但从基本形式来看,国家的经济存在仅仅涉及对社会的国民收入进行扣除。赋税使国家的相对独立物质化。

① 《马克思恩格斯全集》第1版第25卷第203页。
② 《马克思恩格斯全集》第1版第46卷(上)第46页。
③ 《马克思恩格斯全集》第1版第26卷(Ⅰ)第168页。
④ 《马克思恩格斯全集》第1版第25卷第928页。
⑤ 《马克思恩格斯全集》第1版第20卷第303页。

赋税和资本主义剥削制度之间的联系揭示了赋税的本质，揭示了赋税发生作用的较深层的原因，因而成为《国家》册中关于赋税影响再生产过程这一认识的出发点。此外，研究赋税制度（直接税和间接税、国家税和地方税、免税和保护税）也很有意义。生产和所有制的积聚和集中过程是以赋税为基础的，正如马克思在阐述资本主义地租的产生时所说的："是让国民资本逐渐地、缓慢地转化为产业资本呢，还是通过以保护关税的形式主要向土地所有者、中小农民和手工业者征收赋税，通过加快剥夺独立的直接生产者，通过强制地加快资本的积累和积聚，总之，通过加快形成资本主义生产方式的条件，来适时地加快这种转化，那是有巨大差别的。"①

马克思在论述超额利润转化为地租时特别强调了俄国和印度的赋税："此外，还有俄罗斯和印度的共产主义公社的土地，这些公社为了获得纳税的钱（这种税是暴虐的国家专制制度经常用酷刑逼迫它们交纳的），必须卖掉它们的一部分产品，并且这部分产品日益增多。"② 赋税的重压使印度农民不顾生产费用的多少就出售他们的商品。马克思早在《1850—1853年的伦敦笔记》第XXIII笔记本中就以《印度改革协会公布的文件》为标题收集了有关印度赋税的零星消息的经济资料，从资料看，最重要的赋税是从土地、鸦片贸易和盐场垄断中征收的。通过赋税制度，殖民地生产的剩余产品被集中到宗主国。马克思对此作了如下摘录："从印度送往英国的剩余收入的这种转移，是印度资本在没有得到等价物的情况下的一种抽象转让；这是耗尽国家的资源，资源的外流没

---

① 《马克思恩格斯全集》第1版第25卷第884页。
② 《马克思恩格斯全集》第1版第25卷第818页。

有得到回流的补偿；这是在从民族工业的血脉中抽取生命之血。"①

显然，在《国家》册分析赋税问题时，在叙述完"原始积累"时期的赋税史之后，也有必要把"宗主国的赋税"和"殖民地的赋税"区分开来。

19世纪60年代，欧洲的保护关税过渡到自由贸易后，俄国无视本国的饥荒而大量增加粮食出口。而且，迫于赋税压力，但主要是因为1861年改革所要交纳的赎金，俄国的农民只得听任商品货币关系的摆布。19世纪80年代初，马克思在他的《关于1861年改革的札记》中全面记下了沙皇国家对于农民在农奴制废除后所受剥夺中所起的作用。前农奴的实物贡赋和税金提高了很多倍，然后这些赋税就像定期收入那样变成了资本，这就产生了土地的高利贷价格。它作为欠政府的债，还要由当局收取利息，然后把土地充公。② 在俄国还有"经济上界限"③以外的赋税，这些可能是《国家》册内容包括的进一步的观点。

正如马克思在他的《关于1861年改革的札记》中着重指出的，俄国的粮食出口热潮是通过俄国国家铁路的修建才得以形成的。所以，他在《俄国》的手稿中概述了已拟定的研究思路：I. 国家收入和支出；II. 铁路基金作为国家预算的组成部分；III. 银行；IV. 铁路的收入；V. 银行和商业资本；VI. 土地信用设施；VII. 全部信用机关（和铁路）——它们的固定资本和债务。④ 由此我们可以了解到《国

---

① 马克思：《1850—1853年伦敦笔记》第XXIII笔记本（原苏共中央马列主义研究院中央党务档案）。

② 参看《马克思恩格斯文库》第XVI卷第249页。并参看P. 柯纽莎娅：《卡尔·马克思和革命的俄国》，1985年莫斯科第2版，第154—167页。

③ 《马克思恩格斯全集》第1版第25卷第854页。

④ 参看《马克思恩格斯全集》第1版第19卷471—477页。

家》册中将必不可少的内容是，国家资本（"如果政府在采矿业、铁路等等上面使用生产的雇佣劳动，起产业资本家的作用"[1]）、股份公司、国家预算、银行以及国债制度之间的相互关系。

《资本论》第3卷第36章阐述了资本主义的银行是工业资本战胜资本主义以前的商业资本和高利贷资本的结果，并且有利于真正实现银行信贷、商业信贷、国家和国际信贷之间的统一和相互作用。伦敦西蒂区有名望的批发商和知名的金融家们，在肖特·威廉·佩特森的提议下，于1694年8月1日向英国政府贷款120多万英镑。贷款人通过1694年7月27日的国王特许状被吸收到"英格兰银行总裁和公司"的名下，并授予他们与公司相关的权利：股东对社会债务的有限责任、自己选举董事的权利、起诉权和被起诉权、建立基本章程的权利。[2]

银行的全部原始资本用来完全和持续地出借给政府。国家必须每年定期向这笔资本支付利息。英格兰银行逐步夺得了国债管理的垄断权。债券认购者的分期缴款在银行汇总，银行按季度支付到期的利息，并处理债款的清偿和偿还。银行由于管理国债而得到一笔由国家支付的、随国债的增加而不断提高的佣金。

马克思还从另一观点研究国债和银行资本之间的联系。有一部分银行既用于有固定利息的国债券，也用于城市的债券，这部分资本属于银行资本的"物质组成部分"[3]。正如马克思所说，生息资本意义上的货币资本同时可以成为虚拟资本，它最初是随公共信用的发展而形成的。马克思早在《1850—1853年伦敦笔记》中研究英国银行立法和货币立法与周期性经济危机的联系时，就多次遇到借助于公共信用来补偿国家

---

[1] 《马克思恩格斯全集》第1版第24卷第112页。
[2] 参看《马克思恩格斯全集》第1版第25卷第682—683页。
[3] 参看《马克思恩格斯全集》第1版第25卷第526页。

支出的问题。正如马克思所指出，19世纪上半叶反对拿破仑法国的战争、在中国和印度进行的战争，都对英国国库提出了大量需求，而贸易停滞和危机在一定程度上使间接税降低了。英国国家预算中的财政需求和偿债基金之间的不平衡不断加深，国家的财政状况危急。马克思作了如下记录："从1837年到1842年国家收入的赤字增加了11 227 304英镑。"① 这样也就提高了国债作为预算经费的筹集方法的作用。国家对信用市场的欠债就其经济问题而言也会是《国家》册所要论述的内容。恩格斯作为《资本论》第3卷的出版者涉及了这个问题。他感到有必要对马克思有关生息资本积累的论述加以补充。此外，恩格斯还论述了一个错综复杂、庞大和虚拟的信用总额是如何通过"金融信托公司"形成的，这些企业的有价证券中例如还有别国的国债。② 利息和偿还的债款以贵金属或以支付凭证的形式流往英国，然后被用来购买外国商品。另一方面，积累过剩的资本又投到外国的债券上。

关于国债问题还要谈的是，在国债增多的情况下，需要越来越多的税额，来补偿规模越来越大的债务。19世纪中叶，英国发展成了越来越多的货币资本家即食利者的乐园。③

还有必要研究通过信贷形式为预算缺口筹集资金的手段和方法。马克思在《资本论》第3卷中明确说明，他研究商业信用和银行信用只是"为说明资本主义生产方式的特征"。④ 他在这里把商业信用和银行信用的发展同公共信用的发展之间的联系抽象掉了，但他不得不把容易

---

① 马克思：《1850—1853年伦敦笔记》第Ⅲ笔记本。摘自阿·艾利生：《1815年至1845年的英国》，载于《马克思恩格斯全集》原文版第4部分第7卷第153页。

② 参看《马克思恩格斯全集》第1版第25卷第533页。

③ 参看《马克思恩格斯全集》第1版第25卷第578—579页。

④ 《马克思恩格斯全集》第1版第25卷第450页。

兑换的有价证券的供求也包括进商业利息的变动中。他引用了1857年《银行法特别委员会的报告》中关于公债和国库券作为国债工具的作用的论述。① 公债是长期的有担保的那部分国债，债权人无权要求偿还全部债款。只有国家拥有这种权利，并在发生变动时行使这种权利，即在利息降低时，作为强迫债权人认购可兑换的国家债券的强制手段。国库券是具有多年流通时间的国家债券，其利息是变化的，并且每半年由财政部来规定。国库券有税款作担保，所以可以用于支付关税和各种赋税。

有很多原因需要一再地阅读《资本论》，关于这本计划中要写的《国家》册的问题也是这种原因之一。

[原载《马克思恩格斯研究论丛》（柏林）第 25 辑 273—281 页]

（夏 静 译　张钟朴 校）

---

① 参看《马克思恩格斯全集》第 1 版第 25 卷第 578—579 页。

关于马克思经济学著作《国家》册基本资料的几点看法[*]

〔民主德国〕贡特·维林

综合考察马克思在1857年8月[①]和11月[②]写的结构计划，我们就能了解有关《国家》册的比较详细的概括性的主要思想。马克思打算在《国家》册论述三个方面的内容：国家的起源要素、国家的职能要素和国家的形式。很显然，资产阶级社会必然转化为国家，国家是资产阶级社会的"概括"[③]。它在地域上包括一个民族的各个不同阶级和阶层，在政治和经济上使"三大社会阶级"[④]联结成统一形式的共同体。

在资产阶级社会中，"社会联系的各种形式，对个人说来，才只是表现为达到他私人目的的手段"，[⑤] 国家遵循整个资本主义生产方式的要求，国家特别借助典型的立法手段来保证"资产阶级社会分成的三大阶级的经济生活条件"[⑥] 的再生产。

---

[*] 本文选自《马克思恩格斯研究》1990年总第4期。
① 参看《马克思恩格斯全集》第1版第46卷（上）第46页。
② 参看《马克思恩格斯全集》第1版第46卷（上）第219—220页。
③ 《马克思恩格斯全集》第1版第46卷（上）第46页。
④ 《马克思恩格斯全集》第1版第46卷（上）第46页。
⑤ 《马克思恩格斯全集》第1版第46卷（上）第21页。
⑥ 《马克思恩格斯全集》第1版第13卷第7页。

马克思认为，在国家形式中资产阶级社会是"就它本身来考察"①的。在这里所说的社会和国家的关系问题上，马克思曾从黑格尔唯心主义的法哲学中得到许多颇有成果的启发。黑格尔认为，理念在从抽象上升到具体的逻辑运动中"客体化"在抽象的法中、道德中、家庭中和资产阶级社会中，然后它在国家中成为现实。黑格尔把国家理解为自在和自为的理性："绝对静止的目的本身"。②这样，黑格尔就使社会从属于国家观念。而马克思通过批判地修改黑格尔的法哲学，指出资产阶级国家是由资产阶级社会决定的，从国家存在的必然性中产生出政治形式的普遍性，特别是法的普遍性。恩格斯也在这个意义上把国家称为"整个社会的正式代表"。③国家表面上置于社会之上，由此就产生出一种——尽管是虚假的——普遍性。然而，法的形式都是相应的经济关系的普遍的必然形式。人作为生产关系的承担者，他们的实际关系在法中（在自由契约的法的形式中，在普遍的法的交往中）具有全社会的意义。④资产阶级国家表现为一个用法的形式调节关系的网，或者说，像马克思已经指出的，表现为"法治国家"⑤。因此，资产阶级的典型的世界观也是一种法的世界观。因此，马克思在他的《政治经济学批判大纲》的《导言》中分析历史唯物主义时揭示出，把经济看做是意志的表现形式和结果，看做是法的形式，这是一种唯心主义的幻觉。

---

① 《马克思恩格斯全集》第 1 版第 46 卷（上）第 46 页。
② 黑格尔：《法哲学原理》，1981 年柏林版，第 278 页。
③ 《马克思恩格斯全集》第 1 版第 19 卷第 242 页。
④ 参看 B. B. 拉帕耶娃：《卡尔·马克思〈资本论〉中关于法的问题》，1982 年莫斯科版，第 47 页。
⑤ 《马克思恩格斯全集》第 1 版第 46 卷（上）第 25 页。

我们可以从马克思在《政治经济学批判大纲》中起草的两个计划，结合下面的综合，看出他对资产阶级国家各经济基本要素的评论：

1. 对所谓"非生产"阶级的分析，也就是那些处在政权机构、法律部门、直接管理机构和代表机构、国家食利者中的各社会集团对社会再生产过程和国家所具有的意义。

2. 与此有密切联系的是对国家的经济行为及其产生的相应的国家行政结构的研究。马克思根据这种理由准备阐述："税。国债。公共信用。"①

3. 对国家在国际经济基础中所起的作用的考察："国家对外：殖民地。对外贸易。汇率。货币作为国际铸币。"②

4. 世界市场和危机；马克思在1857年11月还没有写有关对外贸易、世界市场和危机这几个问题的专册的想法，而想把这些问题放在《国家》册中来阐述。马克思在《政治经济学批判》第一分册的《前言》中明确指出：国家不能脱离开对外贸易和世界市场而孤立地加以考察，并强调：其他三项（也就是国家、对外贸易、世界市场——作者注）的"相互联系是一目了然的"③

5. 对人口、人口的划分及其变动的考察。

在这里我们可以这样认为：对社会经济的分析，对具有社会经济特征的全部财富的分析，对它们的职能和发展所具有的一般规律和特殊规律的分析，都不能离开作为上层建筑的核心部门的国家和法制制度。《国家》专册或许该是一部从本质出发的经济学著作。然而不言而喻的

---

① 《马克思恩格斯全集》第1版第46卷（上）第46页。
② 《马克思恩格斯全集》第1版第46卷（上）219页。
③ 《马克思恩格斯全集》第1版第13卷第7页。

是，它也要包括政治要素。国家概念的轴心是国家活动和国家职能的经济存在基础。通过国家的法律和政治的存在及其职能，使在经济上占统治地位的阶级成为也控制上层建筑，控制整个社会的阶级。但是，如果离开国家在整个再生产过程中存在的物质必然性，国家机构的产生和继续存在是不可想象的。

说到国家。我们可以马上撇开物质经济关系领域，而转到意识社会关系方面，例如，转到人们在政治领域（资产阶级议会制、政党等等）的能动活动上来。马克思在《资本论》第3卷中对这个问题是这样说的，"相同的经济基础——按主要条件来说相同——可以由于无数不同的经验的事实……在现象上显示出无穷无尽的变异和程度差别"，① 从本体论和方法论的观点来看，要真正理解《国家》册的内容，正好不能放弃分析这种"实际社会关系"。②

1850—1853 年《伦敦笔记》是马克思《国家》册的基础

马克思在《伦敦笔记》的前七个笔记本中记录了"通货原理派"和"银行理论派"之间的争论，其中马克思详细摘录了资产阶级对英国银行券的流通，对货币贮藏在调节流通货币额中的作用，对汇率所作的研究。英国的货币史也是马克思感兴趣的研究对象。从这些历史的摘录中我们可以知道，随着商品货币关系的社会性的发展，也必然产生出国家对这些关系的保护和保证措施。马克思通过对托·图克、威·布莱

---

① 《马克思恩格斯全集》第 1 版第 25 卷第 892 页。
② 《马克思恩格斯全集》第 1 版第 46 卷（上）第 47 页。

克和詹·泰勒①著作的摘录，熟悉了自17世纪以来英国的铸币法。这些摘录包括国家铸币在单本位制和复本位制、纯度和重量方面的规定，最低法定重量，造币税，金的法定买价和卖价。正如马克思所说的，法定的本位货币的比价对比较两个国家的货币关系，对贴现政策和贴水政策，以及对国际套汇都具有一定的意义。马克思在他的专题论著《金银条块。完成的货币体系》中对约·格·毕希论述货币流通的经济史著作作了摘录，他写道："毕希把国内的货币流通分成两部分，（a）直接由资产阶级生产关系引起的；（b）由政治设施的影响引起的……"②

英国，作为国际贸易和金融业务的中心，力求通过国家控制通货来保持其英镑的稳定性。自18世纪初以来，英镑稳定的基础是坚持"金本位制"，即在通货单位和金量之间保持一个固定不变的比例。马克思在谈到1847年的《经济学家》杂志时写道："《经济学家》杂志对不能兑换的纸币提出这样的反对意见：我们始终需要一个本位，金属本位，也就是说，本位必须是本身具有充分价值的商品，即金属"。③ 为了控制铸币和银行券的流通，以及控制黄金外流，随着1844年皮尔银行法的制定，银行券的发行集中在英格兰银行，而且贴现率也得到了控制。

---

① 参看马克思1850—1853年《伦敦笔记》第Ⅰ笔记本摘自托·图克《价格史》；第Ⅱ笔记本摘自威·布莱克《论调节交换过程的原理》；第Ⅲ笔记本摘自詹·泰勒《论货币制度》，载于《马克思恩格斯全集》原文版第4部分第7卷第62、115—127、155—174页。

② 见民主德国马丁·路德大学：《马克思恩格斯研究文集》，1989年第2辑，第15页。

③ 见民主德国马丁·路德大学：《马克思恩格斯研究文集》，1989年第2辑，第37页。

英格兰银行——"半国家机关的地位"①——是通货、货币和信贷政策的主要机关。

英格兰银行的历史使马克思了解了发达的资本主义是怎样在货币上得到保证的。伦敦城的有声望的大商业企业和重要财团在 1694 年曾给英国提供一笔 120 万英镑的贷款。马克思写道:"仅就遭受高利贷者盘剥的政府来说,要以议会的拨款作为担保获得适当利息的贷款,就已经有必要设立银行"②。银行的全部原始资本被看做完全长期地借给政府的。③ 关于现代资本主义银行制度在资本的"原始"积累方面和使资本积累摆脱过时的高利贷资本方面的意义,马克思在《资本论》第 1 卷和第 3 卷中作了透彻的阐述。很明显,国家如何借助中央银行制度采取积极措施,随着不同的经济政策设施的建立,通过限制或扩大货币流通和信贷的办法来阻止自发的经济发展,这些都将属于《国家》册的内容。马克思在《伦敦笔记》第 VII 笔记本中研究了议会关于 19 世纪初通货混乱现象和 1847 年危机所作的考察报告,正是通过这些研究使马克思更进一步了解了国家的这些使命。这样,马克思熟悉了政府和造币局之间的合作,熟悉了英格兰银行作为国家主要银行的职能和作为政府账目登记员的职能。④ 正如马克思指出的,英格兰银行取得了国家债务

---

① 《马克思恩格斯全集》第 1 版第 25 卷第 613—614 页。
② 《马克思恩格斯全集》第 1 版第 25 卷第 681 页脚注。
③ 参看 G. 魏林:《卡尔·马克思(1844—1853 年)对英国信贷理论和信贷政策研究的一些问题》,1983 年马丁·路德大学哈雷版(博士论文),第 61—65 页。
④ 参看马克思 1850—1853 年《伦敦笔记》第 VII 笔记本摘自《报告。附详细证词》;第 VII 笔记本摘自《1847—1848 年委员会的报告》。载于《马克思恩格斯全集》原文版第 4 部分第 8 卷第 185 等页、第 240—242、261—265 页。

管理的垄断权，借款集中在银行里，银行按季度支付到期的利息，调整该偿还的款项。在政府明确允许英格兰银行用银行券支付两笔它在1696年接受的借款以后，英格兰银行通过发放国债券或国库券进一步使国家借债。这些国库券必须由英格兰银行兑付，并且要有税收作基础。现在我们来谈谈资本主义的国家预算。在国家预算的收入方面，作为提供资金手段的国家借款起着决定性作用。马克思认为，国家财政制度的发展、结构和整顿方面的客观变化可以说最明显地表现在国家债务中。很清楚，国家财政基金的形成和使用将会成为《国家》册的内容。

《伦敦笔记》中表现出了如下内容：

1. 国民收入的某些部分被用于国家消费，并且用于政治和军事权力机构的安全防卫。19世纪开始以来，用于殖民地扩张、用于陆海军的开支大大增加了。①

2. 一般性的生产条件，例如道路和运河，是从国家预算中拨款的，这些基本设施的最初的庞大设计，只有通过国家动员农业后备军才可能完成。②

如果我们概括一下《伦敦笔记》中的国家债务问题，那么，马克思还谈到了以下一些问题：借款的各种形式（短期借款和有担保的借

---

① 参看马克思1850—1853年《伦敦笔记》第IV笔记本摘自约·格·毕希《关于货币流通的论文》；第VII笔记本《金银条块。完成的货币体系》；第IX笔记本摘自莱文斯顿《论公债制度及其影响》。载于《马克思恩格斯全集》原文版第4部分第7卷第279等页，第8卷第57等页，第545页。

② 参看马克思1850—1853年《伦敦笔记》第IX笔记本摘自约·德·塔克特《劳动人口今昔状况的历史》；第XX笔记本亨·查·凯里《政治经济学原理》。载于《马克思恩格斯全集》原文版第4部分第8卷第495—498、701页。

款,年息),有息借款和无息借款,国家在债务的转换和合并方面的权力,国家债务投入资本市场的可能性,国家债务证书的行情。① 对所有的资本主义国家来说,还债问题达到了非常棘手的程度。马克思在摘录富拉顿和汉密尔顿著作的笔记本中谈到了各种还债计划。② 在资本主义国家预算的收入方面,还包括赋税、关税、消费税。马克思在研究他的国家学说的同时,也为真正科学的赋税学说打下了重要的基础。在《伦敦笔记》中,马克思没有停留在单纯从形式上列举各种赋税的做法上,③ 没有把赋税单纯看成维持国家消费的财政收入,而是开始揭示它的阶级性质,如马克思说过这样的意见:"如果把消费税也算上,那么,工人要想得到同样多的实际工资,就必须做更多的工作。"④ 因此,《国家》册的内容还包括对下面这些问题的研究,即增加作为国家财产的税收会改变各阶级的再生产条件,税收与发行国家纸币之间的联系⑤。税

---

① 参看马克思1850—1853年《伦敦笔记》第V笔记本摘自赛·贝利《货币及其价值的变动》;第VI笔记本摘自亨·桑顿《信用货币的性质和影响的研究》;第VI笔记本摘自约·弗兰西斯《英格兰银行史(续篇)》。载于《马克思恩格斯全集》原文版第4部分第7卷第403、521、567等页。

② 参看马克思1850—1853年《伦敦笔记》第I笔记本摘自约·富拉顿《论流通手段的调整》;第VI笔记本摘自罗·汉密尔顿《关于国债的产生和发展》。载于《马克思恩格斯全集》原文版第4部分第7卷第50、534等页。

③ 参看马克思1850—1853年《伦敦笔记》第IX笔记本摘自乔·波·斯克罗普《政治经济学原理》,载于《马克思恩格斯全集》原文版第4部分第8卷第596页。

④ 马克思1850—1853年《伦敦笔记》第IX笔记本摘自皮·莱文斯顿《论公债制度及其影响》,载于《马克思恩格斯全集》原文版第4部分第8卷第544页。

⑤ 参看民主德国马丁·路德大学:《马克思恩格斯研究文集》,1989年第1辑,第32页。

收对积聚资本主义财产利益的影响。马克思在《伦敦笔记》中已经写道："原产品上的税收，提高生产费用，从而由产品价格来承担，也就是由消费者来承担。"① 赋税和价格形成之间的联系也应该是计划写的《竞争》专册的内容。②

在本文开始时我们曾提到人口问题。

对资本主义生产方式来说，人口是一种自然的必然性。资本主义生产的结果和前提是一种在历史上比较新的经济平衡。资本主义国家从行政管理和领土来说包括资产阶级社会的所有个人。马克思在第 IX 笔记本中研究约·德·塔克特、约·巴顿和托·霍吉斯金的著作时摘录了下列问题：

1. 相应的人口密度是分工、交往和交流、市场的前提，是工厂制度中科学和生产发展的前提；

2. 人口发展的各种因素、出生率和死亡率的变化；

3. 大不列颠用暴力剥夺农民的土地对城乡之间人口分布的影响，对国内移民、对婚姻和对待救济的贫民的影响；

4. 通过人口爆炸和战争，例如在爱尔兰，造成人口过剩和人口问题尖锐化；

5. 国家的移民政策：马克思这样写道："不同国家的立法在政治上的干预始终而且处处对交往加以限制。而在别的情况下，这些交往在不

---

① 马克思在《摘录和笔记》中摘自约·富拉顿《论流通手段的调整》，载于《马克思恩格斯全集》原文版第 4 部分第 8 卷第 96 页。

② 参看 A.M. 科冈：《来自卡尔·马克思的创作实验室》，1983 年莫斯科版，第 135 页。

同地区和气候的居民之间本来是可以和会发生的。"①

　　法律准则相互之间不是孤立存在的,而是有内在联系的。它们本身表现为具有某种结构的体系。在《国家》这一专册中必须揭示资本主义生产关系对法的结构的影响。在《伦敦笔记》第 XI 笔记本中马克思研究了英国资产阶级劳动法开始时的情况。资产阶级劳动法是资产阶级国家社会政策的一个重要工具。马克思摘录了围绕 1819 年工厂立法和 1833 年企业劳动保护法的基本准则和作用范围所进行的讨论。② 1834 年的英国济贫法也是现代资本主义社会政策的萌芽。由于制定了济贫法,需要救济的人被迫或者进工厂工作,或者进贫民习艺所。资本主义国家表现为社会政策行为的主体,表现为独特的、反作用于资产阶级社会本身的设施。在这种情况下,则是表现为工业革命中待救济贫民的调节者。国家同时也反对剥削阶级各派别的个别利益。马克思在第 IX 笔记本中这样写道:"这个该诅咒的神父(指的是惠特利,都柏林的大主教——作者注),不仅 1847 年 3 月 26 日星期五在上议院进行诅咒,反对在英国实行济贫法,而且还和其他三个经济学议员一起对上议院决定的议定书提出抗议"。③

---

　　① 参看马克思 1850—1853 年《伦敦笔记》第 IX 笔记本摘自托·霍吉斯金《通俗政治经济学》;第 IX 笔记本摘自约·德·塔克特《劳动人口今昔状况的历史》和约·巴顿《论影响劳动阶级状况的环境》。载于《马克思恩格斯全集》原文版第 4 部分第 8 卷第 555、509—514、518 等页。

　　② 参看马克思 1850—1853 年《伦敦笔记》第 XI 笔记本摘自罗·欧文《评工业体系的影响》;摘自纳·威·西尼耳《关于工厂法的书信》;摘自(E.C. 塔夫耐尔)《工会的性质、目的和作用》。载于《马克思恩格斯全集》原文版第 4 部分第 9 卷。

　　③ 马克思 1850—1853 年《伦敦笔记》第 X 笔记本摘自 R. 惠特利《关于介绍政治经济学的报告》,载于《马克思恩格斯全集》原文版第 4 部分第 8 卷第 649 页。

处于资本主义生产社会性不断扩展过程中的国家

马克思在1856年研究法国动产信用公司时曾写道：动产信用公司是现代"最不寻常的经济现象之一"①。马克思指出了生产力发展，资本积聚，直接社会生产和资本形式和国家干预之间的联系。借助动产信用公司，拿破仑三世政府试图通过交易所霸占工业，② 动产信用公司的章程是1852年签定的。它的创建人，艾米尔·贝列拉和伊萨克·贝列拉兄弟以前就已经通过参与筹集用于国家地产租金的保证资本与政府发生了联系。动产信用公司购进或签署国债转让契约，工业股票，即铁路公司、运河和矿山的股票。该公司有权发行证券直到认购和购买达到一定额，有权出售它购进的所有有价证券，或有权给予贷款保证，有权签署所有可能的贷款以及给公共建设和工厂投资，开设往来借贷，为一切股份公司承担往来支付。马克思说："Credit Mobilier 就是用这种办法来监督用于工业企业投资的相当一部分借贷资本。"③

主持新创立的股份发行银行理事会的，都是政府的代表或巴黎大财团的成员。动产信用公司的大部分利润来自证券价格上涨的业务。如果投机者们所希望的交易所牌价变动没能实现，那么随后进行的就不是交易所兑换的业务，而是通过动产信用公司延长支付期限，延长信贷，该股份公司买下证券，并负责到月底时把证券（加上利息）又按相同的牌价提供出来。马克思认为："获取利润是 Credit Mobilier 的活动围着转

---

① 《马克思恩格斯全集》第1版第12卷第26页。
② 《马克思恩格斯全集》第1版第12卷第32页。
③ 《马克思恩格斯全集》第1版第12卷第36页。

的真正轴心。"①

如果说马克思还把"股份公司在工业上的运用"看做"现代国家在经济本质中的一个新阶段"的标志,研究借贷资本积聚在动产信用公司这样一个股份银行中的话,那么,列宁在第一次世界大战前几年就已经分析资本主义社会化过程的下一个发展阶段所具有的较突出的形式,即垄断。列宁反复指出了经济和政治之间、经济和国家政治领域之间的新的相互关系,直到最后,他在他的著作《国家与革命》的序言中写道:"国家问题,现在无论在理论方面或在政治实践方面,都具有特别重大的意义。帝国主义战争大大加速和加剧了垄断资本主义变为国家垄断资本主义的过程。"②

(原载民主德国马丁·路德大学《马克思恩格斯研究文集》第20辑)

(章丽莉 译　张钟朴 校)

---

① 《马克思恩格斯全集》第1版第12卷第36页。
② 《列宁全集》第2版第31卷第1页。

马克思经济学著作结构计划范围内的殖民地研究的一些问题[*]

〔民主德国〕埃伦弗里德·加兰德尔

如同六册结构计划的其他组成部分一样,马克思通过他的许多手稿,通过这些手稿中逐渐明确形成的方法,或者直接在他拟订的结构计划中,给我们留下了重要的提示:他想如何和在何处研究殖民地问题。韦斯特法尔[①]和施尼克曼[②]写有两本内容丰富的著作,是从对马克思恩格斯的研究的角度来论述马克思对殖民地问题的深入研究的。

通过《马克思恩格斯全集》原文版(MEGA)的出版而日益扩大的基本资料使深入的研究成为可能和必要。在研究马克思恩格斯时弄清马克思的六册结构计划,也使如下这样一些问题成为注意的中心:马克思对殖民地一般是怎样理解的,人们从殖民地在资本主义生产方式内部所处的地位出发,在表述马克思的全部理论时应如何对待殖民地问题。对这个问题如果采取简单的或形式的态度,那么,必然得出肤浅的、甚至

---

[*] 本文选自《马克思恩格斯研究》1990年总第4期。

① 安格莉卡·韦斯特法尔:《马克思关于殖民地在资本主义经济体系中作用的观点的形成过程》(1844—1853年),1984年哈雷版。

② 参见阿图尔·施尼克曼:《马克思和恩格斯论当时经济不发达地区》,博士论文,1966年柏林版。

错误的回答。例如,韦斯特法尔在谈到马克思的 1857—1858 年的结构计划①时认为,马克思打算在关于国家、对外贸易和世界市场的那些专册中论述殖民地问题。如果说马克思是用这个结构计划拟订了他整个著作的一般结构,那么《资本论》的命运却表明,随着在这种结构范围内马克思的理论和方法的进一步发展,该著作的命运也发生了明显的变化。如果不注意这种发展,那么,在研究殖民地问题时,至少仍然弄不清为什么马克思在《资本论》中要用整整一章的篇幅来专门论述"现代殖民理论",为什么他在"原始积累"这一章中要详细探讨殖民地对资本主义的产生和发展所具有的意义,也弄不清这个问题是否也要在土地所有制专册和雇佣劳动专册中论述,如何论述。

从马克思对殖民地的研究来看,马克思和恩格斯在《德意志意识形态》中已经进行了纲要性的论述,那里已经明确地写道,对现代资产阶级社会的研究必然具有广泛的性质,因为殖民和"市场扩大为世界市场"导致了历史发展的一个新阶段②,而且,这还不仅涉及对欧洲社会及其与世界其他部分的相互影响的历史理解,当时同样重要的是,他们指出已发现的历史规律性具有普遍的性质,大工业对此起着革命的作用。"它首次开创了世界历史,因为它使每个文明国家以及这些国家中每一个人的需要的满足都依赖于整个世界,因为它消灭了以往自然形成的各国的孤立状态。"③ 因此,殖民体系的研究至少在 40 年代就已经是分析资本主义关系的产生和发展的一个要素。马克思在这个时期对各种不同的著作所作的读书摘录笔记,特别是对居利希的著作所作的摘录

---

① 参见《马克思恩格斯全集》第 1 版第 46 卷(上) 第 46、219 页。
② 《马克思恩格斯全集》第 1 版第 3 卷第 64 页。
③ 《马克思恩格斯全集》第 1 版第 3 卷第 68 页。

笔记也证明了这一点。正如在《马克思恩格斯全集》原文版（MEGA）第 IV 部分第 6 卷的序言中所强调指出的，马克思着手对居利希著作进行摘录所采取的方式是很有启发性的。"因为他与居利希的看法不同，他把关于英国殖民地的那一章包括在对大不列颠经济史的论述中。"①马克思在 40 年代研究的基础上，最后总结成《共产党宣言》中有名的论断："美洲和环绕非洲的航路的发现，给新兴的资产阶级开辟了新的活动场所。东印度和中国的市场，美洲的殖民化，对殖民地的贸易，交换资料和一般商品的增加，给予了商业、航海业和工业空前未有的刺激，因而也就促进了崩溃着的封建社会内部所产生的革命因素的迅速发展。"②

后来恩格斯对广义的政治经济学对象下定义时说，它是"研究人类各种社会进行生产和交换并相应地进行产品分配的条件和形式的科学"。③ 恩格斯又说，即使对资产阶级经济学进行批判来说，"只知道资本主义的生产、交换和分配的形式是不够的。对于发生在这些形式之前的或者在比较不发达的国家内和这些形式同时并存的那些形式，同样必须加以研究和比较，至少是概括地加以研究和比较。到目前为止，总的说来，只有马克思进行过这种研究和比较。"④ 因此，马克思对殖民地的研究，不仅包括这些领域对资本主义的产生及其随后被纳入资本主义

---

① 指马克思在 1846 年 9 月至 1847 年底对居利希·古《关于现代主要商业国家的商业、工业和农业的历史叙述》所作的摘录笔记，载于《马克思恩格斯全集》原文版第 4 部分第 6 卷第 40 页。
② 《马克思恩格斯全集》第 1 版第 4 卷第 467 页。
③ 《马克思恩格斯全集》第 1 版第 20 卷第 163 页。
④ 《马克思恩格斯全集》第 1 版第 20 卷第 164 页。

的再生产过程所具有的意义，而且包括对那里的资本主义以前的关系的研究，及其向资本主义的过渡，或者（特别是过了好些年以后）绕过资本主义关系而向无剥削的社会的过渡。

1850—1853年的《伦敦笔记》，对马克思的这种理解以及由此而产生的结构计划的结论来说，占有决定性的地位。而且，殖民地研究的结构和内容使人们能看到马克思继续往前研究的方向性问题。伦敦笔记表明了马克思研究殖民地问题的两个阶段，这两个阶段在内容上明显不同。

第一，在第XIV笔记本的研究中，马克思对资产阶级殖民理论作了一个概括的考察。从地理上说，论及的有欧洲、非洲、北美、南美和中美洲以及澳洲。从内容上说，除古希腊罗马的殖民问题外，首先涉及的是南美和中美洲的殖民在原始积累过程中所起的作用。结果导致当地社会结构的破坏，以及被后封建关系所取代，以致当地的结构与资本主义因素和传统因素混为一体。进一步考察的范围，是自由移民定居下来并且紧接着迅速建立起资产阶级结构的地区。非洲大陆在当时主要是从奴隶贸易及其对非洲本身、欧洲和美洲的影响这个角度来考察的。总之，可以说，马克思在这一笔记本中所研究的，就是他后来在《资本论》第二十四章（《所谓原始积累》）和第二十五章（《现代殖民理论》）中论述的那些问题。

第二，在第XXI至XXIII笔记本中，马克思转而专门研究亚洲地区，特别注意的中心点是英国的殖民统治在印度的灾难性影响，及其对英国资本主义的刺激性反作用。在这方面，马克思自然也对当时的现实问题和新闻界感兴趣。在那个时期，例如，东印度公司特许状的更换是当时热烈争论的大不列颠国内政策的主题。但是，马克思对印度在被大不列颠征服以前的发展，对印度的公社及地租的各种不同形式进行的研究，并不是由于这种兴趣才引起的。无疑可以这样认为：在这个时期，马克思已经知道，在理论上阐明土地所有制问题，对理解印度的状况，并且总的来说，对于社会的变革具有何等原则性的意义。①

马克思1850—1853年的《伦敦笔记》以及摘录了如琼斯、凯里、纽曼或斯克罗普等人著作的笔记本，使概括为殖民地研究的那些摘录内容更加多样化。这些摘录以及第 XXI 和 XXIII 笔记本的摘录。在许多问题上超出了狭义的殖民地问题的范围，远及资本主义以前的生产方式。

上述马克思殖民地研究的广度表明，首先必须弄清概念，才不至于例如只从形式上去理解结构计划中的提示，从而才能弄清马克思的真实意图。众所周知，在《资本论》第1卷中论述"现代殖民理论"时，对殖民地概念作了如下的规定："这里说的是真正的殖民地，即自由移民所开拓的处女地。"② 这种资本主义殖民地的产生具有同古希腊罗马时期的移民殖民地的产生完全不同的原因。马克思在《资本论》第1卷中，也在第3卷中进行论述时，从"真正的殖民地"这个概念中把别的一些殖民地，如南美和中美洲或印度都撇开了。因为这些地方涉及的不是人口稠密地区的征服，就是那些土著居民大量减少以后首先被奴隶定居的地区，恩格斯后来确证了这种概念的使用。他把"真正的殖民地"即欧洲人占据的土地——加拿大、好望角和澳大利亚，同"只是被征服的、由土著人居住的土地——印度、阿尔及利亚以及荷兰、葡萄

---

① 《马克思恩格斯全集》第1版第27卷第331页，第28卷第260—263和272页。

② 《马克思恩格斯全集》第1版第23卷第833页。

牙、西班牙的领地"① 区别开来。

尽管两种殖民地在原始积累过程中，在资本主义的殖民主义的最初阶段（即工场手工业时期）和在殖民主义的第二阶段（即自由竞争的资本主义）所起的经济作用相似或者相同，但仍有重大的差别，不过这些差别最后不会导致这些地区在将来走向另外的前途。除了一些共同性，如通过掠夺和谋杀、不等价交换，通过把殖民地作为原料供应者和销售地区以及作为投资领域来对殖民地进行剥削外，在与资本主义的发展相联系的大都市或港口，由于那里的人口发展和向殖民地移民，并向殖民地移植资本主义关系，因而存在着显著的差别。正是这些差别在"真正的殖民地"不断地导致了资本主义的非常蓬勃的发展。

因此，为了判断马克思关于把殖民地纳入他的整个理论阐述中的想法，也必须研究上述概念规定是如何发展的。这里重要的是应指出，在《资本论》中明确形成的概念的使用，在《政治经济学批判大纲》中就已有据可查了。马克思在"我自己的笔记本的提要"②中以及在"引文笔记本的索引"③中所作的提示也是很明确的。在所有这些情况下，殖民地这个概念所指的都是真正的殖民地。在1861—1863手稿中继续贯穿着这条线。④ 因此，我认为，为了弄清马克思的结构计划可以得出这样的结论：马克思在1857—1858年手稿中所用的殖民地这个词，首先指的是"真正的殖民地"。因此，这就涉及关于国家、对外贸易和世界市场的那些专册。另一方面，在说明其他专册的内容时并未使用这个

---

① 《马克思恩格斯全集》第1版第35卷第353页。
② 《马克思恩格斯全集》第1版第46卷（下）第521—537页。
③ 《马克思恩格斯全集》原文版第2部分第2卷第264、268页。
④ 例如，可参看《马克思恩格斯全集》第1版第26卷（Ⅱ）第338—339页。

词，但也不能从这个事实得出结论，认为这些专册不应讨论殖民地问题。

《资本》册结构的发展和它最后的叙述，以及遗留下来的马克思的全部手稿，给了我们关于马克思进一步想法的许多直接和间接的提示，不用进一步研究《资本论》的结构，就可以肯定马克思把"真正的殖民地"同"原始积累"联系起来加以论述的想法是逐步明确的。所以，如果说"原始积累"这一章是对资本主义的实际历史起源的历史解释和论据，那么，马克思接着对"现代殖民理论"的分析就是对资本主义产生的"非古典"领域的这种论述的深化。施瓦尔茨说得对，在这个意义上，"现代殖民理论"这一章不应具有独立的系统的意义。① 他提示说，这涉及的是资本主义在英国殖民地中产生的一种例证。② 马克思在此处没有囊括所有的殖民地，因为只有在"真正的殖民地"中，走出资本主义前的关系而进入资本主义关系这一步才是可以说清的。这就是说，资本主义的实际产生过程在其他各种殖民地中尚无据可查。马克思在完成《资本论》第1卷后直到他逝世所进行的研究，给我们深入思考如下问题，即在依然停留在资本主义以前阶段的那些地区究竟是必须发展资本主义，还是绕过资本主义的发展，提供了重要的出发点。

那么，直到现在为止所谈的这一切，对于其他各专册的内容来说会得出什么样的结论呢？如果说，马克思在1857—1858年在有关国家、对外贸易和世界市场的各册中想首先集中研究"真正的殖民地"，那么

---

① 温弗里德·施瓦尔茨：《从初稿到〈资本论〉。马克思主要著作的结构史》，1978年西柏林版，第118页。

② 温弗里德·施瓦尔茨：《从初稿到〈资本论〉。马克思主要著作的结构史》，1978年西柏林版，第110页。

我认为，后来的全部手稿和著作则表明，对第 2 至第 6 册的内容来说，应在殖民地的整个广度上考察殖民地，应考察那里的土地所有制形式和雇佣劳动的多样性，它们的与民族特点及由民族特点派生的上层建筑的特点相适应的各不相同的起源和变形。还有，例如，资本主义国家在征服并保持殖民地方面所起的作用，各种不同国家形式的产生，殖民地贸易对利润率的影响，或者不等价交换问题及对外贸易中的价值创造问题等等。最后，这些研究在有关世界市场和危机的专册中也必然会把殖民地在革命理论中的地位确定下来。

（原载民主德国马丁·路德大学《马克思恩格斯研究文集》第 20 辑）

（沈渊 译）

马克思经济学著作结构计划中的对外贸易和世界市场[*]

〔民主德国〕克劳斯-迪特尔·布洛克

马克思给我们留下了有关国际资本主义的事实、命题和认识的大量资料,马克思列宁主义政治经济学已经以各种方式对这些遗产进行了研究,这主要是从马克思对资本主义国际经济关系的成熟的思考结果出发的,其中有很大一部分资料,例如,各种摘录笔记没有而且未能得到利用。对于对外贸易和世界市场的结构计划的研究以及对于所有有关材料所作的必要的整理,使人们进一步利用马克思遗产中的国际部分的可能性扩大了,这涉及的是马克思关于资本世界市场运动理论的起源的分析。这一理论的结构以及把这一理论纳入马克思全部著作中的分析,从中我们也了解到马克思研究和阐述这一理论的想法和目的,关于这一点,马克思本人是不再能够亲自作出解释了。这为创造性地把马克思的国际理论的遗产运用到社会主义和资本主义的政治经济学中,同资产阶级试图忽视和歪曲这一理论的做法进行论争提供了新的原始资料。[①]

---

[*] 本文选自《马克思恩格斯研究》1990年总第4期。

[①] 这里要提到卡尔·屈内,他认为,作为一个有着极大的国际影响和国际主义责任感的经济学家,马克思虽然赋予资本主义发展范围内的国际联系极其重要的意义,但他未能为国际经济理论作出重要贡献,这是一个历史的讽刺(参看卡尔·屈内《经济学与马克思》1974年新维德和西柏林版第121页)。屈内以阿·埃马努埃尔的著作为依据,发现了马克思缺少一个国际学说的重要原因,即以含糊和沉默的赞同方式来表示对李嘉图理论的尊敬。(参看阿·埃马努埃尔《不平等的交换》1969年巴黎版第92页)

下面要探讨的问题是：到1857—1858年为止，马克思在方法论上和内容上为《对外贸易》专册和《世界市场》专册的结构计划打下了哪些基础？

我们认为，马克思对资本的世界市场运动的理解分为三个阶段，这三个阶段互相间强烈地互相渗透着。

第一个阶段是他对国内资本主义和国际资本主义之间辩证法的一般理解的发展过程。马克思从一开始就把国际经济问题纳入他的研究中，在探求资本主义社会形成和消亡的条件的过程中，在探求资本主义的运动规律和矛盾的过程中，马克思认识到，国际过程在这里起着重要的作用。这样，他就发现了对外贸易对于资本主义形成的促进作用，发现了世界市场对于资本增殖的作用，发现了世界市场与危机的密切联系等等。同时，把国际方面纳入他对资本主义现实和资产阶级理论的整个研究中，这是有方法论上的原因的。马克思始终努力把握住资产阶级社会的总体，但这时他才刚刚开始探究这一总体的内在结构和想象的各个阶段。

出于上述的内容上和方法论上的原因，马克思在《巴黎笔记》、《布鲁塞尔笔记》和《曼彻斯特笔记》中研究了斯密、李嘉图、麦克库洛赫、萨伊、西斯蒙第、西尼尔、托伦斯、罗德戴尔、费里埃、李斯特、居利希等人著作中的国际问题，例如保护贸易主义、外贸作用、国际分工、货币、与殖民地的贸易、贸易差额等等。马克思的唯物史观和上述的研究以及他自己的经验研究，使他有可能早在40年代就为他的国际经济关系理论奠定重要基础。他同恩格斯一起首先在《德意志意识形态》和《共产党宣言》中阐述了资本世界市场运动的根本趋势，并确信，世界市场是资本主义的基本的存在因素。属于这种基础的还有：马克思在这一时期从政治经济学意义上把国内资本主义和国际资本主义看做是一个统一体，虽然他这时仍毫不动摇地把他的政治经济学的一般观点套用到国际方面。随着马克思的政治经济学逐渐成熟,马克思认识到在国内与国际上起作用的范畴和经济规律之间是有变化的。同时他也并没有放弃它们的根本统一,但是在马克思看来,即使在40年代,这种统一也并不是完全一样的。相反,在国内方面和国际方面之间,他强调了经济矛盾的不同的发展阶段。例如马克思在《关于自由贸易的演说》一文中强调指出,在任何个别国家内的竞争所引起的一切破坏现象,都会在世界市场上以更大的规模再现出来。①

1857年,马克思在《巴师夏和凯里》这一短文中又谈到了这一想法,但是在这篇文章中,马克思对国内资本主义和国际资本主义之间的关系的认识大大地完善了,并获得了新的质。这一新质的获得归因于他懂得了理解资产阶级社会总体的方法。

这样,马克思就进一步为把《对外贸易》专册与《世界市场》专册纳入他后来的结构计划中,并且纳入他的全部著作中奠定了重要基础。马克思研究了北美经济学家凯里,后者认为,美国资产阶级关系的"和谐"由于英国在世界市场上的地位而受到威胁。通过研究,马克思清楚地认识到,这种世界市场的不和谐只是那种在经济范畴中作为抽象关系被确定下来,或者在最小的规模上取得某种局部存在的不和谐的最后的、恰如其分的表现。马克思认为,在凯里那里,"资产阶级的生产关系一旦在世界市场这个最广大的场所,以最巨大的发展规模,作为生产者国家的关系而出现,便以这些关系的极度不和谐而告终。"资产阶级社会的一般关系以其最发展的形式,以其世界市场的形式表现出来。在这里,这些关系以其充分表现的形式,以其真实的形式,以其普遍现实的形式出现。②

---

① 参看《马克思恩格斯全集》第1版第4卷第457页。
② 参看《马克思恩格斯全集》第1版第46卷(上)第7—8页。

这就是表明世界市场关系是资产阶级生产关系和矛盾的最高上升阶段的特征。

世界市场关系在资本主义现实中的这种地位，在《〈政治经济学批判大纲〉导言》中出现在马克思的思想中并得到了反映。从这一观点来看，国际交换和世界市场是这样一些现象，它们是直观与表象的实际起点。马克思指出，如果研究从这些范畴着手，那么就只会得到"一个混沌的关于整体的表象"。他指出，从抽象上升到具体才是正确的方法。运用这一方法的结果是，国际交换和世界市场不再是一个混沌的关于整体的表象，而是具有许多规定的丰富的总体。也就是说，是多样性的统一，是综合的过程，表现为结果，而不是表现为起点。①

如果我们把马克思在《巴师夏和凯里》一文中关于世界市场的论述以及他所指出的"第二级的和第三级的东西，总之，派生的、转移来的、非原生的生产关系。国际关系在这里的影响"② 加在一起，那么，马克思关于资本的世界市场运动及其在他的总理论中的反映的认识就完满了。这一认识当然不只是以方法论为基础的，而且其基础还在于马克思在40年代和50年代所进行的研究，这成为他后来创作的基础。在《资本论》第3卷中马克思指出，只有在理解了资本的一般性质以后，才能全面地阐述资本主义生产的具体形式。在这里，他把世界市场上的竞争也包括在这些具体形式之内；接着，马克思写道，不过这样的说明不在本书之内，而属于本书一个可能的续篇的内容。③ 从这里显然也可以看到，马克思甚至在1862年之后也没有放弃第5册和第6册的计划。

当马克思1857—1858年在《经济学手稿》中制定他的结构计划时，

---

① 参看《马克思恩格斯全集》第1版第46卷（上）第37—38页。
② 参看《马克思恩格斯全集》第1版第46卷（上）第47页。
③ 参看《马克思恩格斯全集》第1版第25卷第126页。

他可以利用他自 40 年代中期以来收集和整理的关于资本世界市场运动的实质问题的大量材料。这些材料涉及对资本主义对外贸易即资本主义世界市场的形成与作为生产关系的资本主义形成之间的相互作用的分析，其中包括：对世界经济史的广泛研究；从政治经济学上对资本主义对外贸易和国际分工的特征的广泛论述；对当时重要的资本主义国家之间的关系的论述，说明这些国家对非资本主义地区、殖民地和像印度、中国等这样的国家的影响；对国际贸易发展特别是运输和通讯事业发展的物质技术条件的研究；世界市场的形成对精神生活和政治生活所造成的后果的研究；对资本主义对外贸易和世界市场发展的政治条件的分析，例如自由贸易或保护关税等问题。此外，属于这方面内容的，还有与马克思的劳动价值理论、剩余价值理论和再生产理论的创立有关的那些国际联系。这指的是这样一些问题：金银在对外贸易中的作用，它们运动的原因和趋势，贵金属输出与危机的联系，汇兑率，支付差额，对外贸易与剩余价值，世界市场与资本循环等等。

这时，马克思把有关这一内容的资料纳入他的两个专册的结构计划中。在 1857—1858 年，对这些资料的收集和评价工作当然还没有结束。马克思为什么打算写两册有关资本主义国际方面的著作，他在这里为什么理解为两个阶段，也就是说，为什么把对外贸易学说看做第二阶段，把世界市场学说看做第三阶段？

迄今为止，对这种二分法的思考和研究成果还是很少的，其中之一是科甘在他的《来自卡尔·马克思的创作实验室》这本小册中提出的见解。科甘认为，第 5 册《对外贸易》是从资本主义国民经济的角度来考察世界市场，而第 6 册中所要考察的则是作为资本主义国民经济的互相矛盾的作用的世界市场。例如他认为，第 5 册中要研究的是世界市场价格对国民经济的影响，而第 6 册中要研究的是世界市场价格的形成。科甘自己也写道，这种划分有矛盾，例如，如果对世界市场价格是什么都不清楚，那又如何研究世界市场对国民经济的影响呢？[1] 在科甘把各个范畴纳入这两册书中时也表明，任何完整的、逻辑的联系都不容许做这样的划分。

马克思为什么打算写两册关于资本主义国际经济关系的论著？回答这一问题的基础是对各个结构计划以及对马克思的与此有关的各种提示进行分析。在《1857—1858 年经济学手稿》和这一时期的书信中，马克思对第 5 册的内容作了一些说明，概括如下：

——生产的国际关系；

——国际交往；

——国际分工；

——国际交换，国家间的交换；

——对外贸易，国际贸易；

——输出和输入；

——汇兑率；

——殖民地；

——货币作为国际铸币；

——国家之间的竞争；

——国家对外。

马克思对世界市场这一册书也作了下列说明，这些说明可以概括为 5 点，它们的排列顺序极其重要，这一点我们以后还要谈：

（1）资产阶级社会越出国家的界限。

（2）世界市场构成末篇，在末篇中，生产以及它的每一个要素都表现为总体，但是同时一切矛盾都展开了。

---

[1] 参看科甘：《来自卡尔·马克思的创作实验室》，1983 年莫斯科版，第 30 页及以下几页。

(3) 于是，世界市场又构成总体和前提的承担者。

(4) 危机。以交换价值为基础的生产方式和社会形式的解体。于是，危机就是普遍表示超越这个前提。

(5) 迫使采取新的历史形式。个人劳动实际转化为社会劳动以及相反的情况。①

如果我们始终坚持马克思的从抽象上升到具体的方法论，那么就自然而然地得出这样的结论：这两册书之间的区别完全不是因为对世界市场的考察角度的变换，或者说，不能否定区别。相反，区别在于抽象的程度不同。第6册比第5册更具体、更丰富、更富有推理性、更复杂。或者反过来说，第5册阐述的是比第6册更抽象的阶段。从这一简单的事实可以看出，第5册要研究的国际范畴和关系虽然远比第1册中的范畴和关系更具体、多样化、丰富和广泛，但还没有从许多"规定性"的"丰富的总体"的角度或从作为整体的资本主义社会制度的发展的角度来考察。如果我们要这样做，那就应该在第5册中论述资本在细节上的世界市场运动，在第6册中论述资本在整体上的世界市场运动。计划中的第6册内容与第5册不同，它包括世界（这也完全是从地理学意义上来讲）的资本化；资本的国际性的总体表现；世界市场表现为资本的生存条件。

第5册讨论的是一些抽象范畴如商品、价值、货币、交换、分工、竞争等的具体化和变化，以及一些规律如价值规律、剩余价值规律等的具体化和变化。这些抽象范畴和规律应该从一定的角度来研究，如对外贸易中剩余价值的实现、对外贸易和利润率的影响或对外贸易的使用价值和价值效果等等。第5册中的这种抽象程度使人们在某种程度上能够

---

① 参看《马克思恩格斯全集》第1版第46卷（上）第46、178、219—220页和《马克思恩格斯全集》第1版第46卷（下）第23页。

联系社会主义这一生产商品的社会制度中的对外贸易问题来理解这一学说，因为这里论述的也仍然是一些一般的抽象规定，这些规定适用于多数社会形式。

对这一方面来说，即对第5册的内容来说，决定性的基础是马克思对劳动价值理论和剩余价值理论的政治经济学的认识。这些认识也是通过对资产阶级政治经济学的专门分析而获得的。通过分析，随着一般的、抽象的政治经济学范畴的解决，马克思逐步弄清了国际方面的问题。这一分析（包括搜集大量的有关国际经济问题的资料在内）主要是在《伦敦笔记》中完成的。在《大纲》中，马克思表述了与此有关的重要认识。对这一册书的认识过程一直延续到60年代初马克思政治经济学达到成熟为止。在《资本论》第2稿以及第3稿的某些部分中，马克思才表述了一些有关这一册书的内容的认识。在50年代，政治经济学的国际方面虽然促使马克思从理论上研究一系列内在联系（例如，危机时期贵金属输出国外等等）。但这些联系还不是马克思当时研究的主要对象，相反，它们始终要求弄清根本的、一般的问题。只有解决了这些问题，才能解答极其复杂的国际问题。

例如在《伦敦笔记》第VIII笔记本中，马克思全面地分析了李嘉图对剩余价值的理解，由于李嘉图打算论证许多有关对外贸易的东西，因此马克思这时再次遇到了他的对外贸易的理论。马克思的观点与李嘉图不同，他假设能够通过对外贸易来实现追加的价值。

在《大纲》中，马克思又回头来研究这一假设，并在发现纯粹形态的剩余价值、工作日划分为必要劳动时间和剩余劳动时间的基础上，在发现相对剩余价值以及劳动生产率的作用的基础上论证了这一假设。这样，马克思也为他的国际价值理论和比较优势理论的进一步发展奠定了决定性的基础。马克思对诸如世界货币、支付差额、汇兑率等国际货币过程和范畴的认识与此相似。马克思也是通过研究货币数量论和危机这一基本问题才弄清了这些过程和范畴的，李嘉图、布莱克、塔克特、威尔逊、富位顿、图克、伊文思等等是马克思在《伦敦笔记》中创造性地加以研究与分析的作者。

如果我们从马克思所关心的事情出发，那么第三个阶段即世界市场专册的内容的要素也表现出来了。马克思写作的目的是揭示资本主义生产方式的运动规律以及与此有关的工人阶级斗争的结果。对马克思来说，在1857—1858年，他的写作目的以及这一目的的实现又同总体概念密切联系在一起。12年以后马克思再次提到了这一方法论和内容上的要求，正如六册计划所表明的，他已充分认识到这一总体的内在结构和各个阶段。在叙述资本主义社会的整个社会总体时，马克思打算以第6册即世界市场来结尾。世界市场不只是对资本运动的说明，而且在现实总体中，在客观现实中，在思维总体中，它也是资本主义社会得以完成的领域，这时它达到了高度繁荣和成熟。

马克思认为，总体①不是一种不变的状态。相反，他所思考的是资本主义整个社会总体的形成、存在和消亡问题。马克思对第6册的内容作了说明，这些说明有力地证明，马克思打算通过这一著作来论述世界市场在上述过程中的重要作用。第6册的基本论点早在40年代就有了，马克思和恩格斯在《德意志意识形态》中这样写道：市民社会包括各个人在生产力发展的一定阶段上的一切物质交往。它包括该阶段上的整个商业生活和工业生活，因此它超出了国家和民族的范围。② 到了

---

① 参看对马克思的总体理解，其中有莫尼卡·莱斯克：《马克思列宁主义辩证法中的总体范畴》，载于《德国哲学杂志》1978年第3期；迪特里希·诺斯克：《论辩证研究马克思政治经济学的方法和目的》，载于《马克思恩格斯研究》（哈雷版）1976年第2期。

② 参看《马克思恩格斯全集》第1版第3卷第41页。

1857—1858年，马克思的政治经济学达到了一定的成熟程度，在此基础上，马克思不仅能够说明"资产阶级社会越出国家的界限"的趋势，而且还能够说明资产阶级社会越出国家界限的具体的必然过程。① 世界市场在资本主义总体的形成过程中起着重要的作用，它大大促进了资本主义所缺少的因素的发展，例如运输和通讯事业或信用事业等等，由于海外贸易或移民住的殖民地的资本化，这些因素变得必不可缺。

世界市场的形成不只是前提，而且也是结果、是表现出来的资本主义总体的结束。资本主义世界市场的充分发展与成熟的、发展起来的资本主义总体是一致的。在这时，资本主义的所有决定性的因素都与本质完全符合了，也就是说，在世界市场上价值、商品、货币等能够得到全面发展。关于这一点也可以用马克思在另一处所作的注释来说明："所以，最一般的抽象总只是产生在最丰富的具体发展的地方，在那里，一种东西为许多东西所共有，为一切所共有。"②

在《大纲》中，马克思在各个不同的地方明确地说明了他对世界市场的理解。对马克思来说，世界市场不只是流通过程的一个因素，而且马克思还把它理解为与资本本质完全符合的运动形式。马克思认为，世界市场主要是活动、交往和需求的总体，是一切工业的基础。③ 最后，马克思把世界市场同资本主义总体的消亡最紧密地联系在一起，世界市场的充分形成同时也是为一个更高级的新的总体创造前提，并且是旧的总体开始消亡之点。马克思把这一点表述为以价值为基础的生产方式的解体，和"迫使采取新的历史形式"。④ 马克思认为，资本主义历

---

① 参看《马克思恩格斯全集》第1版第46卷（下）第246—247页。
② 参看《马克思恩格斯全集》第1版第46卷（上）第42页。
③ 参看《马克思恩格斯全集》第1版第46卷（下）第20页。
④ 参看《马克思恩格斯全集》第1版第46卷（下）第178、220页。

史使命的物质条件和社会经济条件是在世界市场上形成的。物质条件指的是生产力的全面发展,它的前提是世界市场;社会经济条件是指交往的全面性,或者说是马克思称之为毫不相干的个人之间的相互的普遍依赖性的表现。这种依赖性构成他们的社会联系。世界市场在这种意义上是最高的社会联系。① 同时,世界市场上也存在着交往的全面性同异化及物化之间的最尖锐的矛盾形式。马克思后来把这一矛盾解释为整个社会的生产与资本主义私人占有之间的矛盾。在《大纲》中,马克思把废除资本主义私人占有看做是个人得到真正发展的前提。

马克思把危机纳入资本主义生产方式的消亡之中,他在制定第一个结构计划时仍认为,危机是资本主义过时的标志和资本主义更替的信号。在后来的结构计划中,危机不再表现为上述这样一种密切联系。尽管如此,我们应该这样来看危机在第6册中的地位:可以假定,马克思已在所有的抽象阶段上,论述了危机(在这里,从最广泛的意义上来说,我们可以把所有矛盾都包括在内),而世界市场归根到底是所有矛盾(同上)和表现为世界经济危机的危机最全面地爆发的领域。

我们在此简单地叙述了马克思为第6册起草的计划,按照这一计划,马克思主义的三个组成部分会在这一册著作中最明显地表现出来。也就是说,工人阶级的全部理论会在这一册著作中找到最丰富多彩的途径。

(原载民主德国马丁·路德大学《马克思恩格斯研究文集》第20辑)

(裘挹红译 张钟朴校)

---

① 参看《马克思恩格斯全集》第1版第46卷(下)第103页。

马克思《资本论》续篇研究的重大意义

——写在《〈资本论〉续篇探索》[①] 一书问世之后[*]

张钟朴

马克思在 19 世纪 50 年代末，曾计划把自己考察资本主义经济制度的研究成果，以《政治经济学批判》这一总标题，按照从抽象上升到具体的方法，分成六册书来写作和出版。这六册书就是：第一册《资本》（其本身又分为《资本一般》、《竞争》、《信用》、《股份资本》）；第二册《土地所有制》；第三册《雇佣劳动》；第四册《国家》；第五册《对外贸易》；第六册《世界市场》。马克思后来完成的伟大著作《资本论》，就是在写作《资本》的《资本一般》篇的基础上逐步演变形成的。马克思在自己的经济学手稿和与别人的通信中，曾多次指出，在《资本论》之后，还应当有研究资本主义经济制度的比较具体的经济关系和经济运行的"续篇"。1862 年 12 月 28 日，马克思在快要写完自己的第二部庞大的经济学手稿（1861—1863 年手稿）时，致信给自己的朋友库格曼说，他将先集中精力完成《资本论》，因为这是"精髓"，是人们称为"政治经济学原理"的东西，不包括"竞争"、"信用"等

[①] 该书由汤在新主编，张钟朴、成保良副主编，由中国金融出版社于 1995 年年 9 月出版。

[*] 本文选自《马克思主义与现实》1996 年第 2 期。

内容。在此以后，他如果有时间将按照六册计划继续写《资本论》的续篇，如果没有时间，别人就容易在已经打好的基础上去探讨了。《〈资本论〉续篇探索》一书（以下简称"本书"）就是我国学者按照马克思的遗愿，经过集体努力完成的专著。全书共11章，《前言》说明了本书的目的，第一章论述"六册计划"的形成，最后一章论述"六册计划"和市场经济理论。其余各章分别论述六册计划中各篇和各册的内容。

马克思的"六册计划"包含着他的经济学理论的庞大而完整的结构体系。它形成于1857年中期到1859年初期，是马克思研究经济学历时15年的思想结晶，是要对资本主义社会进行总体考察的计划，所依据的是马克思的唯物史观和辩证法。它的体系安排遵循着从抽象上升到具体，逻辑的进程和现实历史的进程相一致的方法论原则。本书从马克思研究经济学的各种摘录笔记和方法论上探讨了"六册计划"的形成过程，考察了马克思在这期间先后拟定的九个计划方案。长期以来人们有一种误解，认为马克思完成了《资本论》，就把他原来的"六册计划"放弃了。本书以无可辩驳的事实证明，《资本论》的内容相当于《资本》册的"资本一般"篇的内容，并在分析资本一般性质的限度内，论述到了《资本》册后三篇和《土地所有制》册以及《雇佣劳动》册的某些内容。《资本论》并没有取代"六册计划"。在《资本论》三卷中有许多地方都提到了写"续篇"的想法。马克思的"六册计划"的经济学理论体系具有重大的理论意义和现实意义。

在分别论述"六册计划"的各篇和各册的内容时，本书的作者们充分认识到，这是一项开拓性的科学研究工作。首先需要从马克思的全部著作、手稿和书信中，把有关论述、提示等材料收集、整理。在此基础上，按照马克思本人的方法论，探索马克思的思路，大致弄清六册书的基本轮廓和内容，绝不能离开马克思的思路任意发挥。作者们特别着力于挖掘《资本论》中没有提到或没有充分阐述过的观点和提法。本书在每一章的最后，都力图说明马克思的有关学说的现实意义，以及马克思和恩格斯之后，客观现实情况的进一步发展。

本书考察"竞争"篇的部分，论述了竞争学说在马克思经济理论体系中的地位，《资本论》中关于竞争的论述与"竞争"篇的联系和区别，竞争对于资本主义经济运行的作用，竞争与价值、价格和供求的关系等。这一部分以相当长的篇幅分析了马克思关于市场问题的论述和意义，对于我们理解和认识市场经济很有启发。本书论述"信用"篇和"股份资本"篇的部分，除论述了"信用理论"和"股份资本"理论的基本原理外，对信用和股份资本在马克思之后的现实发展作了说明，论述了它们在当今世界和各国经济中所起的重大作用，特别是论述了股份资本的发展如何导致了资本集中和垄断，论述了当代股票市场和证券交易所的性质和作用，并探讨了股份制发展的历史趋势，以及股份制与我国社会主义经济体制改革的关系等问题。本书在论述《土地所有制》册和《雇佣劳动》册的内容的章节，对马克思的土地所有制理论和雇佣劳动理论作了全面叙述。不但研究了资本主义地租的一般规律，而且还论述了资本主义以前的各种土地所有制和地租形式，以及以后的历史发展趋势。

论述雇佣劳动的章节还分析了随着机器大生产而形成的"总体工人"形式，雇佣劳动的需要体系和劳动市场的工资波动。这些理论对于认识当今世界劳动市场的状况以及工会在劳动市场上的作用，对于我国培育劳动力市场都具有启发意义。

论述《国家》册的部分，对于国家在经济中的作用问题作了概述，叙述了国家经济职能的基本内容和主要方面，分析了国家如何对经济运行进行调控，同时论述了人口问题以及"非生产"阶级的性质和作用。本书后面的论述《对外贸易》和《世界市场》的两章，分别叙述了对外贸易、国际价值和比较优势的理论，特别是关于世界市场和国际经济关系的论述，补充了马克思去世后一百多年世界市场发展的大量现实材料和新现象，特别叙述了当今时代生产资本国际化和对外直接投资的发展、国际信贷的发展和各种新形式、跨国公司、国际经济一体化各种形式的发展等，论述了资本主义的各种矛盾在世界市场上充分展开的错综复杂的局面。

本书最后一章全面论述了"六册计划"和市场经济理论，实际上是着重阐述研究马克思的"六册计划"经济理论体系对我国社会主义经济体制改革和经济建设的现实意义的。本章说明，我国现在的社会主义初级阶段，大体上相当于马克思恩格斯所说的向社会主义的过渡时期，由于生产力发展水平的限制，必然存在市场经济。和目前有些人否定劳动价值论相反，本章充分论证了劳动价值论是市场经济理论的基石，并展开论述了在市场经济条件下价值规定与要素配置的关系、价值规定与社会需求的关系等，阐明了市场经济体制的理论依据。

在我国学术界，研究马克思"六册计划"经济理论体系尚属空白，本书试图填补这一空白。在国际上，对这一问题的研究，也刚刚起步。本书最后设有"附录"，较详细地介绍了国内外学术界研究这项课题的概况和各种不同观点，可供参考。

本书的理论意义和现实意义在于：1. 多年来，我国学术界把马克思的经济学的对象等同于《资本论》的对象，以为马克思主义的政治经济学只抽象地研究生产关系和经济规律，而不研究社会经济总体这个生动的有机体的现实运动，以致使政治经济学的内容过窄。"六册计划"的研究，能使我们大开眼界，有助于打破传统的做法，拓宽经济学的研究领域，建立能指导现实经济运动的经济学新体系。2. 在当前我国建立社会主义市场经济的情况下，有人认为马克思的经济学已经过时，从而否定劳动价值论，甚至有人"批判"马克思的经济理论，并不加批判地以西方经济学取代马克思的经济学。本书的探讨用事实作出了回答，证明马克思的完整的经济理论体系对我国的现实具有的重大指导作用。

全面认识马克思的经济学思想

——读《〈资本论〉续篇探索》*

丁 冰

最近，我有幸阅读了由汤在新教授主编，张钟朴、成保良教授副主编的《〈资本论〉续篇探索》（中国金融出版社1995年9月版。以下简称《探索》）一书，有耳目一新之感。

马克思在创立他的经济学过程中，起先曾提出"六册结构计划"，后来实际写成的是《资本论》四卷结构的巨著。这就很容易使后人误认为《资本论》就是马克思政治经济学的全部内容。《探索》则沿着马克思"六册结构计划"的思路和他有关著作中的众多提示与科学方法继续探讨《资本论》续篇。其中除了第一册《资本》的"竞争"、"信用"、"股份资本"各篇外，还包括《土地所有制》、《雇佣劳动》、《国家》、《对外贸易》、《世界市场》等五册的研究成果，以及国内外有关学术研究成果的总结。本书内容十分丰富，使马克思生前未及完成的资本主义经济制度研究的各个方面，第一次在理论上得到了完整、系统的表述，填补了马克思经济学中的空白，并能密切联系现实，充分证明，马克思的经济理论不仅在当时是科学的，即使在目前，对分析现代资本主义经济和社会主义市场经济也具有重要指导意义和现实意义，从而纠正了当前流行的关于马克思主义经济理论已经"过时"的错误观点和局限于《资本论》的狭隘理解。很显然，这将大大有助于人们全面认

---

* 本文选自《马克思主义与现实》1996年第2期。

识马克思的经济学思想。

　　这里,我想着重谈一点《探索》的现实意义。

　　目前我国的经济改革已深入到要实现两个根本转变的重要时期。一种新的经济实践,必然会有新的经济理论相伴随。这也正是当前我国经济学界所十分关注和着力探索的问题。如有的已提出要创建中国经济学,甚至已提出各式各样的蓝图和构想。但不管什么样的蓝图和构想,总离不开前人的思想成果。正如恩格斯说的,任何新的学说,都"必须首先从已有的思想材料出发,虽然它的根源深藏在经济的事实中"。[①]在当今的世界上,与无产阶级和资产阶级两大阶级并存的时代相对应的经济思想,从总的格局来看,不外是马克思主义经济学和西方经济学两大经济理论体系。在这两大理论体系之间我们应如何取舍,或者在取舍上孰轻孰重、孰主孰从,则大有文章可做。

　　本来,我国的经济改革是社会主义制度的自我完善,不言而喻,马克思主义经济学就应当成为我国改革的指导思想,因而也必然是所谓中国经济学的指导思想。然而现在有的人在探讨和构思新的理论框架时,却把马克思主义经济理论撇在一边,最多只是把它当做陪衬、补充,或者抽象地肯定其"实事求是"的精髓,具体地否定其实际内容,甚至企图从根本上否定其理论体系的科学性,而代之以西方经济学理论体系作为指导我国改革和建设的指导思想。这看起来似乎令人费解,其实细想起来也并不奇怪。究其原因,撇开其他方面不说,仅就认识上讲,我认为,这与马克思主义政治经济学研究工作本身的缺陷不无关系。

　　我们知道,马克思主义政治经济学的研究,在马克思、恩格斯之后,虽然在列宁、斯大林以及中国的马克思主义者那里取得了重大进展,但在30年代以后,却出现了某些片面性和教条化的倾向。这就使

[①] 《马克思恩格斯全集》第1版第20卷第19页。

得不少人自觉不自觉地在不同程度上把《资本论》视为马克思经济理论体系的全部内容,并误认为马克思主义政治经济学只研究抽象的理论,不解决实际的经济问题。有的面对我国当前要建立和完善社会主义市场经济体制的任务,便认为马克思主义政治经济学已经过时。实际上,马克思主义政治经济学虽然要研究经济关系,甚至已主要研究了经济关系,但它的研究对象和任务,绝不仅限于此。马克思在《资本论》序言中就说得很清楚:"我要在本书研究的,是资本主义生产方式以及和它相适应的生产关系和交换关系。"① 这里说的生产方式就包括了生产关系和生产力两方面及其相互关系的内容。更重要的是,马克思所构想的经济理论体系和对资本主义经济制度的研究计划,包括了六册的内容,而《资本论》只是六册计划中的第一册《资本》的"资本一般"部分,即最抽象的资本一般的理论部分。可见,若只把《资本论》当做马克思经济学的全部内容是不确切的;进而以此为依据断言马克思主义经济学不能解决实际问题更是错误的。即使是马克思抽象的经济关系的理论,也不失为我国经济体制改革的指导思想,怎能说它已经过时、不中用、不能解决实际问题呢?经济体制改革,乃是经济关系方面的调整、完善,若离开了马克思主义经济关系分析的理论指导,就必将滑到邪路上去。

但不管怎么说,过去由于对马克思主义政治经济学研究工作的片面性,便为实用性较强的西方经济学留下了一块生存的空间,使那些企图用西方经济学来代替马克思主义经济学的指导地位的观点有了一定的市场,这也是无可回避的事实。而现在《探索》问世,则可望使人们开始认识马克思经济理论的全貌,消除马克思主义经济学没有实用性,不能解决实际经济问题的偏见。

---

① 《马克思恩格斯选集》第 2 版第 2 卷第 100 页。

在我国建立和完善社会主义市场经济体制的系统工程中，西方经济学的市场机制理论最有市场。其实，西方经济学中的市场机制理论，无非是从亚当·斯密"看不见的手"发展而来的，其后的典型表现是马歇尔的均衡价格论和帕累托的一般均衡论，它表明通过市场价格的波动自动调节商品的供求使之趋向均衡；另一方面，通过供求关系的变化，又自发地引起价格变化，使之趋向于稳定的均衡价格，从而实现自发地调节资源配置的目的。这一理论用均衡价格来代替价值，根本否定了劳动价值论，从而掩盖了价值所反映的真实经济关系和阶级关系。特别是帕累托的一般均衡论，竟然把市场机制吹嘘到至善至美以致可以使社会资源得到最佳、最充分、最合理配置的地步，实际上不过是可望而不可及的海市蜃楼，是以实际并不存在的一系列严格规定条件为前提而建立起来的均衡理论。

当然我们并不否认，西方市场机制理论对价格与供求关系之间联系的分析方法，以及需求函数、供给函数、生产可能性、无差异曲线等等方面的分析方法有许多合理成分可供我们参考。但就这些合理成分来讲，其基本内容不过就是马克思所研究的价值规律的作用及其表现形式与方法的问题。这些问题在《资本论》中已原则性地提到，具体分析按六册计划，则应属于《资本》册中"竞争"篇的任务。《探索》的功劳之一，就在于它用了大量篇幅详细阐述了马克思关于价值规律的理论，亦即用不同方式科学地阐明了西方经济学称之为市场机制的基本内容。

首先在论述"竞争"的一章中，作者明确指出，竞争是资本主义经济内在规律的实现形式，而其核心和基础则是商品价值规律的实现形式。在价值规律作用的基础上，通过竞争使利润转化为平均利润，价值转化为生产价格。而所谓竞争则是通过市场来进行的，所以市场问题也就成了竞争学说的重要内容。因此，作者着重分析了在市场中竞争、价格与供求关系，说明了价值是决定价格的基础，也是影响价格波动的重要原因。但在竞争中价格又要受供求关系的影响。另一方面市场价格的波动又要直接影响着供求关系变化。只在供求一致时，价值与价格相等，然而在市场经济条件下，供求在实际上从来不会一致，一致是偶然的，不一致是经常的。因此，在竞争中价格偏离价值乃是价值规律正常的实现形式。作者还指出，价值规律正是在这种表现形式下对社会总劳动时间的分配起着调节作用，实际调节着社会资源的配置。在此，作者根据马克思价值规律的提示，实际上已把机制的基本内容阐明了。但马克思主义的这种市场机制理论却与西方市场机制理论有原则区别。后者否定了劳动价值论，前者始终以劳动价值论为基础，因而揭示了价值与供求关系变动中的阶级内容。作者明确指出：供求都具有阶级性和阶层性。即如马克思所说的："供求还以不同的阶级和阶层的存在为前提，这些阶级和阶层在自己中间分配社会的总收入，把它当做收入来消费，因此形成那种由收入形成的需求，另一方面，为了理解那种由生产者自身互相形成的供求，就需要弄清资本主义生产过程的全貌。"① 这种对供求关系的经济实质的分析是西方市场机制理论中根本见不到的。更可贵的是，作者根据马克思的提示，对资本主义市场机制及其调节资源配置的功能进行分析之后，用了相当篇幅来说明，马克思的这些思想对于当前我国建立社会主义市场经济体制有特别重要的意义。这就是说，我国实行以建立社会主义市场经济体制为目标模式的改革，不仅应该，而且能够以马克思市场机制理论为指导。否认马克思主义有市场机制理论的观点是没有根据的。当然，我们也要参考借鉴西方市场经济的经验和有用成分。但这种借鉴须结合我国实际，不能完全照抄照搬，特别是不

---

① 转引自《〈资本论〉续篇探索》，北京：中国金融出版社1995年版，第170页。

能因为要建立市场经济体制而抛弃以公有制为主体的原则,也不能否定劳动价值论在市场机制中的重要意义。

这里要强调指出的是,劳动价值论是马克思主义经济理论体系的基础,因而也是马克思主义市场经济理论的基础。关于这点,《探索》在最后带总结性的题为《"六册计划"和市场经济理论》一章已作了系统而深刻的说明。这一章可算是全书的画龙点睛之笔。它以经典作家的论断为依据,并以严密的逻辑推理证明了,马克思经济理论体系中,不仅包含了市场经济理论,而且经典作家也认为在由资本主义向共产主义过渡时期,必然存在商品货币关系即市场经济。接着更明确地指出,"劳动价值论是市场经济基石",[①] 马克思的价值概念正是商品经济条件下资源配置的内在规律的理论表现,因此,通过价值规律的作用,就能自发调节资源配置,即一方面调节生产要素在各部门之间的配置,以保证商品再生产条件的供给,另一方面又调节两种社会必要劳动趋于一致,以保证社会对商品的需求量得到满足。总之,在市场经济条件下,基于劳动价值论的价值规律作用,就必然自发调节社会资源的配置或社会总劳动在各部门之间按比例地分配。这就是价值规律的作用或市场机制的功能。很显然,马克思的这个市场经济理论正是我国目前建立社会主义市场经济体制的科学理论基础。

最后,《探索》在"附录"部分对世界各国学者关于"六册结构计划"的研究进行了比较全面的总结,以无可辩驳的事实和逻辑明确回答了在国际学术界长期存在的马克思在后来是否已改变了"六册计划"的悬案,这一点也是值得称道的。

---

① 转引自《〈资本论〉续篇探索》,北京:中国金融出版社1995年版,第597页。

图书在版编目(CIP)数据

《资本论》结构形成研究 / 刘元琪主编.
—北京：中央编译出版社，2013.12
(马克思主义研究资料 / 杨金海主编；9)
ISBN 978 - 7 - 5117 - 1990 - 4

Ⅰ. ①资…
Ⅱ. ①刘…
Ⅲ. ①《资本论》- 马克思著作研究 - 文集
Ⅳ. ①A811.23 - 53

中国版本图书馆 CIP 数据核字(2013)第 309105 号

《资本论》结构形成研究

出 版 人：刘明清
出版统筹：薛晓源
责任编辑：李媛媛
责任印制：尹　珺
装帧设计：田晗工作室
排版制作：北京宏章文化发展中心
出版发行：中央编译出版社
地　　址：北京西城区车公庄大街乙 5 号鸿儒大厦 B 座(100044)
电　　话：(010) 52612345 (总编室)　　　(010) 52612335 (编辑室)
　　　　　(010) 52612316 (发行部)　　　(010) 52612315 (网络销售)
　　　　　(010) 52612346 (馆配部)　　　(010) 66509618 (读者服务部)
传　　真：(010) 66515838
经　　销：全国新华书店
印　　刷：北京尚唐印刷包装有限公司
开　　本：787 毫米×1092 毫米　1/16
字　　数：384 千字
印　　张：30.75
版　　次：2013 年 12 月第 1 版第 1 次印刷
定　　价：190.00 元

网　　址：www.cctphome.com　　　邮　　箱：cctp@cctphome.com
新浪微博：@中央编译出版社　　　　微　　信：中央编译出版社(ID: cctphome)

本社常年法律顾问：北京市吴栾赵阎律师事务所律师　闫军　梁勤
凡有印装质量问题，本社负责调换。电话：010 - 66509618